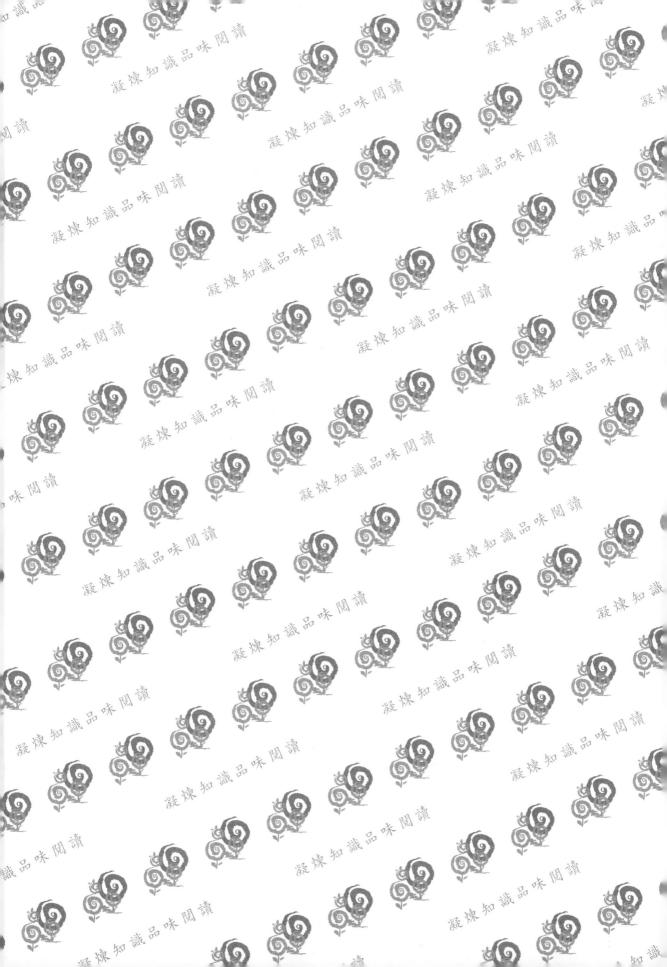

入門結構方程模式
Amos應用

陳耀茂 編著

五南圖書出版公司 印行

　　本書是針對初次接觸 Amos 的人，從使用潛在變數到活用結構方程模式為止，依照每一個步驟以循序漸進的方式，一面實際分析數據一面看圖學習的一本入門圖解書。

　　雖然 Amos 是從畫路徑圖進行分析，但覺得不易理解路徑圖意義的人或許也有，因此，本書首先從路徑圖的製作、相關係數，再到複迴歸分析、因素分析以及將它們混合後之分析，依序去練習，希望能掌握路徑圖所表現的意義。平常只以 SPSS 進行分析並未接觸 Amos 的人，可將 SPSS 的分析與 Amos 的分析相互對應比較，將可加深路徑圖的理解。

　　利用 Amos 探討結構方程模式的書，市面上出版有許多相關的書，有的是偏向理論的說明，但本書可說是初次接觸結構方程模式分析的最佳入門書。想實際應用結構方程模式進行分析，建議可將本書當作學習的跳板，之後再參閱其他的進階書去學習，必有提升實力之效。

　　分析路徑圖的人（某種程度）能自由地設定 Amos 是最迷人的地方，但也有其難處，像是識別性的問題等。不妨一面依照步驟一面去練習並克服困難，務必要能實際感受它的有趣之處才行。

　　以路徑圖理解分析，不單是進行所需的分析，也有助於理解事情的始末。而且，利用 SPSS 的方法進行分析時，將目前所進行的分析要如何才能畫在路徑圖上，對此試著加以考察也有助於分析的推測。並且，對學生來說，能閱讀路徑圖，也有助於加深論文的理解。透過 Amos 體驗分析，如能產生「真不錯」的感覺是最令人欣慰的。

　　雖然本書有一部分是將重點放在分析的方法與結果的判讀方法，但本書的著眼點是在於指出一連串的資料處理中應注意的地方。本書由於無法詳細說明所有的分析，因之有關 SPSS 與 Amos 之分析方法，可以一併參考的《工業調查資料分析》（五南出版）與《社會調查資料分析：活用 SPSS 與 Amos》（五南出版），此外，也可參照其他相關的教材。

　　本書各章中所列舉的案例，前半部暫且以不存疑資料的可行性直率地進行分析，並以論文形式陳述結果，而後半部是對前半部所進行的一連串分析的哪一個部分有問題呢？有無其他的想法呢？一面配合分析一面進行解說。

　　對利用 Amos 的分析感到不安的讀者，不妨依據本書的步驟以「圖進圖出」的方式分析看看。實際執行分析時，就會學到與分析有關聯最好要記住的事項，以及確認資料分配的需要性、結果的陳述方式等。

　　對於本書所處理 Amos 的分析一度有過經驗的讀者，可以一面閱讀本書各章案例的前半部，一面推理該分析的某處是否隱藏著問題。各章案例的後半部，因有說明編者個人的想法，不妨一面參考，一面整理自己的想法，並相互驗證會是最好的。當然，對於所提出卻未曾體驗過的分析手法，也務必要實際去體驗分析才行。

　　案例的任何資料，並非盲目的去套用機械式的分析步驟與判斷基準，而是要盡可能仔細觀察資料，了解各個分析的「背景」之後，如果各場面均能「柔軟」的判斷時，可以說已充分達成本書學習的目的。

　　學生們在收集畢業研究的資料前，盡可能先閱讀本書。並且，不只是閱讀，要實際下載資料，實際去分析資料看看。透過本書，若能獲得資料分析的經驗時，可說是邁出學習的第一步了。

　　感謝五南出版王正華主編惠賜出版機會，讓本書得以順利出版，謹此致上最誠摯的謝意。最後，本書若有解說不適，還盼賢達賜正，不勝感激。

陳耀茂
謹誌於東海大學

CONTENTS 目 錄

第一篇 基礎篇

01章 Amos 與路徑圖的基本 ── 分析之前的準備   3

1.1 Amos 的基本 ── 啓動 Amos   3

1.2 路徑圖的基本   8

1.3 從基本圖形的組合建立模式   10

02章 Amos 與相關關係   11

2.1 研究的背景與使用的數據   11

2.2 數據的輸入與讀取   13

2.3 繪製路徑圖 ── 以路徑圖繪製資料的相關關係   18

2.4 分析的指定與執行 ── 執行路徑圖的相關關係之分析   26

2.5 觀察輸出   28

2.6 以 SPSS 分析看看 ── 輸出相關係數   31

03章 Amos 與複迴歸分析   41

3.1 研究的背景與使用的數據   42

3.2 畫路徑圖   42

3.3 觀察指出 ── 判斷因果關係   50

3.4 以 SPSS 分析看看 ── 分析因果關係   56

04 章　複迴歸分析及偏相關分析　63

4.1　研究的背景與使用的數據　63

4.2　畫路徑圖　65

4.3　觀察輸出──判斷因果關係　71

4.4　以 SPSS 分析看看──分析數個因果關係　75

05 章　因果關係鏈──複迴歸分析的重複　83

5.1　研究的背景與使用的數據　83

5.2　畫路徑圖──畫因果關係鏈　85

5.3　觀察輸出──判斷因果關係鏈　90

5.4　改良模式──刪除路徑再分析　97

5.5　以 SPSS 分析看看──分析數個因果關係鏈　109

06 章　雙向因果關係與多群體分析　137

6.1　研究的背景與使用的數據　139

6.2　畫路徑圖──畫雙向的因果關係　141

6.3　觀察輸出　144

6.4　分析的指定與執行──分析組別的因果關係　147

6.5　觀察輸出　151

07 章　確認式因素分析的基本模型　161

7.1　研究的背景與使用的資料──對 8 個形容詞回答之分析　161

7.2　畫路徑圖──繪製 2 因素的因素分析模式　163

7.3　2 階因素分析、階層因素分析　　　　　　　　　183

08 章　確證式因素分析的活用　　　　　　　197

8.1　研究主題與分析的背景　　　　　　　　　　197

8.2　以路徑圖表現　　　　　　　　　　　　　　198

**09 章　因素分析與複迴歸分析的組合
——向更複雜的模式挑戰　　　　　　207**

9.1　研究的背景與使用的數據　　　　　　　　　207

9.2　畫路徑圖——畫出潛在變數間的因果關係　　210

9.3　觀察輸出　　　　　　　　　　　　　　　　214

9.4　以 SPSS 分析看看　　　　　　　　　　　　219

10 章　從因素分析到結構方程模式分析　　237

10.1　購買便利商店便當的理由　　　　　　　　238

10.2　潛在因素的探索與定義　　　　　　　　　242

10.3　建立假設與關係性的計測　　　　　　　　247

10.4　潛在變數的平均差之計測　　　　　　　　257

10.5　整理所得到的見解　　　　　　　　　　　269

11 章　探索型模式的設定　　　　　　　　271

11.1　探索型模式的設定　　　　　　　　　　　271

11.2　結果與其看法　　　　　　　　　　　　　274

11.3　使用探索型模式設定的探索式因素分析　　278

11.4　利用適合度的變化量來探索模式　　282

12 章　平均結構模式　　287

12.1　男性與女性在意識上的差異　　289

12.2　分析的事前準備　　292

12.3　數個組的設定　　296

12.4　限制條件的設定　　300

12.5　分析的執行與結果的輸出　　311

12.6　結果的整理　　319

12.7　平均結構模式的特徵　　320

13 章　潛在曲線模式　　323

13.1　分析的背景　　323

13.2　數據的確認與項目的分析　　325

13.3　相互相關　　331

13.4　利用潛在曲線模式來檢討　　333

13.5　預測截距與斜率　　342

13.6　補充說明　　347

14 章　重複抽樣估計法　　359

14.1　何謂重複抽樣估計法　　359

14.2　標準誤差的估計　　361

14.3　偏誤、信賴區間的估計　　365

14.4　模式間的比較　369

15章　PROCESS──調節變數與中介變數　373

15.1　簡介　373

15.2　Process 軟體的下載　378

15.3　解析例　381

16章　順序類別數據之分析　395

16.1　順序類別數據的輸入　395

16.2　順序類別數據的因素分析　402

16.3　對潛在變數的推測　411

17章　多群體的同時分析　419

17.1　多群體的同時分析　419

17.2　想分析的事情是？　423

17.3　撰寫論文　425

18章　貝氏估計　465

18.1　貝氏估計與 MCMC　465

18.2　詳細的設定　469

18.3　分析選項　473

18.4　不適解的因應　479

19 章　遺漏值與多重代入法　489

19.1　何謂遺漏值　489

19.2　完全資訊最大概似估計法　491

19.3　數據的代入　495

19.4　完整數據組的利用　497

20 章　結構方程模式分析須知　503

20.1　模式的建構與估計　503

20.2　模式與數據的適配　510

20.3　識別性的確保與不適解的解決　516

20.4　平均構造模式的補充　526

20.5　Amos 的補充　537

第二篇　案例篇

21 章　案例 1
──飲食生活影響健康狀態的因果關係
545

22 章　案例 2
──消費者的店舖利用行為　563

第一篇　基礎篇

第1章 Amos 與路徑圖的基本 ——分析之前的準備

> Amos 是結構方程模式常用的工具，本章是學習 Amos 的基本操作方法與路徑圖的基礎。具體的路徑圖畫法與分析的執行方法會在第 2 章以後探討，有某種程度使用過 Amos 的讀者，直接進入其他章節也無妨。

1.1 Amos 的基本——啓動 Amos

要啓動 Amos，先開啟 Window 的【開始】→【程式集】，從【IBM SPSS Amos】檔案夾中選擇【Amos Graphics】。

在 SPSS 的分析清單中有 Amos 的項目時，一旦選擇 Amos 即可啓動。

一、Amos 的作業畫面

啟動 Amos 的時候，即出現如下的畫面。

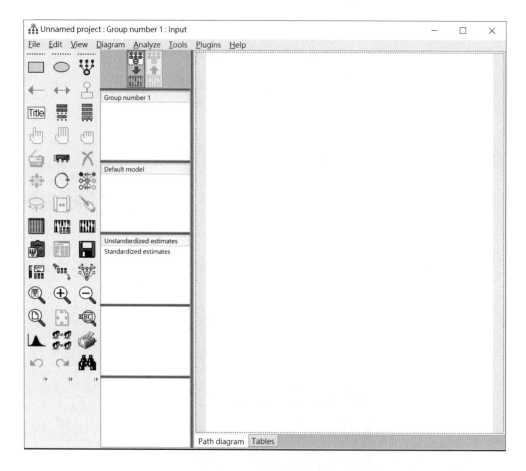

最左邊排列著圖像。此部分稱為**圖像區**，點選此等圖像，即可繪製或修改路徑圖，進行分析的指定或執行。無法使用之狀態的圖像顏色變淡無法點選，因之可以了解目前可以使用哪一個圖像或不能使用哪一個圖像。

中央的部分稱為**資訊區**。此框中當處理數個模式或數據，或在路徑圖內顯示估計值時，可顯示所需的資訊。

右側的四方框稱為**繪圖區**，是繪製路徑的區域，雖以四方框顯示，但此可以想成是一頁的紙張。並且，選擇【View】清單→【Interface Properties】，像空白或頁面方向（縱方向或橫方向）等，均可以改變頁面的設定。

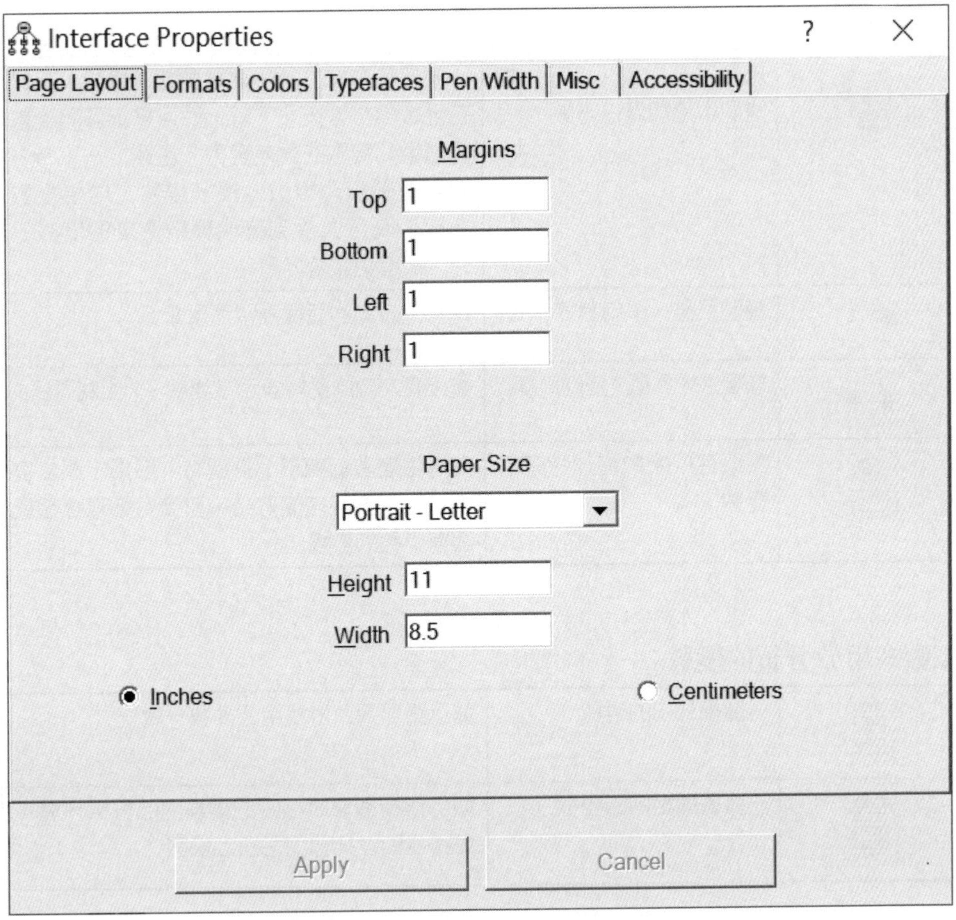

Interface Properties　？　✕

| Page Layout | Formats | Colors | Typefaces | Pen Width | Misc | Accessibility |

Margins

Top 1

Bottom 1

Left 1

Right 1

Paper Size

Portrait - Letter ▾

Height 11

Width 8.5

◉ Inches　　　　　　　　　　　○ Centimeters

Apply　　　　　　Cancel

二、Amos 經常使用的圖像與簡單的說明

1. 繪製路徑圖的工具

圖像	內容	說明
 ▭	繪製可被觀測的變數	繪製觀測變數（直接被觀測的變數）一面按著滑鼠左鍵一面繪製
 ⬭	繪製不能直接觀測的變數	繪製潛在變數（不能直接觀測的變數）畫法與上面相同

圖像	內容	說明
	繪製潛在變數，或在指標變數中追加潛在變數	一面按著滑鼠左鍵一面繪製潛在變數，在潛在變數中左鍵按一下時，即可畫出觀測變數及對觀測變數的誤差變數。重複按一下時，即可追加觀測變數、誤差變數、內生變數（至少有一次受到其他變數影響的變數）時，即追加誤差變數
	繪製路徑（單向箭線）	畫出單方向的箭線表示因果關係
	繪製共變異數（雙向箭線）	畫出雙方向的箭線表示共變關係（相關關係）
	對既存的變數追加特有的變數	在內生變數的圖形上點選時，即畫出誤差變數，已畫出誤差變數時，可像畫圖那樣移動誤差變數的位置

2. 觀察用於分析的變數

圖像	內容	說明
	一覽模式內的變數	顯示路徑圖上所使用的變數一覽
	一覽數據組內的變數	顯示作為數據所指定的檔案內的變數一覽，在路徑圖以拖移即可指定變數

3. 圖形的選擇

圖像	內容	說明
	選擇各一個物件	選擇一個圖形，被選擇的圖形以藍色顯示
	選擇全部物件	選擇所有的圖形，被選擇的圖形以藍色顯示
	解除所有物件的選擇	解除所有的選擇

4. 圖形的編輯

	複製物件	複製圖形。在想旋轉的圖形上按住左鍵一面移動滑鼠
	移動物件	移動圖形。在想要移動的圖形上按住左鍵一面移動滑鼠
	消去物件	消去圖形。在想消去的圖形上按一下左鍵
	變更物件的形狀	改變圖形的大小、形狀
	旋轉潛在變數的指標變數	潛在變數周圍的觀測變數與誤差變數的位置，像畫圖那樣移動
	反轉潛在變數的指標變數	潛在變數周圍的觀測變數與誤差變數的位置左右對稱地移動

5. 有關畫面的顯示

	移動參數值	讓顯示在圖周邊的分析結果的數值位置移動
	在畫面上移動路徑圖	一面按一下左鍵一面使滑鼠移動時，圖形的整個繪製區即移動
	修正	在圖形上按一下左鍵，路徑即可修正成適切的位置
	擴大路徑圖的部分	擴大整個繪圖區
	縮小圖的部分	縮小整個繪圖區

6. 有關分析

	選擇數據檔	指定數據檔，當按組別進行分析時，指定判別組的變數

	分析的性質	進行分析方式的指定、輸出的指定
	計算估計值	執行分析，顯示「算盤」的圖像

7. 觀察結果

	顯示正文（Text）輸出	觀察分析結果的詳細情形
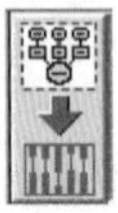	輸入路徑圖（模式的特定化）的顯示	在此圖像被選擇的狀態下繪製圖形
	輸出路徑圖的顯示	分析結果的數值顯示在路徑圖內，如選擇中央部分的「未標準化估計值」「標準化估計值」的字母時，顯示所對應的數值

第 2 章以後，一面使用這些圖像，一面進行實際的分析，一面體驗分析，一面記住圖像的意義。

1.2　路徑圖的基本

■四個基本圖形：變數與因果關係、相關關係

路徑圖示以四方形、圓形（橢圓）、單向箭線、雙向箭線等四個圖形來表現。此四個以英語來說就像字母一樣。組合此四個圖形，可產生出各種意義。

1. 四方形──觀測變數

四方型是表示「觀測變數」。

這是意指實際被測量的數據，譬如，假定測量 10 名大學生的身高與體重時，此「身高」或「體重」是以四方型表現。試想像在「身高」的四方型中，包含有 10 名的身高數據。

觀測變數

2.圓、橢圓──潛在變數

圓或橢圓表示「潛在變數」。

潛在變數

這意謂實際上未能被觀測的變數。表示無法直接觀測的變數，或理論上所假定的概念（構成概念）時也可使用。

◎將無法直接觀測的變數想列入分析之中的時候也有。譬如，「學力」的情形如何？學歷高的學生在國文、數學、英文系各科均取得高分，但學力的高低與各科的分數並不一致。各科的分數是反映在學力，並非學力本身，像此種情形，將學力當作潛在變數來繪製。

3.單向箭線──因果關係

單向箭線表示「因果關係」。

假定箭線的始端的變數對箭線終端的變數造成影響。

譬如，多吃糖果的人比不吃糖果的人在體重上也許較為重些。像這樣，如假定吃糖果的量對體重有影響時，就可畫出「糖果量」→「體重」。

4.雙向箭線──相關關係（共變關係）

雙向箭線表示「相關關係（共變關係）」。

所謂相關關係（共變關係），是在可以想出各種關係包含因果關係之中，當某一方的分數越高，另一方的分數就出現越高（或越低）的關係。

A 越多，B 也越多（A 越少，B 也越少）有此種關係稱為「正相關」。

A 越多，B 就越少（A 越少，B 就越多）有此種關係稱為「負相關」。

A 的多少與 B 的多少無關，稱為「無相關」。

譬如，身高與體中之間有「正的相關關係」。可是，身高並非是體重的原因，體重也並非是身高的原因。即使節食減少體重，身高幾乎不變。像這樣，即使兩者之間有正的相關關係，仍無因果關係。因此，身高與體重並非單向箭線，以雙向箭線連結才是適切的。

1.3 從基本圖形的組合建立模式

　　將這些圖形加以組合，可產生出各種的意義。

　　譬如，下圖是畫出「學習量影響成績」的關係。雖然是單純的話題，但一般可以認爲越是學習，成績越會提高。可是，是否成績完全只能以學習量來說明呢？實際上也並非如此。

　　因此，放置「學習量」以外的要素即「誤差」，利用「學習量」與「誤差」來說明「成績」，建立如此的模式。

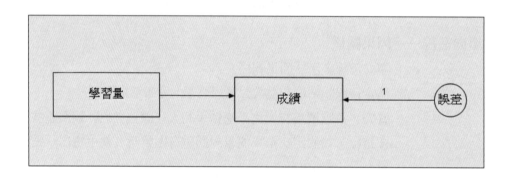

　　另外，下圖是無法直接觀測的構成概念即「數學的學力」，影響三種數學問題的正答數的關係圖。

　　「數學的學力」由於直接測量是很困難的，因之從其所反映的結果即「計算問題正答數」、「圖形問題正答數」、「證明問題正答數」三個觀測變數，間接地加以推測，利用肉眼看不見的「數學的學力」與「誤差」，說明各個的正答數。

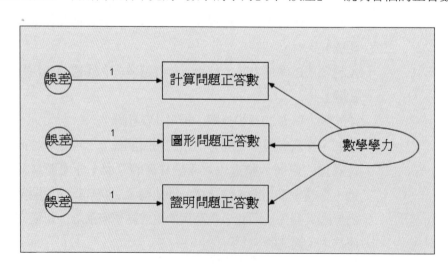

第 2 章　Amos 與相關關係

本章透過以路徑圖表示變數間的相關關係，進一步熟悉 Amos 的操作。這可說是 Amos 的最基本操作。如第 2 章所說明的那樣，相關關係是以雙向箭線表現。

統計學中表示 2 個變數之關連的方法，其中的一個方法即為 Pearson 的相關係數。

相關係數值 r 是在 –1.00 到 1.00 的範圍中。並且，相關係數若是 0.00，意指 2 個變數間全無關係，相關係數若是 1.00，意指 2 個變數間有替代關係。

數值若是負值稱為「負相關」，若是正值稱為「正相關」。
負相關是有著一方之值愈大另一方之值就愈小的關係。
正相關是有著一方之值愈大另一方之值也愈大的關係。

當相關係數是 1.00(–1.00) 時，一對一的關係是完全成立的。如若不然（不是 ±1.00）時，存在有例外的數據。譬如，以整體來說，A 愈大 B 也愈大（正的相關關係），但儘管 A 大仍存在有 B 不怎麼大的數據。此種數據存在許多時，相關係數之值即變小，此種的數據如果少，值就會變大。

本章透過以路徑圖表示變數間的相關關係，以進一步熟悉 Amos 的操作。如第 2 章所說明的那樣，相關關係是以雙向箭線表現。

2.1　研究的背景與使用的數據

■檢討 3 個心理學上分數之間的關聯性

此處，檢討 3 個心理學上的分數之間的關聯。

使用的數據如下。對 20 名實施「外向性」、「調和性」、「不安」的個別詢問。

分別以 3 個詢問項目來測量，再求出合計值（虛構數據）。

外向性：興趣、關心趨向自己以外的方向之程度。

調和性：與他人協調能順利進行的程度。

不安：焦慮種種的程度。

NO：調查對象者的號碼。

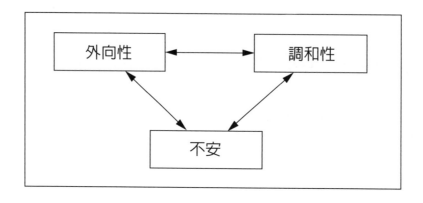

NO	外向性	調和性	不安
1	5	4	8
2	2	5	7
3	4	7	4
4	3	5	7
5	4	2	3
6	5	4	6
7	5	6	5
8	7	6	2
9	4	3	5
10	6	7	3
11	3	2	5
12	7	6	3
13	5	5	2
14	6	8	4
15	6	5	6
16	5	4	4
17	5	3	4
18	4	5	7
19	8	6	2
20	5	8	6

數據檔請參 data_02.xls。

2.2 　數據的輸入與讀取

Amos 是可以讀取各種形式的數據。此處介紹主要的數據輸入方法。

一、Excel 的數據

輸入到 Excel 時，如第 1 列輸入變數名稱時，Amos 可以自動讀取。另外，若非 Excel 2007 形式（.xlsx），而是使用以前的格式（.xLs）來儲存或許比較方便的也有吧。

	1	2	3	4
1	NO	外向性	調和性	不安
2	1	5	4	8
3	2	2	5	7
4	3	4	7	4
5	4	3	5	7
6	5	4	2	3
7	6	5	4	6
8	7	5	6	5
9	8	7	6	2
10	9	4	3	5
11	10	6	7	3
12	11	3	2	5
13	12	7	6	3
14	13	5	5	2
15	14	6	8	4
16	15	6	5	6
17	16	5	4	4
18	17	5	3	4
19	18	4	5	7
20	19	8	6	2
21	20	5	8	6

二、SPSS 的數據

輸入到 SPSS 時，開啟畫面左下的【變數檢視】。

	名稱	類型	寬度	小數	標記	數值	遺漏
1	NO	數字的	11	0		無	無
2	外向性	數字的	11	0		無	無
3	調和性	數字的	11	0		無	無
4	不安	數字的	11	0		無	無
5							
6							

未命名 - SPSS 資料編輯程式
檔案(F) 編輯(E) 檢視(V) 資料(D) 轉換(T) 分析(A) 統計圖(G) 公用程式(U) 視窗(W) 輔助說明(H)

資料檢視 / 變數檢視 /

SPSS 處理器 已就緒

其次，開啟【資料檢視】，輸入數據。

	NO	外向性	調和性	不安
1	1	5	4	8
2	2	2	5	7
3	3	4	7	4
4	4	3	5	7
5	5	4	2	3
6	6	5	4	6
7	7	5	6	5
8	8	7	6	2
9	9	4	3	5
10	10	6	7	3
11	11	3	2	5
12	12	7	6	3
13	13	5	5	2
14	14	6	8	4
15	15	6	5	6
16	16	5	4	4
17	17	5	3	4
18	18	4	5	7
19	19	8	6	2
20	20	5	8	6

三、Tab 分隔、逗點分隔的數據

　　Amos 與 SPSS 也可讀取 Tab 分隔（左側）、逗點分隔（右側）的數據，與 Excel 一樣，第一列輸入變數名時，即可自動被讀取。

> Tab 分隔的檔名有「.txt」的執行檔，逗點分隔的檔名有「.csv」的執行檔。
> 另外，將以 Excel 所作成的 csv 形式的檔案以 Text 編輯程式開啓時，可以變成逗點分隔。

Tab 分隔	**逗點分隔**
No　外向性　調和性　不安	No,外向性,調和性,不安
1　　5　　4　　8	1,5,4,8
2　　2　　5　　7	2,2,5,7
3　　4　　7　　4	3,4,7,4
4　　3　　5　　7	4,3,5,7
5　　4　　2　　3	5,4,2,3
6　　5　　4　　6	6,5,4,6
7　　5　　6　　5	7,5,6,5
8　　7　　6　　2	8,7,6,2
9　　4　　3　　5	9,4,3,5
10　6　　7　　3	10,6,7,3
11　3　　2　　5	11,3,2,5
12　7　　6　　3	12,7,6,3
13　5　　5　　2	13,5,5,2
14　6　　8　　4	14,6,8,4
15　6　　5　　6	15,6,5,6
16　5　　4　　4	16,5,4,4
17　5　　3　　4	17,5,3,4
18　4　　5　　7	18,4,5,7
19　8　　6　　2	19,8,6,2
20　5　　8　　6	20,5,8,6
（data_ex06tab）	（data_ex06comma）

四、資料的讀取──將資料讀取到 Amos

　　那麼，試以 Amos 讀取資料。

步驟 **1** 啓動 Amos。從【File】清單選擇【Data Files】，或直接點選【Data Files】圖像（）亦可。

步驟 **2** 顯示出【Data Files】視窗。

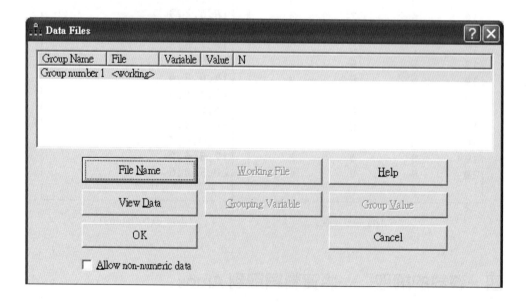

步驟 3　點選【File Name】。

在【檔案類型 (T)】中，選擇想讀取檔案的形式。

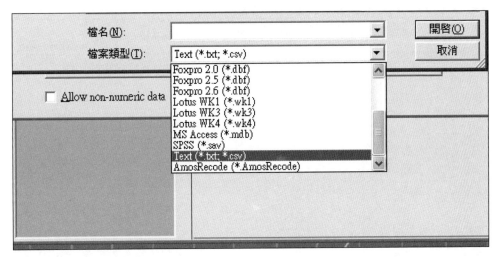

（注）此處是以 csv 檔的例子來說明，但 Excel 檔的情形也一樣，在【檔案類型 (T)】中選擇 Excel 8.0（*.xLs）即可。

步驟 4　如樣本數【N】顯示有【20/20】，表示讀取成功（顯示已讀取 20 個數據）。

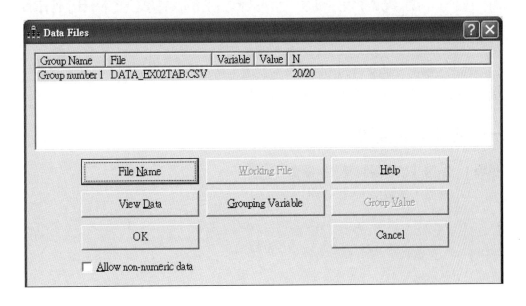

如點選【View Data】時，就會顯示所讀取的資料，不妨確認看看。

確認資料已被讀取時，回到步驟 4 的畫面，按 確定 。

2.3　繪製路徑圖 —— 以路徑圖繪製資料的相關關係

此次，檢討三個資料的相關關係。此處，為了熟悉 Amos 的工具列，試著一面使用幾個機能一面去繪製路徑圖看看。

一、繪製觀測變數

步驟 1　點選【繪製觀測變數】圖像（ ▢ ）。
　　　　首先，繪製出一個四方形。

步驟 2　為了熟悉操作，試著複製此四方形看看。

如點選【複製物件】圖像（），滑鼠指針會改變。亦即，此圖像變成複印機的形狀。在此狀態下，照樣點選先前所繪製的四方形，於右側移動滑鼠，再放開點選。

是否複製了四方形呢？

再度點選【複製物件】圖像（ ）時，即可跳出複製的狀態。

步驟 3 其次，就手掌形狀的圖像（ ✊ 🖐 ✊ ）進行說明。

(1)「豎起食指」的圖像（ 👆 ）稱為【單選物件（Select one object a time）】。

點選此圖像時，滑鼠指針也成為相同形狀。在此狀態下，試著點一下剛才所繪製的右側的四方形，指針如出現在四方形的外側時，四方形會變成藍色，此顏色的狀態，是物件已被選擇的狀態，不妨記住。

再一次點一下時，四方形即還原成黑色。

(2)其次，試著點選「手掌全開」的圖像（ 🖐 ）看看。

指針與先前相同，兩個四方形均變成藍色。

此稱為【選擇所有物件（Select allobjects）】圖像，按一下之後，繪圖區內所畫的所有圖形均被選擇。

(3)那麼，在此狀態下，試著點選「手掌猜拳」的圖像（ ✊ ）。

兩個四方形是否還原成黑色呢？

此稱為【解除所有物件的選擇（Deselect objects）】圖像，點選之後，即解除所有的選擇。

步驟 4 那麼，點一下【選擇所有物件】圖像（ 🖐 ）。

其次，點一下【複製物件】圖像（ 📋 ）。

按住左右任一方的四方形後向下方移動，再放開看看。

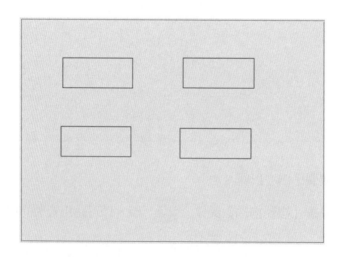

四方形是否變成了四個呢？

按一下【複製物件】圖像（　），即跳出複製狀態。

另外，下方兩個四方形變成藍色呈現被選擇的樣式，按一下【解除所有物件之選擇】圖像（　），即解除選擇。

步驟 5　分析中所使用的變數有 3 個，而四方形有四個，試消去 1 個看看。

點選【消去物件（Erase objects）】圖像（X）。滑鼠指針形成X的形狀，試按一下左下的四方形，是否消去了呢？

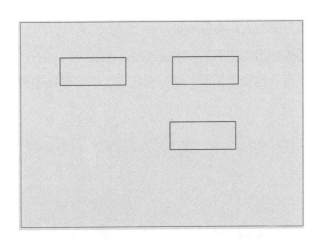

步驟 6　由於有像卡車形狀的圖像（　），試按一下看看。

滑鼠指針也形成卡車的形狀，此稱為【移動物件（Move objects）】圖像，讓圖形在移動時使用，那麼，讓右下的四方形移到中央看看。

按住圖形向左方移動後再放開按鈕。

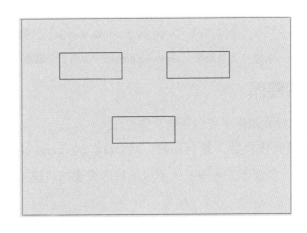

再一次，按一下【移動物件】時，即可跳出移動樣式。

步驟 7　另外，再將所有的圖形移動看看。

(1)按一下【選擇所有物件】圖像（🖐）。要確認所有的圖形均變成藍色。

(2)按一下【移動物件】圖像（🚚）。

一面點選任一圖形一面移動時，所有的圖形均可移動。

(3)再按一下【移動物件】圖像（🚚），即從移動樣式中跳出，並且按一下【解除所有物件】圖像（🖐）即可解除選擇。

步驟 8　試改變四方形的大小看看。

按一下【改變物件的形狀（Change the shape of objects）】圖像（✥）時，滑鼠指針也變成相同形狀，按住左上四方形移動滑鼠時，即可改變形狀或大小。

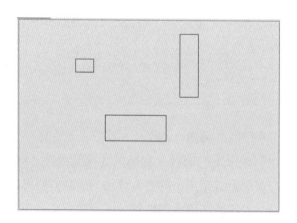

（注）想還原時⋯

如果操作失敗，可按一下【還原（Undo the previous change）】圖像（↺）。

如果想重作時，可按一下【重作（undo the previous undo）】圖像（↻）。

二、繪製相關關係

步驟 1　變數間的相關關係，是以雙向箭頭表示。

點選【畫共變異數（雙向箭線）（Draw covariance（double headed arrows）)】圖像（↔），滑鼠指針形成雙向箭線。

步驟 2　在三個四方形之間，畫出雙向箭頭吧。

從左向右畫時，畫出向上的弧形。

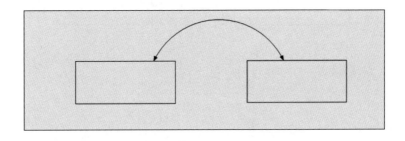

從右向左畫時，畫出向下的弧形。

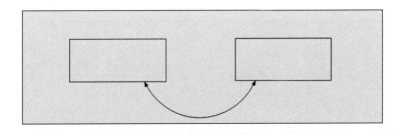

另外，由上向下畫時，畫出向右的弧形。

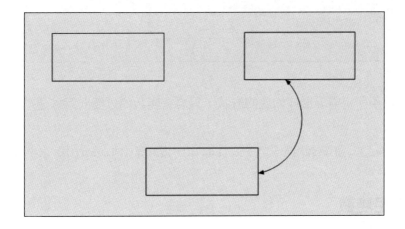

由下向上畫時，畫出向左的弧形。

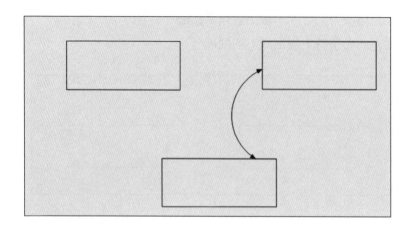

注意此事後，試在三個四方形之間畫出雙向箭頭。

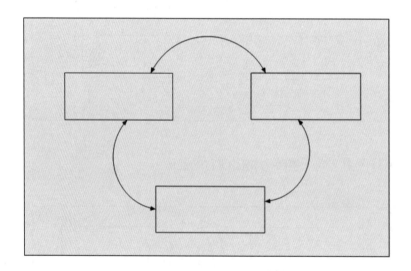

並不一定需要形成如此的形狀，只要在變數間以雙向箭線連結時即能分析。

（注）雖然與工具列的圖像相同，但是在【Edit (E)】清單或【Diagram (D)】之中也有，不妨確認看看。

三、指定變數

為了分析對三個四方形（觀測變數）中有需要指定所讀取的資料。

步驟 1　按一下【一覽資料組內的變數（List variables in data set）】圖像（▤），
或者從工具列選擇【View】→【Variables in Dataset】。
先前所讀取的資料的變數名稱即可以一覽的方式顯示。

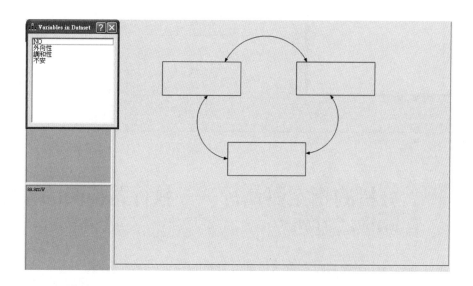

步驟 2　首先點選「外向性」，按住之後將滑鼠指針移向左上的四方形，再放開。
同樣，將「調和性」移向右上的四方形，「不安」移向下面的四方形。

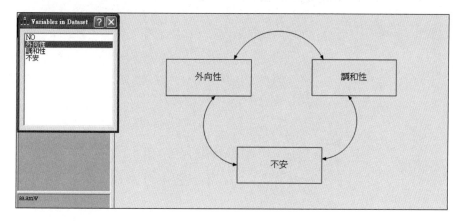

（注）即使未畫出四方形，如將資料組內所含的變數拖移到作圖區時，仍可畫出所指定變數
的觀測變數。

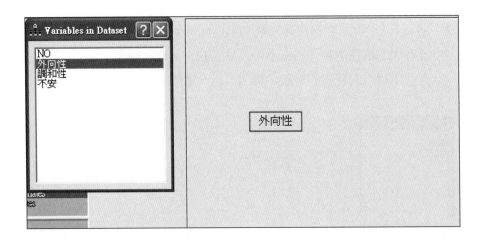

分析的指定與執行 ── 執行路徑圖的相關 關係之分析

至此如已畫出路徑圖時,按著是進行分析的指定與執行看看。

步驟 1 在進行分析之前,首先點選【Analysis properties】圖像( ),再點 選【Output】Tab。

勾選〔 Standardized estimates 〕後再關閉視窗。

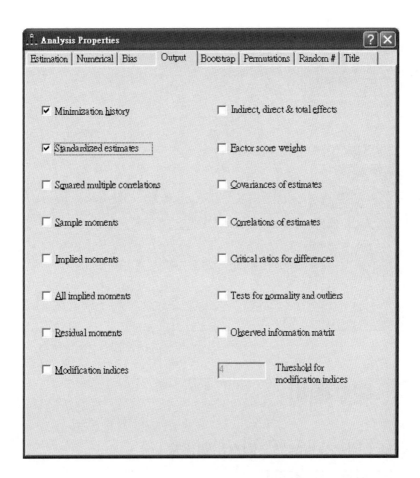

（注）勾選【Standardized estimates】時，即輸出可標準化成為平均 0，變異數 1 的路徑係數，因之最好不要忘了勾選。其他的部分，容後面章節中說明。

步驟 2　那麼，試著執行分析看看。

點選【Calculate estimates】圖像（▦），或者選擇【Analyze】→【Calculate estimates】。

為了儲存檔案會顯示出視窗，在適當的位置處取上名稱後儲存。但所儲存的檔案數甚多時，可製作適切的檔案夾再整理為宜。

如檔案已儲存時，即執行分析。

中央的框內，如顯示出【Minimum achieved】、【Writing output】時，分析就算成功。

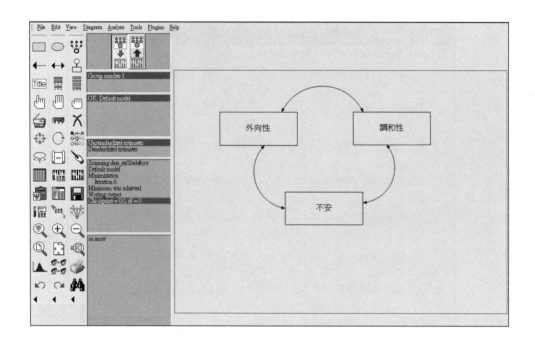

■在路徑圖上顯示分析結果，觀察相關係數

　　試著在路徑圖上顯示結果吧。

一、觀察輸出路徑圖

步驟 1　按一下中央上部的【view the output path diagram】圖像（ ）。

　　　　　路徑圖上顯示數值。

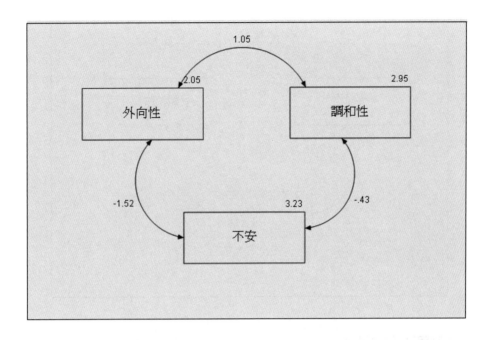

在此雙向箭線上所顯示的數值，是未標準化的數值，亦即共變異數。

另外，在四方形（觀測變數）的右肩上的數值，是變異數的估計值。

步驟 2　試著按一下中央的『參數形式』的框內的【Standardized estimates】。

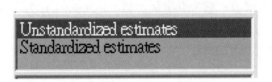

在三個變數間的雙向箭線上顯示出標準化估計值，亦即相關係數。

數據已標準化成為平均 0，變異數 1，所以未顯示變異數的估計值。

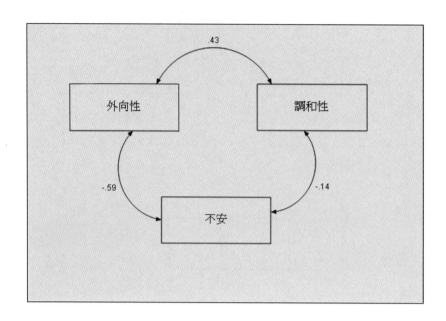

二、觀察正文輸出

步驟 1 其次按一下【View text】圖像（ 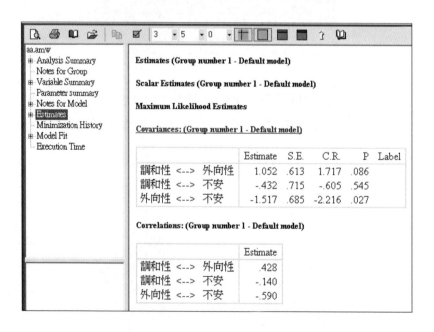 ），或從工具列選擇【View】→【Text output】。

在左側的清單中，試著點選估計值（Estimates）的字母。

顯示有標準化前的【共變異數（Covariances）】，以及標準化後的數值【相關係數（Correlations）】。

步驟 2 在【共變異數（Covariance）】的框內也顯示有顯著機率（機率）。

此處依據顯著水準，判斷所顯示的顯著機率。

0.1% 水準	P < 0.001	顯著機率「未滿 0.001」
1% 水準	p < 0.01	顯著機率「0.001 以上」～「0.01 未滿」
0.5% 水準	p < 0.05	顯著機率「0.01 以上」～「0.05 未滿」

結果的判讀 此次的情形，「外向性」與「不安」之間的相關係數是 r = −0.590，為負的相關，在 5% 水準下是顯著的。「外向性」與「調和性」的相關係數是 r = 0.428，呈現正的相關，顯著水準是 0.086，超過 0.05，因此在 5% 水準下不能說是顯著的，「調和性」與「不安」的相關係數是 r = 0.140，不顯著（n.s.）。

2.6 以 SPSS 分析看看——輸出相關係數

那麼，試著以 SPSS 輸出相關係數看看。

一、資料的輸出與分析

步驟 1 啓動 SPSS 後，選擇【檔案 (F)】→【開啓舊檔 (O)】→【資料 (A)】，在【開啓舊檔】視窗中，讀取與先前相同的資料。

步驟 2 選擇【分析 (A)】→【相關 (C)】→【雙變數 (B)】。

步驟 3 在【變數 (V)】方框內，指定外向性、調和性、不安。

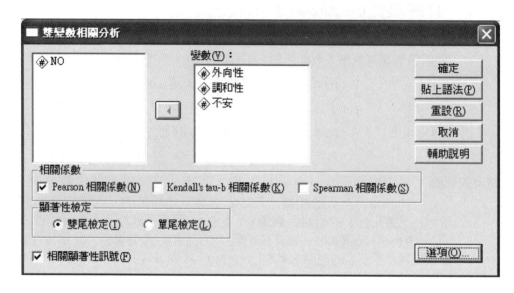

步驟 4 按一下選項 (O)。
在【統計量】的方框內，勾選【平均值與標準差 (M)】。

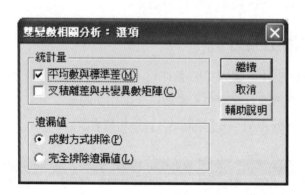

按一下 繼續。
按一下 確定。

二、結果的輸出

顯示有平均值與標準差，以及相關係數與顯著機率。

描述性統計量

	平均數	標準差	個數
外向性	4.95	1.468	20
調和性	5.05	1.761	20
不安	4.65	1.843	20

相關

		外向性	調和性	不安
外向性	Pearson 相關	1	.428	-.590**
	顯著性 (雙尾)		.059	.006
	個數	20	20	20
調和性	Pearson 相關	.428	1	-.140
	顯著性 (雙尾)	.059		.555
	個數	20	20	20
不安	Pearson 相關	-.590**	-.140	1
	顯著性 (雙尾)	.006	.555	
	個數	20	20	20

**. 在顯著水準為0.01時 (雙尾)，相關顯著。

相關係數顯示如下：

外向性與調和性：$r = 0.428$, n.s.

外向性與不安：$r = -0.590$, $p < 0.01$

調和性與不安：$r = -0.140$, n.s.

（注）n.s. 是 nonsignificant 的縮寫，不顯著之意。

三、以散佈圖確認相關關係

兩個變數之間的相關關係，具有何種意義呢？

試以 SPSS 繪製散佈圖看看。

■繪製散佈圖

步驟 1　選擇【統計圖 (G)】 → 【Legacy Dialog (L)】 → 【散佈圖 / 點 (S)】。

步驟 2　選按【簡單】，按一下 定義 。

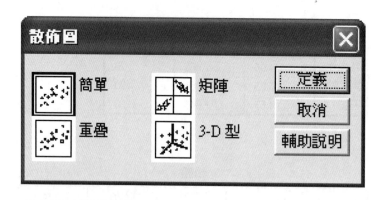

步驟 3 【Y 軸 (Y)】指定外向性，【X 軸 (X)】指定調和性。

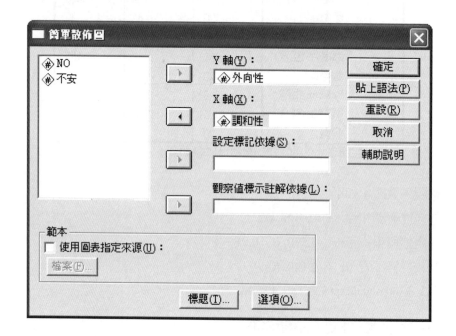

按一下 確定 。

即可畫出如下的散佈圖。

■**正的相關**

　　外向性與調和性有正的相關關係。所謂正的相關關係，意指如下圖，畫出向右上升的散佈圖。

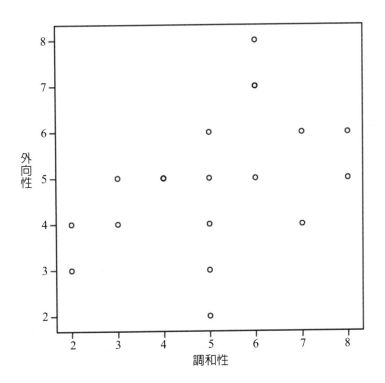

以簡單的圖形畫出正的相關關係亦即向右上升的散佈圖時，即為如下。散佈圖形成一直線時，相關係數即為 1.00。橢圓部分越寬，相關係數的值即越小。

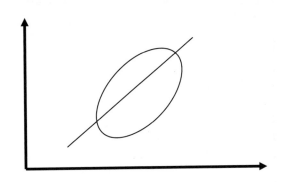

■ 負的相關

外向性與不安處於負的相關關係。

所謂負的相關關係，如下圖意指畫出向右下降的散佈圖。

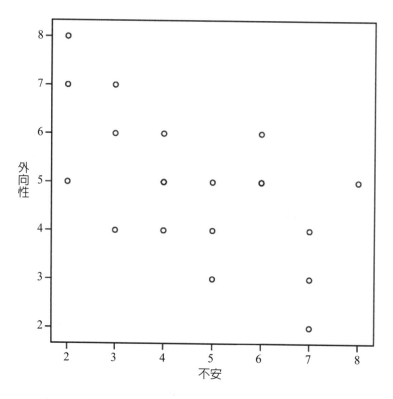

　　如以簡單的圖形畫出負的相關關係即向右下降的散佈圖時，即為如下。散佈圖形成直線時，相關係數是 −1.00。橢圓部分越寬，相關係數的絕對值即越低。

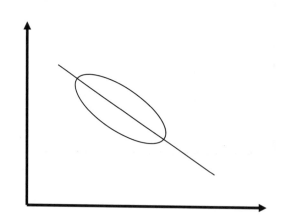

■**無相關**

　　調和性與不安是 r = −0.140，有極低的負的相關關係，接近無相關的狀態。調和性與不安的散佈圖如下。不能說向右上升或向右下降的散佈圖，點形成零散的狀態。

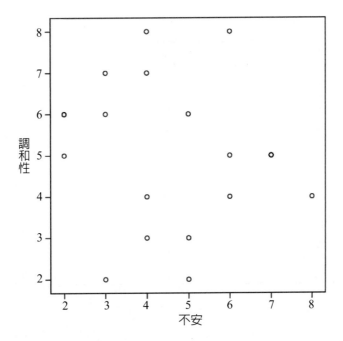

　　以簡單的圖形畫出無相關時，即為如下。所描的點形成圓形或均一分配時，相關係數是 0。

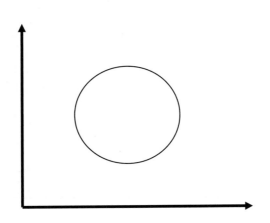

下一章試以路徑圖表現因果關係看看。

練習問題

1. 使用以下數據，以 Amos 計算變數 A 與變數 B 之間的相關係數。

	1	2
1	A	B
2	1	1
3	2	2
4	2	3
5	3	3
6	3	4
7	4	3
8	3	2
9	3	3
10	2	3

■解答

變數 A 與變數 B 之間的相關係數 r = 0.60。

將標準化估計值表示在輸出路徑圖上時即為如下。

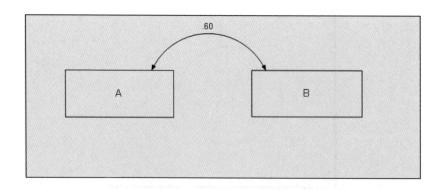

　　正文輸出的「估計值」，顯示如下，顯著機率是 p = 0.146，相關係數似乎不顯著。

Covariances: (Group number 1 - Default model)

	Estimate	S.E.	C.R.	P	Label
B <--> A	.407	.280	1.455	.146	

Correlations: (Group number 1 - Default model)

	Estimate
B <--> A	.600

Variances: (Group number 1 - Default model)

	Estimate	S.E.	C.R.	P	Label
B	.667	.333	2.000	.046	
A	.691	.346	2.000	.046	

第3章 Amos 與複迴歸分析

如第 1 章所説明的那樣，單向箭頭是表現「因果關係」。可是，查明「因果關係」，是相當困難的問題。手上拿著這本書來閱讀，以及抱持著關心而「使用 Amos 看看」，兩者之間假定有正的關係（希望能如此）。

本章使用單向箭線進行分析看看。如第 2 章所説明的那樣，單向箭頭是表現「因果關係」。可是，查明「因果關係」，是相當困難的問題。

手上拿著這本書來閱讀，以及抱持著關心而「使用 Amos 看看」，兩者之間假定有正的關係（希望能如此）。對 Amos 與結構方程模式的興趣與關心，是否對閱讀本書的傾向有影響呢？或是試著閱讀本書之後，才對 Amos 與結構方程模式產生興趣與關心呢？到底何者是何者的原因呢？

第一，時間上何者先行呢？也就是判斷在時間上是對 Amos 的興趣在先呢？還是閱讀在先呢？可是，只是時間上的先行並非因果關係的條件。即使説是乞雨之後才下雨，其中也並非真正有某種的因果關係。

第二，從理論上來想，真能假定因果關係嗎？如果將「興趣與關心是讓行動產生」作為理論的背景時，那麼「有興趣之後才閱讀」的因果關係，即判斷是妥當的。可是，該理論是否正確，完全不得而知。並且隨著時代的改變也有可能修正理論。

第三，除去其他變數的影響也會產生關聯嗎？譬如，SPSS 公司偶爾會在 Amos 的廣告頁上連結本書的介紹。此事也許會讓人認為對 Amos 與結構方程模式的興趣與關心，與本書是有關連的。

如果廣告並不會影響的情形下，對 Amos 的興趣與關心，似乎與本書的關聯就會消失，兩者的直接因果關係就不存在。

總之，要有「相關關係與因果關係是不同」的想法去進行分析。

3.1 研究的背景與使用的數據

■對主觀的幸福感造成影響的 2 個變數

　　此次分析的目的，是查明「情動控制」與「社會支援」對「主觀的幸福感」造成影響的程度。

　　「情動控制」意謂是否認識對自己本身的情感可控制到何種程度。

　　「社會支援」意謂是否認識（在困難時）對於他人的援助能接受到何種程度。

　　「主觀的幸福」意謂自己本身目前有多幸福的主觀上判斷。

　　可以預料控制自己本身與來自他人的援助，對主觀上認為自己本身是幸福的想必會有某種程度的影響。因此，想以 Amos 檢討此種關係，使用的數據如下所示。資料檔參 data_03. xLs。

NO.	情動控制	支援	幸福感
1	4	2	3
2	3	3	3
3	1	3	3
4	2	3	2
5	3	4	4
6	4	2	3
7	3	4	3
8	3	4	3
9	2	2	1
10	3	2	2
11	2	1	2
12	3	3	3
13	3	3	4
14	3	4	4
15	5	4	4

NO.	情動控制	支援	幸福感
16	3	2	3
17	3	2	1
18	3	4	3
19	4	3	4
20	3	4	4
21	4	3	3
22	3	2	4
23	3	3	4
24	3	3	3
25	3	3	3
26	4	5	5
27	3	3	4
28	3	3	3
29	4	3	3
30	1	2	2

3.2 畫路徑圖

■因果關係：2 個觀測變數說明 1 個觀測變數

　　此次，畫出以 2 個觀測變數說明 1 個觀測變數的因果關係。

一、資料的輸出與讀取

使用第 2 章所學過的方法輸入數據，以 Amos 讀取看看。

使用 SPSS、Excel、Textfile 的任一方法輸入數據均無關係（此處是 Excel 資料，data_03. xLs）。

如【Data files】的樣本數【(N)】顯示【30/30】時，即是讀取了 30 名的數據。

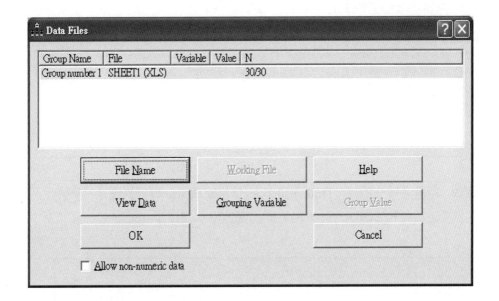

二、畫觀測變數

步驟 1　點選【繪製可被觀測的變數（Draw observed variables）】圖像（▭）。在繪圖區的略為上方畫出一個四方形。

步驟 2　其次點選【複製物件（Duplicate Objects）】圖像（▢），複製四方形於下方。左右側複製一個時，即成為如下。

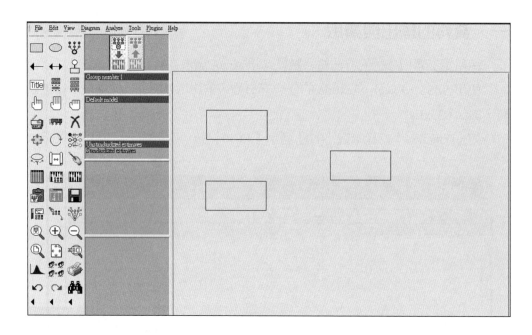

步驟 3 點選【單一箭線（Draw path (single headed arrow)）】圖像（←）。

從左側的 2 個四方形，向右側的四方形，畫出單向箭線。

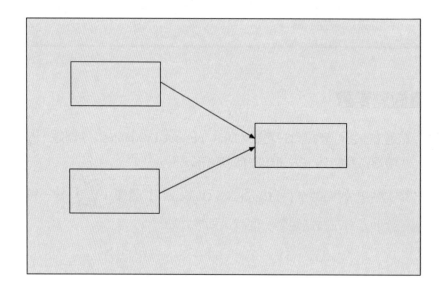

三、畫誤差變數

　　此次的情形是畫出以「情動控制」與「社會支援」說明「幸福感」的路徑圖，可是，當然是無法 100% 以情動控制與社會支援來說明幸福感。對幸福感來說，除情動控制與社會支援以外，仍有其他的要因影響著。

　　例如，像人際關係的障礙，或電視節目、飲食等也許也有影響，測量幸福感時的誤差（馬馬虎虎的回答或測量方法的不周全等）也會有影響吧。

　　因此，將無法以「情動控制」與「社會支援」來說明的「其他」部分當作「誤差（error）」來表示。

　　不妨記住「接受單向箭頭的變數，也會受到誤差的影響」。

步驟 1　誤差變數是觀測變數以外的要素，因此以潛在變數（圓或橢圖）來畫。可是並非是點選【繪製未能直接被觀測的變數（Draw unobserved variable）】圖像（   ），而是以如下來繪製。

　　　　按一下【在既有的的變數追加獨自的變數（Add a unique variable to an existing variable）】圖像（   ）。於是滑鼠指針也形成相同形式。在此狀態下，按一下右側四方形之中。於是，右側的觀測變數即加上誤差變數。

　　　　誤差變數以圓或橢圖畫出，並且路徑係數被固定成 1。不妨確認箭線旁邊記上「1」。

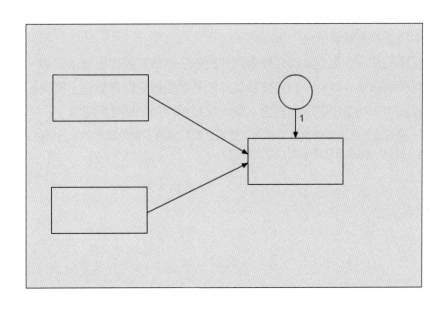

步驟 2　此外，不妨數次在相同的四方形之中按一下。誤差變數會依順時針的方向迴轉，可試著配置在認為最好的位置上。

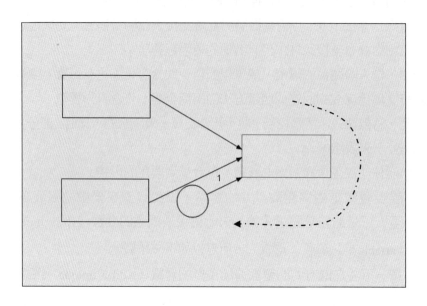

四、在外生變數之間畫上雙向箭線

　　路徑圖之中，將不曾受其他變數影響的變數稱為「外生變數」，會受到影響的變數稱為「內生變數」。

　　此次的情形，左側的 2 個觀測變數與誤差變數即為「外生變數」，右側的觀測變數即為「內生變數」。

　　路徑圖的基本規則是除誤差變數以外的外生變數都要畫上雙向箭線。除了已知相關係數明確是 0 以外，誤差變數以外的外生變數之間都要畫上雙向箭線。

　　路徑圖中未被畫出箭線的變數之間，可以解釋為相關係數是 0。

（注）Amos 的情形，誤差變數以外的外生變數之間如未畫上雙向箭線時，分析時會出現警告（當然，照原來那樣分析也是可以的）。

步驟 1　那麼，按一下【雙向箭線（Draw covariance (double headed arrows)）】
　　　　圖像（↔），在左側的 2 個觀測變數間畫上雙向箭線吧。

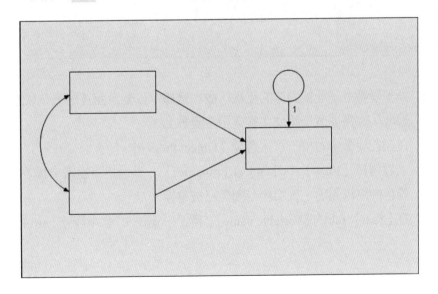

五、指定變數

指定如下變數。

步驟 1 按一下【一覽資料組內的變數（List variables in Daraset）】圖像（▤），

或者從工具列選擇【View】→【Variables in Dataset】

將情動控制、支援、幸福感指定到各自的觀測變數中。

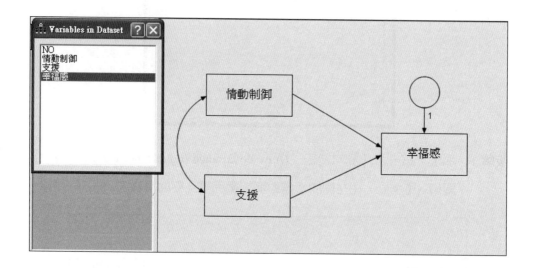

步驟 2 誤差變數是不能被觀測的變數，故在數據中以變數而言是不存在的。

因此，有需要直接將文字輸入指定變數名。

在誤差變數中右按一下，選擇【Object Properties】。

或者選擇【View】=>【Object Properties】，點選誤差變數。誤差變數以

綠色的點線圍著，表示誤差變數已被選擇。

在【Text】Tab 的【Variable name】的框內，輸入 e（意指誤差（error））。

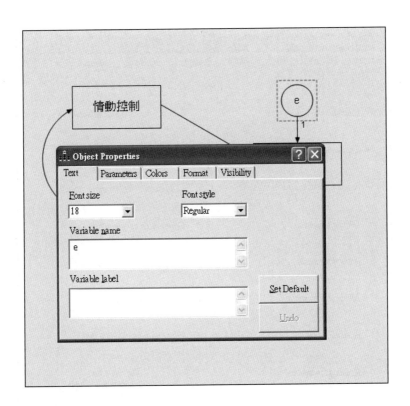

步驟 3　關閉【Object Properties】。

六、分析的指定與執行

　　首先進行分析與輸出的指定。

步驟 1　按一下【Analysis Properties】圖像（ ），或者從工具列

　　　　選擇【View】=>【Analysis Properties】。

　　　　點選【Output】的 Tab。

　　　　勾選【Standardized estimates】，【Squared multiple correlations】，

　　　　再關閉視窗。

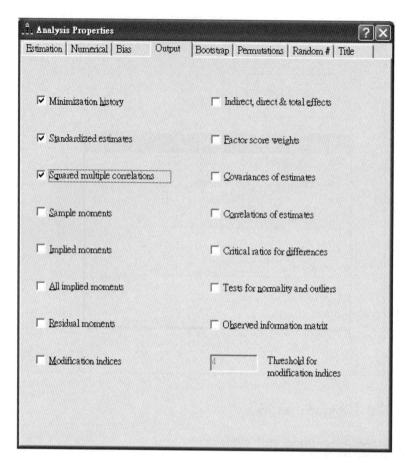

（注）如勾選【Squared multiple correlations】時，即會輸出情動控制與支援的綜合影響力。

步驟 2　按一下【Calculate Estimates】圖像（ ），或者，從工具列
選擇【Analyze】=>【Calculate Estimates】後，再執行分析。
如要求有檔案的儲存時，就要儲存在適當的場所中。

3.3　觀察指出——判斷因果關係

一、觀察輸出路徑圖

步驟 1　按一下【View the output path diagram】圖像（ ）。

顯示未標準化估計值時，即為如下。

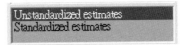

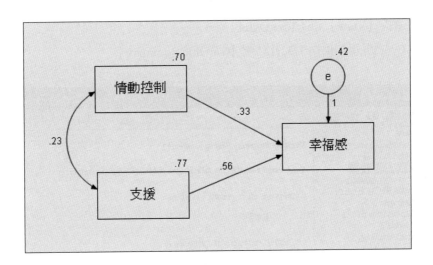

步驟 2　顯示標準化估計值時，即為如下。

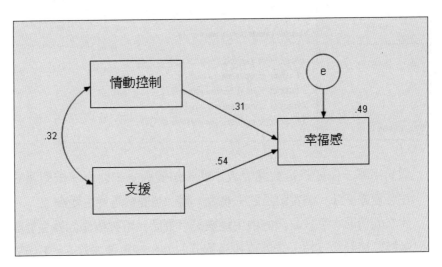

（注）在幸福感的右上「0.49」的數值，即為複相關係數的平方（R^2）。

　　　如在【Analysis Properties】中去除【Squared multiple correlations】時，即不被輸出。

結果的判讀　此次的結果，如將幸福感整體當作 1 時，可以想成利用情動控制
　　　　　　　與社會支援能說明「0.49」的一種表示吧。

二、觀察正文輸出

步驟 1　按一下【View Text】圖像（　　），或者從工具列
　　　　　選擇【View】=>【Text Outut】。
　　　　　在左側的清單中，試著點選【Variable Summary】。

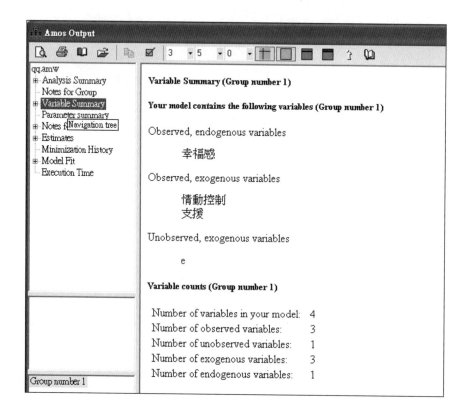

顯示出哪一個變數是觀測變數？哪一個變數是未能直接被觀測的（潛
在）變數？哪一個變數是內生變數？哪一個變數是外生變數？
此次的情形，可被觀測的內生變數是幸福感，可被觀測的外生變數是情
動控制與社會支援，未能直接被觀測的外生變數是誤差 e。不妨先確認
一下。

步驟 2　其次，試觀察參數摘要【Parameter summary】

	Weights	Covariances	Variances	Means	Intercepts	Total
Fixed	1	0	0	0	0	1
Labeled	0	0	0	0	0	0
Unlabeled	2	1	3	0	0	6
Total	3	1	3	0	0	7

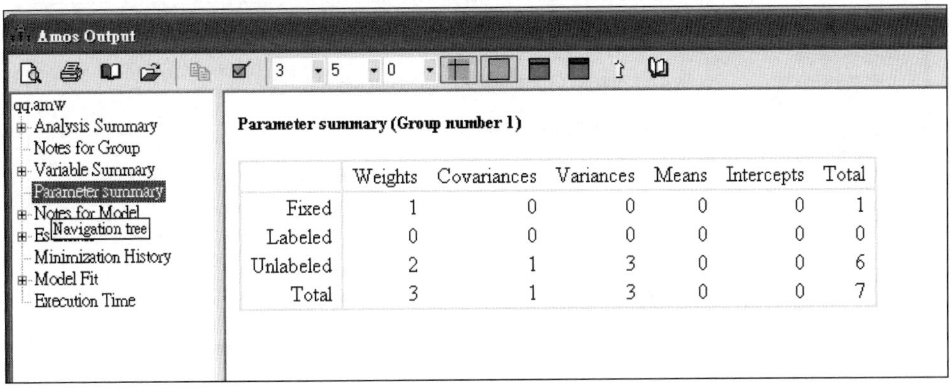

Weight（係數）是指單向箭線的路徑係數。由表可知合計有 3 個單向箭線。

Fixed 的「1」是表示誤差到幸福感的路徑被固定成「1」。

Unlabeled 的「2」是指由情動控制到幸福感，由社會支援到幸福感的 2 條單向箭線。

Covariances 是指雙向箭線的數目，此次的路徑圖中，在情動控制與社會支援之間有一條雙向箭線，因此出現「1」。

Variance 是「3」。此即表示 3 個外生變數的變異數。

步驟 3　觀察【Estimates】。

(1) 觀察路徑係數

從情動控制到幸福感的標準化路徑係數是 0.307，在 5% 水準下是顯著的。

由社會支援到幸福感的標準化路徑係數是 0.535，在 1% 水準下是顯著的。

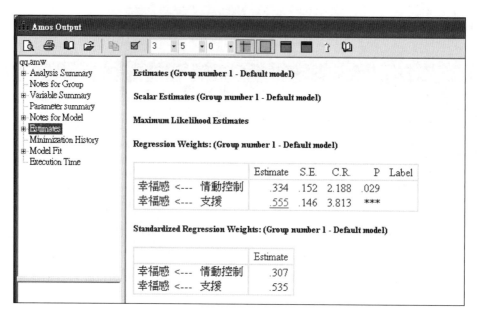

（注）在由支援到幸福感的路徑中，在機率（P）的欄中顯示出 3 個星號，此意謂在 0.1% 水準下是顯著的。

　　如按一下此部位時，出現以英文的說明，不妨確認一下（其他的輸出，也按一下時，在跳出的視窗中顯示中有說明）。

Level of significance for regression weight

The probability of getting a critical ratio as large as 3.813 in absolute value is less than 0.001. In other words, the regression weight for **支援** in the prediction of **幸福感** is significantly different from zero at the 0.001 level (two-tailed).

These statements are approximately correct for large samples under suitable assumptions. (See Assumptions.)

(2) 試觀察共變異數與相關係數的表。

　　相關係數是 R = 0.321，顯著機率是 P = 0.100 情動控制與社會支援之

間的相關似乎不顯著。

Covariances: (Group number 1 - Default model)

	Estimate	S.E.	C.R.	P	Label
情動控制 <--> 支援	.234	.143	1.644	.100	

Correlations: (Group number 1 - Default model)

	Estimate
情動控制 <--> 支援	.321

(3) 接著，針對 3 個外生變數輸出變異數的估計值。

Variances: (Group number 1 - Default model)

	Estimate	S.E.	C.R.	P	Label
情動控制	.699	.184	3.808	***	
支援	.766	.201	3.808	***	
e	.423	.111	3.808	***	

(4) 複相關係數的平方 R^2 = .487。

Squared Multiple Correlations: (Group number 1 - Default model)

	Estimate
幸福感	.487

結果的判讀　由以上的結果顯示出情動控制也好，社會支援也好，對主觀的幸福感均呈現出顯著的正面影響。

又由標準化估計值來看，社會支援比情動控制對主觀的幸福感造成較大的影響。亦即，來自他人的支援比自己本身的感情控制，更可提高幸福感。

3.4 以 SPSS 分析看看——分析因果關係

以 SPSS 分析相關的數據看看。

一、計算相關係數

首先，計算情動控制與社會支援的相關係數。

步驟 1 啓動 SPSS，選擇【檔案 (F)】=>【開啓舊檔 (O)】=>【資料 (A)】，在【開啓檔案】的視窗中，選取與本章相同的數據。

步驟 2 選擇【分析 (A)】=>【相關 (C)】=>【雙變數 (B)】。

步驟 3 在【變數 (U)】的框內指定情動控制與支援。按 確定 。

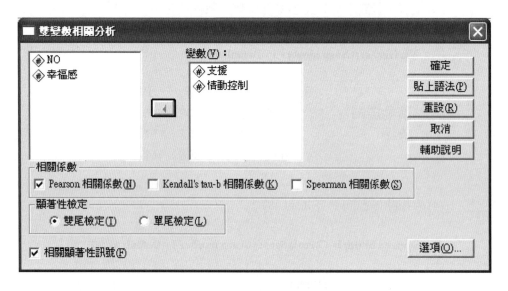

相關係數是 r = 0.321。知與 Amos 的輸出相同。

相關

		支援	情動控制
支援	Pearson 相關	1	.321
	顯著性 (雙尾)		.084
	個數	30	30
情動控制	Pearson 相關	.321	1
	顯著性 (雙尾)	.084	
	個數	30	30

二、進行複迴歸分析

其次，將「幸福感」當作依變數，「情動控制」與社會「支援」當作自變數進行複迴歸分析。

步驟 1　選擇【分析 (A)】=>【迴歸方法 (R)】=>【線性 (L)】。

步驟 2　在【依變數(O)】中指定幸福感，在【自變數(I)】中指定情動控制與支援。

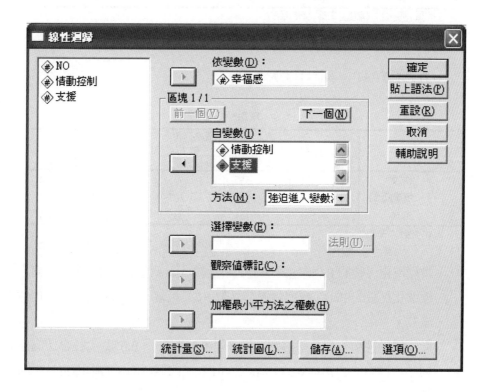

步驟 3　【方法 (M)】選擇強迫進入變數法。

(1)在模式摘要的表中，顯示有複相關係數（R）與複相關係數的平方（R^2）。

模式摘要

模式	R	R 平方	調過後的R 平方	估計的標準誤
1	.698[a]	.487	.449	.685

a. 預測變數: (常數), 支援, 情動控制

$R^2 = 0.487$。知與 AMOS 的結果相同。

(2) 變異數分析的顯著性即爲 R^2 的顯著機率。在 0.1% 水準下是顯著的。

變異數分析[b]

模式		平方和	自由度	平均平方和	F檢定	顯著性
1	迴歸	12.021	2	6.011	12.800	.000[a]
	殘差	12.679	27	.470		
	總和	24.700	29			

a. 預測變數：(常數), 支援, 情動控制
b. 依變數：幸福感

(3) 在係數欄中，顯示有迴歸係數。

係數[a]

模式		未標準化係數		標準化係數	t	顯著性
		B之估計值	標準誤	Beta分配		
1	(常數)	.441	.555		.794	.434
	情動控制	.334	.158	.307	2.111	.044
	支援	.555	.151	.535	3.679	.001

a. 依變數：幸福感

未標準化係數的 B（偏迴歸係數）相當於 Amos 的【未標準化估計值】，標準化係數的 Beta（標準偏迴歸係數；β）相當於 Amos 的【標準化估計值】。

從「情動控制」到「幸福感」的 β 是 0.307（$p < 0.05$），社會「支援」到「幸福感」的 β 是 0.535（$p < 0.01$）。此與 Amos 的輸出也是相同的數值。

三、將結果畫入路徑圖

試將 SPSS 的結果表示在路徑圖上看看。

步驟 1 相關係數以雙向箭線繪製，標準偏迴歸係數（β）以單向箭線繪製。

步驟 2 複相關係數的平方（R^2），可以記在幸福感的旁邊。

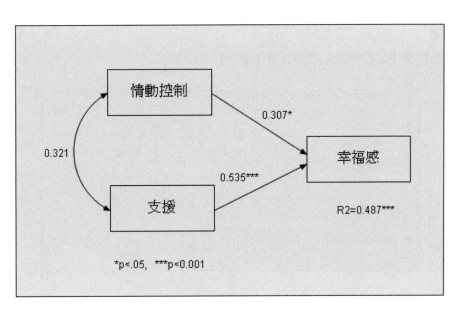

（注）如果記入 R^2 時，就不需要畫入誤差變數。

練習問題

1. 試以 1 個原因，預測 1 個結果的單純路徑圖複習本章的內容。

　　數據與第 2 章的練習問題相同。以 A 為自變數，B 為依變數，畫出路徑圖，並檢討 A 對 B 的影響力。

A	B
1	1
2	2
2	3
3	3
3	4
4	3
3	2
3	3
2	3

■解答

將標準化估計值表示在路徑圖上時，即如下圖。

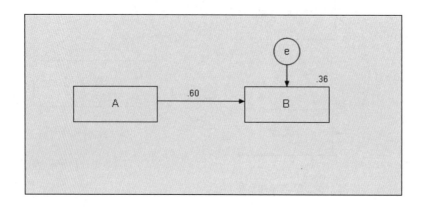

點選正文輸出（Text Output）的【估計值 Estimates】時，顯示如下。

Regression Weights: (Group number 1 - Default model)

	Estimate	S.E.	C.R.	P	Label
B <--- A	.589	.278	2.122	.034	

Standardized Regression Weights: (Group number 1 - Default model)

	Estimate
B <--- A	.600

Variances: (Group number 1 - Default model)

	Estimate	S.E.	C.R.	P	Label
A	.691	.346	2.000	.046	
e	.427	.213	2.000	.046	

Squared Multiple Correlations: (Group number 1 - Default model)

	Estimate
B	.360

如第 2 章的練習題所見的，A 與 B 的相關係數是 r = 0.60。

而 A 到 B 的標準化係數也是相同之值。

並且，也不妨確認複相關係數的平方與「0.60 的平方」是相等之值。

第4章 複迴歸分析及偏相關分析

> 　　現實社會中所發生的事，其原因與結果均複雜交織著。另外，結果也不限於 1 個。由相同的原因產生數個結果的情形也有。因此，本章想分析由數個原因產生數個結果的模式。同時，對於偏相關的分析方法也一併說明。

　　本章想在原因與結果均有數個時嘗試進行路徑分析。

　　現實社會中所發生的事，其原因與結果均複雜交織著。

　　像每日的事件新聞報導，雖然說「原因是什麼吧！」，但原因可以說不一定是一個。提到造成犯罪的原因，如仔細觀察時，似乎有無限之多。

　　我們從許多原因之中，挑選出被認為最有影響的原因來檢討。某一個研究中所探討的原因是有限的。因此，研究的累積是很重要的。

　　另外，結果也不限於一個。由相同的原因產生數個結果的情形也有。

　　因此，本章想分析由數個原因產生數個結果的模式。同時，對於偏相關的分析方法也一併說明。

4.1　研究的背景與使用的數據

　　研究的目的是檢討「友人關係的滿意度與學習的激勵，對學業成績與充實感的影響」。

　　友人關係的滿意度是針對「目前的友人關係能否滿意」的詢問項目，由「不」到「是」以 5 級要求回答。

　　就學業成績來說，是將所有科目的成績平均化，修改成 5 級者來使用。

　　充實感是針對「生活充實」的詢問項目，由「不認為如此」到「認為如此」的 5 級要求回答。

　　變數有「友人關係」「激勵」「成績」「充實感」4 個，分析由 50 名中學生所得到的數據（假想數據，參 Data_04.xls）。

NO	友人関係	激勵	成績	充実感
1	2	2	4	2
2	2	3	4	4
3	1	2	1	1
4	2	2	4	2
5	2	1	3	1
6	1	3	1	4
7	3	1	2	3
8	5	2	2	3
9	2	1	4	2
10	2	1	2	2
11	4	2	4	2
12	1	3	2	1
13	5	3	1	1
14	1	1	2	2
15	2	2	2	3
16	1	1	2	2
17	5	5	4	5
18	2	2	2	2
19	5	3	1	5
20	2	3	5	3
21	2	2	2	2
22	1	2	2	2
23	3	5	4	5
24	5	4	5	5
25	2	2	2	3
26	5	2	3	3
27	5	3	2	5
28	3	2	3	4
29	3	3	3	2
30	1	1	2	2
31	4	4	4	5
32	5	1	2	3
33	4	1	2	2
34	4	3	4	5
35	3	3	4	2
36	4	1	2	3
37	4	1	2	3
38	4	2	4	4
39	3	1	2	2
40	3	1	2	1
41	2	3	4	4
42	1	3	1	4
43	3	3	4	2
44	2	1	4	2
45	5	5	4	5
46	4	1	2	3
47	3	1	2	2
48	3	1	2	3
49	2	3	4	4
50	3	1	2	1

4.2 畫路徑圖

■因果關係：2 個觀測變數說明 2 個觀測變數

一、資料的輸入與讀取

使用第 2 章所學過的方法輸入資料，以 AMOS 讀取看看。利用 SPSS, Excel, Textfile 的任一方法輸入數據均無妨（此處是 Excel 資料）。

【Data files】的樣本數【(N)】顯示有【50/50】，即顯示已讀取 50 名的資料。

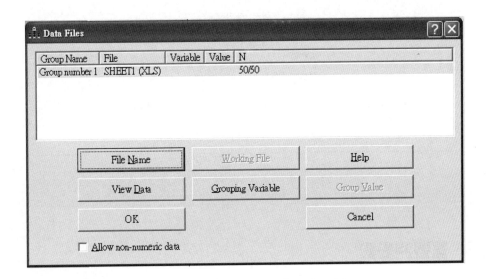

二、頁面設定

此次要畫出左右各 2 個合計 4 個四方形。

因為是畫橫向路徑圖，因此將作圖區改成橫向。

步驟 1　選擇【View】=>【Interface Properties】。

步驟 2　將【Page layout】Tab 的【Page Size】改成【landscape-Letter】，再按 【apply】。

Interface Properties   ?   ✕

| Page Layout | Formats | Colors | Typefaces | Pen Width | Misc | Accessibility |

Margins

Top `1`

Bottom `1`

Left `1`

Right `1`

Paper Size

`Portrait - Letter` ▼

Height `11`

Width `8.5`

⦿ Inches   ○ Centimeters

Apply   Cancel

三、畫觀測變數

步驟 1 一面回想前面所學的繪圖方法，一面試著畫出如下的 4 個長方形。

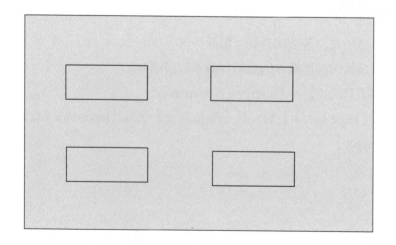

步驟 2　為了容易說明，請先指定變數。

　　點選【List variables in data set】圖像（▦），或者，選擇將「友人關係」、「激勵」指定成左側的 2 個觀測變數，「成績」、「充實感」指定成右側的觀測變數。

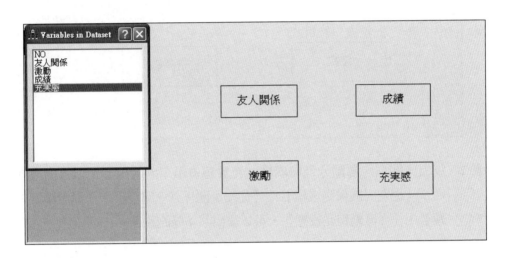

四、畫出雙向箭線與單向箭線

步驟 1　在外生變數間指定共變異數（相關，雙向箭線）。
　　此次的分析，友人關係與激勵當成外生變數。
　　試在此兩者之間畫出雙向箭線。點選【Draw Corariance (double head arrows)】圖像（↔），在左側的兩個觀測變數間畫出雙向箭線。

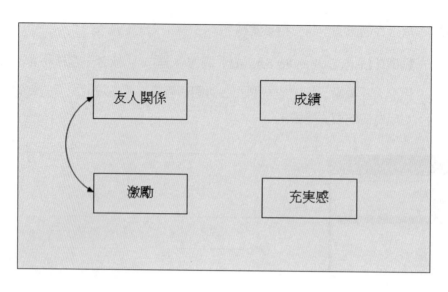

步驟 2 從友人關係、激勵分別向成績、充實感畫出單向箭線。可以畫出幾條呢？【從友人關係到成績】、【從友人關係到充實感】、【從激勵到成績】、【從激勵到充實感】，可以畫出共 4 條的路徑。

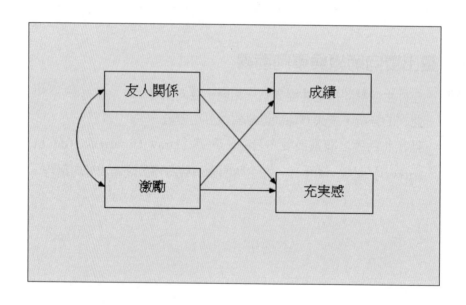

五、畫出誤差變數

■追加誤差變數

在內生變數的「成績」、「充實感」上分別追加誤差變數。

步驟 1 點選【Add a unique Variable to an existing Variable】圖像（ ），分別在左右側的2個四方形之中單擊一下。持續單擊直到覺得適當位置即可。

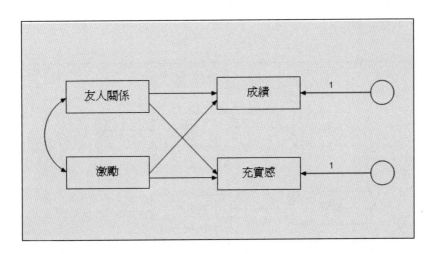

■對誤差變數取上名稱

在誤差變數取上名稱。上方的誤差變數當作 e1，下方的誤差變數當作 e2。

步驟 2 將滑鼠放在誤差變數中於滑鼠右鍵單擊一下顯示【Object Properties】，在【Variable name】的方框中，對誤差變數取上名稱。

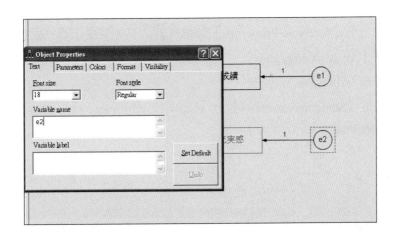

■畫誤差間的相關

如果有需要，在誤差變數間畫出雙向箭線。

如果有某種假定時，在誤差變數之間畫出共變異數（相關、雙向箭線）。此次的情形，在成績與充實感之間被認為有可能隱藏者無法說明的共同原因。

譬如，受惠好老師的學生，比未受惠好老師的學生也許成績較高，學校生活更爲充實感吧。

步驟1　因此，此次在誤差之間畫出雙向箭線。當然，不認爲有特別理由時，就不需要畫出。

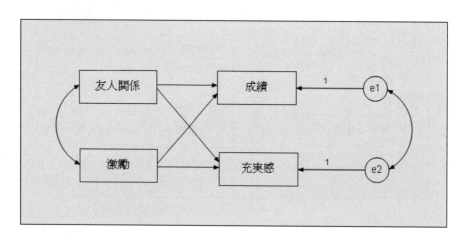

如此完成了路徑圖。

（注）另外，內生變數之間是無法畫出雙向箭線的。

六、分析的指定與執行

進行分析及輸出的指定。

步驟1　按一下【Analysis Properties】圖像（▥），或從工具列選擇【View】→【Analysis properties】。

按一下【Output】的 Tab。

勾選【Standard estimates】，【Squared multiple correlations】，之後，再關閉視窗。

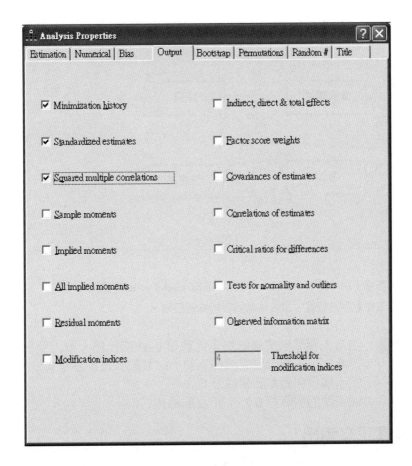

步驟 2 按一下【Calculate estimates】圖像（▦▦▦），或從工具列選擇【Analyze】
→【Calculate estimates】，之後再執行分析。

如要求檔案的儲存時，可先儲存在適當的位置中。

4.3 觀察輸出——判斷因果關係

一、觀察輸出路徑圖

步驟 1 顯示標準化估計值看看。按一下【View the output path diagram】圖像

（▦），按一下【Parameter format】欄的【Standardized estimates】。

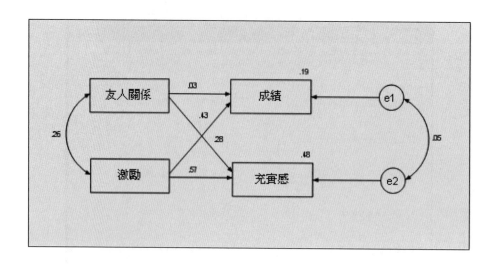

（注）如果數字不易看時，可以按一下【Move parameter values】圖像（），一面移動，即可改變數字的位置，試著移動到容易看的位置。

結果的判讀　由友人關係到成績的路徑係數是 0.03 的低值，友人關係到充實感是 0.28，由激勵到成績是 0.43，由激勵到充實感是 0.57。
友人關係與激勵的相關是 0.26。
誤差間的相關是 0.05，知近乎是 0。

二、觀察正文輸出

步驟 1　按一下【View Text】圖像（），或者從工具列選擇【View】→【Text Output】。
試觀察【Variable Summary】。

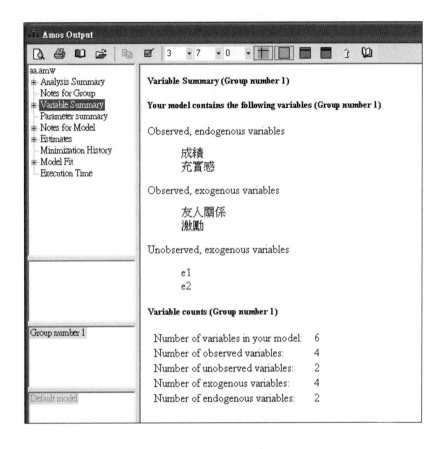

在路徑圖上比較內生變數與外生變數的內容，不妨確認看看。

步驟 2 觀察【Estimates】。

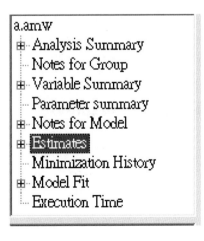

由友人關係到成績的路徑係數（0.029）並不顯著（顯著機率＝0.797）。其他的單向箭線的路徑係數均顯著。

Regression Weights: (Group number 1 - Default model)

			Estimate	S.E.	C.R.	P	Label
成績	<---	友人關係	.029	.112	.258	.797	
充實感	<---	激勵	.627	.117	5.335	***	
成績	<---	激勵	.425	.131	3.245	.001	
充實感	<---	友人關係	.269	.100	2.678	.007	

Standardized Regression Weights: (Group number 1 - Default model)

			Estimate
成績	<---	友人關係	.034
充實感	<---	激勵	.566
成績	<---	激勵	.431
充實感	<---	友人關係	.284

友人關係與激勵之間的相關係數（0.258）的顯著機率是 0.081。誤差間的相關（0.054）的顯著機率是 0.706，均不顯著。

Covariances: (Group number 1 - Default model)

			Estimate	S.E.	C.R.	P	Label
友人關係	<-->	激勵	.394	.226	1.746	.081	
e1	<-->	e2	.050	.132	.377	.706	

Correlations: (Group number 1 - Default model)

			Estimate
友人關係	<-->	激勵	.258
e1	<-->	e2	.054

觀察複相關係數的平方。

就成績而言是 $R^2 = 0.485$，充實感似乎來自友人關係與激勵的影響較大。

Squared Multiple Correlations: (Group number 1 - Default model)

	Estimate
充實感	.485
成績	.194

結果的判讀　由以上查明了以下事項：

第一，友人關係的滿意度對學業成績沒有影響，對充實感有低的影響。

第二，對學習的激勵不僅影響學業成績，對充實感也有甚高的影響。

4.4　以 SPSS 分析看看──分析數個因果關係

以 SPSS 分析相同的數據看看。

一、計算相關係數

首先計算 4 個變數間的相關變數。

步驟 1　啟動 SPSS，選擇【檔案 (F)】→【開啟舊檔 (O)】→【資料 (D)】。

在【開啟檔案】視窗中，讀取與前面相同的數據。

步驟 2　從【分析 (A)】中選擇【相關 (C)】→【雙變數 (B)】。

步驟 3　在【變數 (V)：】的方框的指定友人關係、激勵、成績、充實感。

按 確定。

結果如下所示。

相關

		友人關係	激勵	成績	充實感
友人關係	Pearson 相關	1	.258	.145	.430**
	顯著性 (雙尾)		.071	.315	.002
	個數	50	50	50	50
激勵	Pearson 相關	.258	1	.439**	.640**
	顯著性 (雙尾)	.071		.001	.000
	個數	50	50	50	50
成績	Pearson 相關	.145	.439**	1	.325*
	顯著性 (雙尾)	.315	.001		.021
	個數	50	50	50	50
充實感	Pearson 相關	.430**	.640**	.325*	1
	顯著性 (雙尾)	.002	.000	.021	
	個數	50	50	50	50

**. 在顯著水準為0.01時 (雙尾)，相關顯著。

*. 在顯著水準為0.05時 (雙尾)，相關顯著。

友人關係與激勵的相關係數是 $\gamma = 0.258$。

友人關係與充實感，激勵與成績，激勵與充實感之間，在 1% 水準下可看出顯著的相關係數。

充實感與成績的相關係數也是 $\gamma = 0.325$。不妨確認在 5% 水準下是顯著的。

二、進行複迴歸分析

試進行複迴歸分析。但 SPSS 有需要按各依變數進行複迴歸分析。

首先將依變數當作成績。

步驟 1 選擇【分析 (A)】→【迴歸分析 (R)】→【線性 (L)】

步驟 2 【依變數 (D)】指定成績，【自變數 (I)】指定友人關係、激勵。
按 確定 。

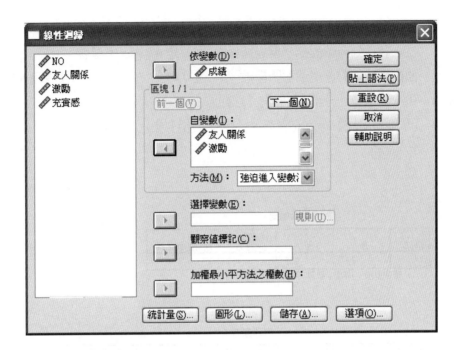

輸出結果得出如下。

模式摘要

模式	R	R 平方	調過後的R 平方	估計的標準誤
1	.441ᵃ	.194	.160	1.044

a. 預測變數：(常數), 激勵, 友人關係

變異數分析 b

模式		平方和	自由度	平均平方和	F 檢定	顯著性
1	迴歸	12.354	2	6.177	5.663	.006ᵃ
	殘差	51.266	47	1.091		
	總和	63.620	49			

a. 預測變數：(常數), 激勵, 友人關係
b. 依變數：成績

係數ᵃ

模式		未標準化係數		標準化係數	t	顯著性
		B 之估計值	標準誤	Beta 分配		
1	(常數)	1.730	.410		4.223	.000
	友人關係	.029	.114	.034	.252	.802
	激勵	.425	.134	.431	3.178	.003

a. 依變數：成績

R² = 0.194，在 1% 水準下（0.006）是顯著的。

友人關係到成績的標準偏迴關係數（β）是 0.034，不顯著。

激勵到成績的標準偏迴歸係數（β）是 0.431，在 1% 水準下是顯著的。

步驟 3 再次，選擇【分析 (A)】→【迴歸方法 (R)】→【線性 (L)】。

步驟 4 【依變數 (D):】指定充實感，【自變數 (I)】指定友人關係、激勵。

按 確定。

輸出結果如下。

模式摘要

模式	R	R 平方	調過後的 R 平方	估計的標準誤
1	.696ª	.485	.463	.937

a. 預測變數：(常數), 激勵, 友人關係

變異數分析ᵇ

模式		平方和	自由度	平均平方和	F 檢定	顯著性
1	迴歸	38.771	2	19.385	22.088	.000ª
	殘差	41.249	47	.878		
	總和	80.020	49			

a. 預測變數：(常數), 激勵, 友人關係

b. 依變數：充實感

係數ª

模式		未標準化係數		標準化係數	t	顯著性
		B 之估計值	標準誤	Beta 分配		
1	(常數)	.710	.367		1.932	.059
	友人關係	.269	.102	.284	2.623	.012
	激勵	.627	.120	.566	5.225	.000

a. 依變數：充實感

R² = 0.485，0.1% 水準下是顯著的。

由友人關係到成績的標準迴歸係數（β）是 0.284，在 5% 水準下是顯著的。由激勵到充實感的標準迴歸係數（β）是 0.566，在 1% 水準下是顯著的。

三、計算偏相關係數

Amos 也可以求出對成績與充實感造成影響的誤差（e1,e2）之間的相關。此部分能否以 SPSS 求出呢？

先前所求出的充實感與成績的相關係數 $\gamma = 0.325$，可是，這並不是誤差間的相關，而是作為觀測變數的充實感與成績的相關係數。

路徑圖中是求出除去友人關係與激勵的影響「以外」的要素即 e1 與 e2 的相關係數，這相當於除去友人關係與激勵之影響後的充實感與成績的「偏相關係數」。

所謂偏相關是除去其他係數的影響後的兩個變數之間的相關。譬如，從小學一年到六年，腳的大小與記憶力之間有低的相關。可是除去學年的影響後，兩者偏相關幾乎是 0 吧。

步驟 1　選擇【分析 (A)】→【相關 (C)】→【偏相關 (R)】。

步驟 2　【變數 (V)】指定成績與充實感，【控制變數 (C)】指定友人關係與激勵。

如此即可求出除去友人關係與激勵之影響後成績與充實感之間的偏相關係數。

按 確定 。

輸出結果如下。

相關

控制變數			成績	充實感
友人關係 & 激勵	成績	相關	1.000	.054
		顯著性 (雙尾)	.	.716
		df	0	46
	充實感	相關	.054	1.000
		顯著性 (雙尾)	.716	.
		df	46	0

充實感與成績的相關係數是 $\gamma = 0.325$。但除去友人關係與激勵的影響時是 0.054。

此與利用 Amos 求出充實感與成績的誤差之間的相關是相同的。

練習問題

1. 畫出與本章相同的路徑圖學習看看。

使用以下數據，畫出 A 與 B 對 C 與 D 影響的路徑圖，並以 Amos 分析看看。

A	B	C	D
6	6	7	5
5	6	4	4
3	4	6	4
2	4	2	4
5	4	6	6
7	1	7	8
7	6	5	4
4	5	3	7
4	2	4	5
6	6	5	4
3	6	2	6
7	1	6	9
5	5	6	5
6	7	8	1
6	6	5	3
5	4	4	8
5	2	7	8
4	8	6	3
8	4	6	7
5	8	6	1

■解答

畫出路徑圖時，標準化估計值即為如下。

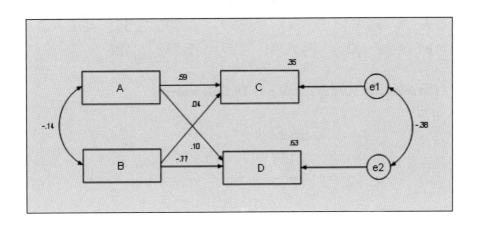

【Text Output】的【Estimates】即為如下。

由 A 到 C，由 B 到 D 的路徑是顯著的，但斜線部分的路徑則不顯著。

Regression Weights: (Group number 1 - Default model)

	Estimate	S.E.	C.R.	P	Label
C <--- A	.640	.202	3.174	.002	
D <--- B	-.847	.154	-5.512	***	
C <--- B	.031	.149	.208	.835	
D <--- A	.151	.208	.723	.469	

Standardized Regression Weights: (Group number 1 - Default model)

	Estimate
C <--- A	.594
D <--- B	-.775
C <--- B	.039
D <--- A	.102

A 與 B 之相關，C 與 D 的誤差即 e1 與 e2 之相關均不顯著。

Covariances: (Group number 1 - Default model)

			Estimate	S.E.	C.R.	P	Label
A	<-->	B	-.413	.699	-.590	.555	
e1	<-->	e2	-.654	.427	-1.532	.126	

Correlations: (Group number 1 - Default model)

			Estimate
A	<-->	B	-.137
e1	<-->	e2	-.375

複相關係數的平方如下。

Squared Multiple Correlations: (Group number 1 - Default model)

	Estimate
D	.632
C	.348

第5章　因果關係鏈──複迴歸分析的重複

有「刮風桶店即賺錢」的話題。此話題，雖然在探討現實中不可能的因果關係鏈此點是很有興趣的，但某原因產生某結果，此結果又成為另一個事物的原因，在研究上探討此種因果關係的情形也有。

本章想分析此種因果關係鏈看看。

5.1　研究的背景與使用的數據

■「完美主義→鬱悶或生氣→攻擊」

此研究是探討如下的假設。

完美主義是會讓鬱悶或生氣的感情發生。有完美主義個性的人，為了想要完美，在日常各種事情之中，比不是如此的人，有著容易感受到鬱悶或生氣此種感情的傾向。

鬱悶或生氣是攻擊行動的原因。在日常生活中具有生氣與鬱悶之感情，是造成對他人產生攻擊行為的導火線。

此內容是以「完美主義→鬱悶或生氣→攻擊」三階段的因果鏈所構成。

試以 Amos 分析此因果關係鏈看看。

使用的數據假想如下（假想數據）。此處是 data_05.xls。

	A	B	C	D	E	F	G	H
1	NO	完全主義	鬱悶	生氣	攻擊			
2	1	2	1	1	1			
3	2	3	3	4	2			
4	3	3	2	3	3			
5	4	3	1	1	1			
6	5	4	4	2	3			
7	6	2	4	2	3			
8	7	4	3	2	2			
9	8	2	5	3	3			
10	9	2	3	2	2			
11	10	3	3	2	2			
12	11	2	4	4	4			
13	12	1	2	1	1			
14	13	2	2	4	5			
15	14	3	3	2	2			
16	15	3	2	1	2			
17	16	2	2	3	1			
18	17	4	1	1	1			
19	18	1	2	3	1			
20	19	1	2	1	1			
21	20	3	2	2	2			
22	21	5	5	4	3			
23	22	3	3	3	3			
24	23	3	3	3	3			
25	24	3	4	3	3			
26	25	4	4	2	1			
27	26	4	4	4	4			
28	27	3	4	4	2			
29	28	2	2	1	1			
30	29	1	1	1	2			
31	30	2	2	1	2			
32	31	3	1	3	2			
33	32	1	3	4	5			
34	33	3	3	2	1			
35	34	4	4	4	2			
36	35	3	2	1	2			
37	36	2	2	3	1			
38	37	2	2	1	3			
39	38	1	2	4	3			
40	39	4	5	5	4			
41	40	1	1	3	3			
42	41	1	2	1	2			
43	42	2	4	2	1			
44	43	3	2	3	4			
45	44	2	3	3	2			
46	45	3	3	2	2			
47	46	5	3	4	5			
48	47	3	3	3	3			
49	48	2	2	2	2			
50	49	2	1	4	4			
51	50	3	3	3	3			
52	51	1	2	1	2			
53	52	1	1	1	2			
54	53	5	5	4	3			
55	54	4	4	2	3			
56	55	3	3	3	3			
57	56	4	5	5	4			
58	57	3	4	3	3			
59	58	1	2	1	2			
60	59	3	3	2	2			
61	60	4	4	2	3			

Sheet1

5.2 畫路徑圖 —— 畫因果關係鏈

一、資料的輸入與讀取

使用第 2 章所學過的方法輸入資料，再以 Amos 讀取資料看看。

使用 SPSS、Excel、Textfile 中的任一方法輸入資料均沒關係。

如【Data file (D)】的樣本數【N】顯示【60/60】時，即為已讀取 60 名的資料。

二、頁面佈置的設定

此次是畫橫向的路徑圖，因之將頁面的方向改成【Landscape】。

步驟 1 選擇【View】→【Interface properties】。

步驟 2 將【Page layout】Tab 的【Page size】改成【Landscape –A4】，再按一下【Apply】。

三、畫觀測變數

步驟 1 一面回想第 2 章的內容，一面畫出如下的 4 個四方形。

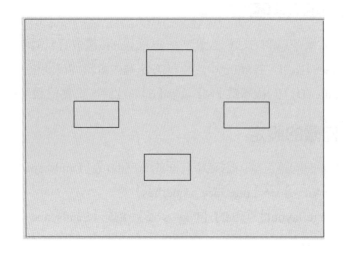

步驟 2 指定變數。

按一下【List variables in data set】圖像（　），或者從工具列選擇
【View】→【Variables in dataset】。

將「完美主義」指定在最左側的四方形中，將「鬱悶」與「生氣」指定
在中央的兩個四方形中，「攻擊」指定在最右側的四方形中。

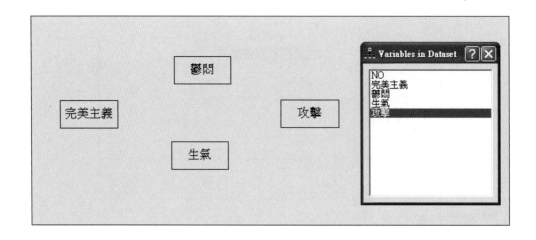

四、畫單向箭頭

步驟 1　按一下【Draw path（single headed arrows）】圖像（←），畫出如下的 5 條路徑。

也畫出從完美主義對攻擊的直接影響。

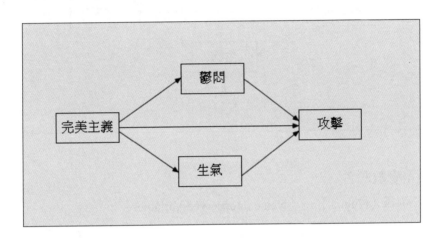

五、畫誤差變數

■追加誤差變數

在內生變數（受其他變數影響的變數）的鬱悶、生氣、攻擊中，也畫出來來自誤差的影響。

步驟 1　按一下【Add a unique Variable to an existing Variable】圖像（👤），然後在各自的變數中追加誤差變數。

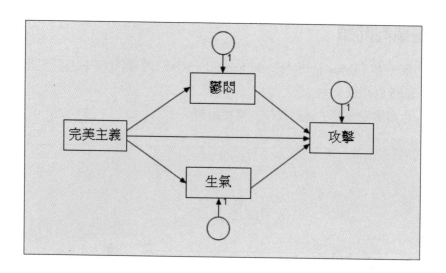

■對誤差變數取名

步驟 2　選擇【Plugins】→【Name unobserved Variables】。

e1,e2,e3 等的誤差變數即被自動取名。

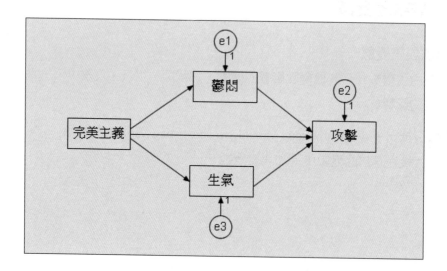

（注）1. 開啓【Object properties】直接輸入變數名也行，但誤差個數變多時，如此的作法較為方便。

　　　2. Unobserved Variables 是指未能被觀測的變數包括潛在變數與誤差變數。

■畫誤差之間的相關

　　鬱悶與生氣均有感情的共同要素。因此，除完美主義的影響外的要素之間（誤差），可以認爲有某種關聯。

步驟 3　因此，在 e1 與 e3 之間畫出共變異數（有相關、雙向箭線）。

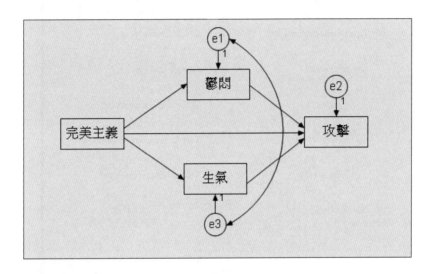

　　如此路徑圖即完成。

六、分析的指定與執行

　　進行分析及輸出的指定。

步驟 1　按一下【Analysis properties】圖像（ ），或者從工具列選擇【View】
　　　　→【Analysis properties】。
　　　　點選【Output】Tab。
　　　　勾選【Standardized Estimates】、【Squared multiple correlations】之外，
　　　　也勾選【Indirect, direct & total effects】。

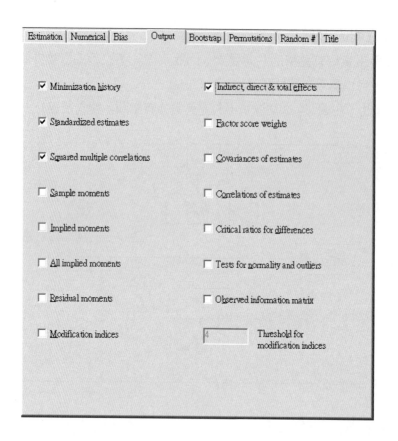

步驟 2 按一下【Calculate Estimates】圖像（ ▦ ），或者從工具列選擇
【Analysis properties】→【Calculate Estimates】，再執行分析。
如要求檔案的儲存時，可先儲存在適當的場所。

5.3　觀察輸出──判斷因果關係鏈

一、觀察輸出路徑圖

步驟 1 顯示標準化估計值。按一下【View the output path diagram】圖像

（ ▦ ），按一下【Parameter Format】欄的【Standardized Estimates】，
即變成如下。

Unstandardized estimates
Standardized estimates

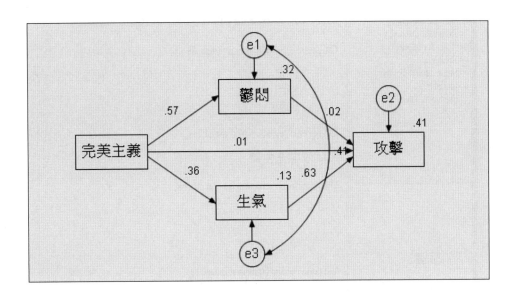

二、觀察正文輸出

步驟 1　按一下【View text】圖像（　　），或者從工具列選擇【View】→【Text output】。
觀察【Variables Summary】。

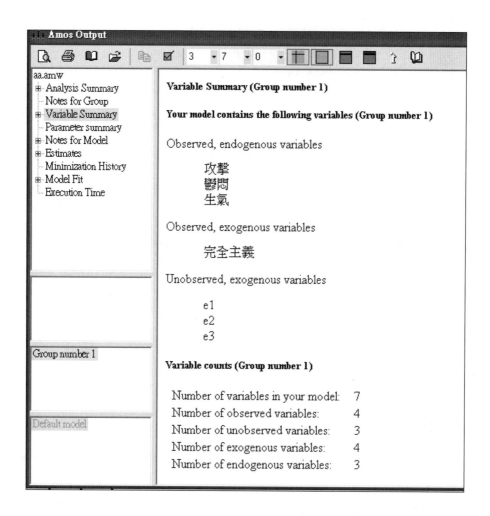

　　可被觀測的外生變數是完美主義，可被觀測的內生變數是鬱悶、生氣、攻擊，不能被觀測的外生變數是 3 個誤差變數。

（注）至少接受一個單向箭線的變數稱為內生變數（endogenous variable），一個也未接受單向箭線的變數稱為外生變數（exogenous variable）。

步驟 2　在【Parameter Summary】中，確認各自的數目。

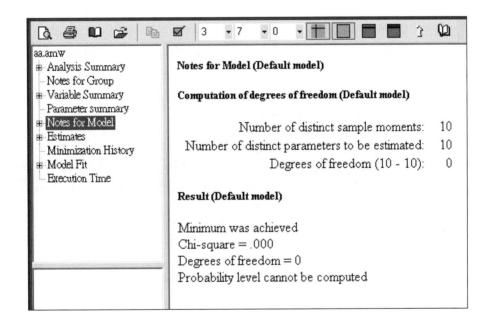

步驟 3 試觀察【Notes for Model】。

有自由度的計算欄以及結果欄。

在自由度的計算中，確認出自由度（10－10）是 0 之值。

在結果欄中，有顯著水準不能計算【Probability level cannot computed】
之顯示，也不妨注意此種的顯示。

步驟 4 觀察【Estimates】。

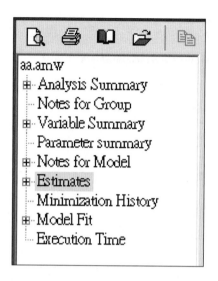

首先，觀察單向的路徑部分。從鬱悶到攻擊，從完美主義到攻擊的路徑似乎不顯著。

Regression Weights: (Group number 1 - Default model)

			Estimate	S.E.	C.R.	P	Label
生氣	<---	完全主義	.378	.127	2.970	.003	
鬱悶	<---	完全主義	.590	.112	5.265	***	
攻擊	<---	完全主義	.008	.117	.065	.948	
攻擊	<---	鬱悶	.015	.123	.122	.903	
攻擊	<---	生氣	.583	.108	5.405	***	

Standardized Regression Weights: (Group number 1 - Default model)

			Estimate
生氣	<---	完全主義	.361
鬱悶	<---	完全主義	.565
攻擊	<---	完全主義	.008
攻擊	<---	鬱悶	.016
攻擊	<---	生氣	.632

（注）係數的輸出結果的項目順序，是取決於畫路徑圖的觀測變數的順序或畫箭線的順序而有所不同。

觀察共變異數與相關係數之相關鬱悶與生氣的誤差間的相關是顯著。由
於被認為具有「感情」的共同因素，因可以說是妥當的結果。

Covariances: (Group number 1 - Default model)

			Estimate	S.E.	C.R.	P	Label
e1	<-->	e3	.421	.145	2.901	.004	

Correlations: (Group number 1 - Default model)

			Estimate
e1	<-->	e3	.408

觀察複相關係數的平方欄。

因顯示有名字的 R^2 值，不妨確認看看。

Squared Multiple Correlations: (Group number 1 - Default model)

	Estimate
生氣	.130
鬱悶	.320
攻擊	.414

步驟 5　因在【Output】的選項中有勾選，所以接著輸出「Total Effects」、
「Direct Effects」、「Indirect Effects」。不妨觀察標準化的數值看看。
首先是【Standardized Total Effects】。這是綜合地表示完美主義、生氣、
鬱悶對其他的變數具有多少的影響力。

（注）試觀察剛才的路徑圖。完美主義到攻擊，有直接影響的路徑，與經由鬱悶的路徑以及
經由生氣的路徑。將這些路徑的影響力全部綜合之後即為「綜合效果」。

Standardized Total Effects (Group number 1 - Default model)

	完全主義	生氣	鬱悶
生氣	.361	.000	.000
鬱悶	.565	.000	.000
攻擊	.245	.632	.016

其次，觀察標準化直接效果。這是表示未介入其他的變數，直接以單向箭線所連結之部分的影響力。

Standardized Direct Effects (Group number 1 - Default model)

	完全主義	生氣	鬱悶
生氣	.361	.000	.000
鬱悶	.565	.000	.000
攻擊	.008	.632	.016

其次，觀察標準化間接效果。這是表示介入其他的變數造成的影響。此次的路徑圖，是表示介入鬱悶及生氣後完美主義對攻擊造成的影響力，經由變數的影響力，是要從路徑係數來計算。

譬如，

完美主義 → 生氣 → 攻擊：$0.361 \times 0.632 = 0.228$

完美主義 → 鬱悶 → 攻擊：$0.565 \times 0.016 = 0.009$

接著，綜合兩者時，

從完美主義到攻擊的間接效果 $= 0.228 + 0.009 = 0.237$

Standardized Indirect Effects (Group number 1 - Default model)

	完全主義	生氣	鬱悶
生氣	.000	.000	.000
鬱悶	.000	.000	.000
攻擊	.237	.000	.000

另外，完美主義到攻擊的直接效果是 0.008，因此介入鬱悶與生氣的影響力顯然較大。

5.4　改良模式──刪除路徑再分析

一、路徑圖的變更、輸出

觀察輸出似乎可知，由鬱悶到攻擊的路徑，以及由完美主義到攻擊的路徑幾乎都是 0。因此，想刪除此 2 條路徑再一次分析看看。

（注）刪除此 2 條路與將此 2 條路徑固定成「0」是相同的。

步驟 1　按一下【View the input path diagram（model specification）】圖像（ ），使之成為能變更路徑圖的狀態。

步驟 2　按一下【Erase Objects】圖像（ ✗ ），刪除從鬱悶到攻擊以及從完美主義到攻擊的路徑。

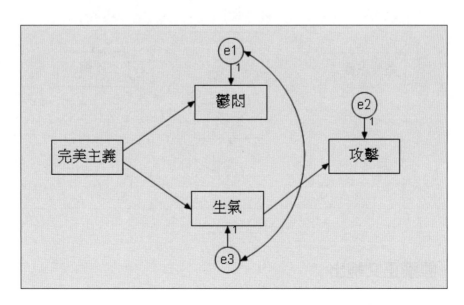

（注）或者開啟【Object properties】，點選從鬱悶到攻擊的路徑，以及由完美主義到攻擊的路徑，在【Parameters】Tab 的【Regression Weight】的框內輸入「0」也行。

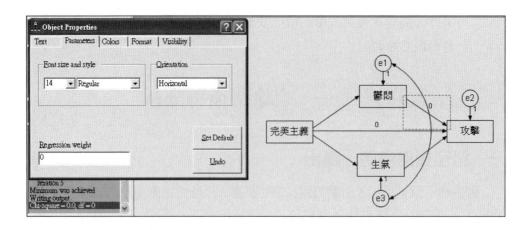

步驟 3 此處，請看刪除前者的路徑後所分析的結果。

顯示標準化估計值時，即為如下。

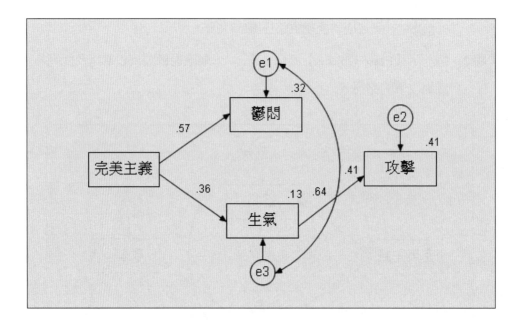

二、觀察正文輸出

試著觀察正文輸出【Text output】。

步驟 1 顯示出（Parameter Summary），並與刪除路徑前比較看看。

〈刪除前〉

Parameter summary (Group number 1)

	Weights	Covariances	Variances	Means	Intercepts	Total
Fixed	3	0	0	0	0	3
Labeled	0	0	0	0	0	0
Unlabeled	5	1	4	0	0	10
Total	8	1	4	0	0	13

〈刪除後〉

Parameter summary (Group number 1)

	Weights	Covariances	Variances	Means	Intercepts	Total
Fixed	3	0	0	0	0	3
Labeled	0	0	0	0	0	0
Unlabeled	3	1	4	0	0	8
Total	6	1	4	0	0	11

步驟 2 也比較【Notes for Model】的輸出看看。

〈刪除前〉

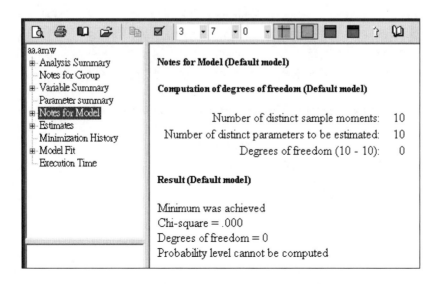

〈刪除後〉

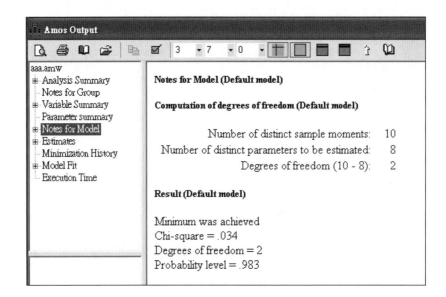

　　自由度之值從 0 變成 2，知可以計算出卡方之值（Chi-square）。

步驟 3 在【Estimates】方面，被刪除的路徑，其結果當然就未被輸出。

Maximum Likelihood Estimates

Regression Weights: (Group number 1 - Default model)

			Estimate	S.E.	C.R.	P	Label
生氣	<---	完全主義	.378	.127	2.970	.003	
攻擊	<---	生氣	.593	.092	6.457	***	
鬱悶	<---	完全主義	.590	.112	5.265	***	

Standardized Regression Weights: (Group number 1 - Default model)

			Estimate
生氣	<---	完全主義	.361
攻擊	<---	生氣	.643
鬱悶	<---	完全主義	.565

三、路徑分析中的自由度

刪除路徑之前與之後的自由度是有不同的，刪除 2 條路徑後，自由度增加 2，似乎可以看出與路徑的個數有關係。

路徑分析中的自由度（df, degree of freedom），並非數據個數，而是對路徑圖加以計算的。

其中，「p」是觀測變數的個數。此處是使用 4 個觀測變數，因之，

$$p(p + 1) / 2 = 4(4 + 1) / 2 = 10$$

另外，「q」是要估計的自由參數的個數，亦即是「獨立變數的變異數」、「共變異數」、「路徑係數」、「誤差變異數」的合計值。

因此，刪除路徑之前，即為

1（獨立變數的變異數）+ 1（共變異數）+ 5（路徑變數）

+ 3（誤差變異數）= 10

因此，

刪除路徑之前的自由度是 10 − 10 = 0，

刪除路徑之後的自由度是 10 − 8 = 2。

正文輸出的自由度的計算，是記載此內容。

（注）要記住自由度成為負的模式是無法分析的。

譬如，如下的路徑圖的自由度是「−1」，無法分析。

出現「模式無法識別，需要再限制 1 個」的警告（The model is probably unidentified. In order to achieve identifiability, it will probably be necessary to impose 1 additional constraint.）。

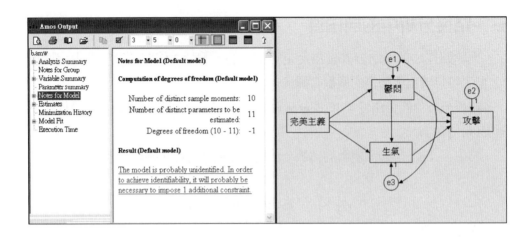

自由度 ≧ 0 是模式可被識別的「必要條件（最低限的條件）」，但「並非充分條件」，換言之，即使滿足自由度 ≧ 0，模式也未必能識別。下圖的 (A) 是未能被識別，下圖的 (B) 是可以被識別。亦即，圖 (A) 的參數有 $b_1, b_2, b_3, v_1, v_2, v_3, v_4, c$ 等 9 個，樣本共變異數的個數有 $4 \times (4+1) / 2 = 10$，滿足自由度（$10-9=1$）≧ 0，但此模式卻未能被識別，此外參數個數即使相同，依路徑的連結方式之不同，可被識別的模式也有，未能被識別的模式也有。

很遺憾地，自己建立的模式僅管滿足必要條件，但是，模式是否能識別，顯然並無容易判別的方法。Amos 在執行計算的過程中可察知並能告知，依賴它或許是一條捷徑吧。

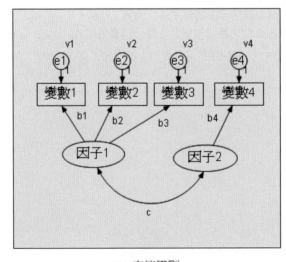

(A) 未能識別

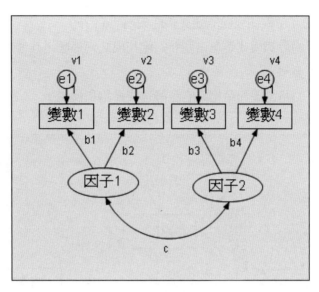

(B) 可被識別

四、獨立模式與飽和模式

請看正文輸出的「Model fit」的部分。此處所顯示的適合度指標容後說明。

在此處所顯示的表中，除 Default Model（此次所分析的路徑圖模式）之外，也顯示有飽和模式（Saturated）和獨立模式（Independence）。

CMIN

Model	NPAR	CMIN	DF	P	CMIN/DF
Default model	8	.034	2	.983	.017
Saturated model	10	.000	0		
Independence model	4	73.257	6	.000	12.209

所謂**飽和模式**是自由度成為 0 且值（上表的 CMIN 之值）成為 0 的模式。又，原本是不存在自由度 0 的值，但方便上 Amos 則表記成 0。

所謂**獨立模式**是觀測變數之間假定全無關聯的模式。自由度是從最大的 p(p

＋1) / 2＝10 減去 4 個觀測變數的變異數而成為「6」。

本節所探討的最初模式是自由度 0 的飽和模式。那麼，其他的飽和模式是否不存在呢？也不盡然。

譬如，以下的路徑圖利用相同的數據也成為飽和模式。

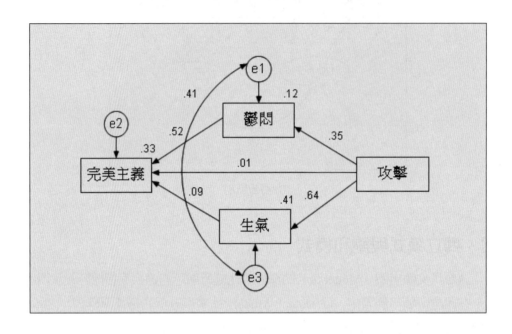

並且，以下的路徑圖也是飽和模式。

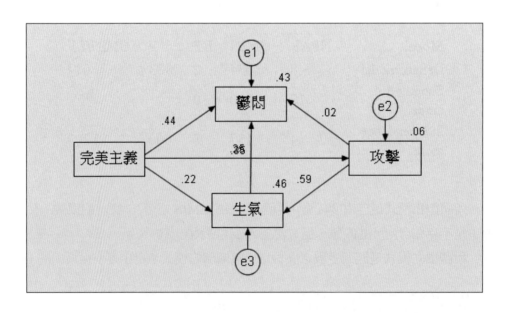

　　本章最初的路徑圖與這些的路徑圖的箭線方向是完全不同的，路徑係數也有不同，但均為飽和模式。

　　另一方面，以下的模式是獨立模式（未標準化估計值）。

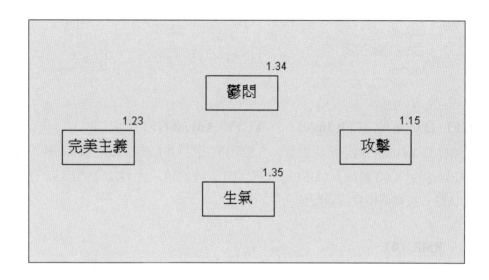

　　像這樣，即時使用相同的數據，減少自由度直到成為飽和模式為止，也可以由獨立模式慢慢增加路徑。

　　可是，在飽和模式之間，哪一個模式較優，無法基於適合度指標來判斷。在研究上，實質的模式是介於飽和模式與獨立模式之間。

五、各種適合度指標

　　在 Amos 的【Text Output】中按一下【Model Fit】時，可以見到許多的適合度指標。一面參考這些適合度指標一面去改良模式。

■χ^2 值

　　χ^2 值（CMIN）愈小愈好。顯著機率（P）最好不顯著，但即使顯著也無問題。「CMIN/DF」是 χ^2 值除以自由度後之值，可視為愈小愈好。

CMIN

Model	NPAR	CMIN	DF	P	CMIN/DF
Default model	8	.034	2	.983	.017
Saturated model	10	.000	0		
Independence model	4	73.257	6	.000	12.209

■**GFI（Goodness of Fit Index），AGFI（Adjust GFI）**

　　GFI 與 AGFI 的值是愈大愈好。在飽和模式中 GFI 成為 1.00，GFI 與 AGFI 被視為愈接近 1.00 愈好，AGFI 是修正 AGI 之後的值，比 GFI 之值小。一般比 0.90 大時，被視為模式的適配佳。

RMR, GFI

Model	RMR	GFI	AGFI	PGFI
Default model	.008	1.000	.999	.200
Saturated model	.000	1.000		
Independence model	.462	.604	.339	.362

■**NFI（Normed Fit Index）與 CFI（Comparative Fit Index）**

　　NFI 與 CFI 是表示所分析的模式是位於獨立模式與飽和模式之間的哪一 個位置。愈接近 1 愈好，比 0.90 大可視為是好的模式。

Baseline Comparisons

Model	NFI Delta1	RFI rho1	IFI Delta2	TLI rho2	CFI
Default model	1.000	.999	1.028	1.088	1.000
Saturated model	1.000		1.000		1.000
Independence model	.000	.000	.000	.000	.000

■RMSEA（**Root Mean Square Error of Approximation**）

RMSEA愈小愈好。一般最好是在0.05 以下，如在0.1 以上時，被視為不佳。

RMSEA

Model	RMSEA	LO 90	HI 90	PCLOSE
Default model	.000	.000	.000	.985
Independence model	.436	.350	.528	.000

■AIC（**Akaike's Information Criterion**：赤池資訊量基準）

AIC 或 CAIC 並非絕對的基準。比較數個模式時，值愈小的模式被判斷是愈好的一種指標。

AIC

Model	AIC	BCC	BIC	CAIC
Default model	16.034	17.516	32.789	40.789
Saturated model	20.000	21.852	40.943	50.943
Independence model	81.257	81.998	89.634	93.634

　　模式中檢定不顯著的參數，表示此參數在模式中不具重要性，為達模式簡約之目的，這些不顯著的參數最好刪除，參數顯著與否與樣本觀測值的大小也有關係。在基本適配度方面的評鑑項目上是否沒有負的誤差變異量、因素負荷量是否介於 0.5 至 0.95 之間、是否沒有很大的標準誤。

模式內在品質檢定摘要表

評鑑項目	模式適配判斷
所估計的參數均達到顯著水準	t 絕對值 > 1.96（p < 0.05）符號與期望相符
個別項目的信度（標準化係數的平方）	> 0.50
潛在變數的平均抽取量 [1]	> 0.50
潛在變數的組合信度 [2]	> 0.60
標準化殘差的絕對值	< 2.57
修正指標	< 3.84 或 < 4

（注）1. 與組合信度很類似，但差別在於平均變異萃取量（average variance extracted, AVE）是將因素負荷量（factor loading）先各自平方後，再加總起來。

　　　2. 組合信度意味著這些觀察指標的總變異可以被該潛在變數所以解釋的比例究竟有多高。

整體適配度摘要表

統計檢定量	適配的標準或臨界值
絕對適配度指數	
χ^2 值（CMIN）	此值愈小，或 P > 0.05，表示整體模式與實際資料愈適配，（接受虛無假設，表示模式與樣本資料間可以契合）
RMR 值	< 0.05
RMSEA 值	< 0.08（若 < 0.05 優良；< 0.08 良好）
GFI 值	> 0.90 以上
AGFI 值	> 0.90 以上
增值適配度指數	
NFI 值	> 0.90 以上
TLI 值（NNFI 值）	> 0.90 以上
CFI 值	> 0.90 以上
簡約適配度指數	
PGFI 值	> 0.5 以上

統計檢定量	適配的標準或臨界值
PNFI 值	> 0.5 以上
PCFI 值	> 0.5 以上
CN 值	> 200
χ^2 自由度比（$\chi^2 \div df$，也稱為規範卡方，NC：Normed Chi-square）	< 2
AIC 值	理論模式值小於獨立模式值，且小於飽和模式值
ECVI 值	理論模式值小於獨立模式值，且小於飽和模式值

5.5　以 SPSS 分析看看——分析數個因果關係鏈

一、計算相關係數

　　首先計算完美主義、鬱悶、生氣、攻擊的相關係數。

步驟 1　啓動 SPSS，選擇【檔案 (F)】→【開啓舊檔 (0)】→【資料 (A)】。

　　　　在【開啓檔案】視窗中，讀取與先前相同的數據。

步驟 2　選擇【分析 (A)】→【相關 (C)】→【雙變數 (B)】。

步驟 3　在【變數 (U):】的框內指定完美主義、鬱悶、生氣、攻擊，

　　　　按【確定】。

　　　　結果得出如下。4 個得分相互之間有正的相關關係。但是，完美主義與攻擊的相關係數略低。

相關

		完全主義	鬱悶	生氣	攻擊
完全主義	Pearson 相關	1	.565**	.361**	.245
	顯著性 (雙尾)		.000	.005	.059
	個數	60	60	60	60
鬱悶	Pearson 相關	.565**	1	.518**	.348**
	顯著性 (雙尾)	.000		.000	.006
	個數	60	60	60	60
生氣	Pearson 相關	.361**	.518**	1	.643**
	顯著性 (雙尾)	.005	.000		.000
	個數	60	60	60	60
攻擊	Pearson 相關	.245	.348**	.643**	1
	顯著性 (雙尾)	.059	.006	.000	
	個數	60	60	60	60

**. 在顯著水準為0.01時 (雙尾)，相關顯著。

二、進行複迴歸分析

進行由完美主義到鬱悶的迴歸分析。

步驟 1 選擇【分析 (A)】→【迴歸方法 (R)】→【線性】。

步驟 2 【依變數 (D)】指定鬱悶，【自變數 (I)】指定完美主義，按 確定 。
標準值迴歸係數（β）是 0.565（P < 0.001），R^2 是 0.320（P < 0.001）。

模式摘要

模式	R	R 平方	調過後的 R 平方	估計的標準誤
1	.565[a]	.320	.308	.970

a. 預測變數：(常數), 完全主義

變異數分析[b]

模式		平方和	自由度	平均平方和	F檢定	顯著性
1	迴歸	25.633	1	25.633	27.255	.000[a]
	殘差	54.550	58	.941		
	總和	80.183	59			

a. 預測變數：(常數), 完全主義
b. 依變數：鬱悶

係數ª

模式		未標準化係數		標準化係數	t	顯著性
		B之估計值	標準誤	Beta分配		
1	(常數)	1.220	.325		3.759	.000
	完全主義	.590	.113	.565	5.221	.000

a. 依變數：鬱悶

其次，進行由完美主義到生氣的迴歸分析。

步驟 3　再次選擇【分析 (A)】→【迴歸方法 (R)】→【線性 (L)】。

步驟 4　【依變數 (D)】指定生氣，【自變數 (I)】指定完美主義，按 確定 。

標準值迴歸係數（β）是 0.361（$P < 0.001$），R^2 是 0.130（$P < 0.001$）。

模式摘要

模式	R	R 平方	調過後的 R 平方	估計的標準誤
1	.361ª	.130	.115	1.102

a. 預測變數：(常數), 完全主義

變異數分析ᵇ

模式		平方和	自由度	平均平方和	F檢定	顯著性
1	迴歸	10.531	1	10.531	8.670	.005ª
	殘差	70.452	58	1.215		
	總和	80.983	59			

a. 預測變數：(常數), 完全主義

b. 依變數：生氣

係數ª

模式		未標準化係數		標準化係數	t	顯著性
		B之估計值	標準誤	Beta分配		
1	(常數)	1.515	.369		4.106	.000
	完全主義	.378	.128	.361	2.944	.005

a. 依變數：生氣

其次，以完美主義、鬱悶、生氣為獨立變數，攻擊為依變數，進行複迴歸分析（參 5.3.1 的圖形）。

步驟 5 選擇【分析 (A)】→【迴歸方法 (R)】→【線性 (L)】。

步驟 6 【依變數 (D)】指定攻擊，【自變數 (I)】指定完美主義、鬱悶、生氣，按 確定。

由完美主義到攻擊：$\beta = 0.008$, n.s.

由鬱悶到攻擊：$\beta = 0.016$, n.s.

由生氣到攻擊：$\beta = 0.632$, n.s.

攻擊的 $R^2 = 0.414$, $P < 0.01$。

模式摘要

模式	R	R 平方	調過後的 R 平方	估計的標準誤
1	.644[a]	.414	.383	.848

a. 預測變數：(常數), 生氣, 完全主義, 鬱悶

變異數分析[b]

模式		平方和	自由度	平均平方和	F 檢定	顯著性
1	迴歸	28.533	3	9.511	13.211	.000[a]
	殘差	40.317	56	.720		
	總和	68.850	59			

a. 預測變數：(常數), 生氣, 完全主義, 鬱悶
b. 依變數：攻擊

係數[a]

模式		未標準化係數		標準化係數	t	顯著性
		B 之估計值	標準誤	Beta 分配		
1	(常數)	.921	.334		2.760	.008
	完全主義	.008	.120	.008	.064	.949
	鬱悶	.015	.126	.016	.118	.906
	生氣	.583	.111	.632	5.266	.000

a. 依變數：攻擊

三、計算偏相關係數

計算鬱悶與生氣的誤差之間的相關，換言之，即為「控制完美主義對鬱悶與生氣的偏相關係數」。

步驟 1　選擇【分析 (A)】→【相關 (C)】→【偏相關 (R)】。

步驟 2　於【變數 (V)】中指定鬱悶與生氣。

【控制變數 (C)】指定完美主義。

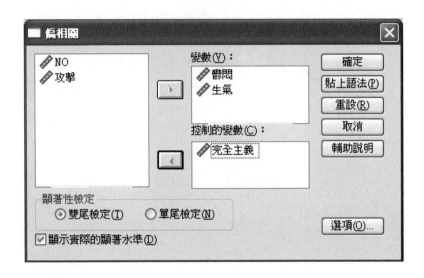

按 確定 。

偏相關係數是 0.408（P < 0.001）。

相關

控制變數			鬱悶	生氣
完全主義	鬱悶	相關	1.000	.408
		顯著性 (雙尾)	.	.001
		d.f	0	57
	生氣	相關	.408	1.000
		顯著性 (雙尾)	.001	.
		d.f	57	0

四、將結果置入路徑途中

將目前以 SPSS 分析的結果表示在路徑圖中時，即為如下。

與 5.4 節的結果，可以說幾乎是相同之值。

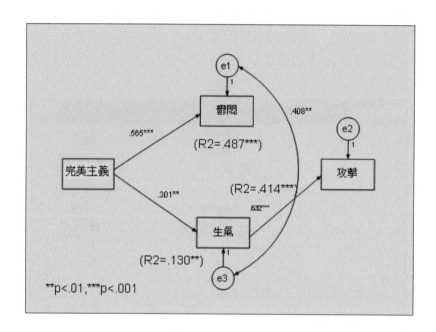

■偏相關

所謂偏相關（partial correlations）是機率變數有 3 個時，在 x，y，z 中，去除 z 之影響後 2 個變數 x，y 之相關。變數間的相關分別設為 r_{xy}，r_{yz}，r_{xz} 時，偏相關係數 r_{xy-z} 可用下列式子 (1) 求之。

那麼，試以實際的數據考慮偏相關之意義。使用下圖的「data_09_ 偏相關 .xls」。

數據概要	這是以 20 世代到 40 世代的男性 50 人為對象，就生活狀況與體力所調查的虛構數據。
變　　數	「結婚年數」：（x） 「50 米賽跑」：50 米賽跑的時間（y） 「年齡」：（z）

	A	B	C	D	E	F
1	rowtype_	varname_	結婚年數	50m賽跑	年齡	
2	n		50	50	50	
3	corr	結婚年數	1			
4	corr	50m賽跑	0.875	1		
5	corr	年齡	0.901	0.923	1	
6	stddev		1.534	0.750	2.794	
7						

圖 1　體力數據「偏相關 _05.xls」

　　由圖 1 知，「結婚年數」與「50 米賽跑」有甚高的相關，高達 0.875。這可以解釋爲結婚的年數愈長，運動的機會即減少，50m 賽跑的時間即增加（變慢）嗎？此處，試注視第 3 變數即「年齡」看看。「結婚年數」與「50 米賽跑」均與「年齡」分別有高的相關。因之，年齡改變，隨之結婚年數與 50 米賽跑的時間即改變，結果，「結婚年數」與「50 米賽跑」之間即可看出高的相關，如此解釋不是很自然嗎？那麼，根據 (1) 式 以例題計算偏相關看看。

例題

以圖的相關矩陣爲依據，去除「年齡」的影響時，試求「結婚年數」與「50 米賽跑」之相關。

　　例題的偏相關係數由 $r_{xy} = 0.875$，$r_{yz} = 0.932$，$r_{xz} = 0.901$，得

$$r_{xy-z} = \frac{0.875 - 0.901 \times 0.923}{\sqrt{\{1-(0.901)^2\}\{1-(0.923)^2\}}} = 0.260 \tag{1}$$

　　偏相關係數 0.260，去除「年齡」的影響時，「結婚年數」與「50 米賽跑」的相關爲 0.615 也降低了（＝ 0.875 – 0.260）。所謂去除「年齡」的影響，是指「年齡」相同的人之間的比較。亦即，意指在「年齡」相同的條件下的「結婚年數」與「50 米賽跑」的相關。如本例題所示，儘管「結婚年數」與「50 米賽跑」的兩變數之間並無相關，反映「年齡」的影響而在外表上的相關卻變高，此稱爲**假相關**（spurious correlation）。

其次，以手計算所求出的例題的結果試以 AMOS 確認看看。AMOS 是畫出如下圖 2 的路徑圖，執行**多變量迴歸分析**（multivariate regression analysis）即可求出偏相關。所謂多變量迴歸分析是指基準變數有 2 個以上的迴歸分析。

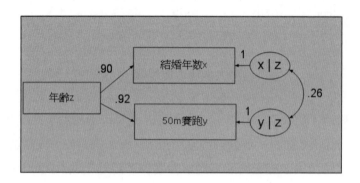

圖 2　偏相關的圖示（「標準化估計值」）

在圖 2 中，去除「年齡」之影響後的「結婚年數」以 x｜z 表示，去除「年齡」之影響後的「50m 賽跑」以 y｜z 表示。因此，「結婚年數」與「50 米賽跑」之偏相關即為 x｜z 與 y｜z 之相關。之後，與表同樣的步驟分析看看。分析的結果，x｜z 與 y｜z 之相關的估計值是 0.260（圖 2）。手計算也好，AMOS 也好，偏相關均為 0.260，但 AMOS 可以簡單求出。

例題中已計算出變數 3 個時的偏相關，但對於變數在 3 個以上時也可從同樣的公式求出。可是，去除影響之變數的個數愈增加，計算也就愈麻煩。因此，以 AMOS 進行多變量迴歸分析時，可以輕鬆地求出變數甚多時的偏相關。

練習問題

1. 使用第 4 章的練習問題的數據，再次進行分析。

一面參考適合度指標，一面改良第 4 章的練習問題中所分析的模式。

A	B	C	D
6	6	7	5
5	6	4	4
3	4	6	4
2	4	2	4
5	4	6	6
7	1	7	8
7	6	5	4
4	5	3	7
4	2	4	5
6	6	5	4
3	6	2	6
7	1	6	9
5	5	6	5
6	7	8	1
6	6	5	3
5	4	4	8
5	2	7	8
4	8	6	3
8	4	6	7
5	8	6	1

■解答

譬如，若是以下的路徑圖時，適合度即為如下。

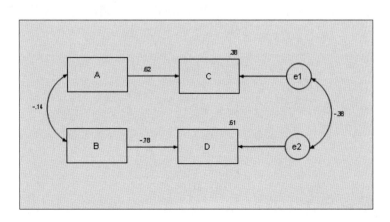

$\chi^2 = 0.576$, df = 2, n.s.

GFI = .985, AGFI = .926

NFI = .981, CFI = 1.000

RMSEA = 1.000

AIC = 16.576, CAIC = 32.542

另外，若刪除外生變數間的雙向箭線時，即為如下。

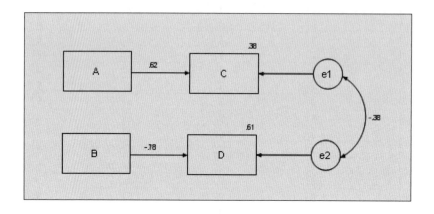

$\chi^2 = 0.935$, df = 3, n.s.

GFI = .976, AGFI = .920

NFI = .969, CFI = 1.000

RMSEA = 1.000

AIC = 14.935, CAIC = 28.905

GFI 與 AGFI 略為不佳，但 AIC 與 CAIC 之值此處較為理想。

除此之外，不妨練習一面追加‧刪除路徑，一面讀取適合度指標吧。

附　錄

■關於識別性的問題

　　無法確保識別性的原因，在於所欲求的參數（自由參數）的個數比方程式的個數少。求解具有 2 個未知數的聯立方程式，如方程式的個數只有 1 個，即與可以自由設定解而無法確定的情形是相同的。此時，如能將某一個未知數之值固定時，即可求得另一個解。或者以某種方法可以得出另一個方程式也行。任一方法均是在模式中加入限制（將一部分的參數當作已知）的情形。

　　在不損及分析目的或數據的性質之範圍內加入限制，使之可以識別。一般經常使用的限制方法有

- 將獨立變數的潛在變數的變異數固定成 1。
- 從從屬變數的潛在變數到觀測變數的路徑之中的一個固定成 1。
- 誤差變數當作相互獨立，誤差變數之間的共變動固定成 0。
- 來自誤差變數的路徑係數固定成 1。
- 根據路徑係數相等或誤差變數的變異數相等之已知見解加以限制。

　　識別性問題的一般論目前還未確定，以上述的方法可以解決的情形甚多，但也有無法解決的時候。

　　此處假定有如下模式（MIMIC）。

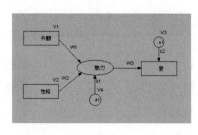
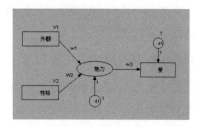

設定不實際 →

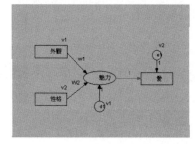
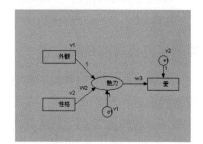

或設定 →

或設定（常用）→

應估計的對象，有各誤差的變異數 (2)，觀測變數的變異數 (2)，從觀測變數到潛在變數的路徑 (2)，從潛在變數到觀測變數的路徑 (1)，誤差變數的路徑 (2)，總共是 2 + 1 + 2 + 1 + 1 = 9。

另一方面，已知的是觀測變數間的變異數與共變異數。如以下的變異數共變異數矩陣所表示。譬如，

$$
\begin{array}{c}
 \text{性格} \quad\; \text{外表} \quad\; \text{愛} \\
\begin{array}{c}\text{性格}\\\text{外表}\\\text{愛}\end{array}
\left[\begin{array}{rrr}
2.21 & -0.26 & 1.05 \\
-0.26 & 0.96 & 0.10 \\
1.05 & 0.10 & 6.85
\end{array}\right]
\end{array}
$$

除去重複者外已知的要素有 6 個。將此一般化時，變數的個數當作 p，$\dfrac{p(p+1)}{2}$ 即為已知的要素，參數個數為 k，則 $t = \dfrac{p(p+1)}{2} - k$ 稱為自由度。

此情形所求的參數的個數是 9，已知的要素是 6，自由度是 –3，求不出解。實際上會出現無數的解，何者是妥當的呢？出現無法區別的狀況。恰如只有一個方程式 x + 2y = 12，2 個未知數 x, y 出現無數的組合解一樣，稱為識別不足（under-identified），自由度成為負。如在一個方程式 x + y = 20 再另加一個方程式 x – y = 6 一樣。此時 x 與 y 即唯一決定，稱為剛好識別（just-identified）。自由度成為 0 時，解即唯一。若再加上一個方程式 x + y = 4 時，解即無法求出，稱為過度識別（over-identified）。解要能求出，除自由度要不為負之外，所調查的觀察值個數要比未知數多是必要條件，但這並非是充要條件。亦即，兩者滿足也不一定經常可以求出解。因此，了解識別條件的實際方法是執行 Amos 觀察結果。當自由度是負時會顯示錯誤訊息，如限制條件不足時即顯示要加入限制的訊息。此時，將某限制條件加在模式中即可得出解。

註：從 **Plugins → Name parameter** 即可確認要估計的參數個數。

■測量方程式與結構方程式

測量方程式（measurement equation）是記述作為共同原因之潛在變數對數個觀測變數之影響的方程式。結構方程式（structual equation）是表現變數間之因果關係的方程式。

結構方程式：魅力＝w1× 外表＋w2× 性格＋e1

測量方程式：愛＝w3× 魅力＋e2

■內生變數與外生變數

　　所謂外生變數（exogenous variable）是不會成為其他變數之結果的變數。所謂內生變數（endogenous variable）是成為其他變數之結果的變數。對潛在變數來說，也有內生的潛在變數與外生的潛在變數。

　　內生的潛在變數是指單向箭限一個也未接受的潛在變數。

　　外生的潛在變數是指單向箭限至少接受一個的潛在變數。

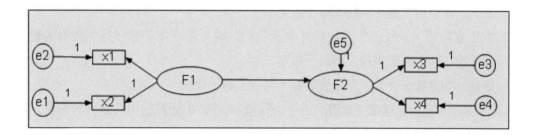

外生的潛在變數：F1

內生的潛在變數：F2

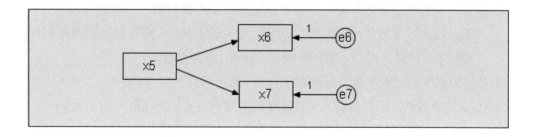

外生的觀測變數：X5

內生的觀測變數：X6、X7

■識別性的技巧

1. 所有的殘差變數（外生變數的構造變數 f_i, V_i，與誤差變數 d_i, e_i）必須指定其變異數。

2. 外生的數個構造變數 f_i 與 f_j（潛在變數），以及 V_i 與 V_j（觀測變數）之間，只要沒有違反事前資訊，所有的組合最好要設定共變異數。外生的數個構造變數 f_i 與 V_i 之間所有的組合最好也要設定共變異數。

3. 外生的構造變數 f_i 與 V_i 不必列入誤差變數 d_i 與 e_i。

4. 誤差變數間的共變異數，以及誤差變數與外生的潛在變數之間的共變異數，只要沒有適切的事前資訊不要設定。

5. 內生的觀測變數 V_i，每一個都要引進誤差變數 e_i。

6. 內生的潛在變數 f_i，每一個都要引進誤差變數 d_i。

7. 內生變數的變異數，由於是以外生變數的變異數與係數的函數表現（構造化），所以內生變數的變異數不設定。

8. 內生變數間，以及內生變數與外生變數的共變異數，由於是以外生變數的變異數與係數的函數表現，所以不設定。

9. 要估計的參數有 3 種，它是變異數、共變異數、係數。

10. 模式中要估計的參數的總數，不行超過觀測變數的變異數與共變異數個數之和即 $n_x(n_x + 1)/2$。

11. 對各 f_i 來說，由 f_i 離去的單方向的箭頭，可任意選出 1 者將其係數之值固定，不管選何者，因標準化之解可唯一決定，所以可以任意選取。如果 f_i 是外生變數時，取而代之固定 f_i 的變異數也行。固定值大多使用 1。

12. 對只有一個測量變數的潛在變數其測量誤差項的變異數、平均數可設為 0，因子負荷也固定成 1，從誤差項的路徑也固定成 1。「變異數 0 的誤差」與「無誤差」同義，因子（潛在變數）= 指標（觀測變數）。

13. 如果識別問題已處理而不合理估計仍存在時，可以下列方式進行：

(1) 當變異數估計值為負值，可將此變異數固定為很小的正數，如 0.005。

(2) 若相關係數超過或接近 1，可考慮刪除其中一個變數。

（注）在變數的使用上，觀測變數與潛在變數是相對的，構造變數與誤差變數是相對的，外生變數與內生變數是相對的。

■等置限制的設定

1. 單一變數的平均數檢定

譬如 Y1 表微積分的分數。想檢定男性與女性的平均數是否相同。

MB 表男性的平均數，MG 表女性的平均數，

VB 表男性的變異數，VG 表女性的變異數。

(1) 均質性檢定（變異數檢定）

VB = VG

P 值不顯著，即接受男性、女生兩群微積分成績有均質性。

(2) 平均性檢定

在均質下

設 MG = MB

P 值不顯著，即接受男性、女生兩群微積分成績平均數相同。

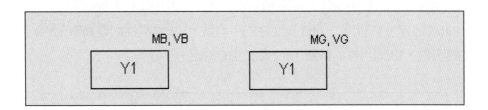

一般 ANOVA（平均數檢定）都是在均質性下進行，但 Amos 也可在異質性下執行平均數檢定，設 H_0：MB = MG，若 p 值顯著，即表平均數不同。

2. 兩個變數的平均數檢定，即多變量的平均數檢定（稱爲多變量變異數分析（MANOVA）

(1) 均質性檢定

V1 = V2

C12 = C12

P 值不顯著，即接受共變異數矩陣相同。

(2) 平均性檢定

在均質下

設 MG1=MB2, MG2=MB2

P 值不顯著，可視爲均質。

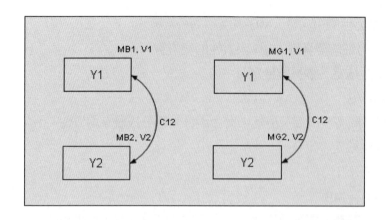

3. 多群組如指定有平均數、截距項估計，可以使用以下 **5** 種設定法

　　MB 表男性的平均數，MG 表女性的平均數，VB 表男性的變異數，VG 表女性的變異數，IB 表男性的截距，IG 表女性的截距。

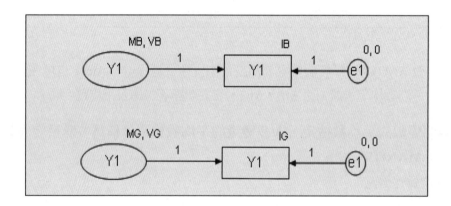

(1) 均質性檢定

　　MB = MG = 0

　　or MB = 0, IB = IG

　　or MB = 0, IG = 0

　　or MB = MG, IG = 0

　　or IB = IG = 0

　　P 值不顯著，可視為均質。

(2) 平均性檢定

在均質之下，

設 MB = MG, IB = IG

P 值不顯著，男生、女生兩群平均數可視為相同。

4. 一般對多群平均數之檢定

常用的設定是

(1) 在某一群的 mean 設為 0，其他群的 mean 設為自由參數。

(2) 而每一個測量變數的截距項各群組設定相同。

(3) 且每一個測量變數的測量路徑係數也設定相同。

上述設定若有不合理的參數估計時，再將誤差項變異數設定相同，甚至再將觀測變項的變異數設定相同。

Amos 內設是先檢查平均數相等，再檢定變異數相等，如要先檢定均質性再對平均數進行統計檢定，可點選 ，出現

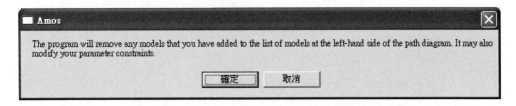

按確定後，改變設定 multiple-Group Analysis 內設模式，例如將 Structural covariances 打勾。

5. 交互作用的問題

可分成以下 3 中情形來說明。

(1) 變數均為觀測變數

基本上交互作用是以 2 個變數的交叉相乘項，例如 X1（數學）、X2（物理）、Y（微積分）為觀測變數，則交互作用項為 X1×X2，然後以 2 個變數及交互作用為外生變數的 SEM 來進行。

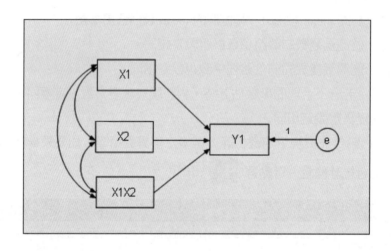

(2) 一個是觀測變數，一個是潛在變數

例如 X1（數學）、X2（物理）、X3（國文）、Y1（微積分）為觀測變數，由於數理能力是潛在變數，所以交互作用也是潛在變數，如其測量系統以 X1X3,X2X3 為測量變數。

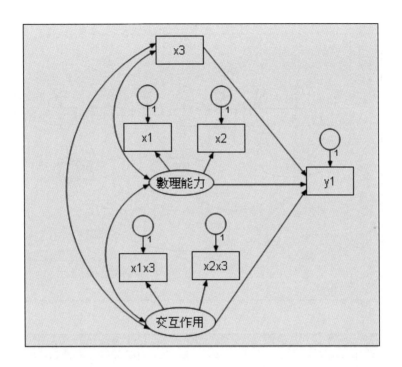

(3) 兩個都是潛在變數

　　引入交互作用項到模式內有可能會造成違反多變量常態分配的假定，這表示 ML 法參數估計並不合適，下面提出一個較簡單的方法，此方法有 3 個步驟：

步驟 1　以允許因素間有相關的 CFA 模式進行估計。

步驟 2　計算因素得分也計算因素間的交互作用。

步驟 3　以因素得分執行有交互作用項的迴歸式（評價、態度、評價態度交互作用對意願迴歸式）。

　　　　　數據檔參 data_09_02.xls。

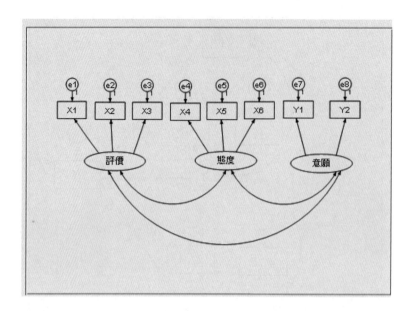

	Y1	Y2	X1	X2	X3	X4	X5	X6	態度	評價	意願	交互作用
1	50	0	4	4	4	4	4	4	4.4476	4.583	2.085	20.38335
2	0	10	5	4	4	4	-	2	-	-	-	-
3	0	5	3	2	3	4	4	4	4.2863	3.2175	1.1144	13.19117
4	0	0	4	2	4	3	2	3	2.7107	3.9587	0.7246	10.73085
5	80	100	4	3	2	5	4	4	4.931	3.6351	3.551	17.92468
6	70	50	4	5	5	3	4	4	4.5768	5.2579	2.9132	24.07259
7	50	90	4	4	4	5	4	4	4.8563	4.6355	2.9114	22.51138
8	0	0	3	3	3	2	2	3	2.398	3.3577	0.6376	8.051765
9	0	10	3	4	3	4	4	5	4.5326	4.1164	1.2336	18.65799
10	0	0	4	3	3	3	2	3	2.7077	3.812	0.7204	10.32175
11	30	70	2	2	2	5	5	5	5.4858	2.498	2.4687	13.70387
12	25	75	4	4	4	4	4	4	4.4676	4.5905	2.2275	20.50852
13	0	0	3	4	4	3	2	3	2.7119	4.0129	0.7262	10.88258
14	0	25	4	3	3	4	4	4	4.3325	4.302	10313	18.63842
15	0	5	4	4	3	3	3	3	3.2589	4.482	0.9051	14.60639
16	0	20	4	4	3	4	4	5	4.5536	4.5582	1.33	20.75622
17	0	25	3	4	4	4	4	3	4.1066	4.098	1.2556	16.82885
18	0	0	3	3	3	3	3	3	3.2307	3.4035	0.8325	10.99569
19	20	30	4	3	3	3	4	5	4.3077	3.925	1.7154	16.90772

　　上述方法並非是 SEM 模式中有交互作的唯一做法，它只是對有交互作用的問題提供一個實務上解決的方之一。

■標準化設定與未標準化設定

　　設定外生變數的變異數為 1 的方式稱為標準化設定，設定外生變數到觀測變數的路徑係數為 1 的方式稱為未標準化設定。兩種設定所得的標準解都是相同的。

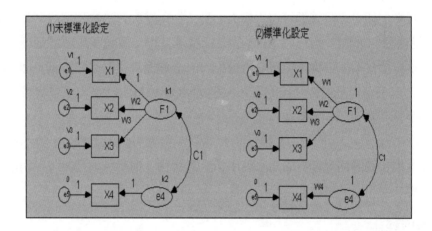

■檢查識別問題的方法

　　檢查識別問題的方法有：

1. 電腦報表上出現無法識別或不能允許的（unidentified or inadmissible）。
2. 參數的標準誤非常大。
3. 有不合理的參數估計，如變異數為負數，或標準化係數 > 1。

　　可能原因有：

1. 自由度為負。
2. 非單向的（nonrecurrence）（雙向效應）。
3. 潛在變數忘記訂定其尺度（單位）。
4. 誤差項到內生變數的路徑係數未設定為 1。
5. 測量系統未設定一個測量路徑為 1（或未設定潛在變數之變異數為 1）。
6. 單一測量變數的誤差項變異數未設定為固定參數。

　　解決識別問題的方法是設法使模式變成過度識別，對不足識別的補救方式為：

1. 以最少的路徑（即自由參數）建立理論上的 SEM 模式。
2. 如果可能，對測量模式誤差項的變異數設為固定參數。
3. 如果某路徑係數有其他訊息得到其數值，可以設定為固定參數。
4. 刪除不必要的參數。

注意

　　剛好識別時，整體模式的適合度其統計量的卡方值 = 0，其他如 RMSEA、AGFI 值等無法估計，p 值無法計算。一個模式若是過度識別模式，表示方程式能提供較多的訊息可以來進行自由參數估計，採用統計方法找到與觀測資料最接近而誤差值最小的唯一解。在 SEM 的分析就是在對一個過度識別進行模式的檢定，以檢定假設模式與實際資料是否適配，一個過度識別模式雖然是一個可識別的模型，但不一定是適合度佳的模式，經 AMOS 分析的結果，模式有可能被接受或拒絕。

　　當卡方值 $< \chi^2_{k,\,0.05}$，表示此模式是合適的（與飽和模式比較），表示模式可被接受，但仍要評估可否再簡化。如果模式不合適，則要增加路徑，可利用修正指標去尋找。不足識別模式是表示參數太多，需重新設定。

■適合度評估

　　進行整體模式適合度評估之前，宜先進行**測量模式**的檢查，待測量模式具有相當的合理性後，再進行**結構模式**的檢查，最後才是**整體模式**的檢查。

1. 測量模式的評估

(1) 測量模式中標準化係數大於 0.7，或各觀測變數的信度（標準化係數的平方）大於 0.5，此種情形表示測量的指標變數能有效反應出潛在變數。

(2) 測量誤差是指標變數的誤差變異量，測量誤差要愈小愈好，但也要非 0 值的顯著性，測量誤差達到顯著性，表示測量指標變數反映出它的潛在變數時，有誤差值存在，此種關係是有實質意義的。當然，也要沒有出現負的誤差變異量。

(3) 參數估計值的檢定，當 C.R.（臨界比；參數估計值與估計值標準之比，相當於 t 檢定值）的絕對值 > 1.96（顯著水準 0.05）可以拒絕。

　　虛無假設 H_0：參數估計值 = 0。未達顯著的參數，對理論模式而言並不是重要的路徑，從簡約原則的觀點，此路徑可從模式中移除。

2. 結構模式的評估

(1) 要檢查因素的信度即潛在變數的組合信度 CR（> 0.6），此組合信度主要是在評鑑一組潛在構念指標的一致程度，亦即所有測量指標分享該因素構念的程度，組合信度愈高，表示測量指標間有高度的內在關聯。

(2) 潛在變數的平均變異數抽取量 VE（> 0.5）是表示相較於測量誤差變異量的大小，潛在變數構念所能解釋指標變數變異量的大小，若是在 0.5 以上，表示指標變數可以有效反映其潛在變數。

$$CR = \frac{\left(\sum_{i=1}^{m} \lambda_i\right)^2}{\left(\sum_{i=1}^{m} \lambda_i\right)^2 + \sum_{i=1}^{m} Var(e_i)}$$

$$VE = \frac{\sum_{i=1}^{m} \lambda_i^2}{\sum_{i=1}^{m} \lambda_i^2 + \sum_{i=1}^{m} Var(e_i)}$$

(3) 標準化殘差也可以解釋為標準化常態變異，其值應介於 –2.58 至 2.58 之間。在一個夠大樣本觀察值中，若是理論模型界定正確，標準化殘差共變異數會呈現標準常態分配，因而理論模型如果是合適的，則標準化殘差共變異數中的數值其絕對值會小於 2.58。

(4) 修正指標若大於 3.84（在 0.05 的顯著水準），表示模式的參數有必要修正，將限制參數改為自由參數時，模式的自由度減少一個，模式的卡方值也將減少。在 Amos 中內定的修正指標是 4。

(5) 每一條結構方程式中複相關的平方值（R^2）要愈大愈好，並且達到顯著水準，但不能出現負的誤差變異量，若出現負的誤差變異量表示 R^2 超過 1，解釋上不合理。複相關的平方值愈高，表示結構方程式具有較佳的信度與效度。

3. 整體模式的評估

卡方值愈小愈好，以 P 值是否大於 0.05 為判斷依據，P 值 > 0.05 表可接受模式，其他適合度指標有 GFI > 0.9 以上、AGFI > 0.9 以上、RMSEA < 0.05、CN > 200 等。

4. 樣本數指標

樣本數未滿 100：卡方檢定不被否定的模式是需要的。
樣本數未滿 200：最好卡方檢定不被否定，即使模式被否定，各種適合度指標之值良好時即 OK。
樣本數 500 以上：由於大體上模式會被否定，因之以適合度指標評價適配。

5. 適合度指標一覽

希望的方向	指標	說明	可能值	「非常良好」的範圍	「壞」的範圍
愈小愈好	卡方值	用於適合度檢定 期待值＝適合度		以 P 值判斷	以 P 值判斷
	SRMR	相關係數的殘差大	SRMR ≧ 0	0.05 未滿	0.1 以上
	RMSEA	卡方值比期待值多出的部分以 1 個自由度 · 1 個個體來評價	RMSEA ≧ 0	0.05 未滿	0.1 以上
	AIC	只用於數個模式的比較	無限制	相對比較	相對比較
愈大愈好	GFI	相當複相關係數	GFI ≦ 1	0.95 以上	0.9 未滿
	AGFI	相當調整自由度的複相關係數	AGFI ≦ GFI	0.95 以上	0.9 未滿
	NFI	以獨立模式當作 0 飽和模式當作 1 時的相對位置	0 ≦ NFI ≦ 1	0.95 以上	0.9 未滿
	CFI		0 ≦ CFI ≦ 1	0.95 以上	0.9 未滿

■不合理估計

當結構模式或測量模式的參數估計超過可接受範圍時，稱爲不合理估計。最常發生的不合理估計有：

1. 變異數爲負值。

2. 標準化係數超過 1.0 或非常接近 1。

3. 參數標準誤非常大。

■飽和模式、獨立模式

1. 飽和模式（**Saturated model**）

　　若一組資料有 m 個變數，如路徑圖的 m 個變數兩兩間都有直線或曲線連接，稱此種模式為飽和模式（Saturated Model）。飽和模式基本上有 3 大類。

(1) 全部都是曲線連接。

(2) 全部都是直線連接。

(3) 有曲線也有直線連接。

　　對一組資料所有飽和模式的自由度都為 0，卡方值也都為 0。以 5 科成績為例說明下列 5 個模式的自由度都為 0，卡方值也都為 0。

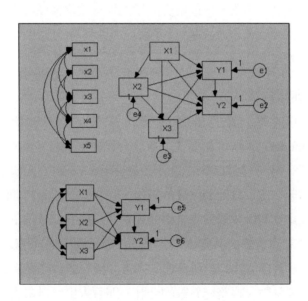

2. 獨立模式（**Independent model**）

　　飽和模式是 m 個變數兩兩間都有直線或曲線連接，相反的，如 m 個變數兩兩變數間都沒有直線或曲線連接，稱此種模式為獨立模式（Independent Model）。

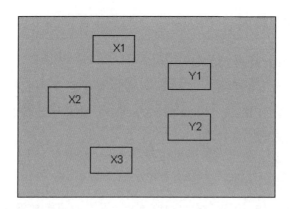

飽和模式中變數間都有連線，模式太複雜，相對的，獨立模式中任何兩變數都沒有相關，模式又太簡單，一般研究的模式界於此兩種極端之間。一個飽合模式如果去除幾條路徑就會變成過度識別模式，也就是過度識別模式是由於對參數加上限制所造成的。

■單向模式、非單向模式

路徑分析可大略分類為**非單向模式**與**單向模式**。所謂非單向模式（nonrecursive model）或稱可逆模式是指只循著單向箭線至少有一個可以回到原來的變數之模式。另一方面，單向模式（recursive model）或稱不可逆模式是只循著單向箭線而無一個可以回到原來的變數，且誤差間並無相關的模式。又單向模式之中自由度是 0 的模式稱為完全單向模式（complete recursive model）。

從觀測變數的變異數、共變異數的個數（觀測變數的個數設為 p 時，即為 p(p + 1) / 2），要進行估計的自由參數的個數（獨立變數的變異數、獨立變數間的共變異數、路徑係數、誤差變異數的合計）即可求出。自由度不能成為負數是識別模式的必要條件，因之自由度是負時，即無法識別。試以例題求自由度，並試著識 別模式看看。

例題

在以下的 4 個模式之中，自由度為負無法識別的模式有 1 個。剩下的 3 個模式，自由度均在 0 以上，是可以識別的模式。請從其中選出回答無法識別的模式。又從剩下的模式中選出單向模式、完全單向模式、非單向模式。

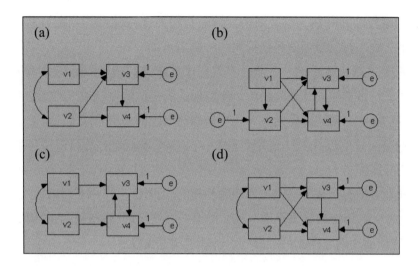

在例題的 (a)～(d) 的所有路徑圖中，因觀測變數有 4 個，因之觀測變數的變異數、共變異數的個數是 10(= 4×5/2)。因此，從路徑圖去計數要估計之參數的個數後，自由度可以如下分別求出。

dfa = 10 − 2「變異數」− 1「共變異數」− 4「係數」− 2「誤差變數」= 1

dfb = 10 − 1「變異數」− 0「共變異數」− 7「係數」− 3「誤差變數」= −1

dfc = 10 − 2「變異數」− 1「共變異數」− 4「係數」− 2「誤差變數」= 1

dfd = 10 − 2「變異數」− 1「共變異數」− 5「係數」− 2「誤差變數」= 0

自由度成為 −1 的 (b) 是無法識別的模式。同時，單向模式是 (a)，非單向模式是 (c)，完全單向模式是 (d)。

■SEM 的分析與應用原則

Thompson 提出以下 10 點原則：

1. 在應用 SEM 分析時，應使用大樣本，不可使用小樣本。

2. 在選擇相關係數矩陣作為分析資料時，要注意測量指標變數尺度的屬性。

3. 一個好的模式是適配好而又簡約的模式。

4. 模式使用的方法需配合資料是否符合多變量常態性檢定，不同的假定需使用不同的估計方法。

5. 模式的適配度的評估，應使用多元適配指標值進行綜合的判斷，進行整體評估之前，應進行測量模式與結構模式的檢查。

6. 當假設模式達到適配時，可進一步就假設模式進行複核效度的分析，以不同的群組進行多群組的比較分析，以確定模式的複核效度及模式的推估合理性。

7. 模式評估除了考量統計量數外，也要兼顧理論建構與實務層面。

8. 一個適配良好的模式並一定是有用的，因為許多不同的假設模型也許與觀察資料均能適配。

9. 假設模型必須有其理論基礎，有理論基礎的假設模型才經得起檢驗。

10. SEM 分析的最終結果並非是一定要提出一個適配觀察資料的假設模式，而是要探究依據理論建構的假設模式之合理性與適當性。

第6章　雙向因果關係與多群體分析

以往探討的模式稱為「單向模式」，本章是探討「非單向模式」。

本章於分析時也想考察另一個要素。此即為「同時分析」數個組。像男女或學校團體等，在路徑分析之中，可以看出各群體獨自的影響關係。

■雙向因果關係的分析

至目前為止一直在探討的模式稱為「單向模式（recursive model）」或稱不可逆模式。所謂單向模式是一旦經由單向箭線時，無法回到該變數的模式。以下的模式是由「A」出發的路徑經由「B」到「C」。並且，不能回到一度所經過的變數。

另外，在單向模式之中自由度是 0 的模式稱為完全單向模式（fully recurrence model）。

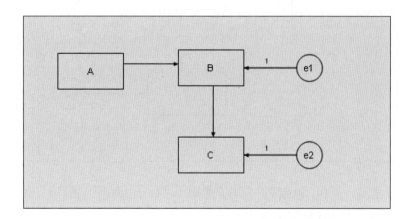

相對地，本章是探討「非單向模式（nonrecursive model）或稱可逆模式。

非單向模式是指可以回到一度經過的變數。譬如，下圖即為非單向模式。由「A」出發的路徑經由「B」到「C」，但由「C」可再度回到「B」。

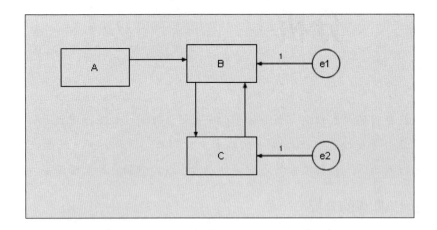

以下的圖也是非單向模式。此模式中「A」、「B」、「C」均不是出發點
（誤差也可以說是出發點）。

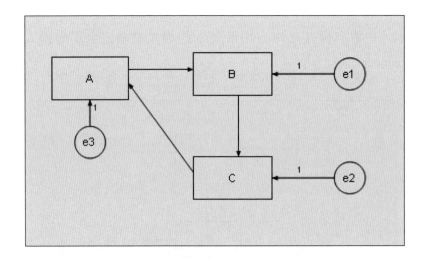

「A」愈高，「B」也愈高；「B」愈高，「C」也愈高；並且，「C」愈高，
「A」也愈高，表示此種循環性的構造。

　　利用 Amos 進行路徑分析的有趣之處，是在於它也可以探討此種模式。在本
章中練習看看。

■ 多群體的分析

　　另外，本章於分析時也想考察另一個要素。此即為「同時分析」數個組。像
男女或學校團體等，在路徑分析之中，可以看出各群體獨自的影響關係。譬如，

男性可以看出影響，而女性卻看不出影響，男性有正的影響，女性有負的影響等。

　　對於此種多群體的分析（同時分析數個群體的路徑圖），也想在本章中探討。

6.1　研究的背景與使用的數據

■「被人如何看待」，體型的自我印象是否會改變？

　　本章要分析的研究背景，即為如下。

　　體型對許多人而言是很關心的對象。當然，此處是有個人差的，有對自己的體型不太關心的人，也有對自己的體型非常關心的人。此次的調查，是把焦點放在對自己的體型有多少的不滿、有多少的介意。

　　體型不滿度：「看了鏡子，對自己的體型感到不滿」的問項以 6 級回答。

　　體型介意度：「在意自己的體型別人是如何想的」，的問項以 6 級回答。

　　想檢討讚美慾望（想被他人讚美的程度）與有過被他人指摘體型之經驗，對這些變數來說，具有何種程度的影響。

　　讚美慾望：9 個項目，使用 5 級尺度法。

　　體型的指摘：對於「自己的體型有被他人談論」的問項以 6 級回答。

　　數據是從大學男女各 100 名所收集得到（是實際收集的一部分資料）。

ID	性別	讚美欲望	體型的指摘	体型不満度	体型介意度
1	F	28	2	4	5
2	F	45	3	6	6
3	F	23	2	6	5
4	F	23	4	2	2
5	F	32	2	6	5
6	F	20	3	4	4
7	F	23	6	6	5
8	F	22	1	6	6
9	F	34	2	3	4
10	F	30	3	1	1
11	F	18	1	4	4
12	F	27	1	6	4
13	F	29	1	3	3
14	F	34	4	4	4
15	F	26	4	5	3
16	F	21	3	2	1
17	F	20	2	6	3
18	F	25	5	6	6
19	F	20	2	6	6
20	F	23	1	5	5
21	F	24	1	4	2
22	F	41	4	6	6
23	F	25	4	6	6
24	F	9	1	4	2

:

176	M	18	1	3	1
177	M	24	2	1	2
178	M	28	1	1	1
179	M	24	1	4	1
180	M	29	1	1	1
181	M	22	1	1	2
182	M	39	1	6	6
183	M	17	6	1	1
184	M	25	3	3	3
185	M	26	1	2	1
186	M	31	1	1	1
187	M	29	6	6	6
188	M	27	4	1	5
189	M	23	2	2	2
190	M	19	3	3	4
191	M	9	2	1	1
192	M	22	3	4	3
193	M	30	4	4	4
194	M	19	1	1	1
195	M	20	2	2	1
196	M	30	1	2	2
197	M	37	6	6	6
198	M	23	2	2	2
199	M	23	2	3	3
200	M	21	1	2	1

6.2 ╲ 畫路徑圖——畫雙向的因果關係

分析 1 ：分析雙向的因果關係

一、資料的輸入與讀取

試使用第 1 章所學過的方法輸入資料並以 Amos 讀取看看。

以 SPSS、Excel、Textfile 的任一方法輸入資料均無妨（此處是 Excel 的資料：data_6.xls）。

如【Data files (D)】的樣本數【N】顯示【200/200】時，即表示已讀取了 200 名的資料。

二、畫路徑圖

步驟 1　參考第 1 章的內容，畫出如下的路徑圖。

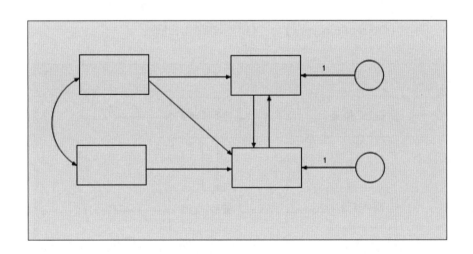

（注）誤差變數以【Add a unique variable to an existing variable】圖像（ ↥ ）來繪製。

步驟 2　按一下【List Variable data set】圖像（ ▦ ），或者從工具列選擇 【View】⇒【Variables in data set】。

左上的觀測變數當作體型的指摘，左下當作讚美慾望，右上當作體型不滿度，右下當作體型介意度。

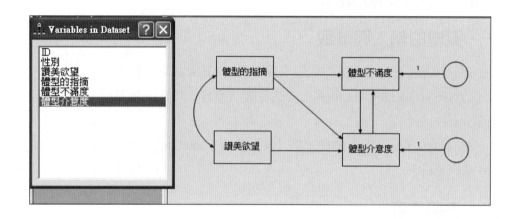

（注）讚美慾望是想被他人讚美的慾望，因之介意自己的體型如何被看待，乃假定只對體型介意度有影響。

步驟 3 開啓【Object Properties】，對誤差變數取名稱。

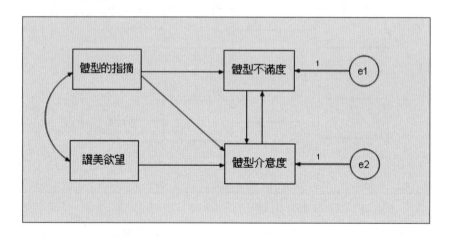

三、分析的指定與執行

進行分析及輸出的指定。

步驟 1　按一下【Analysis Properties】圖像（▦），或者從工具列選擇【View】
⇒【Analysis Properties】。
點選【Output】Tab。
勾選【Standardized Estimates】，【Squared multiple correlations】，
再關閉視窗。

| Estimation | Numerical | Bias | **Output** | Bootstrap | Permutations | Random # | Title |

☑ Minimization history　　　　　　☐ Indirect, direct & total effects

☑ Standardized estimates　　　　　☐ Factor score weights

☑ Squared multiple correlations　　☐ Covariances of estimates

☐ Sample moments　　　　　　　☐ Correlations of estimates

☐ Implied moments　　　　　　　☐ Critical ratios for differences

☐ All implied moments　　　　　　☐ Tests for normality and outliers

☐ Residual moments　　　　　　　☐ Observed information matrix

☐ Modification indices　　　　　　`4`　Threshold for modification indices

步驟 2　按一下【Calculate Estimates】圖像（▦），或從工具列選擇【View】
⇒【Calculate estimates】，再執行分析。
如要求檔案的儲存時，可儲存在適當的場所中。

路徑圖上顯示分析結果，判斷雙向箭線的因果關係

一、觀察輸出路徑圖

步驟 1 顯示標準化估計值。按一下【View the output path diagram】圖像

（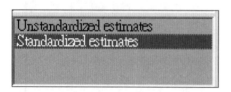），在【Parameter format】欄中，點選【Standardized estimates】。

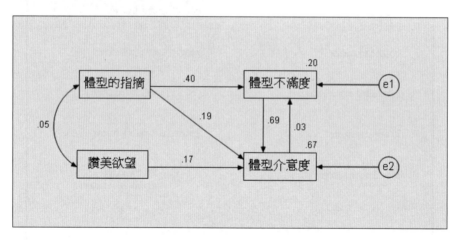

　　試注視體型不滿度與體型介意度的影響關係。由體型不滿度到體型介意度的路徑是正的較大之值，但反方向的路徑知幾乎是 0。

【View】⇒【Text output】。

觀察【Notes for Groups】時，顯示模式是非單向（This model is nonrecursive）。

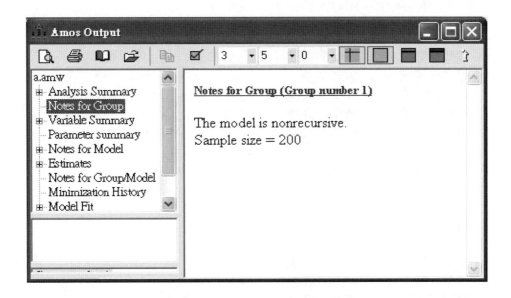

步驟 2　觀察【Notes for Models】時，知此模式的自由度顯示 0。

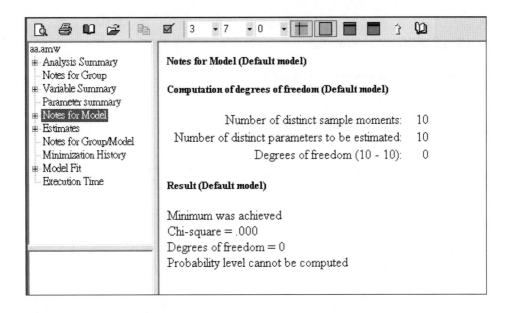

步驟 3 觀察【Estimates】。

Maximum Likelihood Estimates

Regression Weights: (Group number 1 - Default model)

			Estimate	S.E.	C.R.	P	Label
體型不滿度	<---	體型的指摘	.510	.241	2.117	.034	
體型介意度	<---	讚美欲望	.042	.010	4.208	***	
體型介意度	<---	體型的指摘	.237	.093	2.540	.011	
體型介意度	<---	體型不滿度	.662	.149	4.432	***	
體型不滿度	<---	體型介意度	.026	.381	.069	.945	

Standardized Regression Weights: (Group number 1 - Default model)

			Estimate
體型不滿度	<---	體型的指摘	.397
體型介意度	<---	讚美欲望	.171
體型介意度	<---	體型的指摘	.192
體型介意度	<---	體型不滿度	.690
體型不滿度	<---	體型介意度	.025

Covariances: (Group number 1 - Default model)

			Estimate	S.E.	C.R.	P	Label
體型的指摘	<-->	讚美欲望	.510	.709	.719	.472	

Correlations: (Group number 1 - Default model)

			Estimate
體型的指摘	<-->	讚美欲望	.051

從體型介意度到體型不滿度的路徑並不顯著。體型的指摘與讚美慾望的相關幾乎是 0。

結果的判讀 在此分析中可以了解到以下事項。

看出較大的影響關係是從「體型的指摘」經由「體型不滿度」到「體型介意」度的路徑。

被某人指摘體型會造成體型的不滿，此事暗示存在著引起介意體型的心理過程。

6.4　分析的指定與執行──分析組別的因果關係

分析 2：比較男女的路徑（多群體的分析）

接著，想在男女方面比較路徑係數。

試進行分析與輸出的指定。

步驟 1　選擇【Analyze】⇒【Manage Groups】。

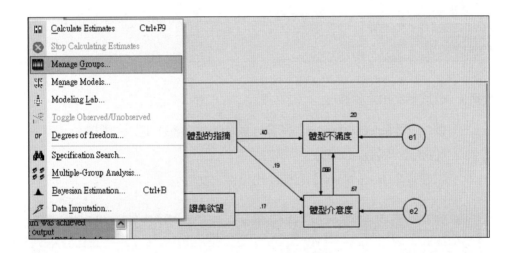

步驟 2　消去【Group Name】框內的字母，輸入「男性」，於是【Groups】的框內即顯示男性。

按一下【New】。

在【Group Name】的框內輸入「女性」，然後關閉視窗。

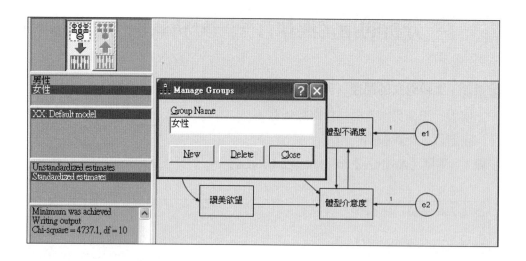

步驟 3 分成男女指定變數。

按一下【Select data files】圖像（▦），或者從工具列選擇。

【File】⇒【Data files】。

試確定【Group Name】已顯示出男性、女性。

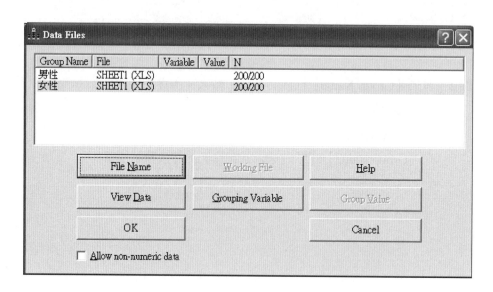

（注）如果未指定【Data files】時，男性、女性均指定本章所使用的數據（按一下【Files Name】指定所輸入數據的檔案）。

步驟 4　按一下男性。點選【Grouping Variable】。
　　　　從變數一覽中選擇「性別」，按【OK】。

　　　　點選【Group Value】，因想指定男性組，選擇 M，再按【OK】。

（注）M 指 Male（男性），F 指 Female（女性）。

步驟 5　同樣點選女性。
　　　　點選【Grouping Variable】，選擇「性別」，按【OK】。
　　　　點選【Group Value】，選擇 F 後，按【OK】。

步驟 6　【Group Name】分別顯示男性、女性；【Variable】顯示性別；【Value】顯
　　　　示 M 與 F；樣本數【N】分別顯示 100 時，即表示男女的數據指定完成。
　　　　在此狀態下，按【OK】。

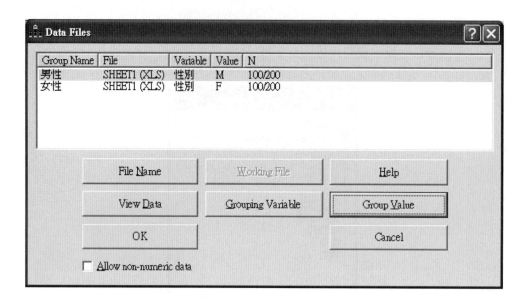

步驟 7　按一下【Analysis properties】圖像（），或者從工具列選擇【View】
⇒【Analysis properties】。

點選【Output】Tab。

勾選【Standardized Estimates】、【Squared multiple correlations】，另
外，再勾選【Critical ratio for difference（差的檢定統計量）】。勾選好
之後，再關閉視窗。

| Estimation | Numerical | Bias | Output | Bootstrap | Permutations | Random # | Title |

☑ Minimization history

☐ Indirect, direct & total effects

☑ Standardized estimates

☐ Factor score weights

☑ Squared multiple correlations

☐ Covariances of estimates

☐ Sample moments

☐ Correlations of estimates

☐ Implied moments

☑ Critical ratios for differences

☐ All implied moments

☐ Tests for normality and outliers

☐ Residual moments

☐ Observed information matrix

☐ Modification indices

4　Threshold for modification indices

步驟 8　點選【Calculate Estimates】關係（ ▦ ），或者從工具列選擇【Analyze】
⇒【Calculate estimates】，再執行分析。

如要求儲存檔案時，可儲存於適當的場所中。

6.5　觀察輸出

路徑圖上顯示分析結果，觀察各組的傾向。

一、觀察輸出路徑圖

步驟 1 顯示標準化估計值。按一下【View the output path diagram】圖像 （ ），點選【Parameter format】欄的【Standardized estimates】。

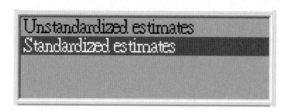

步驟 2 按一下【Groups】欄的【男性】時，即顯示男性的結果，標準化估計值如下。

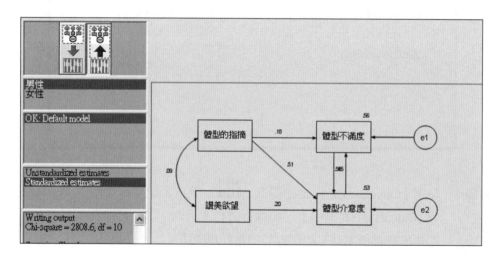

步驟 3 按一下【Groups】欄的【女性】時，即顯示女性的結果，標準化估計值如下。

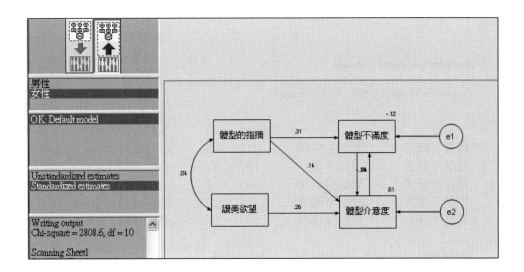

二、觀察正文輸出

步驟 1　按一下【View Text】圖像（ ▤ ），或者從工具列選擇【View】⇒【Text output】。

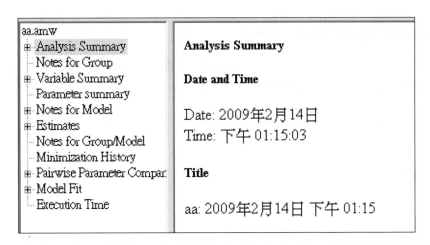

（注）即使是正文輸出，點選左下的【男性】【女性】的文字時，也可顯示各自的結果（共同的輸出時，就變成不能選擇了）。

步驟 2 男性的【Estimates】成為如下。

Maximum Likelihood Estimates

Regression Weights: (男性 - Default model)

	Estimate	S.E.	C.R.	P	Label
體型不滿度 <--- 體型的指摘	.216	.231	.935	.350	par_1
體型介意度 <--- 讚美欲望	.047	.019	2.460	.014	par_2
體型介意度 <--- 體型的指摘	.569	.213	2.676	.007	par_3
體型介意度 <--- 體型不滿度	.150	.326	.461	.645	par_4
體型不滿度 <--- 體型介意度	.592	.318	1.860	.063	par_5

Standardized Regression Weights: (男性 - Default model)

	Estimate
體型不滿度 <--- 體型的指摘	.184
體型介意度 <--- 讚美欲望	.200
體型介意度 <--- 體型的指摘	.508
體型介意度 <--- 體型不滿度	.158
體型不滿度 <--- 體型介意度	.565

Covariances: (男性 - Default model)

	Estimate	S.E.	C.R.	P	Label
體型的指摘 <--> 讚美欲望	.847	.978	.866	.387	par_6

Correlations: (男性 - Default model)

	Estimate
體型的指摘 <--> 讚美欲望	.087

步驟 3　女性的【Estimates】成為如下。

Maximum Likelihood Estimates

Regression Weights: (女性 - Default model)

			Estimate	S.E.	C.R.	P	Label
體型不滿度	<---	體型的指摘	.361	.222	1.625	.104	par_7
體型介意度	<---	讚美欲望	.056	.014	4.124	***	par_8
體型介意度	<---	體型的指摘	.161	.089	1.818	.069	par_9
體型介意度	<---	體型不滿度	.727	.166	4.391	***	par_10
體型不滿度	<---	體型介意度	-.138	.462	-.299	.765	par_11

Standardized Regression Weights: (女性 - Default model)

			Estimate
體型不滿度	<---	體型的指摘	.305
體型介意度	<---	讚美欲望	.259
體型介意度	<---	體型的指摘	.139
體型介意度	<---	體型不滿度	.742
體型不滿度	<---	體型介意度	-.136

Covariances: (女性 - Default model)

			Estimate	S.E.	C.R.	P	Label
體型的指摘	<-->	讚美欲望	.397	1.007	.394	.693	par_12

Correlations: (女性 - Default model)

			Estimate
體型的指摘	<-->	讚美欲望	.040

結果的判讀　要注意的點是「體型的指摘」與「體型的不滿度」、「體型介意度」。

在男性方面，從體型的指摘經由體型介意度影響體型不滿度。相對的，在女性方面，從體型的指摘經由體型不滿度影響體型介意度。亦即，男女的影響過程是有可能不同的。

男性的情形是，如體型被他人指摘時，出現了「自己的體型是被他人如何看待的呢？」的擔心，此擔心導致不滿自己的體型。

女性的情形是，如體型被他人指摘時，首先引起了不滿自己的體型。接著，才出現「他人是如何看待」的擔心。並且，男女的讚美慾望均擔負起提高體型介意度的功能。

三、觀察路徑係數之差

步驟 1 在正文輸出的【Estimates】表中所標示的路徑，加上了 par_1、par_2 等的標籤。譬如，暫時記下如下的標籤吧。

男性從體型不滿度到體型介意度的路徑的標籤是 par_4。

女性從體型不滿度到體型介意度的路徑的標籤是 par_10。

男性從體型介意度到體型不滿度的路徑的標籤是 par_5。

女性從體型介意度到體型不滿度的路徑的標籤是 par_11。

步驟 2 試觀察正文輸出的【Pairwise parameter comparsion】。

	par_1	par_2	par_3	par_4	par_5
par_1	.000				
par_2	-.700	.000			
par_3	.831	2.551	.000		
par_4	-.425	.306	-.790	.000	
par_5	.696	1.762	.144	.692	.000
par_6	.628	.817	.277	.676	.248
par_7	.453	1.406	-.679	.532	-.597
par_8	-.691	.358	-2.409	-.289	-1.683
par_9	-.222	1.252	-1.773	.031	-1.305
par_10	1.801	4.076	.586	1.576	.376
par_11	-.685	-.402	-1.391	-.510	-1.302
par_12	.175	.347	-.168	.233	-.185

par_4 與 par_10 的組合部分的數據是 1.576。

par_5 與 par_11 的組合部分的數據是 −1.302。

此數值的絕對值如在 1.96 以上時，即判斷在 5% 水準下路徑的數有差異。

可是，此次的情形，卻低於該數值。

■ **想對各群體（各組）畫出不同的路徑圖時**

　　變更 Amos 的設定即有可能。從【View】清單中選擇【Interface Properties】畫點選圖像（），在【Misc】Tab 之中勾選【Allow different path diagrams for different groups（對不同組設定不同路徑圖）】。

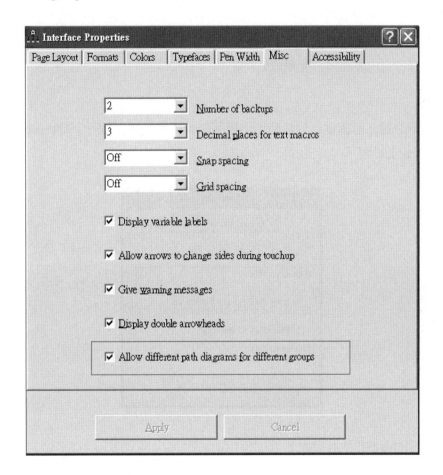

　　此時會出現入下畫面，按確定。

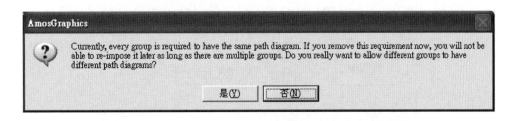

練習問題

1. 本章所探討的路徑圖，體型的指摘與讚美慾望之間的相關，男女均接近於 0 之值。

因此，刪除體型的指摘與讚美慾望所連結的雙向路徑，再度進行多群體的分析看看。

進行分析後，以圖表示男女各自的標準化估計值。

並且，自由度與適合度變成如何呢？

■解答

如刪除雙向箭線進行分析時，出現警告。可是，照樣按一下【Proceed with the analysis】即可。

男性的標準化估計值如下

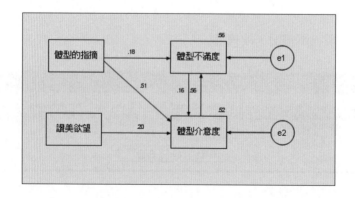

女性的標準化估計值如下：

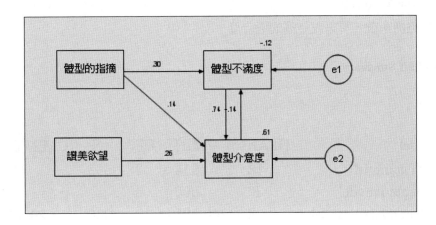

■觀察正文輸出【Text output】

此模式的自由度是「2」。獨立的樣本積率（sample moment）的個數，在路徑圖中是 4(4 + 1) / 2 = 10，但因有男性的路徑圖和女性的路徑圖，所以是 10*2 = 20。

Notes for Model (Default model)

Computation of degrees of freedom (Default model)

Number of distinct sample moments: 　20
Number of distinct parameters to be estimated: 　18
Degrees of freedom (20 - 18): 　2

Result (Default model)

Minimum was achieved
Chi-square = .914
Degrees of freedom = 2
Probability level = .633

主要的適合度指標即為如下。

$\chi^2 = 0.914$，df = 2，n.s.。

GFI = 0.998，AGFI = 0.977，CFI = 1.000

RMSEA = 0.000

以整體來說，可以說是高的適合度。

Model Fit Summary

CMIN

Model	NPAR	CMIN	DF	P	CMIN/DF
Default model	18	.914	2	.633	.457
Saturated model	20	.000	0		
Independence model	8	240.921	12	.000	20.077

RMR, GFI

Model	RMR	GFI	AGFI	PGFI
Default model	.274	.998	.977	.100
Saturated model	.000	1.000		
Independence model	1.297	.656	.427	.394

Baseline Comparisons

Model	NFI Delta1	RFI rho1	IFI Delta2	TLI rho2	CFI
Default model	.996	.977	1.005	1.028	1.000
Saturated model	1.000		1.000		1.000
Independence model	.000	.000	.000	.000	.000

RMSEA

Model	RMSEA	LO 90	HI 90	PCLOSE
Default model	.000	.000	.112	.752
Independence model	.310	.277	.345	.000

第7章 確認式因素分析的基本模型

　　本章介紹「2因素的確認式因素分析」，以及「高階的因素分析」，並介紹與2階因素分析有關連的另一個模式，此即為階層因素分析。

■因素的因素分析──2個潛在變數

　　本節是探討2個潛在變數是觀測變數的共同原因，亦即2因素的因素分析模式。

　　如果是曾經以SPSS進行因素分析的讀者，想必可以理解在實際的研究中，探討數個因素比探討一個因素的機會是較多的。

　　但是，Amos的因素分析與SPSS的因素分析是略有不同的。前者處理的因素分析稱為「確認式因素分析」，後者處理的因素分析則稱為「探索式因素分析」。

| Amos | 確認式因素分析 | 研究者設定所建立的因素的假設後，檢討數據是否符合模式的因素分析方法 |
| SPSS | 探索式因素分析 | 探索影響所有的觀測變數的所有共同因素（潛在變數）的因素分析方法 |

　　關於這些之不同，容本章最後再行詳細說明。

7.1 研究的背景與使用的資料──對8個形容詞回答之分析

　　此次的研究是針對以下8個形容詞的回答進行分析。

■活動性

　　a01_ 明朗的

　　a02_ 爽朗的

　　a03_ 有精神的

　　a04_ 充實

■調和性

　　a05_ 優雅的

　　a06_ 親切的

　　a07_ 協調的

　　a08_ 溫和的

　　本調查是針對這些用語以 4 級從「不合適」到「合適」詢問適合自己的程度是如何。

　　針對大學生 100 名進行調查，所獲得的回答。

　　這些用語由先行研究獲知是由「活動性」與「調和性」兩個要素所構成。

　　因此，此等 8 個用語能否以「活動性」與「調和性」兩個要素來說明呢？試利用 Amos 以確認式因素分析去查證看看。

NO	a01_明朗	a02_爽朗	a03_精神	a04_充實	a05_優雅	a06_親切	a07_協調	a08_溫和
1	1	1	2	1	2	2	3	1
2	4	4	4	4	2	2	3	3
3	4	4	4	4	1	4	4	4
4	2	1	2	2	1	3	3	3
5	4	1	2	4	2	4	4	3
6	3	4	4	3	3	4	3	3
7	1	4	2	1	2	4	2	3
8	2	3	2	2	2	3	2	2
9	1	1	1	1	2	3	3	2
10	4	4	4	4	3	4	4	4
11	1	1	1	1	1	3	2	2
12	2	3	3	2	2	3	2	2
13	2	1	2	1	1	1	1	1
14	2	3	3	2	2	2	2	3
15	2	2	2	1	2	2	2	2
16	4	4	4	4	4	4	4	4
17	1	1	1	1	4	4	2	3
18	3	3	3	2	2	3	2	3
19	4	4	4	4	3	4	1	3
20	1	1	1	1	1	4	4	3
21	2	4	2	3	1	1	1	1

79	3	2	3	1	4	4	4	4
80	1	1	2	1	1	1	3	1
81	3	3	3	1	4	4	4	4
82	2	3	3	1	3	3	4	4
83	2	2	4	3	3	3	4	4
84	2	2	1	3	2	3	3	4
85	4	4	4	4	2	3	2	3
86	3	3	3	3	1	2	2	1
87	4	4	4	4	3	4	2	1
88	1	1	2	1	2	3	3	4
89	3	4	4	4	4	4	4	4
90	2	4	4	2	3	4	4	4
91	2	3	4	2	4	4	4	4
92	1	2	2	2	2	3	2	1
93	4	4	4	4	4	4	4	4
94	4	1	4	4	4	4	4	4
95	1	1	1	1	2	2	2	2
96	3	3	4	2	4	4	4	4
97	3	2	3	3	4	4	4	3
98	3	3	3	3	4	4	4	4
99	3	4	3	2	3	4	4	4
100	2	2	2	2	2	2	3	2

7.2　畫路徑圖——繪製 2 因素的因素分析模式

一、資料的輸入與讀取

使用第 2 章所學過的方法輸入數據，並以 Amos 讀取看看。

不管是以 SPSS、Excel、Textfile 輸入均無不可（此處是 Excel 的資料：data_7-1.xls）如【Datafile】的樣本數【N】顯示有「100/100」時，即表示讀取 100 名的資料。

二、頁面佈置

此次是要畫出橫向的路徑圖，因此將頁面的方向改成「橫向」（Landscape）。

步驟 1　選取【View】→【Interface properties】。

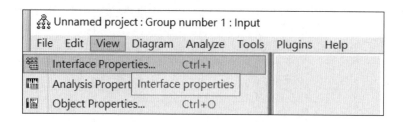

步驟 2　將【Page layout】Tab 的【Page size】改成【Portrait-Letter】再按一下【Apply】。

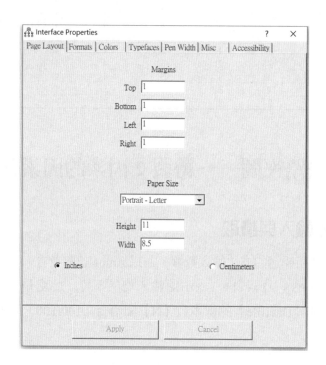

三、畫潛在變數（因素分析模式）

步驟 1　按一下【Draw a Latent Variable or add an indicator to a Latent Variable】圖像（ ）。在中央或左下處畫出 1 個橢圓。

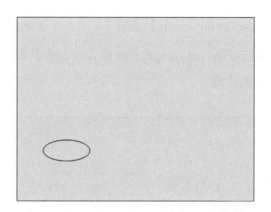

步驟 2　再按住【Draw a Latent Variable or add an indicator to a Latent Variable】圖像（🔱）的狀態下，在所畫的橢圓中連按 4 次。

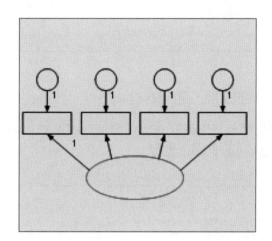

步驟 3　此處想分析以 2 個潛在變數說明 8 個觀測變數的模式，因此複製此次所畫的圖。

（注）當然再一次同樣畫出也行，但畫出相同大小的圓或橢圓非常不易。

(1) 點選【Select all objects】圖像（🖐）。確認所畫的路徑圖變成藍色。

(2) 點選【Duplicate objects】圖像（📋），按住圖的任一部分向右方向移動，再放開點選。

(3) 點選【Deselect all objects】圖像（ 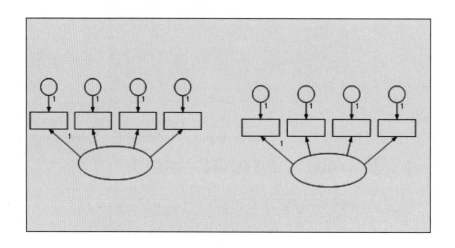 ），解除選擇。

(4) 點選【Resize the path diagram to fit on a page】圖像（ ），即可調整成適當的位置。

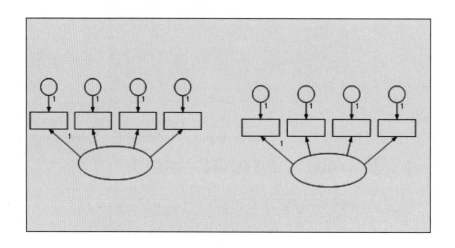

步驟 4 在 2 個潛在變數之間，畫出雙向箭線。

按一下【Draw covariance（double headed arrows）】圖像（ ），以雙向箭線連結左右的潛在變數。

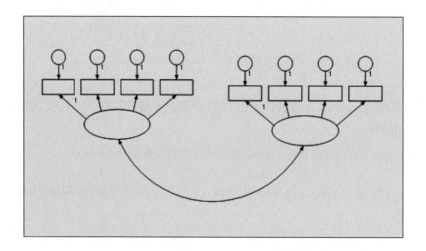

四、指定觀測變數的變數名

步驟 1　按一下【List variable in data set】圖像（　），或者選取【View】→
　　　　　【Variables in data set】。

　　　　　從觀測變數的最左側依序以 a01, a02, a03, …指定變數名。

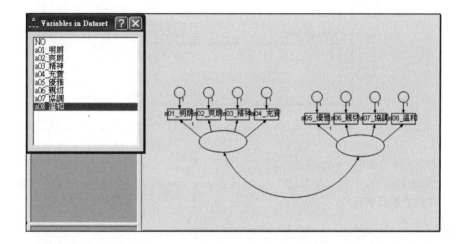

步驟 2　變數名溢出四方型的方框。此時，可縮小文字或加上變數的標籤
　　　　　（Label）。此處試加上變數的標籤看看。

　　　　　開啓【View】的【object properties】，按一下【a01_明朗】的四方型。

　　　　　開啓【Text】Tab。

　　　　　在【Variable Label】的方框輸入 a01，於是，四方形中的文字即顯示
　　　　　a01。

（注）選擇【Plugins】→【Resize Observed Variables】時，可配合觀測變數的文字自動地調
　　　整四方形的大小。

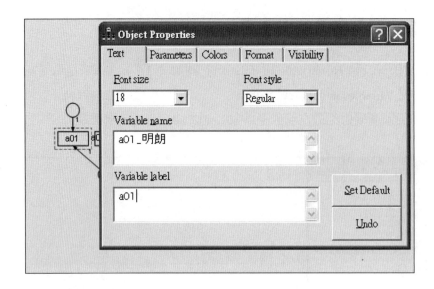

（注）要注意不要變更【Variable Name】框的文字。

　　【Variable Label】框可自由追加，但此【Variable Name】必須與 Amos 所讀取的資料之中的變數名一致。

步驟 3　其他觀測變數也一樣加上變數名的標籤。

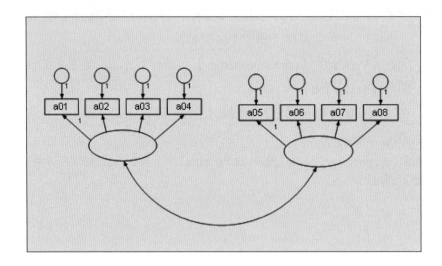

五、對潛在變數取名

步驟 1　選取【Plugins】→【Name unobserved variables】。

於是，所有的潛在變數均自動地取名。

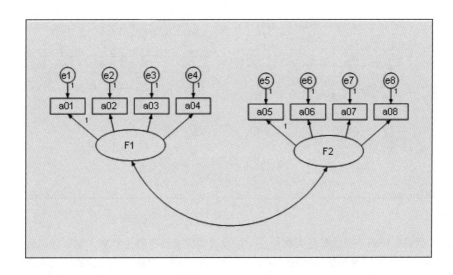

步驟 2　變更變數名，將 F1 改成「活動性」，F2 改成「調和性」。

開啓【Objects Properties】後，按一下 F1 的橢圓。

將【Variable Name】的 F1 變更爲活動性也行，或在【Variable label】中
輸入活動性也行。

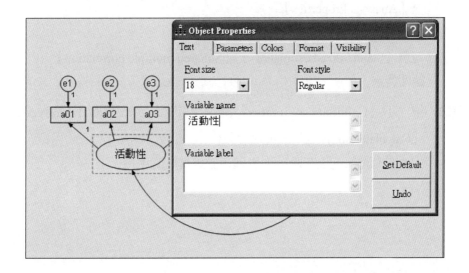

步驟 3 同樣，也將 F2 變更成調和性。

至此的作業，是完成了進行確認式因素分析的路徑圖。

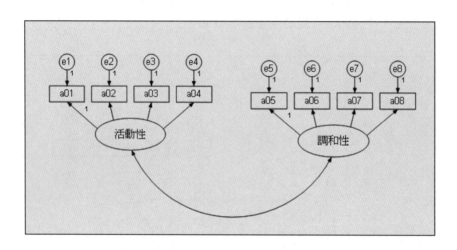

（注）2 個潛在變數亦即活動性與調和性，以及 8 個誤差都是外生變數。對誤差以外的外生變數假定有共變異數（相關）關係。另外，8 個觀測變數是內生變數，各自的誤差影響各自的觀測變數。

六、分析的指定與執行

進行分析及輸出的指定。

步驟 1 按一下【Analysis Properties】圖像（ ），或者從工具列選取【View】→【Analysis Properties】。

點選【Output】Tab。

勾選【Standardized estimate】、【Squared multiple correlation】。

關閉視窗。

步驟 2 按一下【Calculate estimates】圖像（ ），或選取【Analyze】→【Calculate estimates】，再執行分析。

如要求有檔案的儲存時，則可儲存於適當位置中。

七、觀察輸出——判斷因果關係鏈

■觀察輸出路徑圖

步驟 1　顯示未標準化估計值，按一下【View the output path diagram】圖像

（　），點選【Estimate format】欄的【Unstandardized estimate】，變
成如下。

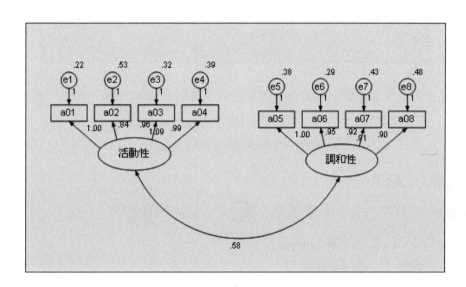

　由於從活動性到 a01，從調和性到 a05 的路徑當作「1」，因之未標準化
估計值照樣顯示成「1.00」。

步驟 2　按一下【View the output path diagram】圖像（　）。

標準化估計值成為如下。

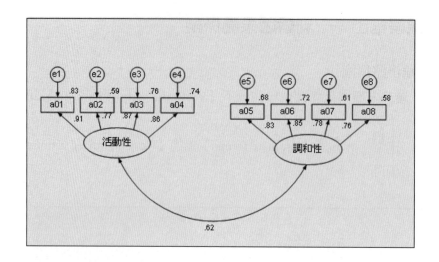

從 2 個潛在變數活動性與調和性到 8 個觀測變數的路徑係數，知均成為較大的之值。

並且，活動性與調和性的相關是 r = 0.62。

■觀察正文輸出

步驟 1 按一下【View Text】圖像（ ），或從工具列選取

【View】→【Text output】。

觀察【Notes for Model】。

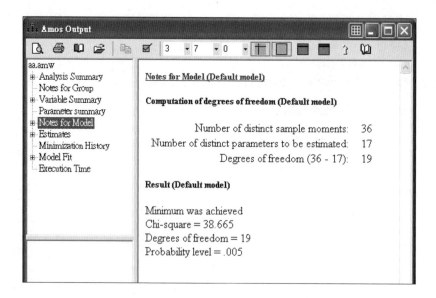

自由度如下計算。

觀測變數有 8 個，因之 8(8 + 1) / 2 = 36 即為獨立的樣本積率個數（distinct sample moment）之值。獨立變數與誤差變數合計 10 個，未固定係數的路徑是 7 條，共計 17。

此顯示在獨立的估計參數的個數中。

自由度是 36 – 17 = 19。

步驟 2　觀察【Estimate】。

從活動性、調和性到觀測變數的路徑成為如下。

Regression Weights: (Group number 1 - Default model)

			Estimate	S.E.	C.R.	P	Label
a01_明朗	<---	活動性	1.000				
a02_爽朗	<---	活動性	.842	.085	9.915	***	
a03_精神	<---	活動性	.963	.076	12.647	***	
a04_充實	<---	活動性	.994	.081	12.213	***	
a05_優雅	<---	調和性	1.000				
a06_親切	<---	調和性	.948	.100	9.518	***	
a07_協調	<---	調和性	.916	.106	8.620	***	
a08_溫和	<---	調和性	.897	.108	8.270	***	

Standardized Regression Weights: (Group number 1 - Default model)

			Estimate
a01_明朗	<---	活動性	.914
a02_爽朗	<---	活動性	.770
a03_精神	<---	活動性	.872
a04_充實	<---	活動性	.857
a05_優雅	<---	調和性	.827
a06_親切	<---	調和性	.848
a07_協調	<---	調和性	.783
a08_溫和	<---	調和性	.759

觀察標準化係數時，任一數值均出現高值。

➤ 共變異數及相關係數之值如下。

Covariances: (Group number 1 - Default model)

	Estimate	S.E.	C.R.	P	Label
活動性 <--> 調和性	.583	.128	4.559	***	

Correlations: (Group number 1 - Default model)

	Estimate
活動性 <--> 調和性	.617

活動性與調和性的相關係數 r = 0.617，在 0.1% 水準下是顯著的。

步驟 3　觀察【Model Fit】。

主要的適合度指標如下。

CMIN

Model	NPAR	CMIN	DF	P	CMIN/DF
Default model	17	38.665	19	.005	2.035
Saturated model	36	.000	0		
Independence model	8	563.734	28	.000	20.133

RMR, GFI

Model	RMR	GFI	AGFI	PGFI
Default model	.078	.909	.828	.480
Saturated model	.000	1.000		
Independence model	.605	.320	.126	.249

Baseline Comparisons

Model	NFI Delta1	RFI rho1	IFI Delta2	TLI rho2	CFI
Default model	.931	.899	.964	.946	.963
Saturated model	1.000		1.000		1.000
Independence model	.000	.000	.000	.000	.000

RMSEA

Model	RMSEA	LO 90	HI 90	PCLOSE
Default model	.102	.055	.148	.038
Independence model	.440	.408	.472	.000

$\chi^2 = 311.665$, df = 19, p < 0.01

GFI = .909, AGFI = .828, CFI = .963, RMSEA = .102

AFGI 之值略低，RMSEA 超過 0.10，因之不能說是適配佳。

八、改良模式──以 Amos 進行探索式因素分析

■探索模式改良的可能性

此處為了讓適合度提高，可以想到何種的方法呢？

第一，讓共同因素（「活動性」、「調和性」）的個數增減。

此次的例子或許認為適配不佳，但減少或增加共同影響觀測變數的潛在變數的個數，也許有時可以發現適合數據的模式。

第二，可試著從「調和性」向 a01～a04，從「活動性」向 a05～a08 畫出路徑的方法。

此次雖然是建立 a01～a04 只受到活動性，a05～a08 只受到調和性之影響的假設進行分析，但也許有受到兩者影響的觀測變數。

第三，是誤差間假定相關的方法。

影響觀測變數的設想之外要素即誤差變數，包含有各種的要素。譬如，該處也許隱藏有數個觀測變數之間的項目表現的類似性或研究者的設想之外的共同要素。

一面考慮其他的可能性，一面去考慮是否有理論上的整合性。

■探索型模式的設定

剛才的第 2 個方法，亦即是否能從 2 個潛在變數向哪一觀測變數畫路徑呢？實際分析看看。

Amos 有「探索型模式的設定（**specification search**）」的清單（詳情參第 11 章），試著使用它進行分析看看。

（注）此處的分析方法，並非原本意義的探索式因素分析，可以說是數次重複確認式的因素分析。

步驟 1 略爲變更本章所畫的路徑圖，畫出如下的路徑圖。

　　　從 2 個潛在變數向所有的觀測變數畫出單向箭線。

　　　開啓【Object properties】，去除從潛在變數向觀測變數的路徑係數「1」。

　　　同樣，從【Object properties】開啓【Parameter】Tab，將 2 個潛在變數的變異數【Variance】固定成「1」。

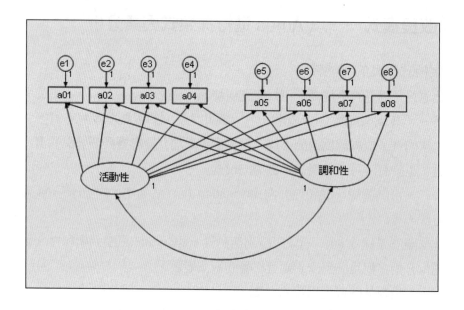

步驟 2 從工具列中選取【Analyze】→【Specification search】。

　　　開啓如下的視窗。

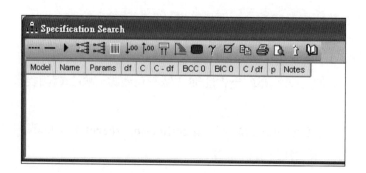

步驟 3　按一下此視窗左上的【Make arrows optional】圖像（▬▬▬）。從 2 個潛在變數向觀測變數畫出的路徑之中，按一下除假設以外的部分，亦即從活動性畫向 a05～a08，從調和性畫向 a01～a04 的路徑。

如按一下時，箭線的顏色即改變。

這是對於設定顏色已改變的路徑模式與未設定改變的路徑模式，探索式地去分析所有的組合。

（注）如果按了錯誤的路徑時，按一下【Make arrows required 圖像（▬▬）路徑的顏色即還原。
是否形成了如下的指定呢？

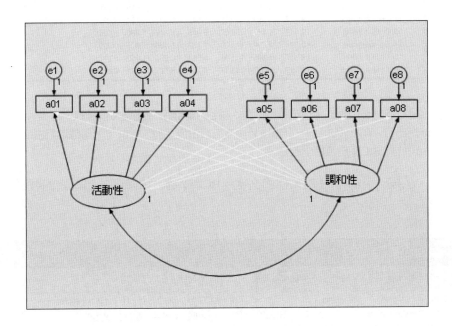

步驟 4　指定結束後，按一下【Specification Search】圖像（▶），分析即開始。

Model	Name	Params	df	C	C - df	BCC 0	BIC 0	C / df	p	Notes
1	Default model	17	19	38.665	19.665	10.743	3.935	2.035	0.005	
2	Default model	18	18	32.638	14.638	6.916	2.513	1.813	0.018	
3	Default model	18	18	35.097	17.097	9.375	4.972	1.950	0.009	
4	Default model	18	18	35.256	17.256	9.533	5.131	1.959	0.009	
5	Default model	18	18	35.621	17.621	9.899	5.496	1.979	0.008	
6	Default model	18	18	35.685	17.685	9.962	5.560	1.982	0.008	
7	Default model	18	18	36.224	18.224	10.502	6.099	2.012	0.007	
8	Default model	18	18	38.567	20.567	12.845	8.442	2.143	0.003	
9	Default model	18	18	38.621	20.621	12.898	8.496	2.146	0.003	
10	Default model	19	17	25.520	8.520	1.998	**0.000**	1.501	0.084	
11	Default model	19	17	25.769	8.769	2.247	0.249	1.516	0.079	
12	Default model	19	17	29.365	12.365	5.843	3.845	1.727	0.031	
13	Default model	19	17	30.367	13.367	6.845	4.847	1.786	0.024	
14	Default model	19	17	31.009	14.009	7.486	5.489	1.824	0.020	
15	Default model	19	17	31.585	14.585	8.063	6.065	1.858	0.017	
16	Default model	19	17	31.693	14.693	8.170	6.173	1.864	0.016	

（注）因分析非常多的模式，形成縱向的表，並且，輸出有幾個適合度指標。

df 是自由，C 是 χ^2 值，C－df 是從 χ^2 值減去自由度之值，C/df 是 χ^2 值除以自由度之值。

BBCO 與 BICO 是值愈小愈好。

步驟 5 試按一下表中的 BCCO 的文字。BCCO 是否依降冪排出模式的號碼呢？

Model	Name	Params	df	C	C - df	BCC 0	BIC 0	C / df	p	Notes
20	Default model	20	16	21.322	5.322	**0.000**	0.408	**1.333**	**0.166**	
21	Default model	20	16	21.532	5.532	0.210	0.617	1.346	0.159	
30	Default model	21	15	20.295	5.295	1.173	3.985	1.353	0.161	
31	Default model	21	15	20.495	5.495	1.373	4.186	1.366	0.154	
32	Default model	21	15	20.875	5.875	1.752	4.565	1.392	0.141	
33	Default model	21	15	21.074	6.074	1.951	4.764	1.405	0.134	
34	Default model	21	15	21.074	6.074	1.952	4.764	1.405	0.134	
10	Default model	19	17	25.520	8.520	1.998	**0.000**	1.501	0.084	
22	Default model	20	16	23.342	7.342	2.020	2.427	1.459	0.105	
35	Default model	21	15	21.287	6.287	2.164	4.977	1.419	0.128	

步驟 6 那麼，試將最上面的模式 20 顯示在路徑圖上。

在模式 20 的文字上按兩下時，此模式所假定的路徑即顯示在路徑圖中。

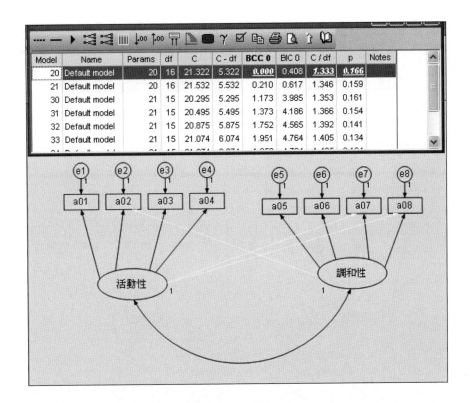

大致上，從活動性到 a07 與 a08，從調和性到 a02 畫出路徑後模式的適合度似乎是最好的。

步驟 7　按一下【Show parameter estimate on path diagram】像（γ）之後，再連按兩下模式 20 時，路徑圖內也可顯示出估計值，並且，也可顯示出正文輸出。

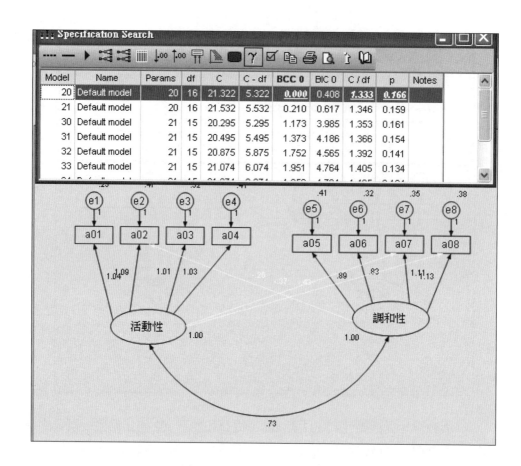

九、確認式因素分析與探索式因素分析

本章使用 Amos 所分析的內容，稱為「確認式因素分析」的分法。

相對的，SPSS 利用最大概似法、Promax 轉軸導出因素的分析方法稱為「探索式因素分析」。

此兩者，取決於在分析之前先以理論的方法假定因素構造，為了確認該假定而進行因素分析（確認式因素分析）呢？還是未設定假定而進行因素分析（探索式因素分析）呢？而有所不同。

下圖是 2 因素的探索式因素分析的路徑圖。

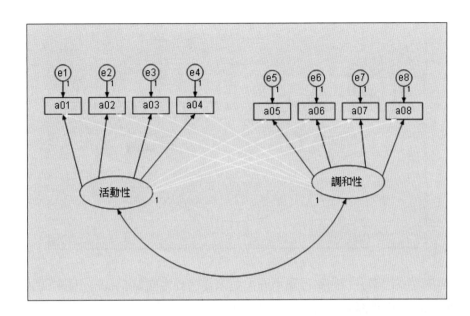

　　SPSS 的輸出之中，在樣式矩陣中所輸出的數值（因素負荷量），相當於從活動性、調和性向觀測變數畫出的路徑係數。

　　另外，在此圖中，以實線顯示較大負荷量的部分，以虛線顯示較少負荷量的部分。

　　a01 到 a04 是第 1 因素的負荷量大，第 2 因素的負荷量小。因此事可知 a01 到 a04 是以活動性的要素加以歸納。

　　另外，活動性與調和性之間的雙向箭線，即為因素相關矩陣所表示的因素間的相關係數。

　　如此圖那樣，姑且由共同因素對所有的觀測變數畫出路徑，事後依係數的大小解釋因素，因而稱為探索式的因素分析。

　　下圖是 2 因素的確認式因素分析的路徑圖。

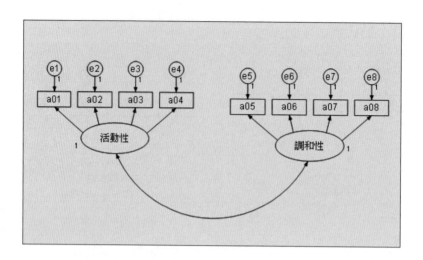

與探索式因素分析的路徑圖不同，並未從活動性向 a05~a08，且未從調和性向 a01~a04 畫出路徑。

製作出只對事先所設想的部分畫出路徑之模式，確認該模式是否適配數據，由於以如此的手續進行分析，因之稱爲**確認式因素分析**。

對因素的構造並無明確的假設，如想進行**探索式因素分析**時，可以使用 SPSS。

另一方面，因素構造有明確的假設，想了解假設是否符合數據時，可以利用 AMOS 進行確認式因素分析。

好好區分這些再進行分析爲宜。

（注）畫複雜的路徑圖的方便方法

1. 將路徑整齊地對齊（Touch up）

   點選（✍）圖像的狀態下，找一下變數的四方形或橢圓形，路徑即適切地加以整理。畫路徑圖對一開始即用不爲介意路徑的位置。

2. 將分析結果的數值位置移到容易到的地方…（Move parameter values）

   當路徑圖中所表示的估計值等的分析結果的數值位置不易查看時，一下（🐭）圖像，即可將想像移動數值的物件拖移。

3. 將一個物件的設定也可簡單移動到其他物件…（Drag properties from object to object）

   當製作甚多構成要素的複雜路徑圖時，想將各屬性使之一致時所利用。首見，一下

   （🐭）圖像，會出現下面的設定畫面，勾選想共同設定的項目。然後，從原始物件拖移到想使之一致的對象物件，在先前畫面中所勾選的項目即可共同地使之一致。

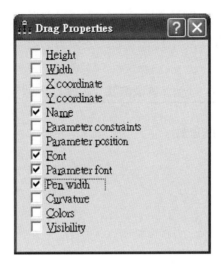

7.3　2 階因素分析、階層因素分析

　　2 階因素分析是將平常的因素分析中所設想的數個因素，利用更少數的因素來說明的模式。進行平常的因素分析（斜交模式[註]），當被認為因素間有很強的相關關係時，再設想上位的因素，即可說明因素間的關係，在平常的因素分析中的因素稱為第 1 階因素，其上位所設想的因素稱為第 2 階因素（two-order factor）。

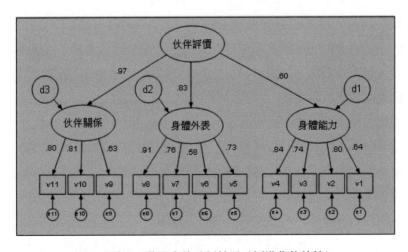

圖 1　利用 2 階因素的分析結果（標準化估計值）

此次是使用學校中有關孩童的伙伴評價的虛構數據「data_11-3 company . xls」來進行分析。此數據含有 11 個變數，各變數的內容如下表所示。

表　「伙伴評價數據（虛構）」的內容

「V1」：我擅長運動
「V2」：我喜歡跑或激烈的運動
「V3」：我可以跑的快
「V4」：我擅長投球
「V5」：我的儀表值
「V6」：我是有魅力的人
「V7」：我具有好的特徵
「V8」：我的體型好
「V9」：我可以簡單交朋友
「V10」：我有許多朋友
「V11」：許多其他孩童喜歡我

（注）因素分析的斜交模式是因素間承認相關關係的模式，不承認相關關係的模式稱為直交模式。

首先，以 1 階因素來說，假定 V1 到 V4 的背後是「身體能力」，V5 到 V8 的背後是「身體外表」，V9 到 V11 的背後是「伙伴關係」。並且，假定 3 個因素均受到「伙伴評價」的影響。本例中「身體能力」「身體外表」「伙伴關係」均為 1 階因素，「伙伴評價」即為其上位的 2 階因素。

分析的結果，模式的適合度是 GFI = .835，AGFI = .734，CFI = .886，RMSEA = .123。觀察圖 1 的路徑圖時，以整體而言，它是測量 1 個構成概念（伙伴評價），且可以看出它是由數個下位概念所構成。如觀察係數之值時，這些 1 階因素能被觀測變數所測量。2 階因素與 1 階因素之關係中，「伙伴評價」對「伙伴關係」產生較多的影響。說明孩童在社會上人際關係也是成為評價伙伴相當重要的要因。但「伙伴評價」對身體的外表或身體能力也產生較多的影響。小學或中學中能運動的孩童或身高較高的孩童，認為略勝一籌的人不是很多嗎？

此處，就因素的測量中固定參數的處理加以考察看看。以往由構成假念指向觀測變數的箭頭有數條時，將路經之中的一個固定成 1 再進行參數的估計。這是識別模式的必要條件，Amos 中繪製路經圖時會自動地設下此種的限制。可是，讓模式能識別的限制設定法，將外生變數的構成假念的變異數固定成 1 的方法也

有。2 個方法並無好壞之分，取決於分析的目的來使用。但利用 2 種限制設定法
的標準化估計值是一致的，解釋標準化估計值時，任一方法均行。

　　接著，介紹與 2 階因素分析有關聯的另一個模式。此即為**階層因素分析**
（hierachy factor analysis）。利用路徑圖表現時即為下圖。

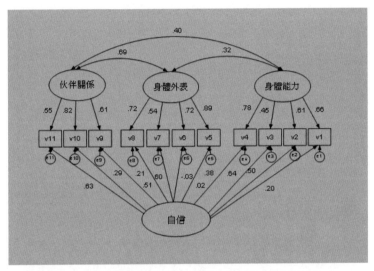

圖 2　利用階層因素分析的結果（標準化估計值）

　　包含有說明幾個觀測變數的數個因素，以及說明全體的因素此點，2 階因素
分析與階層因素分析是共通的。因此，將兩模式應用在類似的研究假設中是有可
能的時候。

　　以階層因素分析具有的優點來說，可以舉出比 2 階因素分析在適配上變得更
好。此乃要估計的參數個數變多之緣故。那麼，實際進行分析看看。執行分析
時，顯示出有關變數間的相關警告，但仍繼續無妨。階層因素分析的適合度是
GFI = .926，AGFI = .838，CFI = .972，RMSEA = .071。可以確認比 2 階因素分
析更佳。

　　可是，另一方面，數個一般因素與它們相獨立的下位因素之此種構造，具有
解釋不易的缺點。從上位因素到下位因素具有單純構造的 2 階因素，解釋容易此
點是較優越的。

　　在先前的數據中，假定下位因素即「自信」再進行階層因素分析之結果即為
圖 2。此時與「伙伴關係」「身體外表」「身體能力」無關之「自信」對自己的評

價（由 VI 到 VII）造成整體上的影響。

結構方程模式分析中以相同的數據在數個模式中檢討是經常有的。不只是配適的好壞，也從解釋可能性一面去進行模式的製作與選擇。

附錄

■修正模式

模式不適合時，進行修正（增加路徑），模式適合時，進行簡化（減少路徑）。

研究者依據經驗提出初始模式，然後對模式進行修正，修正原則通常是將 t 值小的路徑刪除，將修正指標 M.I. 值大的路徑增加。

1. 當卡方值小（P > 0.05），表可接受模式，但不表示此模式就是最終要找的模式，依精簡原則應再簡化模式。可由報表中看 t 值（C.R.）是否有小於 2 的路徑，如有表示可刪除此路徑，但一次只刪除一條。【卡方值小時，減少路徑】。

2. 卡方值大（P < 0.05）時，表示不接受此模式，利用修正指標 M.I. 大者增加路徑，降低卡方值【卡方值大時，增加路徑】。

當模式卡方值小、P 值 > 0.05 且所有路徑的 P 值皆 < 0.05 時，考慮接受此模式。

■探索模式

1. 研究者依經驗提出初始模式。
2. 以所有變數間都有連線（飽和模式）為初始模式。
3. 以獨立模式為初始模式。

此處以 1. 及 2. 為例進行說明。數據檔參考「data_11_ 大學成績 .xls」。

1. 依經驗提出初始模式

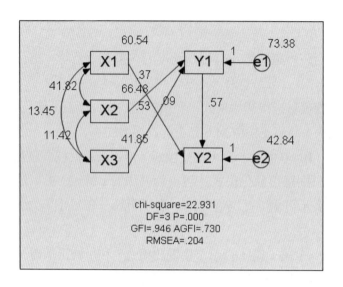

由於 P 值 = 0.000，此初始模式不適合，利用修正指標 M.I. 如下：

Modification Indices (Group number 1 - Default model)

Covariances: (Group number 1 - Default model)

	M.I.	Par Change
e1 <--> X2	5.573	-9.816
e1 <--> X1	13.637	14.463
e2 <--> X2	8.238	9.120

Variances: (Group number 1 - Default model)

	M.I.	Par Change

Regression Weights: (Group number 1 - Default model)

	M.I.	Par Change
Y1 <--- X1	7.488	.239
Y2 <--- X2	4.698	.138

由 Regression Weights 建議增加 x1 到 y1 的路徑，結果如下：

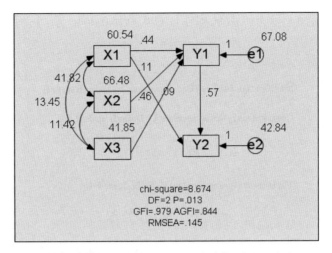

Modification Indices (Group number 1 - Default model)

Covariances: (Group number 1 - Default model)

	M.I.	Par Change
e2 <--> X2	8.238	9.120

Variances: (Group number 1 - Default model)

	M.I.	Par Change

Regression Weights: (Group number 1 - Default model)

	M.I.	Par Change
Y2 <--- X2	4.698	.138

由 Regression Weights 建議增加 x2 到 y2 的路徑，結果如下：

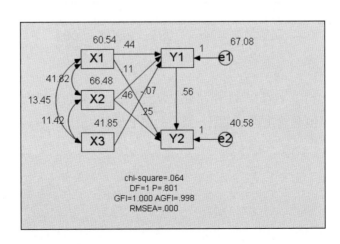

增加此路徑後，卡方值由原來的 11.674 降到 0.064，表可接受此模式，可考慮再精簡模式。

Modification Indices (Group number 1 - Default model)

Covariances: (Group number 1 - Default model)

	M.I.	Par Change

Variances: (Group number 1 - Default model)

	M.I.	Par Change

Regression Weights: (Group number 1 - Default model)

	M.I.	Par Change

增加此路徑後，卡方值由原來的 11.674 降到 0.064，表可接受此模式，可考慮再精簡模式。

Regression Weights: (Group number 1 - Default model)

		Estimate	S.E.	C.R.	P	Label
Y1 <---	X2	.105	.106	.994	.320	
Y1 <---	X3	.463	.104	4.437	***	
Y1 <---	X1	.435	.113	3.862	***	
Y2 <---	Y1	.558	.058	9.588	***	
Y2 <---	X1	-.071	.092	-.776	.438	
Y2 <---	X2	.246	.083	2.974	.003	

由報表 $x1 \to y2$ 及 $x2 \to y1$ 兩路徑 P 值分別為 0.44, 0.32 大於 0.05，可考慮刪除此兩路徑，但必須注意一次刪一條，先刪 P 值較大的 $x1 \to y2$。結果如下：

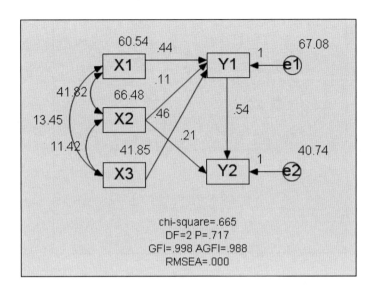

刪除 $x1 \rightarrow y2$ 後 P 值 = 0.717，表可接受此模式，此模式的報表如下：

Modification Indices (Group number 1 - Default model)

Covariances: (Group number 1 - Default model)

	M.I.	Par Change

Variances: (Group number 1 - Default model)

	M.I.	Par Change

Regression Weights: (Group number 1 - Default model)

	M.I.	Par Change

Regression Weights: (Group number 1 - Default model)

	Estimate	S.E.	C.R.	P	Label
Y1 <--- X2	.105	.106	.994	.320	
Y1 <--- X3	.463	.104	4.437	***	
Y1 <--- X1	.435	.113	3.862	***	
Y2 <--- Y1	.543	.055	9.869	***	
Y2 <--- X2	.208	.067	3.109	.002	

由 $x2 \rightarrow y1$ 路徑 P 值 =0.32，故可再刪此路徑，變成下列的路徑圖：

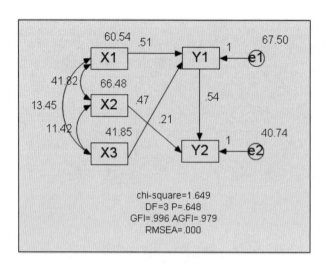

Covariances: (Group number 1 - Default model)

	M.I.	Par Change

Variances: (Group number 1 - Default model)

	M.I.	Par Change

Regression Weights: (Group number 1 - Default model)

	M.I.	Par Change

Regression Weights: (Group number 1 - Default model)

		Estimate	S.E.	C.R.	P	Label
Y1	<--- X3	.469	.105	4.485	***	
Y1	<--- X1	.507	.087	5.831	***	
Y2	<--- Y1	.543	.054	10.064	***	
Y2	<--- X2	.208	.066	3.171	.002	

由於 P 值 = 0.648 且所有路徑的 P 值皆小於 0.05，可考慮接受此模式。

2. 以飽和模式為初始模式

每次刪除一條路徑，直到所有路徑的 P 值都 < 0.05 為止。

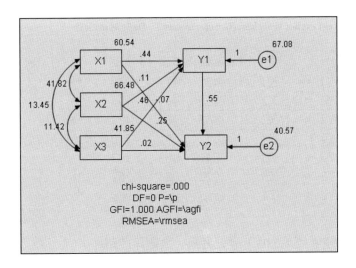

由於是飽和模式，自由度 = 0，沒有 P 值，無法評估其適合度。

Modification Indices (Group number 1 - Default model)

Covariances: (Group number 1 - Default model)

	M.I.	Par Change

Variances: (Group number 1 - Default model)

	M.I.	Par Change

Regression Weights: (Group number 1 - Default model)

	M.I.	Par Change

M.I. 並未提出要減少的路徑。因之，參考參數估計表。

Regression Weights: (Group number 1 - Default model)

		Estimate	S.E.	C.R.	P	Label
Y1 <---	X1	.435	.113	3.862	***	
Y1 <---	X2	.105	.106	.994	.320	
Y1 <---	X3	.463	.104	4.437	***	
Y2 <---	X1	-.072	.092	-.789	.430	
Y2 <---	X2	.246	.083	2.967	.003	
Y2 <---	X3	.022	.086	.252	.801	
Y2 <---	Y1	.553	.062	8.963	***	

有 3 條路徑 P 值 > 0.05，最大者為，故刪除此路徑。

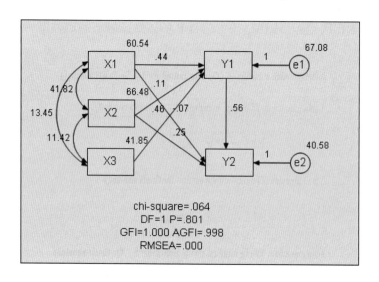

由於卡方值 = 0.064，P 值 = 0.801，可接受此模式。參數估計報表如下：

Regression Weights: (Group number 1 - Default model)

		Estimate	S.E.	C.R.	P	Label
Y1 <---	X1	.435	.113	3.862	***	
Y1 <---	X2	.105	.106	.994	.320	
Y1 <---	X3	.463	.104	4.437	***	
Y2 <---	X1	-.071	.092	-.776	.438	
Y2 <---	X2	.246	.083	2.974	.003	
Y2 <---	Y1	.558	.058	9.588	***	

有 2 條路徑 P 值 > 0.05，將 P 值較大的路徑刪除。

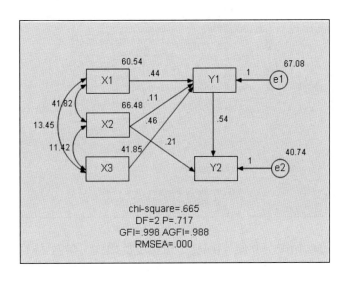

卡方值 = 0.665，P 值 = 0.717，表示可接受。參數估計報表如下：

Regression Weights: (Group number 1 - Default model)

		Estimate	S.E.	C.R.	P	Label
Y1 <---	X1	.435	.113	3.862	***	
Y1 <---	X2	.105	.106	.994	.320	
Y1 <---	X3	.463	.104	4.437	***	
Y2 <---	X2	.208	.067	3.109	.002	
Y2 <---	Y1	.543	.055	9.869	***	

由報表到的 P 值 = 0.32 > 0.05，建議再刪除此路徑。

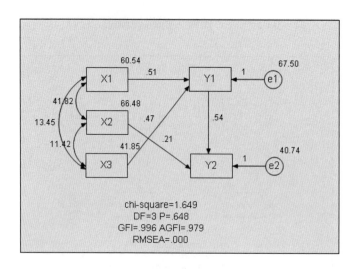

由於卡方值 = 1.645，P 值 = 0.648，可接受此模式。參數估計報表如下：

Regression Weights: (Group number 1 - Default model)

	Estimate	S.E.	C.R.	P	Label
Y1 <--- X1	.507	.087	5.831	***	
Y1 <--- X3	.469	.105	4.485	***	
Y2 <--- X2	.208	.066	3.171	.002	
Y2 <--- Y1	.543	.054	10.064	***	

由於所有路徑 P 值都 < 0.05，所以不再刪除路徑，而將此結果當做最後選取的模式，此最後選取的模式與上例相同。

第8章　確證式因素分析的活用

> 　　對於年輕人使用行動電話有各種的問題。
> 　　此處關注高中生的行動電話的郵件機能，想查明行動郵件的使用頻率與友人交往方式之關連。特別是檢討與哪種友人的交往方式對行動郵件的使用頻率有影響。

8.1　研究主題與分析的背景

　　對於年輕人使用行動電話有各種的問題。

　　想查明行動郵件的使用頻率與友人交往方式之關連。特別是檢討與哪種友人的交往方式對行動郵件的使用頻率有影響。

　　因此，對高中生 100 名進行如下的調查。

　　與友人的交往方式：對於與目前的友人的交往方式，所準備的 6 項目分別是「交友關係廣」、「友人多」、「面子廣」、「費心」、「不深入」、「畫一條界線」，從不符合（1 分）到符合（5 分）以 5 級法詢問。

　　行動郵件的使用頻率：就過去 1 週間送出行動郵件的頻率，以 0 通（1 分）、1～3 通（2 分）、3～6 通（3 分）、1 日 1 通左右（4 分）、1 日 2 通以上（5 分）的 5 級法詢問。

　　數據如下表所示。

8.2 以路徑圖表現

另外，也試著以路徑圖表現其間的差異看看。

■Amos 的啟動

在啟動 Amos 之前先儲存 SPSS 的編輯程式。

步驟 1 【Analyze】⇒【Amos21】，或者從 Window 的開始清單中的【所有程式】
點選【Amos21】⇒【Amos Graphics】。

步驟 2 點選【File】⇒【Data files】。

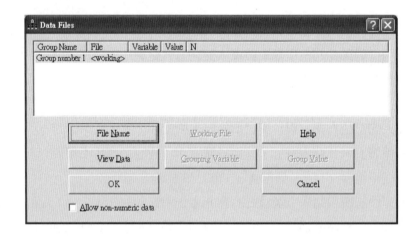

步驟 3 按一下 File Name，指定以 SPSS 所儲存的資料（data_8.sav）。

步驟 4 按一下 確定。

■Amos Graphics 的整體畫面

最初所出現的整體畫面如下。大致的操作是，點選左邊工具列的圖像，或選
擇上方的工具列的項目，從子清單中選擇後再進行。

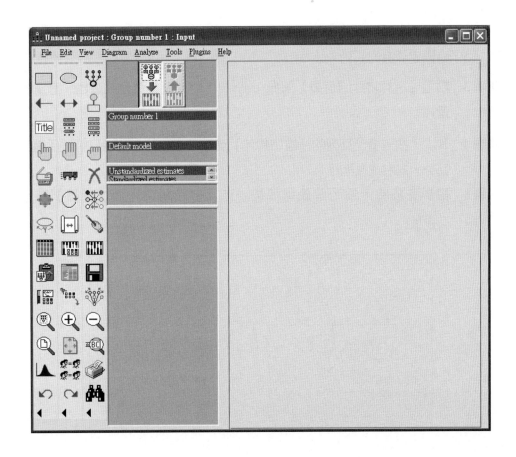

■畫路徑圖

試在主視窗中繪製路徑圖像。首先,畫出友人關係的 2 個潛在因素「淺度」「廣度」,以及 6 個項目的部分。

步驟 1 使用【將指標變數追加在潛在變數】圖像（）,即可同時畫出潛在變數、觀測變數、誤差變數。

步驟 2 在橢圓上連按 3 次。

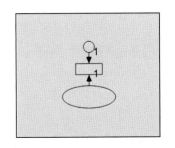 ⇨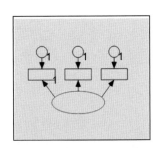

於是自動畫出 1 個潛在變數，3 個觀測變數、3 誤差變數及在路徑以上應固定係數的「1」。

步驟 3 點選【所有物件的選擇】圖像（），路徑圖全體變成藍色（意謂被選擇）。

步驟 4 其次，按一下工具列的【複印物件】圖像（），將滑鼠鈕按住橢圓部分，向右或左拖移。

步驟 5 複製完成時，為了解除選擇按一下【解除所有物件之選擇】圖像（）。

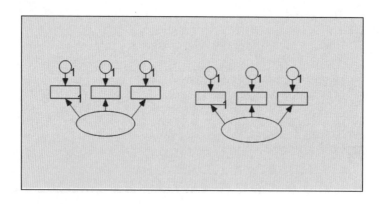

左右兩邊是否畫出了 2 個路徑圖呢？

其次，畫出郵件使用頻率的觀測變數。

步驟 6 按一下【繪製觀測變數】圖像（），在先前所畫出的 2 個路徑圖的正下方畫出長方形。

步驟 7 點選【追加固有的變數到既有的變數中】圖像（），在長方形中按 1 次時，即畫出誤差變數。按 1 次時可畫在長方形的上方，如按數次時，就會來到下方，可進行調整。是否變成如下呢？

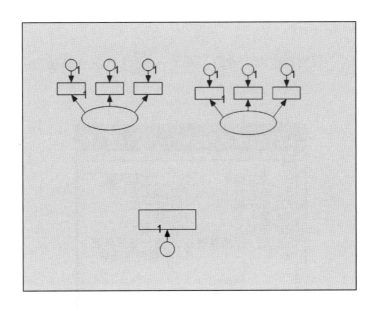

接著，從兩個潛在變數向所畫的觀測變數畫出單方向箭線（←）。

步驟 8　潛在變數間的雙向箭線，也使用【雙向箭線】圖像（↔）畫畫看。

附帶一提的是，從左（上）向右（下）畫出或是相反地畫出，彎曲方式的凹凸也會相反。

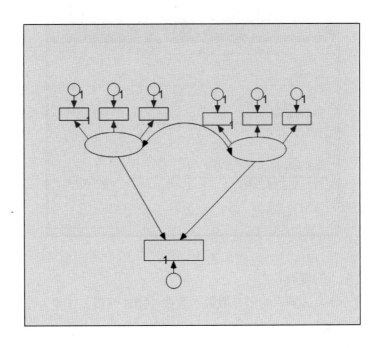

接著，指定資料。

步驟 9 點選【一覽資料組內的變數】圖像（  ），拖移到圖之中後再指定資料。

指定友人關係的 F 01 到 F 06，以及 M_ 行動郵件的 7 個觀測變數。

步驟 10 像字體大小等，右按一下物件，選擇【物件性質】再調整。

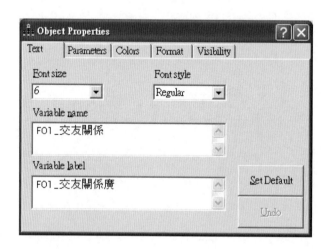

指定剩下的變數名。

步驟 11 右按一下友人關係的潛在變數，選擇【物件性質】。輸入【F2 廣度】、【F1 淺度】。

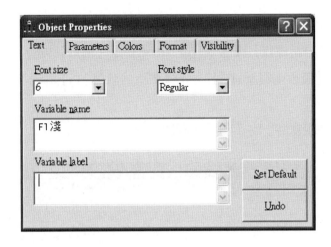

接著，最後是誤差變數。

步驟 12 對誤差變數從 e1 設定到 e7。這些如【Plugin】清單選擇【Name Unobserved Variables】時即可自動設定。

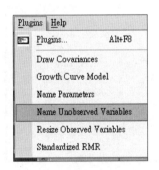

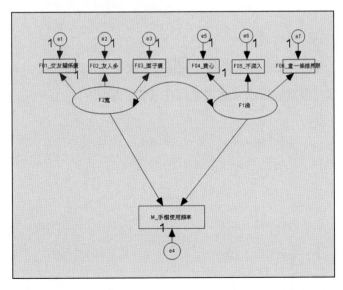

■進行分析的指定

步驟 1 點選【分析性質】圖像（🎹），再點選【輸出】Tab。

步驟 2 勾選【最小化履歷 (H)】、【標準化估計值 (T)】、【複相關係數平方 (Q)】。

步驟 3 按一下視窗右上的（✖），關閉視窗。

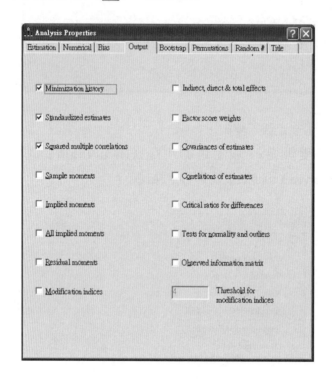

接著，進行分析看看。

步驟 4 按一下【計算估計值】圖像（🎹），或者【分析】⇒【計算估計值】。

步驟 5 出現儲存檔案的指示，因之儲存在適當的場所。

如下圖如顯示有「達到最小值」「輸出的寫入」等，分析即結束。先按

一下最上方的【輸出路徑的顯示】圖像（ ），再按下方的【標準化

估計值】時，路徑圖上即顯示標準化估計值的數值。

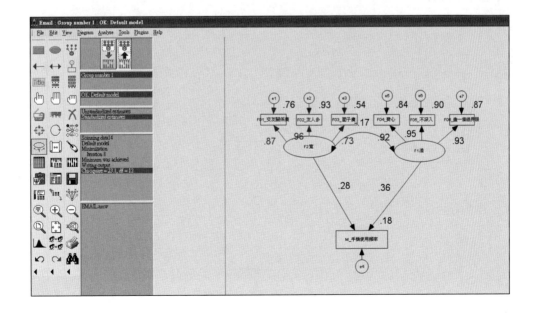

■路徑分析的結果

F1 淺度與 F2 廣度對各項目有足夠的影響力。

F1 淺度與 F2 廣度之間的雙向箭線的路徑係數（相關係數）是 –0.17。

由 F1 淺度到 M_ 行動郵件的路徑係數是 0.36，由 F2 廣度到 M_ 行動郵件的路徑係數是 0.28。似乎交友關係淺者比交友關係深者使用行動郵件的頻率較高。

驗證式因素分析（CFA）就是結構方程模式（SEM）中測量模式的部分，它探討潛在變數的組成與關係是否符合研究者的理論。基本上，待每個潛在變數的測量模式在統計上被驗證後，我們才會進一步探討各潛在變數間的「理論上的因果關係」，也就是結構模式的部分，兩者合起來就是我們常看到的結構方程模式。

值得注意的是，跟一些計量方法尤其是近來很熱門的機器學習比較不同的是，結構方程模式大體上是一種理論驗證的統計工具，這也是它被社會科學家喜愛的原因，因為其可以探討複雜的變數間的關係進而建構理論，控制測量誤差，以及比較不同的理論觀點間，何者跟實證數據比較配適？結構方程模式還有各種衍生的模式，以便處理各種複雜的研究需求，基本上已成為各社會科學學門相當倚重的方法之一。

第9章　因素分析與複迴歸分析的組合——向更複雜的模式挑戰

至前一章爲止是使用 Amos 從基本的分析到略爲複雜的分析進行探討。本章是一面使用前面所學過的方法，一面試著分析更爲複雜的模式。即使是看起來有些複雜，但基本上是前面幾章所探討的模式之組合（但是，其他也有本書未探討的模式，請參照其他書籍）。因此，當見到有些複雜的路徑圖時，請不要慌張，注視每一個部分之後，再去理解其意義。

9.1　研究的背景與使用的數據

■他人的評價對自尊心或不安造成的效果

此處，試著分析如下的假設。

與他人交情良好，會受到教師與友人的肯定評價。認識此種他人的肯定評價，可提高自尊心，自尊心的提高具有抑制不安的效果。

將此關係以圖表示時，即爲如下。

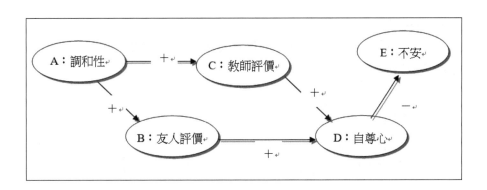

以他人交情良好的人格傾向來說，可以舉出「調和性」。此調和性愈高，或許會被老師評價爲模範學生吧。同樣，可以預估也將會得到友人的良好評價吧。

認識此種來自他人的評價，有利於提高自尊心，此即對自己本身的肯定評價，自尊心提高，會降低對學校的不安吧。

表現在假設的各個概念是「潛在變數」，在路徑圖上是以橢圓表示的部分。這些實際上是反映在具體的項目上。

調和性：以下的 4 個用語是以 5 級詢問適用在自己本身的程度。分數愈高，意謂愈調和。

A1：優雅

A2：溫和

A3：溫暖

A4：寬大

友人評價：對象學生的友人，以 5 級詢問以下 2 個項目。

B1：被大家喜歡

B2：被信賴

教師評價：針對對象學生，擔任的老師以 5 級回答如下的 2 個項目。

C1：是大家的模範學生

C2：有希望的學生

自尊心：以 6 級詢問以下 4 個問項適用在自己本身的程度。

D1：我對自己滿意

D2：我認為對自己來說是有好處的

D3：我認為有優點

D4：我認為是有價值的人

不安：以 6 級詢問以下 4 個問項適用在自己本身的程度。

E1：覺得不安居多

E2：有時會想到自己的將來會如何

E3：有時覺得要如何做才得而知

E4：有時覺得不是做得很好

這些都是觀測變數，假定 A 到 E 的 5 個構成概念會對這些觀測變數造成影響。

針對中學生 250 名進行調查，得出數據（假想數據）。對於友人評價是向各個學生的最親近的同性友人詢問，對於教師評價是要求所擔任的老師回答。

數據檔參 data_9.xls。

A	B	C	D	E	F	G	H	I	J	K	L	M	N	O	P	Q
NO	A1	A2	A3	A4	B1	B2	C1	C2	D1	D2	D3	D4	E1	E2	E3	E4
1	1	2	2	1	2	4	2	1	4	3	2	1	6	6	6	6
2	3	1	4	4	3	2	4	2	5	5	5	5	6	6	6	4
3	1	2	2	1	2	4	4	2	5	5	5	4	6	5	5	4
4	1	1	1	1	3	2	3	4	5	5	5	4	5	3	3	3
5	1	2	1	4	3	3	3	4	4	4	4	5	6	6	6	5
6	2	3	1	4	2	1	3	4	5	3	3	2	4	6	5	5
7	1	1	1	4	2	2	2	2	3	3	3	4	3	4	3	3
8	1	1	1	1	3	2	3	3	3	3	3	3	6	6	6	6
9	1	1	1	2	3	4	5	5	5	4	4	3	5	4	4	4
10	2	1	1	1	3	3	3	3	3	5	3	4	6	6	6	6
11	1	1	1	1	2	2	4	4	1	1	1	1	6	6	5	6
12	2	1	2	3	2	2	3	3	3	3	1	2	5	5	5	5
13	1	1	1	1	1	1	1	1	4	2	1	3	6	6	6	6
14	1	1	2	1	3	3	5	3	4	3	3	3	6	4	6	6
15	3	1	1	1	1	1	5	5	3	4	2	3	6	6	5	5
16	5	5	2	4	3	5	3	5	5	2	4	5	4	6	6	3
17	2	2	2	3	2	2	4	4	5	5	4	3	5	6	6	5
18	1	2	2	3	3	3	3	3	5	5	4	4	6	6	5	5
19	2	2	2	2	2	2	3	3	3	4	6	4	6	6	6	4
20	1	1	2	2	2	2	2	2	5	4	3	3	6	5	5	4
21	1	1	3	3	2	2	1	1	6	5	5	4	5	6	4	5
22	3	2	4	4	3	2	4	2	4	4	4	5	6	5	3	4
23	3	2	1	3	4	4	3	3	2	2	1	5	1	1	1	2
24	1	1	1	2	2	4	3	2	4	4	3	4	6	5	6	5

⋮

A	B	C	D	E	F	G	H	I	J	K	L	M	N	O	P	Q
226	2	1	1	1	4	4	1	1	4	4	3	3	6	6	6	6
227	4	5	5	4	3	3	4	4	4	2	4	3	5	6	5	5
228	1	1	1	1	1	1	1	1	1	1	1	1	6	6	6	6
229	2	1	1	2	2	2	2	2	5	4	4	4	6	5	4	4
230	2	4	4	4	4	4	2	3	5	3	3	5	6	6	6	5
231	2	2	2	4	2	2	4	2	6	6	4	4	5	5	5	6
232	2	1	1	1	3	3	4	2	4	3	3	4	6	6	6	6
233	1	1	1	1	1	3	3	3	4	3	3	2	6	6	6	6
234	2	3	2	4	2	5	3	3	5	5	5	5	4	6	6	4
235	1	1	2	1	3	3	3	3	5	4	4	4	4	4	5	4
236	2	4	3	4	3	4	5	3	4	3	3	3	6	6	6	4
237	1	1	1	2	2	1	2	3	6	6	6	5	2	4	4	4
238	5	2	4	2	2	2	4	3	5	4	4	3	3	4	4	3
239	1	2	3	2	2	2	3	4	5	4	4	4	5	6	5	4
240	4	3	4	3	3	3	3	2	4	4	4	3	5	4	4	5
241	4	1	2	2	1	2	3	2	5	5	4	4	6	6	4	4
242	1	1	3	1	3	3	3	2	4	4	4	4	6	6	5	6
243	3	4	3	3	3	4	1	3	3	3	5	3	6	4	5	5
244	2	2	2	1	3	3	1	3	5	5	4	4	5	3	4	5
245	2	1	1	3	1	2	2	4	4	4	2	3	6	5	5	5
246	2	1	1	1	2	2	2	2	4	4	3	3	5	5	5	5
247	2	1	2	1	3	2	1	1	2	2	1	2	6	6	6	6
248	3	3	2	3	4	4	4	3	5	4	4	3	6	4	5	5
249	2	2	1	2	2	2	1	1	4	4	4	5	6	6	6	6
250	1	1	1	1	2	4	1	1	5	2	1	2	5	6	6	5

9.2　畫路徑圖──畫出潛在變數間的因果關係

一、頁面佈置的設定

此次是想使用橫向的畫面，因之將頁面的方向改成橫向。

步驟 1　選擇【View】⇒【Interface Properties】。

步驟 2　將【Page layout】Tab 的【Page Size】改成【Landscape-Letter】，再按
　　　　　【Apply】。

二、畫出潛在變數（因素分析模式）

步驟 1　使用【Draw a latent variable or add an indicator to a latent variable】圖像
　　　　　（　　　），畫出相當於調和性的橢圓。按著有 4 個觀測變數，因之在橢
　　　　　圓中連按 4 次。

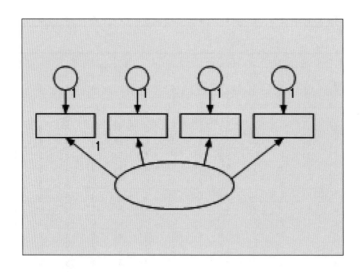

步驟 2　一面複製此基本型，一面畫出新的圖形，最後畫出如下的圖形。

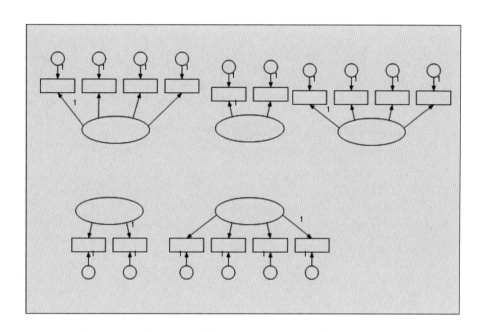

（注）友人評價與教師評價是各具有 2 個觀測變數，所以要注意。

三、指定觀測變數的變數名

步驟 1　點選【List Variables in Data set】圖像（　），或者從工具列選擇
　　　　　【View】→【Variables in Dataset】，並對觀測變數指定數據內的變數名。

（注）當然不要忘記事前先指定好資料檔。

四、對潛在變數取名

步驟 1　對潛在變數取名。最左上當作調和性，其左下當作友人評價，其中上當
　　　　　作教師評價，其右下當作自尊心，其右上當作不安。

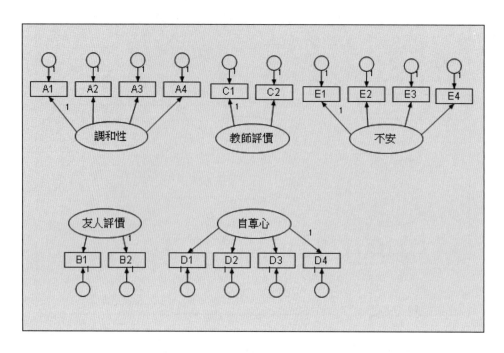

步驟 2 為了配合假設，使用【Draw paths（single headed arrow）】圖像（←），畫出單向箭線。

步驟 3 為了符合假設，使用【Add a unique variable to a existing variable】圖像（ ），在接受箭線的潛在變數上追加誤差變數。

步驟 4 為了對誤差變數取名，選擇【Plugins】【Name Urnohserved Variables】。目前的作業，是否成為如下的圖呢？

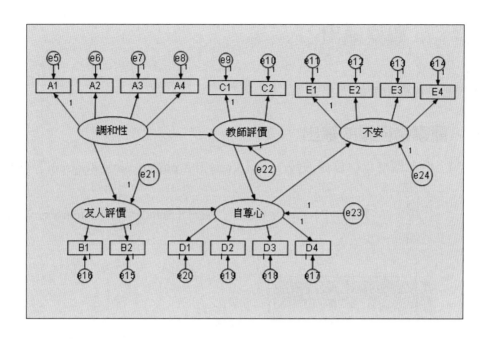

如果順利完成時，即進行分析看看。

五、分析的指定與執行

步驟 1　按一下【Analysis Properties】圖像（🎛），或者從工具列選擇【View】

　　　　⇒【Analysis Properties】，

　　　　點選【Output】Tab。

　　　　勾選【Standardized estimates】、【Squared multiple correlations】。

　　　　關閉視窗。

步驟 2　按一下【Calculate estimates】圖像（🎛），或從工具列選擇【Analyze】

　　　　⇒【Calculate estimates】，再執行分析。

　　　　如要求檔案的儲存時，可儲存於適當的位置中。

9.3 \ 觀察輸出

■判斷潛在變數間的因果關係

一、觀察路徑圖的輸出

步驟1 顯示標準化估計值。按一下【View the output path diagram】圖像
（ ），點選【Parameter format】欄的【Standardized estimates】，變
成如下。

Unstandardized estim
Standardized estimate

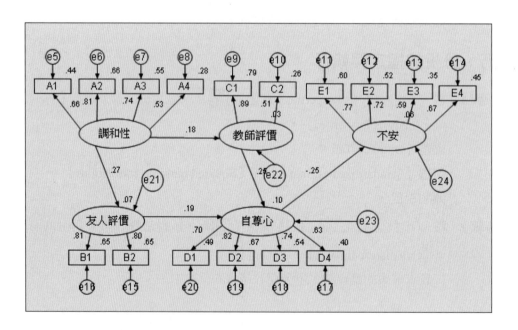

調和性到友人評價的路徑係數是 0.27，到教師評價是 0.18。友人評價到
自尊心的路徑係數是 0.19，教師評價到自尊心是 0.25。由自尊心到不安
的路徑係數是 −0.25。

二、觀察正文輸出

步驟 1　按一下【View text】之圖像（），或者從工具列選擇【View】⇒【text output】。

如觀察【Notes for Model】時，知自由度是 99。

Notes for Model (Default model)

Computation of degrees of freedom (Default model)

Number of distinct sample moments:	136
Number of distinct parameters to be estimated:	37
Degrees of freedom (136 - 37):	99

Result (Default model)

Minimum was achieved
Chi-square = 156.341
Degrees of freedom = 99
Probability level = .000

步驟 2　如觀察【Estimates】時，潛在變數間的路徑是低值，但不管是 5% 水準或 1% 水準均呈現顯著之值。

Regression Weights: (Group number 1 - Default model)

			Estimate	S.E.	C.R.	P	Label
教師評價	<---	調和性	.270	.120	2.249	.025	
友人評價	<---	調和性	.346	.111	3.126	.002	
自尊心	<---	友人評價	.168	.070	2.411	.016	
自尊心	<---	教師評價	.182	.086	2.121	.034	
不安	<---	自尊心	-.233	.076	-3.079	.002	

Standardized Regression Weights: (Group number 1 - Default model)

			Estimate
教師評價	<---	調和性	.177
友人評價	<---	調和性	.267
自尊心	<---	友人評價	.195
自尊心	<---	教師評價	.249
不安	<---	自尊心	-.247

步驟 3　觀察【Model Fit】。

χ^2 值是 156.341，自由度是 99，在 0.1% 水準下是顯著的。

CMIN

Model	NPAR	CMIN	DF	P	CMIN/DF
Default model	37	156.341	99	.000	1.579
Saturated model	136	.000	0		
Independence model	16	1267.794	120	.000	10.565

(1) GFI = 0.927，AGFI = 0.899。

　　GFI 雖然趨於 0.9，但 AGFI 卻是低於 0.9 而在邊緣狀態。

RMR, GFI

Model	RMR	GFI	AGFI	PGFI
Default model	.076	.927	.899	.674
Saturated model	.000	1.000		
Independence model	.263	.551	.491	.486

(2) NFI = 0.877，CFI = 0.950。CFI 超過 0.9，可以說是足夠之值。

Model	NFI Delta1	RFI rho1	IFI Delta2	TLI rho2	CFI
Default model	.877	.851	.951	.939	.950
Saturated model	1.000		1.000		1.000
Independence model	.000	.000	.000	.000	.000

(3) RMSEA = 0.48。低於 0.05，可以說是足夠之值吧。

RMSEA

Model	RMSEA	LO 90	HI 90	PCLOSE
Default model	.048	.033	.062	.565
Independence model	.196	.186	.206	.000

(4) AIC 或 CAIC 如下。這些值均是改良模式時使用。

如得到較小之值時，即為較適合的模式。

AIC

Model	AIC	BCC	BIC	CAIC
Default model	230.341	235.764	360.635	<u>397.635</u>
Saturated model	272.000	291.931	750.919	886.919
Independence model	1299.794	1302.139	1356.138	1372.138

結果的判讀　由以上的結果，可得出如假設的路徑。雖然發覺係數略為小些，但適合度可以說是足夠的。

三、複雜模式的掌握方法

請看調和性與 4 個觀測變數，以及誤差的部分吧。

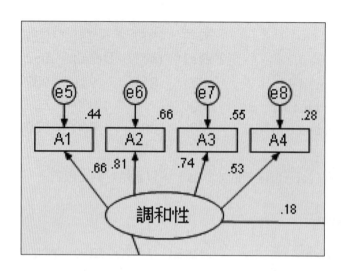

或許可以知道這是第 7 章所探討的 1 因素的因素分析模式。從調和性的潛在變數對 4 個觀測變數畫出路徑，4 個觀測變數分別都有誤差的影響。

以因素分析來說，調和性相當於「共同因素」，從調和性到觀測變數的每一條路徑相當於「因素負荷量」，影響觀測變數的誤差相當於「獨自因素」，其影響力相當於「獨自性」。

其次，請注意調和性影響友人評價與教師評價的部分。

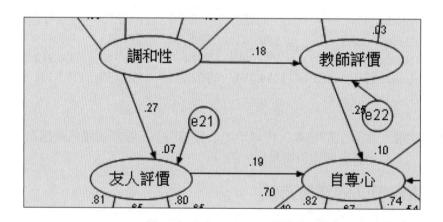

此部分之差異只是將觀測變數換成潛在變數而已，相當於第 3 章所探討的因果關係的模式。調和性影響教師評價，對受到影響的教師評價來說，也有誤差的影響。

　　像這樣，即使看起來像是複雜的模式，如將路徑圖分解成細項要素時，或許可以得知是由因素分析與複迴歸分析的模式相組合所構成的。

　　務必應用前面的內容，希望能建構大家獨自的模式。

9.4　以 SPSS 分析看看

■分析潛在變數間的因果關係

　　如第 9 章所說明的那樣，在問卷調查的分析中利用經常所使用的 SPSS 分析過程（因素分析→信度的檢討→尺度分數的計算→相關係數的計算→複迴歸分析等），可以說是簡單地按階段分析本書所繪製的路徑圖。

　　雖說簡易，但並非說是利用 SPSS 的分析較為遜色。從許多詢問項目以探索式選出經得起使用的項目，或探索式地分析許多的變數，引導出新的發現時，以 SPSS 來分析較具效率的情形也很多。

　　並且，踏實地檢討信度與效度再進行尺度之製作，或在適切的調查計劃下進行數據的收集時，不管是用 Amos 來分析或是用 SPSS 來分析，理應可以達成相同的結論。

　　那麼，使用經常所使用的手法，以 SPSS 進行與本章相同的分析作為本章的總結。

一、分析的步驟

　　步驟如下。

步驟 1　進行因素分析

　　　　　將所有的問項一次進行分析的情形也有，按各個概念進行分析時，也有按各調查對象者（自我評價、他人評價）來進行的情形。

　　　　　SPSS 的情形，是萃取數個因素，可以顯示問項的聚集與辨別性。譬如，項目 A 的確是受到第 1 因素較大的影響，受到其他以外的因素的影響則很小，並且，也顯示與項目 B 形成不同組的聚集。

　　　　　此次，以自我評價的所有項目進行因素分析。友人評價與教師評價由於評價的方向性不同，因之僅止於在步驟 2 確認信度。

步驟 2 計算信度係數

按各個尺度的聚群，計算 α 係數。可先求出相關係數。

步驟 3 計算尺度分數

求出屬於各尺度的項目的合計值或將合計值除以項目數求出平均值。

此次是計算合計值。

步驟 4 計算尺度間的相關係數

檢討分數的影響關係時，比較相關係數與複迴歸分析的結果，得出重要見解的時候也有。暫且不論是否揭載於報告中，但不要忘了求出。

步驟 5 重複複迴歸分析

只按依變數（路徑圖中接受箭線的變數）的個數，重複進行複迴歸分析。

(1) 友人評價是依變數，調和性是自變數。

(2) 老師評價是依變數，調和性是自變數。

(3) 自尊心是依變數，調和性、友人評價、教師評價是自變數。

(4) 不安是依變數，調和性、友人評價、教師評價、自尊心是自變數。

二、進行因素分數

步驟 1 選擇【分析 (A)】【資料縮減 (D)】⇒【因素 (F)】

【變數 (V)：】指定 A1～A4（與**調和性**有關之變數），D1～D4（與**自尊心**有關之變數），E1～E4（與不安有關的變數）。按一下【萃取 (E)】。

步驟 2 【方法(M)：】可以選擇【最大概似法】【最小平方法】或【主軸因素法】。

此次選擇【最大概似法】。

點選【萃取】基準的【因素個數 (N)：】，輸入「3」。

按繼續。再按【轉軸法 (T)】。

步驟 3 選擇【方法】的【Promax】。

按 繼續。

按 確定。

(1) 觀察輸出。

輸出共同性。這是所有的共同因素對每一個觀測變數的綜合影響力。

共同性

	初始	萃取
A1	.360	.445
A2	.498	.675
A3	.441	.553
A4	.246	.281
D1	.433	.525
D2	.517	.675
D3	.470	.544
D4	.355	.407
E1	.469	.615
E2	.425	.529
E3	.332	.365
E4	.373	.451

萃取法：最大概似。

(2) 觀察解說總變異量。

此乃是每一個共同因素（此次為了萃取出 3 個而加以指定）對所有的觀測變數有多少影響的指標。數字愈大，該因素對觀測變數的影響力即愈大。

解說總變異量

因子	初始特徵值			平方和負荷量萃取			轉軸平方和
	總和	變異數的%	累積%	總和	變異數的%	累積%	總和
1	3.220	26.833	26.833	2.729	22.745	22.745	2.291
2	2.289	19.071	45.904	1.824	15.203	37.948	2.026
3	1.981	16.505	62.410	1.512	12.601	50.549	2.128
4	.739	6.162	68.571				
5	.659	5.492	74.063				
6	.577	4.805	78.868				
7	.552	4.603	83.472				
8	.500	4.166	87.638				
9	.422	3.516	91.154				
10	.394	3.282	94.435				
11	.375	3.129	97.564				
12	.292	2.436	100.000				

萃取法：最大概似。

a. 當因子產生相關時，無法加入平方和負荷量 以取得總變異數。

(3) 觀察樣式矩陣。

此相當於從潛在變數到觀測變數的路徑係數。

樣式矩陣ª

	因子		
	1	2	3
A1	-.070	.662	-.047
A2	.005	.818	-.019
A3	.013	.749	.059
A4	.080	.522	.030
D1	.744	-.025	.102
D2	.822	-.059	-.010
D3	.704	.035	-.096
D4	.615	.085	-.034
E1	.076	-.032	.793
E2	.081	.042	.748
E3	-.110	.043	.574
E4	-.101	-.030	.634

萃取方法：最大概似。
旋轉方法：含 Kaiser 常態化的 Promax 法。。
　a. 轉軸收斂於 4 個疊代。

第 1 因素在 D1～D4（自尊心），第 2 因素在 A1～A4（調和性），
第 3 因素在 E1～E4（不安）上，顯示較大的負荷量。

自我評價的所有項目各自集群是很明確的。

(4) 輸出因素相關矩陣。

這是因素（潛在變數）之間的相關係數。

因子相關矩陣

因子	1	2	3
1	1.000	.093	-.239
2	.093	1.000	-.160
3	-.239	-.160	1.000

萃取方法：最大概似。
旋轉方法：含 Kaiser 常態化的 Promax 法。。

三、計算信度係數

計算調和性等因素的 α 係數。

步驟 1　選擇【分析 (A)】=>【尺度 (A)】=>【信度分析 (R)】。

　　　　【項目 (I)】中指定 A1～A4。

　　　　按一下【統計量 (S)】。

步驟 2　勾選【敘述統計量對象】的【刪除項目後的量尺摘要 (A)】。

　　　　按 繼續 。按 確定 。

呈現輸出的結果。

可靠性（信度）統計量顯示有 α 係數，調和性的 α 係數是 0.778，略微低些，但想到是由 4 項目所構成也許還算可以的值。

因勾選有【刪除項目後的量尺摘要 (A)】，項目整體統計量中追加有幾個指標。修正的項目總相關，是該項目與其他項目之合計值的相關。並且，項目刪除時的 Cronbach's Alpha 值，是如果沒有該項目時在剩餘的項目中 α 係數變成多少。

可靠性統計量

Cronbach's Alpha 值	項目的個數
.778	4

項目整體統計量

	項目刪除時的尺度平均數	項目刪除時的尺度變異數	修正的項目總相關	項目刪除時的Cronbach's Alpha 值
A1	5.94	6.751	.571	.729
A2	6.04	6.187	.680	.671
A3	6.03	6.469	.624	.702
A4	5.65	7.240	.460	.785

步驟 3　同樣，計算其他項目群的 α 係數。

自尊心（D1～D4）如下。

可靠性統計量

Cronbach's Alpha 值	項目的個數
.809	4

項目整體統計量

	項目刪除時的尺度平均數	項目刪除時的尺度變異數	修正的項目總相關	項目刪除時的Cronbach's Alpha 值
D1	10.76	8.747	.625	.761
D2	11.21	8.639	.705	.727
D3	11.65	8.260	.633	.757
D4	11.59	8.741	.553	.797

不安（E1～E4）如下。

可靠性統計量

Cronbach's Alpha 值	項目的個數
.778	4

項目整體統計量

	項目刪除時的尺度平均數	項目刪除時的尺度變異數	修正的項目總相關	項目刪除時的 Cronbach's Alpha 值
E1	15.32	5.513	.635	.698
E2	15.39	5.748	.608	.713
E3	15.58	5.603	.522	.759
E4	15.81	5.575	.575	.729

步驟 4 話說，以 2 項目計算 α 係數會變成如何呢？以友人評價（B1，B2）計算看看。

可靠性統計量

Cronbach's Alpha 值	項目的個數
.783	2

項目整體統計量

	項目刪除時的尺度平均數	項目刪除時的尺度變異數	修正的項目總相關	項目刪除時的 Cronbach's Alpha 值
B1	2.76	1.284	.648	.ᵃ
B2	2.68	1.022	.648	.ᵃ

a. 此值因項目中的負平均共變異數而成為負值。這違反了信度模式假設。您可能要檢查項目編碼。

雖然觀察修正的項目總相關可以明白，但 B1 與 B2 的相關係數是 0.648。然而，2 項目也可以計算 α 係數，但 2 項目的相關係數如果有 0.67 時，α 係數會超過 0.8。

項目之間的相關係數大，意指 2 項目幾乎具有相同的意義，因之，α 係數並非單純地愈高就愈好。

四、計算尺度分數

步驟 1 選擇【轉換 (T)】=>【計算 (C)】。

【目標變數 (T)】輸入調和性。

【數值運算式 (E)】輸入 A1 + A2 + A3 + A4。

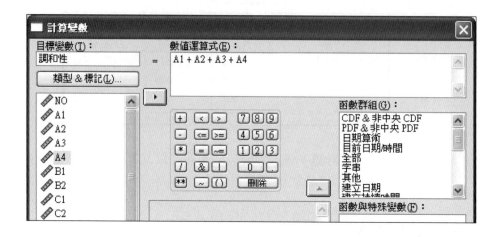

按 確定 後，新的變數即被追加。

	E1	E2	E3	E4	調和性
1	6	6	6	6	6.00
2	6	6	6	4	12.00
3	6	5	5	4	6.00
4	5	3	3	3	4.00
5	6	6	6	5	8.00
6	4	6	5	5	10.00
7	3	4	3	3	7.00
8	6	6	6	5	4.00
9	5	4	4	4	5.00
10	6	6	6	5	5.00
11	6	6	5	6	4.00
12	5	5	5	5	8.00
13	6	3	6	6	4.00

步驟 2 同樣，計算如下的合計值。

友人評價：B1 + B2

教師評價：C1 + C2

自尊心：D1 + D2 + D3 + D4

不安：E1 + E2 + E3 + E4

五、計算相關係數

步驟 1 選擇【分析 (A)】=>【相關 (C)】=>【雙變數 (B)】。

於【變數 (V)】中指定調和性、友人評價、教師評價、自尊心、不安。

按一下【選項 (O)】。

步驟 2 勾選【統計量】的【平均數與標準差 (M)】，再按 繼續 。

按 確定 。

結果如下。

描述性統計量

	平均數	標準差	個數
調和性	7.8840	3.32064	250
友人評價	5.4400	1.94668	250
教師評價	5.5680	1.99934	250
自尊心	15.0680	3.79063	250
不安	20.7000	3.04748	250

相關

		調和性	友人評價	教師評價	自尊心	不安
調和性	Pearson 相關	1	.228**	.221**	.099	-.115
	顯著性 (雙尾)		.000	.000	.119	.069
	個數	250	250	250	250	250
友人評價	Pearson 相關	.228**	1	.142*	.183**	-.114
	顯著性 (雙尾)	.000		.025	.004	.071
	個數	250	250	250	250	250
教師評價	Pearson 相關	.221**	.142*	1	.172**	-.077
	顯著性 (雙尾)	.000	.025		.006	.223
	個數	250	250	250	250	250
自尊心	Pearson 相關	.099	.183**	.172**	1	-.225**
	顯著性 (雙尾)	.119	.004	.006		.000
	個數	250	250	250	250	250
不安	Pearson 相關	-.115	-.114	-.077	-.225**	1
	顯著性 (雙尾)	.069	.071	.223	.000	
	個數	250	250	250	250	250

**. 在顯著水準為0.01時 (雙尾)，相關顯著。

*. 在顯著水準為0.05時 (雙尾)，相關顯著。

六、進行複迴歸分析

如先前所述，此處是重複 4 次的複迴歸分析。

步驟 1 友人評價當作依變數，調和性當作自變數。

選擇【分析 (A)】=>【迴歸分法 (R)】=>【線性】。

【依變數 (D)】指定「友人評價」。

【自變數 (I)】指定「調和性」。

按 確定 。

結果如下。

模式摘要

模式	R	R 平方	調過後的R 平方	估計的標準誤
1	.228[a]	.052	.048	1.89900

a. 預測變數：(常數), 調和性

變異數分析 [b]

模式		平方和	自由度	平均平方和	F 檢定	顯著性
1	迴歸	49.259	1	49.259	13.659	.000[a]
	殘差	894.341	248	3.606		
	總和	943.600	249			

a. 預測變數：(常數), 調和性
b. 依變數：友人評價

係數 [a]

模式		未標準化係數		標準化係數		
		B 之估計值	標準誤	Beta 分配	t	顯著性
1	(常數)	4.384	.310		14.145	.000
	調和性	.134	.036	.228	3.696	.000

a. 依變數：友人評價

相當於標準化路徑係數的是標準偏迴歸係數（β）。

調和性到友人評價的 β 是 0.228，在 0.1% 水準是顯著的。

步驟 2 「教師評價」當作依變數，「調和性」當作自變數。

結果如下。

模式摘要

模式	R	R 平方	調過後的 R 平方	估計的標準誤
1	.221[a]	.049	.045	1.95380

a. 預測變數：(常數), 調和性

變異數分析[b]

模式		平方和	自由度	平均平方和	F 檢定	顯著性
1	迴歸	48.648	1	48.648	12.744	.000[a]
	殘差	946.696	248	3.817		
	總和	995.344	249			

a. 預測變數：(常數), 調和性
b. 依變數：教師評價

係數[a]

模式		未標準化係數		標準化係數		
		B 之估計值	標準誤	Beta 分配	t	顯著性
1	(常數)	4.519	.319		14.170	.000
	調和性	.133	.037	.221	3.570	.000

a. 依變數：教師評價

調和性到教師評價的 β 是 0.221，在 0.1% 水準下是顯著的。

步驟 3　以「自尊心」當作依變數，以「調和性」、「友人評價」、「教師評價」
　　　　為自變數。

（注）要注意獨立變數有 3 個。

　　　結果如下。

模式摘要

模式	R	R 平方	調過後的 R 平方	估計的標準誤
1	.237[a]	.056	.045	3.70532

a. 預測變數：(常數), 教師評價, 友人評價, 調和性

變異數分析[b]

模式		平方和	自由度	平均平方和	F檢定	顯著性
1	迴歸	200.412	3	66.804	4.866	.003[a]
	殘差	3377.432	246	13.729		
	總和	3577.844	249			

a. 預測變數：(常數), 教師評價, 友人評價, 調和性
b. 依變數：自尊心

係數[a]

模式		未標準化係數		標準化係數	t	顯著性
		B之估計值	標準誤	Beta分配		
1	(常數)	11.631	.951		12.226	.000
	調和性	.036	.074	.032	.492	.623
	友人評價	.302	.124	.155	2.425	.016
	教師評價	.271	.121	.143	2.238	.026

a. 依變數：自尊心

調和性到自尊心的 β 是 0.32，不顯著。

友人評價到自尊心的 β 是 1.55，在 5% 下是顯著的。

教師評價到自尊心的 β 是 1.43，在 5% 下是顯著的。

步驟4 「不安」當作依變異數，「調和性」、「友人評價」、「教師評價」、「自尊心」當作自變數。

結果如下。

模式摘要

模式	R	R平方	調過後的 R平方	估計的標準誤
1	.250[a]	.063	.047	2.97437

a. 預測變數：(常數), 自尊心, 調和性, 教師評價, 友人評價

變異數分析[b]

模式		平方和	自由度	平均平方和	F檢定	顯著性
1	迴歸	145.022	4	36.255	4.098	.003[a]
	殘差	2167.478	245	8.847		
	總和	2312.500	249			

a. 預測變數：(常數), 自尊心, 調和性, 教師評價, 友人評價
b. 依變數：不安

係數ᵃ

模式		未標準化係數		標準化係數	t	顯著性
		B 之估計值	標準誤	Beta 分配		
1	(常數)	24.365	.968		25.164	.000
	調和性	-.072	.059	-.078	-1.211	.227
	友人評價	-.089	.101	-.057	-.880	.380
	教師評價	-.026	.098	-.017	-.263	.793
	自尊心	-.164	.051	-.204	-3.202	.002

a. 依變數：不安

從調和性、友人評價、教師評價，到不安的 β 均接近 0，不顯著。

只有從自尊心到不安的 β 是 -0.204，在 1% 水準下是顯著的。

像這樣，重複著複迴歸分析時，所有的影響關係均可依序檢討。

然後，在得出顯著的 β 後再去解釋即可。

七、將結果畫在路徑圖上

將目前的複迴歸分析結果表示在路徑圖上時即為如下。

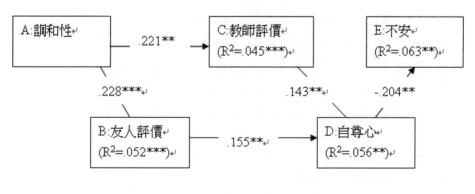

*p<.05,　**p<.01,　***p<.001

這是從這些的複迴歸分析的結果，取出顯著的予以表記。

各個變數因為是合計分數，因此視為觀測變數以四方形繪製。

雖然與 Amos 分析的結果在數值上略有不同，但可以說幾乎是相同的結果。

練習問題

1. Amos 也可將共變異數矩陣或相關矩陣當作數據讀取後再進行分析。

譬如，以相關矩陣作為數據時，如下輸入到 Excel（為了容易理解，小數點以下取 3 位），數據檔參 data_13-1.xls。

	A	B	C	D	E	F	G
	rowtype_	varname_	調和性	友人評價	教師評價	自尊心	不安
	n		250.000	250.000	250.000	250.000	250.000
	corr	調和性	1.000	0.228	0.221	0.099	-0.115
	corr	友人評價	0.228	1.000	0.142	0.183	-0.114
	corr	教師評價	0.221	0.142	1.000	0.172	-0.077
	corr	自尊心	0.099	0.183	0.172	1.000	-0.225
	corr	不安	-0.115	-0.114	-0.077	-0.225	1.000
	stddev		3.321	1.947	1.999	3.791	3.047
	mean		7.884	5.440	5.568	15.068	20.700

最初的變數名當作 rowtype_，其次的變數名當作 varname_，之後輸入數據的變數名。

Rowtype_ 之下方，按照 n（數據數）、corr（相關係數）、stddev（標準差）、mean（平均）輸入（stddev 與 mean 放在前面也行）。

Varname_ 之下方，輸入分析所使用的變數名。

從右側起，在相當的方格中輸入數據數、相關係數、標準差、平均值。

相關係數的對角線上輸入「1」，對角線的右上與左下輸入相同的數值。

或者，如下將對角線的右上保持空欄（不輸入）也行。

	A	B	C	D	E	F	G
1	rowtype_	varname_	調和性	友人評價	教師評價	自尊心	不安
2	n		250.000	250.000	250.000	250.000	250.000
3	corr	調和性	1.000				
4	corr	友人評価	0.228	1.000			
5	corr	教師評価	0.221	0.142	1.000		
6	corr	自尊心	0.099	0.183	0.172	1.000	
7	corr	不安	-0.115	-0.114	-0.077	-0.225	1.000
8	stddev		3.321	1.947	1.999	3.791	3.047
9	mean		7.884	5.440	5.568	15.068	20.700

那麼，製作此種的數據後，以調和性、友人評價、教師評價、自卑心、不安

當作觀測變數進行分析看看。其中，假設是與本章相同。

■解答

對數據指定 Excel 檔時，即如下被讀取。

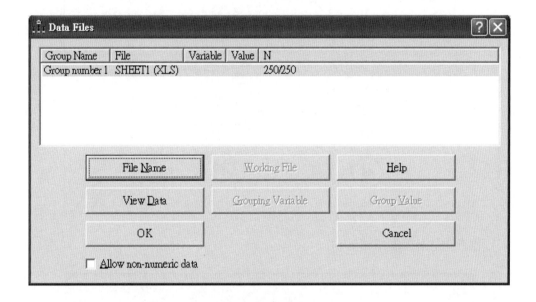

點選【List variable in data set】圖像（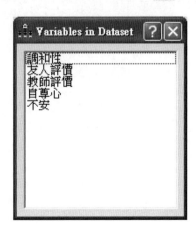），如顯示出變數時，按【確定】。

如下畫出路徑圖。

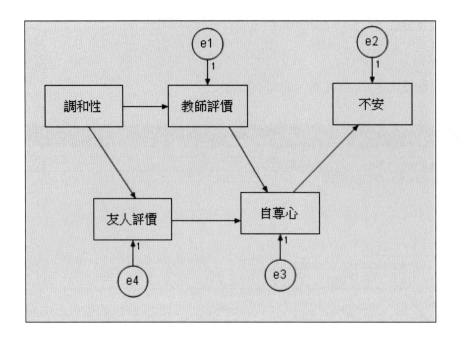

標準化估計值顯示如下。

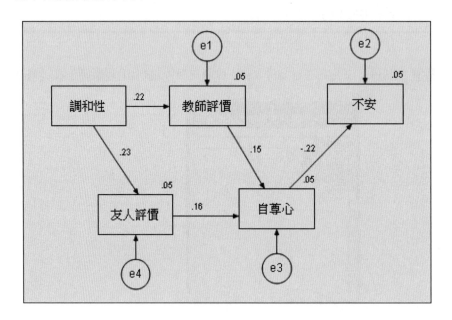

（注）如使用【圖的標題】圖像（ Title ）即可在對話框中指定要顯示的文字或估計值。試著輸入看看。

\FORMAT；\Group；\Model；Chi=\cmin；P=\p；RMSEA=\rmsea；GFI=\gfi；AGFI=\agfi；

正文輸出的【Estimates】如下顯示。

Regression Weights: (Group number 1 - Default model)

			Estimate	S.E.	C.R.	P	Label
教師評價	<---	調和性	.133	.037	3.576	***	
友人評價	<---	調和性	.134	.036	3.695	***	
自尊心	<---	友人評價	.315	.120	2.624	.009	
自尊心	<---	教師評價	.283	.117	2.416	.016	
不安	<---	自尊心	-.181	.050	-3.636	***	

Standardized Regression Weights: (Group number 1 - Default model)

			Estimate
教師評價	<---	調和性	.221
友人評價	<---	調和性	.228
自尊心	<---	友人評價	.162
自尊心	<---	教師評價	.149
不安	<---	自尊心	-.225

【Model Fit】顯示如下。

CMIN

Model	NPAR	CMIN	DF	P	CMIN/DF
Default model	10	5.743	5	.332	1.149
Saturated model	15	.000	0		
Independence model	5	58.591	10	.000	5.859

RMR, GFI

Model	RMR	GFI	AGFI	PGFI
Default model	.322	.991	.973	.330
Saturated model	.000	1.000		
Independence model	1.106	.900	.851	.600

Baseline Comparisons

Model	NFI Delta1	RFI rho1	IFI Delta2	TLI rho2	CFI
Default model	.902	.804	.986	.969	.985
Saturated model	1.000		1.000		1.000
Independence model	.000	.000	.000	.000	.000

RMSEA

Model	RMSEA	LO 90	HI 90	PCLOSE
Default model	.024	.000	.094	.641
Independence model	.140	.106	.175	.000

任一者均可得出不錯的適合度指標。

譬如，論文中揭載有相關係數與平均值、標準差時，基於該資訊再利用 Amos 進行分析也是可行的。如此一來，不光是要閱讀論文中所揭載的結果，對自己的學習也能活用，不是嗎？

第10章　從因素分析到結構方程模式分析

以「探索式因素分析」與「確認式因素分析」探索及定義結構方程模式分析特徵之一的潛在變數，學習進行結構方程模式與平均構造模式的方法。此研究方式從企業活用所擁有的既有調查數據之意義來看，也可以認為有用性是很高的。

■從數據探索假設的方法

結構方程模式分析在假設驗證上是具有強處的統計手法。因之首先建立假設，檢討項目，實施調查及計劃，利用所得到的數據進行模式研究（model approach），驗證結果的方法是最理想的。可是，想使用手中的既有數據進行結構方程模式分析的要求也很多。

以此種情況的一例來說，即為以「探索式因素分析」與「確認式因素分析」探索及定義結構方程模式分析特徵之一的潛在變數，學習進行結構方程模式分析與平均構造模式的方法。此研究方式從企業活用所擁有的既有調查數據之意義來看，也可以認為有用性是很高的。

(1) 假設驗證型的理想方式

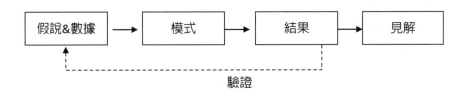

(2) 從數據探索假設的方式

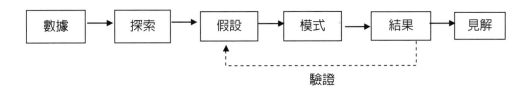

237

10.1　購買便利商店便當的理由

一、分析的概要

以女大學生為對象，調查便利商店（以下稱 CVS）與健康意識，分析在 CSV 中購買便當的理由。

1. 分析主題：(1) 在 CVS 中購買便當的「理由」中探索潛在的要因
   (2) 購買便當的理由與 CVS 連鎖店中之「利用次數」的關係
   (3) 健康意識強的組與弱的組
2. 分析對象：以女大學生為對象，調查健康意識與 CVS 之利用
3. 分析要因：(1) CVS 中購買便當的理由
   (2) CVS 中購買便當的利用次數
   (3) 為了維持健康，就認為「重要的」來說，有關飲食的2項目＝「營養均衡」、「注意用餐的素材」

（注）回答是以「不如此認為」—「如此認為」，「不利用」—「經常利用」的間隔尺度詢問。

二、問卷

利用問卷一面思考內容與意義一面選定結構方程模式分析可以應用的問題。選定是著眼於以下 3 點，視模式的需要考察使用的有無。

1. 探索潛在因素的設問
2. 作為最終目的變數的設問
3. 定義要比較之組的設問

1 與 2 的回答尺度需要 4 級以上（問卷的回答嚴格來說是順序尺度，但視為間隔尺度），3 可以使用像性別等的名義尺度。

1. 探索潛在因素的設問

Q5 想打聽在便利商店購買便當的理由。對各項目圈選一項符合者。

	不如此認為	不太認為	均可	認為	如此認為
1. 可口	1	2	3	4	5
2. 價格適當	1	2	3	4	5
3. 品項豐富	1	2	3	4	5
4. 擔心健康	1	2	3	4	5
5. 結用安心、安全的素材	1	2	3	4	5
6. 新鮮、用出爐	1	2	3	4	5
7. 有足夠的量	1	2	3	4	5
8. 經常推出新產品	1	2	3	4	5

（注）回答數據的值設定成如認為愈強其值即愈大，在解釋潛在變數的大小時有用性高。

2. 作為最終目的變數的設問

Q6 想打聽在各便利商店購買便當的「利用次數」。對各項目圈選符合的一項。

	不利用	不太利用	尚可	利用	常利用
1. Seven-Eleven	1	2	3	4	5
2. ROSON	1	2	3	4	5
3. Family Store	1	2	3	4	5
4. OK Store	1	2	3	4	5
5. Mini Stop	1	2	3	4	5
6. COCO Store	1	2	3	4	5

3. 定義比較組的設問

<table>
<tr><td colspan="6">

I. 關於健康意識

Q1 你為了維持健康，「認為需要的事項」是什麼。對各個的項目圈選符合的一項。

</td></tr>
</table>

	不如此認為	不太如此認為	均可	如此認為	如此認為
1. 慢跑或體操等的輕微運動	1	2	3	4	5
2. 在健身房中的運動	1	2	3	4	5
3. 維持適當的體重	1	2	3	4	5
4. 營養均衡	1	2	3	4	5
5. 注意用餐的素材	1	2	3	4	5

三、分析數據

No	Q5_1	Q5_2	Q5_3	Q5_4	Q5_5	Q5_6	Q5_7	Q5_8	Q6_1	Q6_2
1	5	4	4	3	3	3	3	5	1	1
2	5	4	4	4	5	3	3	4	4	1
3	5	3	5	1	3	1	1	4	5	3
4	3	4	3	4	5	5	3	3	2	1
5	5	5	5	4	4	5	5	5	3	3
6	5	5	5	4	5	4	5	5	4	1
7	3	5	5	3	3	3	3	3	5	1
8	5	5	5	5	5	3	2	3	5	2
9	4	3	4	2	2	2	3	5	2	2
10	4	2	2	2	1	1	1	1	4	1
11	3	4	4	3	3	3	3	4	4	3
12	4	4	4	4	4	5	3	4	4	2
13	4	3	4	3	3	3	4	4	4	2
14	5	5	5	5	5	4	4	4	2	2
15	4	2	4	2	2	2	2	2	1	2
16	5	4	5	3	4	3	3	4	3	3
17	5	5	5	3	3	1	1	1	5	1
18	5	4	4	3	2	2	3	5	1	1
19	5	5	5	5	5	5	3	4	2	3
20	5	5	4	5	3	4	2	2	3	3
21	4	4	3	2	2	4	3	3	4	2

（注）data_10 - CSV.sav

四、分析的步驟

「分析即為區分，區分才能瞭解」是檢討分析內容時經常要意識到的金玉良言。在調查型數據的解析方面，有區分項目的方法與區分組（群體）的方法 2 種。將此 2 種「區分」方法，使用模式研究依下圖的步驟進行。

具體上，潛在因素（潛在變數）的相當於「區分項目」，潛在變數的平均差異相當於來自「區分組」的見解。

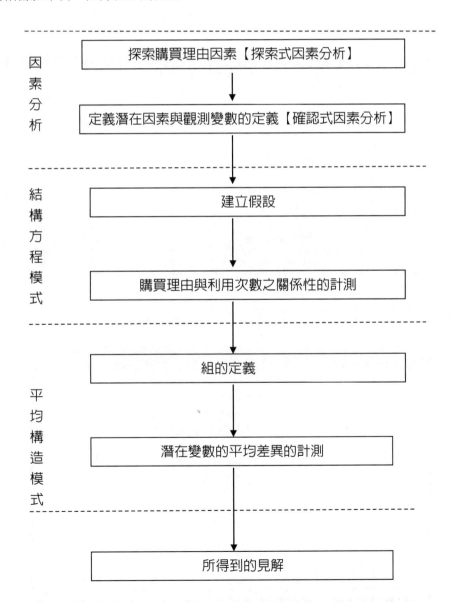

10.2 潛在因素的探索與定義

一、探索購買理由──探索式因素分析

■就購買便當的理由，進行探索式因素分析

步驟 1 利用 PASW（SPSS）的清單點選【分析】→【次元分解】→【因素】
（【第 16 版：【分析 (A)】→【資料縮減 (D)】→【因素 (F)】）。

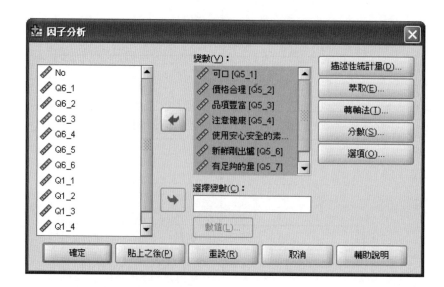

步驟 2 將「可口【Q5_1】」～「經常推出新產品【Q5_8】」投入【變數 (V)】中。

步驟 3　在步驟 2 的【因素分析】對話框中按一下【萃取 (E)】。

選取【方法 (M)】→【最大概似法】。

勾選【萃取】→【特徵值 (E)】。

確認【特徵值大於 (A)】方框中的「1」。按 繼續 。

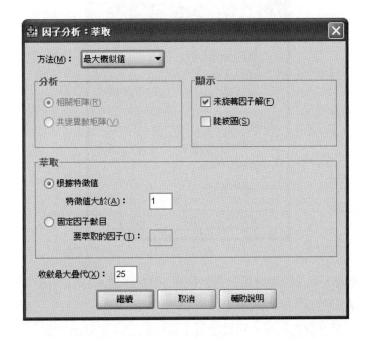

步驟 4　在步驟 2 的【因素分析】對話框中按一下 轉軸法 (M) 。

【方法】→ 選取【promax(P)】。按 繼續 。

（注）結構方程模式分析的事前分析，是選取認為因素間有相關的斜交轉軸。

步驟 5　在步驟 2 的【因素分析】對話框中按一下 選項 (O)。
　　　　【係數顯示格式】→【依據因素負荷排序】。按 繼續。
　　　　樣式矩陣等依數值大小的順序重排輸出。

步驟 6　最後按一下【因素分析】對話框左下的 確定。
　　　　執行因素分析。

　　　　(1)因素分析的結果，特徵值為 1 以上的因素萃取出 2 個。

解說總變異量

因子	初始特徵值			平方和負荷量萃取			轉軸平方和負荷量[a]
	總數	變異數的 %	累積%	總數	變異數的 %	累積%	總數
1	4.959	61.988	61.988	4.631	57.894	57.894	4.164
2	1.013	12.665	74.653	.555	6.942	64.836	4.011
3	.743	9.289	83.942				
4	.460	5.752	89.694				
5	.270	3.372	93.066				
6	.226	2.821	95.888				
7	.210	2.631	98.519				
8	.119	1.481	100.000				

萃取法：最大概似。

a. 當因子產生相關時，無法加入平方和負荷量 以取得總變異數。

(2)由【樣式矩陣】可以解釋第 1 因素是健康的價值因素，第 2 因素是基本的價值因素。

樣式矩陣³

	因子	
	1	2
使用安心安全的素材	.926	.011
注意健康	.855	.106
新鮮剛出爐	.829	.029
有足夠的量	.329	.219
品項豐富	.016	.870
可口	.040	.822
價格合理	.129	.758
經常推出新產品	.242	.269

萃取方法：最大概似。
旋轉方法：含 Kaiser 常態化的 Promax 法。。

a. 轉軸收斂於 3 個疊代。

因子相關矩陣

因子	1	2
1	1.000	.723
2	.723	1.000

萃取方法：最大概似。
旋轉方法：含 Kaiser 常態化的 Promax 法。。

(3)「有足夠的量」與「經常推出新產品」可以判斷是跨越 2 個因素，因之改變因素的萃取基準，再探索。

步驟 7　將因素數當作步驟 3 再次執行因素分析。

與步驟 3 相同，因素【萃取】→【方法】→【最大概似法】。

【萃取】→ 選擇【固定因素數目】。

在【要萃取的因子】方框中輸入「3」。按 繼續 → 確定。

分析即被執行。

(1)因素數當作 3 的結果，輸出了 3 因素之萃取後與轉軸後的負荷量平方和。

解說總變異量

因子	初始特徵值			平方和負荷量萃取			轉軸平方和負荷量ᵃ
	總數	變異數的 %	累積%	總數	變異數的 %	累積%	總數
1	4.959	61.988	61.988	2.227	27.840	27.840	4.159
2	1.013	12.665	74.653	3.339	41.744	69.584	4.032
3	.743	9.289	83.942	.554	6.931	76.515	2.396
4	.460	5.752	89.694				
5	.270	3.372	93.066				
6	.226	2.821	95.888				
7	.210	2.631	98.519				
8	.119	1.481	100.000				

萃取法：最大概似。

a. 當因子產生相關時，無法加入平方和負荷量 以取得總變異數。

(2) 由【樣式矩陣】，第 1 因素＝健康價值因素，第 2 因素＝基本價值
因素，「經常推出新產品」與「有足夠的量」被分解到第 3 因素。

樣式矩陣[a]

	因子		
	1	2	3
使用安心安全的素材	.919	-.010	.044
注意健康	.858	.099	.005
新鮮剛出爐	.841	.027	-.021
價格合理	.118	.838	-.111
可口	.023	.834	.000
品項豐富	-.031	.832	.135
經常推出新產品	-.041	-.026	1.029
有足夠的量	.221	.083	.422

萃取方法：最大概似。
旋轉方法：含 Kaiser 常態化的 Promax 法。。

a. 轉軸收斂於 5 個疊代。

因子相關矩陣

因子	1	2	3
1	1.000	.738	.465
2	.738	1.000	.460
3	.465	.460	1.000

萃取方法：最大概似。
旋轉方法：含 Kaiser 常態化的
Promax 法。。

(3) 由【因素相關矩陣】知，第 3 因素與第 1 因素、第 2 因素的因素間
相關略低。

從下頁起，依據探索式因素分析所得到的結果，進行確認式因素分析。

（注）1. 結構方程模式分析之事前分析的探索式因素分析，除了在特徵值＝1 的基準下萃取
因素之外，指定萃取的因素個數，再數次探索項目與因素之關係的方法也有。

2. 在反覆來收斂的情形中，將【因素萃取】與【轉軸】對話框的【收斂的最大反覆數
(X)】從 25 增加到 100（當作一例）時，有時可迴避未收斂。

二、潛在因素與觀測變數的定義──確認式因素分析

■進行確認式因素分析（驗證式因素分析）

以探索式因素分析的【樣式矩陣】為參考，定義因素與項目【潛在變數與觀
測變數】之關係，進行確認式因素分析。

所得到的結果即為以下的路徑圖。

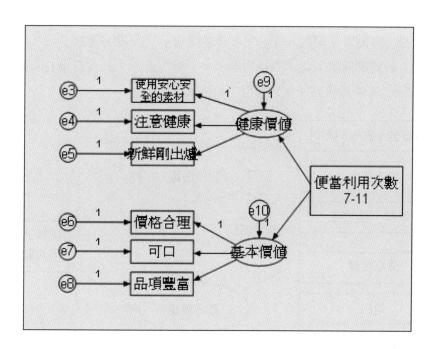

　　潛在因素被解釋成數個觀測變數的背後潛藏的共同原因。利用路徑係數大者，可以確認構成 3 個潛在變數的觀測變數的關係（項目的妥當性）與潛在因素間的關係強度。

　　因為 GFI 與 AGFI 分別接近基準值 1，因之模式與數據的適配良好。

（注）1. 確認式因素分析是分析者可以假定因素與有關之項目，此點與探索式因素分析不同。

　　　2. 項目的妥當性利用 α 係數驗證的方法也有。以 PASW（SPSS）所求出的各因素的 α 係數分別是健康價值 = 0.931，基本價值 = 0.897，其他價值 = 0.707。

10.3　建立假設與關係性的計測

一、建立假設

■建立假設，繪製路徑圖

　　針對 CVS 中購買便當之「理由」的潛在因素，與 CVS 連鎖店中便當的「利用次數」之關係建立假設，以路徑圖表現。

　　基於著眼於健康價值與基本價值之關係，其他的價值因素，則從研究對象中除外。

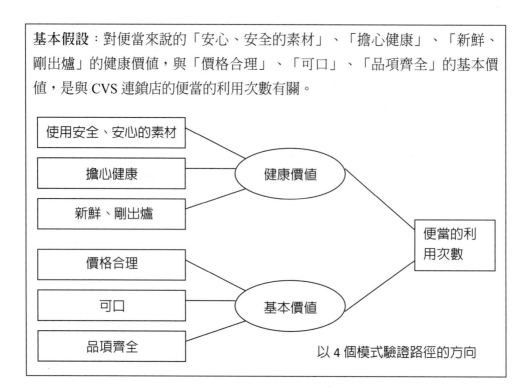

基本假設：對便當來說的「安心、安全的素材」、「擔心健康」、「新鮮、剛出爐」的健康價值，與「價格合理」、「可口」、「品項齊全」的基本價值，是與 CVS 連鎖店的便當的利用次數有關。

以 4 個模式驗證路徑的方向

■設想路徑方向不同的 4 個模式

1. 模式 1-A

健康價值與基本價值相互有關係並影響利用次數。健康價值與基本價值是調查項目的共同原因。

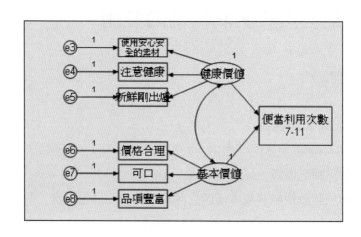

2. 模式 1-B

　　利用次數影響健康價值與基本價值。健康價值與基本價值是各調查項目的共同原因。

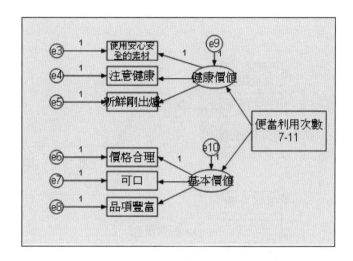

3. 模式 1-C

　　健康價值與基本價值影響利用次數。健康價值與基本價值是以各個調查項目的比重和來定義。

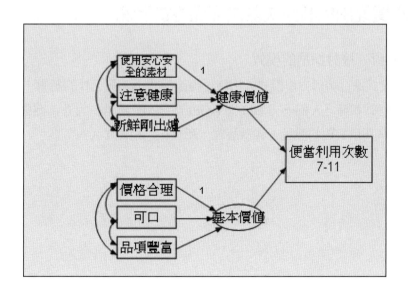

4. 模式 1-D

利用次數影響健康價值與基本價值。健康價值與基本價值是以各個調查項目的比重之和來定義。

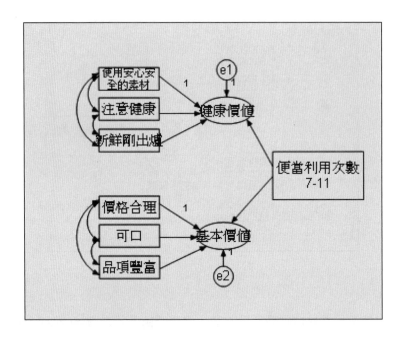

二、購買理由與利用次數之關係性的計測

■執行分析，檢討採納的模式

4 個模式進行結構方程模式分析時，得出模式 1-A 與 1-B 的結果。

將兩者比較時，A 的一方 GFI 與 AGFI 高，AIC 也低。另外，健康價值與基本價值影響利用次數的假設，容易解釋，所以採納模式 1-A。

1. 模式 1-A【標準化估計值】

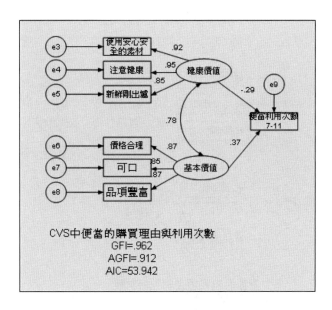

CVS中便當的購買理由與利用次數
GFI=.962
AGFI=.912
AIC=53.942

2. 模式 1-B【標準化估計值】

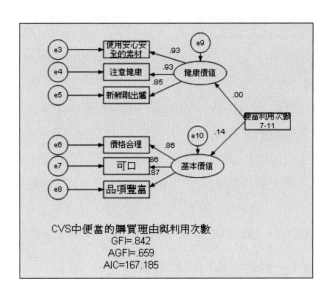

CVS中便當的購買理由與利用次數
GFI=.842
AGFI=.659
AIC=167.185

（注）模式 C 不收斂。模式 D 不能識別不能測量。暗示數據與模式有可能不配適（觀測變數
　　　與潛在變數的對應關係或路徑的方向不妥當）。以 PASW（SPSS）進行主成分分析的
　　　結果，第 1 主成分包含所有的項目，所以設想合成變數型的 2 個潛在變數知是有不合
　　　理之處。

■解釋所採納之模式的結果

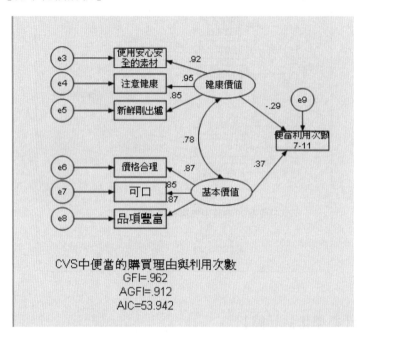

模式 1-A【標準化估計值】

CVS中便當的購買理由與利用次數
GFI=.962
AGFI=.912
AIC=53.942

基本假設：健康價值與基本價值相互有關，且影響利用次數。

■所得到的見解

1. 健康價值在「注意健康（0.95）」的關係上是最強的，基本價值在「價格合理（0.87）」與「品項豐富（0.87）」上，比「可口」的關係還強。

2. 健康價值與基本價值具有強的正相關（0.78），且影響便當的利用次數。

3. 從健康價值到利用次數的關係是負（−0.29），相對的基本價值是正（0.37）的影響。

4. 適當度指標的GFI = 0.962, AGFI = 0.912接近1，所以模式與數據的適配良好。

■為了萃練見解，比較有直線關係的數個模式

模式 1-A（以下簡稱模式 1），是基於健康價值與基本價值相互有關聯且影響利用次數的假設，因之健康價值與基本價值假定雙向箭線，可以計測出它們對利用次數的影響。可是，相互具有正關係的 2 個要因對利用次數出現一正一負的

矛盾關係，因之從健康價值與基本價值到利用次數的直線性關係，重新假設 3 個模式，並分析。

假設 2：健康價值與基本價值獨立且影響利用次數
* 在健康價值與基本價值間未設定雙向路徑【相關關係】。
模式 2【標準化估計值】

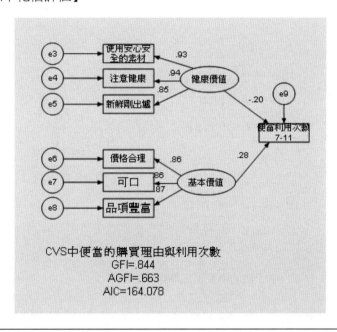

■所得到的見解【假設 2】

1. 從健康價值與基本價值到利用次數的關係比模式 1 弱，路徑係數的符號條件不變。

2. 數據與模式的適配上 GFI = 0.844, AGFI = 0.663，比模式 1 略低，AIC 也較大。

假設 3：健康價值影響基本價值，且影響利用次數。

消去從健康價值到利用次數的路徑。將健康價值與基本價值的雙方向變更為到基本價值的單方向之模式（將確保基本價值之識別性的 1，從變異數向「價格合理」的路徑去變更，再加上誤差變數 e8）。

模式 3【標準化估計值】

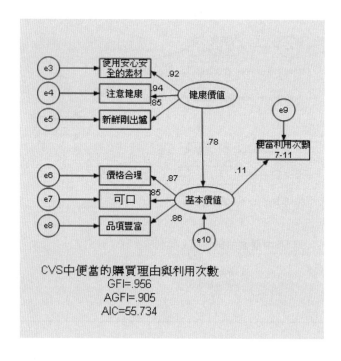

■所得到的見解

1. 從健康價值到基本價值有強烈的正的影響（0.78）。從基本價值到利用次數的關係是正（0.11）。

2. 從健康價值經由基本價值到利用次數的間接效果（單向箭線的路徑係數之乘積）是 0.858（＝0.78*0.11）。

3. 適合度是 GFI = 0.956, AGFI = 0.905，接近基準值的 1，模式與數據的適配良好，AIC 也比模式 1 略大。

假設 4：基本價值影響健康價值，且影響利用次數。

消去從基本價值到利用次數的路徑。將健康價值與基本價值的雙方向變更成到健康價值的單向箭頭（將確保健康價值的識別性的 1，從變異數向「選用安心、安全的素材」的路徑去變更，再加上誤差變數 e8）。

模式 4【標準化估計值】

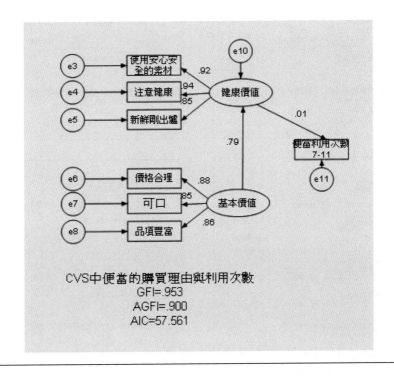

■所得到的見解

1. 從基本價值到健康價值有強烈的正的影響（0.79）。從健康價值到利用次數的關係雖然弱（0.01）但是正的（也可解釋無相關）。

2. 從基本價值經由健康價值到利用次數的間接效果是 0.079（＝0.079*0.01）。

3. 適效度是 GFI = 0.953, AGFI = 0.900，接近基準值，模式與數據的適配良好，AIC 比模式 1 與模式 3 略大。

■比較數個模式並整理結果

　　從所表現的 4 個假設的模式，著眼於從健康價值與基本價值到利用次數的關

係以及數據與模式的適合度，將所得到的見解加以整理。

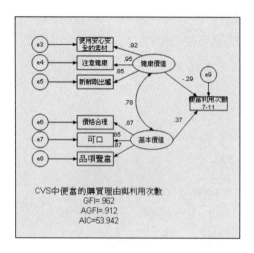

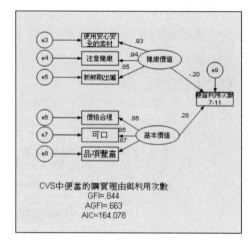

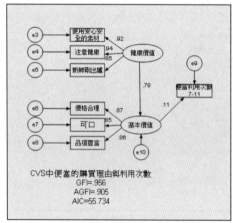

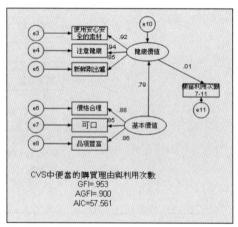

■所得到的見解【數個模式的比較】

1. 為了驗證從健康價值與基本價值到利用次數的關係，比較了包含模式 1 在內的 4 個模式。

2. 比較 4 個模式的適合度時，模式 1 的 GFI(0.962), AGFI(0.912) 最高，AIC53.942 也是最好。從所計測的路徑係數也大來看，在購買 CVS 的便當之理由的背景中所潛藏的健康價值與基本價值相互有強烈的關係，對 CVS 連鎖店的便當利用次數來說，健康價值有負的影響，基本價值有正的影響，乍見可看出矛盾的構造。

3. 比較健康價值與基本價值間有雙向箭線的模式 1 與無的模式 2 之結果，模式 1 的適合度較高，AIC 也小。另外，從利用次數的關係強來看，與其假定健康價值與基本價值獨立，不如考慮 2 個價值之間有關係較好。

4. 比較健康價值與基本價值之直線路徑有所不同的模式 3 與模式 4，模式 3 的適合度較高，AIC 小。對利用次數的關係也強，因之 2 個價值從健康價值經由基本價值影響利用次數，比從基本價值經由健康價值影響利用次數，更能反映數據。

5. 經由數個模式的比較，提高「價格合理」、「可口」、「品項齊全」的基本價值，可以期待對 CVS 連鎖店的利用次數有正面的效果。並且「選用安心、安全的素材」、「擔心健康」、「新鮮、剛出爐」的健康價值，對利用次數的直接關係是負的，此暗示與其直接訴求不如以提高基本價值的間接要因來訴求，更可期待對利用次數有正面的效果。

10.4　潛在變數的平均差之計測

一、組的定義

■在平均構造模式中定義組，計測潛在變數的平均差

由前面的分析，知在 CVS 中購買便當的理由中，以潛藏的要因來說有健康價值與基本價值，2 個因素與便當的利用次數之關係是有不同符號的關係。對健康的價值觀是與人存在的根本有關的重要議題。因此，著眼於對健康有強意識的組與弱意識的組，計測健康價值與基本價值的大小。

為了維持健康，就「認為重要」，與飲食的健康有關的「4、營養均衡」、「5、注意用餐的素材」進行交叉累計。

營養均衡 * 注意用餐的素材 交叉表

個數

		注意用餐的素材				總和
		不太如此認為	均可	略微如此認為	如此認為	
營養均衡	不如此認為	0	0	1	0	1
	不太如此認為	1	0	1	0	2
	均可	0	0	0	1	1
	略微如此認為	0	7	20	3	30
	如此認為	0	7	40	73	120
總和		1	14	62	77	154

　　將 2 個項目的雙方「如此認為」的 73 名（全體的 47.4%）當作「對健康意識強的組」，與其他的 81 名（52.6%）當作「對健康意識弱的組」，定義成 2 個組。

■針對 **SPSS** 數據製作組的旗標變數

步驟 1　計算 Q1_4「營養均衡」與 Q1_5「注意用餐的素材」的合計分數。
　　　　從 SPSS 選取【變換】→【計算變數】。顯示【計算變數】對話框。
　　　　於目標變數輸入【健康意識分數】，於數式輸入「Q1_4 + Q1_5」，按 確定 。

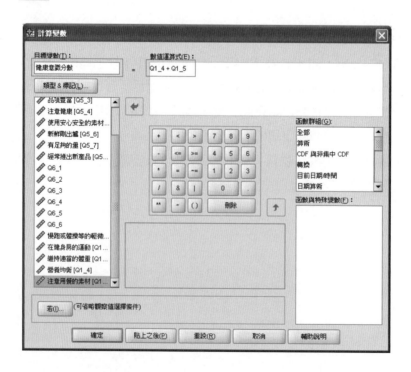

步驟 2　於資料檢視的最右行製作出「健康意識分數」。

Q6_6	Q1_1	Q1_2	Q1_3	Q1_4	Q1_5	健康意識分數
1	4	3	5	5	4	9.00
1	4	3	4	5	4	9.00
1	5	5	5	5	5	10.00
1	5	2	4	5	4	9.00
3	4	4	4	4	4	8.00
3	3	3	4	4	5	10.00
1	5	5	5	5	3	8.00
2	5	5	5	5	4	9.00
1	4	2	5	5	3	8.00
1	5	3	5	4	4	8.00

步驟 3　將健康意識分數 = 10 的樣本當作 1，其他的樣本當作 0 製作旗標變數。

　　　　從清單選取【變換】→【重新編碼成不同變數】。

　　　　顯示出【重新編碼成不同變數】對話框。

步驟 4　投入【健康意識分數】，按一下【舊值與新值】。

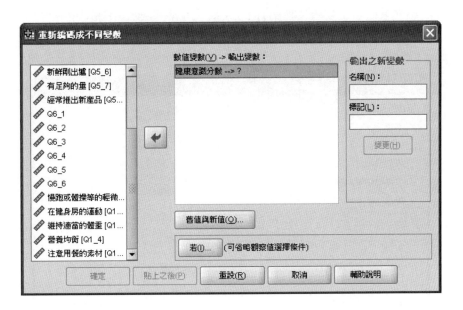

步驟 5　於【舊值】中，勾選【數值 (V)】，輸入「10」。

　　　　於【新值】中，勾選【數值 (L)】，輸入「1」。

　　　　按一下 新增，在【舊值 → 新值】方框中顯示【10 → 1】。

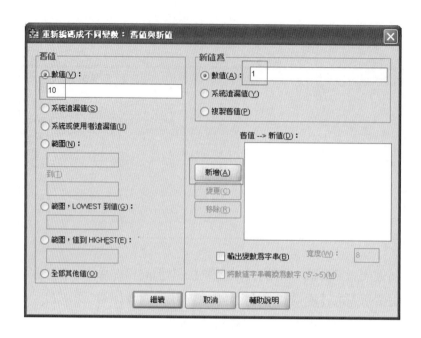

步驟 6 勾選【舊值】中的【全部其他值 (O)】。

於【新值】中勾選【數值 (L)】，輸入「0」，按一下 新增。

顯示「ELSE → 0」。最後按 繼續。

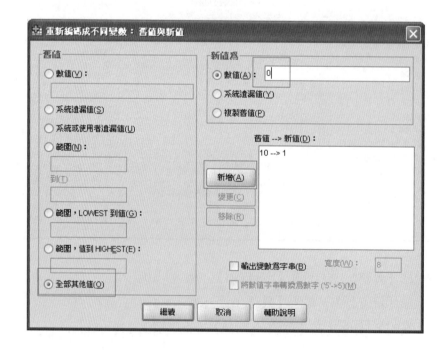

步驟 7 【輸出之新變數】的【名稱 (N)】輸入【健康意識 FLG】，按一下
[變更 (H)]。

　　【數值變數 (V) → 輸出變數】方框中的「→？」即變更成【→ 健康意
識 FLG】。

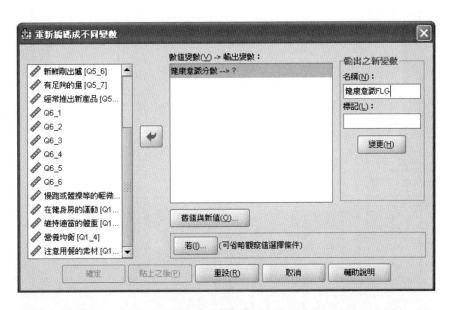

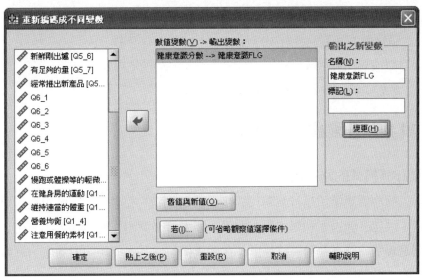

步驟 8 按一下 確定 ，資料檢視的最右行即作出「健康意識 FLG」變數。

		Q1_5	健康意識分數	健康意識FLG	var	var
1	5	4	9.00	0.00		
2	5	4	9.00	0.00		
3	5	5	10.00	1.00		
4	5	4	9.00	0.00		
5	4	4	8.00	0.00		
6	5	5	10.00	1.00		
7	5	3	8.00	0.00		
8	5	4	9.00	0.00		
9	5	3	8.00	0.00		
10	4	4	8.00	0.00		
11	5	5	10.00	1.00		
12	4	4	8.00	0.00		
13	5	5	10.00	1.00		
14	5	5	10.00	1.00		
15	4	4	8.00	0.00		
16	5	4	9.00	0.00		
17	4	4	8.00	0.00		
18	5	5	10.00	1.00		
19	5	5	10.00	1.00		
20	5	4	9.00	0.00		
21	5	4	9.00	0.00		

- 對健康意識強的人

  2 個變數的回答的合計 10 = 1.00
- 對健康意識弱的人

  2 個變數的回答弱的合計未滿 10 = 0.00

二、計測潛在變數的平均差

■繪製計測模式的路徑圖

可以解釋健康價值是符合時代的變化難以改變的要素，基本價值是容易改變的要素，因之，除去對利用次數的關係，著眼於 2 個潛在變數的大小。在 2 個價值之間定義雙向路徑並繪製路徑圖，在健康價值與基本價值中對健康的意識有強與弱之組，計測兩組的差異大小。

基本假設：就購買 CVS 中的便當來說，「安心、安全素材」、「擔心健康」、「新鮮、剛出爐」之健康價值，與「價格合理」、「可口」、「品項豐富」的基本價值相互有關係。

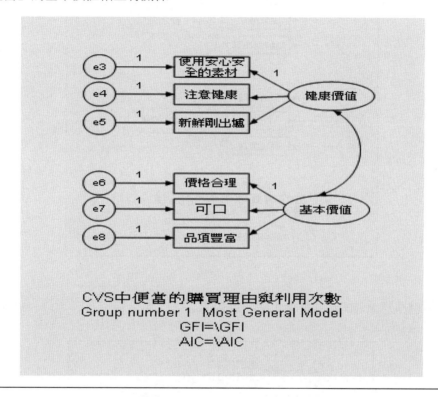

對健康的意識強的組與弱的組，各個模式是否可以被識別，確認數據與模式之適配性。

■進行組別的分析

首先，把回答「營養均衡」與「注意用餐的素材」兩者的合計 10，對健康意識弱的組當作 1，兩者的合計不滿 10 者，視為健康意識弱的組當作 0。進行各組的分析。

對健康意識強的組【標準化估計值】

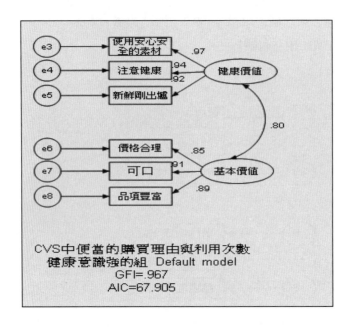

對健康意識弱的組【標準化估計值】

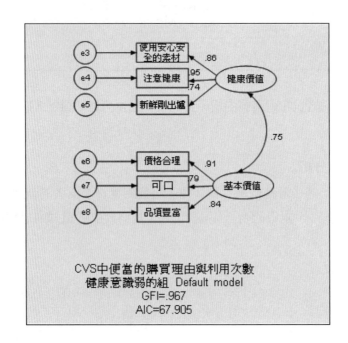

　　兩組均可被識別，且可得出解。模式與數據的適合度指標 GFI 雙方均接近基準值 1，算是良好。

■設定平均構造模式的限制條件，並執行分析

　　對 2 個組的參數加上等值限制，比較 5 個模式。

　　要比較的 5 個模式
- 無限制
- 模式 1 比重 (a) 相同 ﹛測量不變﹜
- 模式 2 比重 (b) 與其變異數（ccc，vvv）相同
- 模式 3 比重 (a) 與共變異數（ccc，vvv）與殘差 (v) 相同
- 模式 4 殘差 (v) 相同

　　對健康意識強的組【模式的指定（輸入）】

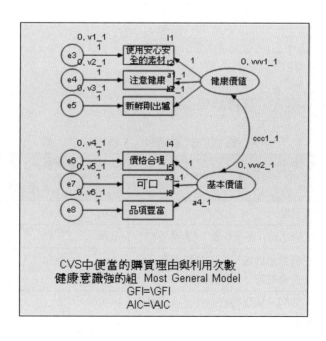

對健康意識弱的組【模式的指定（輸入）】

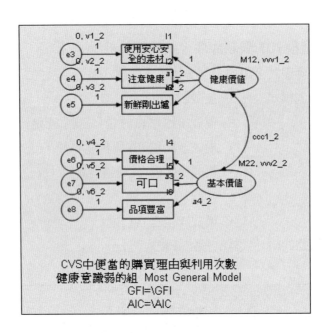

■ 選擇要採納的模式，解釋結果

平均構造模式的計測結果：5 個模式的比較

模式	加上等值條件的參數	平均差（健康強 = 0）		適合度指標	
		健康價值	基本價值	CFI	AIC
無限制	無 {配置不變}	−0.01	0.18	0.000	86.681
模式 1	測量模式的比重（路徑係數）{測量不變}	−0.06	0.10	0.999	85.151
模式 2	模式 1 的限制 + 構造模式的共變異數（潛在變數間的變異數 · 共變異數）	−0.06	0.10	0.997	83.092
模式 3	模式 2 的限制 + 測量模式的殘差（誤差變數的變異數）	−0.06	0.11	0.981	89.578
模式 4	測量模式的殘差（誤差變數的變異數）	−0.03	0.05	0.980	97.471

（注）1. 以對健康意識強的組的因素平均當作基準值 0，求出對健康意識弱的組的平均差。

　　　2. CFI（比較適合度指標）：愈接近 1 判斷模式與數據的適配值。

　　　3. AIC：評價數個模式間的相對性好壞的指標，採納值小的模式作為備選。

■所獲得的見解

1. 由分析結果知，從 5 個模式之中採納 AIC 最小且 CFI*十分高的「模式 2：模式 1 的限制＋構造模式的共變異數（潛在變數的變異數、共變異數）在組間是相同的」。另外，此次作為比較對象的所有模式，可以確認均能順利估計，也未發生不適解。

2. 健康價值因素的大小是「對健康意識強的組（0）＞弱的組（–0.06）」。

3. 基本價值因素的大小是「對健康意識弱的組（0）＜弱的組（0.01）」。

4. 由以上的結果知，對健康意識強的組，比弱的組來說，對 CVS 的便當的健康價值高，基本價值低。

5. 此特徵在其他的模式中也是一樣。

模式 2 的計測結果【未標準化計值】

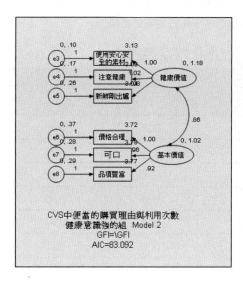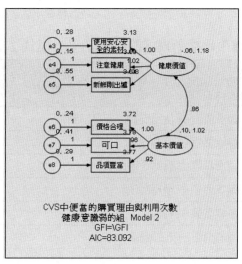

模式 2 的計測結果【標準化計值】

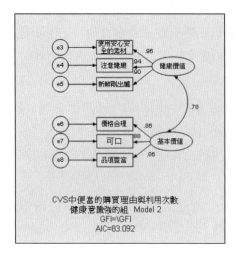
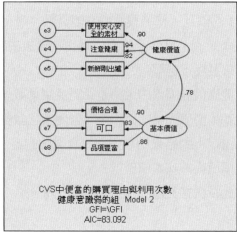

（注）模式 2 的未標準化估計值的路徑係數與潛在變數間的變異數、共變異數在組間是相關的，但因為殘差不同，所以標準化估計值的路徑係數在組間是不同的。

■平均構造模式的計測結果：模式 2 的標準化路徑係數

潛在變數與觀測變數之間係	對健康的意識	
	強的組	弱的組
健康價值 → 使用安心、安全的素材	0.96	0.90
健康價值 → 擔心健康	0.94	0.94
健康價值 → 新鮮、剛出爐	0.90	0.82
基本價值 → 價格合理	0.86	0.90
基本價值 → 可口	0.88	0.83
基本價值 → 品項豐富	0.86	0.86

（注）模式 2 的限制條件：測量模式的比重（未標準化路徑係數）與構造模式的共變異數（潛在變數的變異數、共變異數）在組間是相同的。

■所得到的見解【平均構造模式：模式 2 的標準化路徑係數】

1. 對健康意識強的組，與影響健康價值之項目的關係在 0.9 以上，基本價值是未滿 0.9，與健康價值之關係比基本價值強烈的特徵，相較對健康意識弱的組明確。

2. 對健康意識弱的組看不出此種特徵。

3. 從健康價值與 3 個觀測變數之關係來看，對健康意識強的組來說，「使用安心、安全的素材（0.96）」是最強的，對健康意識弱的組是「擔心健康（0.94）」最強，「新鮮、剛出爐（0.82）」是最弱。

4. 從基本價值與 3 個觀測變數之關係來看，對健康意識強的組來說，「可口（0.88）」是最強的，相對的，對健康意識弱的組來說，「價格合理（0.90）」是最強的，「可口（0.83）」是最弱的，所以對健康意識強的組知是「可口＞價格」，對健康意識弱的組知是「可口＜價格合理」。

10.5　整理所得到的見解

1. 以女大學生為對象，利用調查有關健康意識與 CVS 之利用，著眼於 CVS 中購買便當的理由，以探索式因素分析與確認式因素分析探索、定義潛在變數，進行了結構方程模式分析與平均構造模式。

2. CVS 中購買便當的理由有由「選用安心、安全的素材」、「擔心健康」、「新鮮、剛出爐」所定義的健康價值，以及由「價格合理」、「可口」、「品項豐富」所定義的基本價值。

3. 在 CVS 中購買便當的理由與 7-11 中便當的利用次數的關係中，提高「價格合理」、「可口」、「品項豐富」的基本價值可以期待有正面效果。另外，「選用安心、安全的素材」、「擔心健康」、「新鮮、剛出爐」的健康價值對利用次數的直接關係是負面的，與其直接訴求不如提高基本價值作為間接的要因來訴求，對利用次數可期待正面效果。

4. 在對健康意識強的組與弱的組中，比較健康價值與基本價值的大小之結果，健康價值的大小是「強的組＞弱的組」，基本價值是「強的組＜弱的組」。加之，如著眼於與基本價值有關的變數的關係強度時，強的組是「可口＞價格合理」，弱的組是「可口＜價格合理」。

5. 研究的結果，CVS 的便當對健康有負面的印象，以方便性為主對基本的提供價值有較高的效用，不也能解釋可反映消費者的心理嗎？

第 11 章　探索型模式的設定

> 　　模式中要處理的變數齊全之後，要在哪一變數間畫箭線（單向、雙向）感到苦惱的情形是常有的事。
> 　　本章，對模式中的箭線來說，哪一個箭線對模式而言是需要的呢？介紹有助於決定的方法。

11.1　探索型模式的設定

　　模式中要處理的變數齊全之後，要在哪一變數間畫箭線（單向、雙向）感到苦惱的情形是常有的事。基於假設嘗試畫箭線時，是否應該畫箭線呢？為此感到苦惱的時候也有吧。此種苦惱在研究的初期階段或探索研究尚未成熟的領域時是有很多的。並且，雖然 AMOS 在視覺上可以簡單的製作路徑圖有其優點，但因為如此所以才會有甚多上述那樣的狀況，不是嗎？

　　本章，對模式中的箭線來說，哪一個箭線對模式而言是需要的呢？介紹有助於決定的方法。

一、分析模式

　　此處，請看「入學時學習時間」到「畢業時學力測驗」的箭線，以及從「入學時學力測驗」到「畢業時學力測驗」的箭線，這些對模式來說真的需要嗎？高校的學力，如想成是進入學校後取決於生活方式所形成時，那麼入學時的學習時間與學力，與畢業時的學力也可想成無關。如此一來，這些箭線也許就不需要。被認為需要的只是單方而已。數據請參 data_11_1.xls。

　　並且，「入學時學習時間」與「入學後興趣活動」之間是否有相關（雙向箭線），此處也對它檢討看看。

　　由以上來看，此處就 3 條箭線檢討看看。將檢討有無需要之箭線全部畫出後的狀態即為圖 11.1。

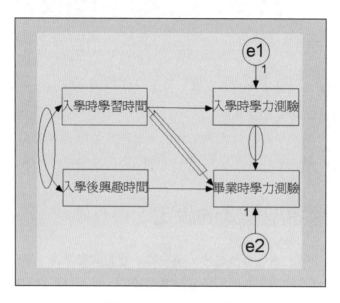

圖 11.1　學力的模式

二、分析的指定

從清單的【分析】選擇【探索型模式的設定（Specification Search）】。於是，顯示出如圖 11.2 的「探索型模式的設定」的視窗。

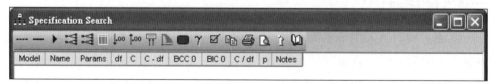

圖 11.2　「探索型模式的設定」之視窗

以其中最左方的 ⚊ 圖像指定要檢討的箭線。此後將作為檢討箭線者稱為「選項箭線」。先按一下 ⚊ 圖像後，再按一下想檢討的箭線。於是，顯示出箭線是選項箭線，變成帶有顏色的箭線。此處為了容易看，將箭線作成虛線。將箭線作成虛線後，一旦關閉「探索型模式的設定」視窗，從清單的【檢視】選擇【介面性質】，在【Access】Tab 的【顏色選擇】中勾選，再按一下【應用】。作成虛線並非必須。

━ 圖像是為了將箭線還原成原來所準備的。如指定錯誤的箭線時，按一下

此 ▬ 圖像，再度按一下箭線時，即還原成原來的箭線。

此處，如圖 11.3 將 3 條箭線當作選項箭線。探索型模式的設定是對各箭線之有與無時的所有組合進行分析，從中找尋最佳的模式。亦即，此情形即成為分析 $2^3 = 8$ 種的模式。

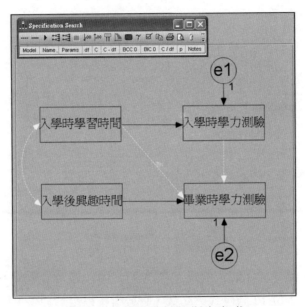

圖 11.3　選項箭線的指定完成

之後，按一下「探索型模式的設定」視窗的 ▶ 圖像，即執行分析。關於其結果與看法容下節說明。

也看看進行分析時的選項吧。按一下「探索型模式的設定」視窗的 ☑ 圖像，選擇【檢索其次（Next serch）】Tab。

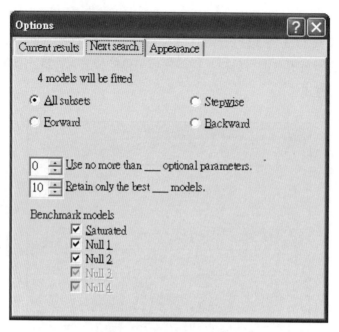

圖 11.4 『選項』視窗

　　預設中「只儲存最佳的 _ 模式」之值當成 10。這是分析時，對參數不同的模式，顯示儲存上位 10 個模式。此次，將分析結果全部儲存，也只要 $2^3 = 8$ 個即可解決，但當選項箭線一多時，對全部的分析要儲存其結果時會影響績效。將此指定 0 時，儲存模式的個數即無限制。這是為此種情形所準備的預設。

11.2　結果與其看法

　　按一下 ▶ 圖像執行分析時，顯示出如圖 11.5 的結果。

Specification Search

Model	Name	Params	df	C	C - df	BCC 0	BIC 0	C / df	p	Notes
1	model 1	6	4	78.439	74.439	70.337	61.267	19.610	0.000	
2	model 1	7	3	22.617	19.617	16.541	11.437	7.539	0.000	
3	model 1	7	3	26.163	23.163	20.087	14.982	8.721	0.000	
4	model 1	7	3	77.980	74.980	71.904	66.799	25.993	0.000	
5	model 1	8	2	5.189	3.189	1.138	**0.000**	**2.594**	**0.075**	
6	model 1	8	2	22.158	20.158	18.108	16.969	11.079	0.000	
7	model 1	8	2	25.704	23.704	21.653	20.515	12.852	0.000	
8	model 1	9	1	4.730	3.730	2.704	5.532	4.730	0.030	
Sat	[Saturated]	10	0	0.000	0.000	**0.000**	6.794			

圖 11.5　結果（適合度）

對於被分析的 8 個模式與飽和模式的適合度，其結果有所顯示。

在下方畫線成爲粗體字的地方，是表示各行中適合度最佳之值。C 是卡方值。BCCO 是根據 Burnham and Ariderson（1998）的建議，最小值被調整成 0 後的 BCC。BCCO 也是指最小值成爲 0 所調節的 BCC。這些是值愈小被判斷配適愈佳。

此處並未採用 RMSEA 爲人所熟知的適合度。今就所使用的適合度被採用的理由加以說明。C－df 是指卡方值減去自由度。CFI、NCP、FO、RNI 之適合度因爲單調地依存 C－df，因之，以這些之中的任一適合度比較模式，結果均不變。因之，以代表這些適合度者來說 C－df 即被採用。又 C/df 是卡方值除以自由度。RMSEA、RFI、TLI 之適合度是單調地依存 C/df。因之，與上述同樣的理由，以這些適合度的代表來說 C/df 即被採用。

GFI、AGFI 在探索型模式的設定之分析的結果畫面中並未出現。但一如平常的分析，確認 GFI 與 RESEA 的方法也有，此容以後介紹。

觀察結果時，3 個適合度之中是以模式 5 最好。試以路徑圖確認此模式看看。要顯示模式，可在想看的模式中出現的列上按兩下。不管模式號碼或是數值都沒關係。

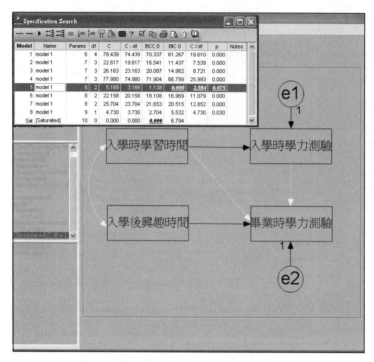

圖 11.6　結果（路徑圖）

　　如圖 11.6 所示，觀察結果時，在檢討的 3 條箭線中，從「入學時學習時間」到「畢業時學力測驗」以及從「入學時學力測驗」到「畢業時學力測驗」的箭線留下。從 3 個適合度來看，此 2 個箭線是需要的箭線，而顯示「入學時學習時間」與「入學後興趣測驗」之相關的箭線，不要加入為宜，可得出如此的指示。

　　也可觀察模式的估計值。按一下「探索型模式的設定」視窗的　圖像，按兩下想觀察估計值之模式的列。就模式 5 進行此作業後的結果，如圖 11.7 所示。

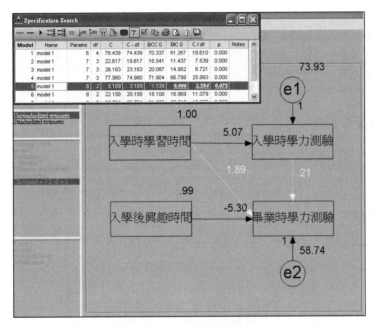

圖 11.7　估計值的顯示

　　圖 11.5 的結果視窗，像 GFI 等平常要確認的適合度並未顯示。使用 γ 圖像顯示估計值時，AMOS 畫面即可使用 圖像。按一下此圖像，選擇其中的「模式適配」，即可如平常確認適合度。模式 5 的 GFI 之值是 0.994 可確認是良好的適配。

　　並且，圖 11.5 所顯示之結果視窗中，可從任意的適合度觀點比較模式。譬如，想從 BIC 的觀點比較模式時，按一下 BIC0 此行的標題。於是，如圖 11.8 所示，於 BIC 中模式可按適合度好壞的順序重排。對其他的適合度也可同樣操作。

圖 11.8　利用適合度重排

此次的分析，參數個數（母數個數）8 的模式被視為是好的。此處試就參數個數確認看看。所估計的參數有 3 種。它是係數、變異數、共變異數。觀察圖 11.7 時，就 3 種參數合計 8 個估計值可以確認能被求出。

就圖 11.5 的結果視窗之中的圖像進行補充。[image] 圖像是對各參數個數只顯示最佳模式，作成簡潔的表的圖像。具體言之，參數個數 6 個的最佳模式，參數個數 7 的最佳模式……，以如此的方式加以顯示。

11.3　使用探索型模式設定的探索式因素分析

使用前節所說明的方法，說明進行探索式因素分析的方法。此處所說的探索式因素分析，是探索哪一個觀測變數接受來自哪一個因素的箭線好呢？與平常所說的探索式因素分析不同是要注意的。正確來說，就是進行探索式的確認因素分析。

一、分析數據

此處使用以如下的問卷所收集的 **SD** 數據「data15_2.xls」。所謂 SD 數據，是利用 SD 的印象測量法所收集的數據。**SD** 法是由 Osgood 所提倡的測量印象的方法。使用像「喜歡－討厭」當作測量成對形容詞來使用，對受試者求出特定的形象。數據使用 7 級法共 9 項目，對 24 個滑雪場（ski）求出解答。

　　使用 Osgood 所指定的形容詞，製作 SD 數據，進行因素分析時，知道許多領域的對象中可看出「評價」、「活動性」、「力量性」的 3 因子構造。此處只使用「評價」、「活動性」以及與它有關的 6 項目進行分析。

以下排列著各種的修飾語。它們是成對的，從某一方面的修飾語加上「非常」經由「均可」，到另一方的修飾語加上「非常」為止，形成能以 7 級來評定。針對「對象：A 滑雪場」的印象，請在最接近的縱線 (|) 處加上記號。加上記號時，是只就每 1 對去填記 1 個記號。

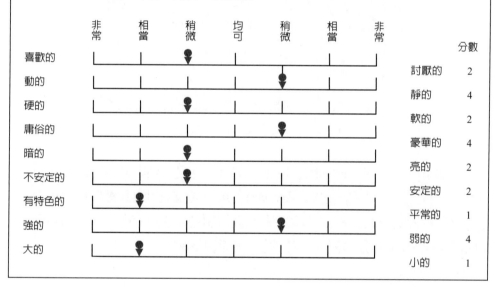

	非常	相當	稍微	均可	稍微	相當	非常		分數
喜歡的			▼					討厭的	2
動的					▼			靜的	4
硬的			▼					軟的	2
庸俗的					▼			豪華的	4
暗的			▼					亮的	2
不安定的			▼					安定的	2
有特色的		▼						平常的	1
強的					▼			弱的	4
大的		▼						小的	1

二、分析的指定

　　如圖 11.9，從因子向所有的觀測變數畫出箭線，使所有的箭線成為選項箭線。指定的方式如地 11.1 節所說明。此處由於畫上 12 條箭線，所以從 $2^{12}=4096$ 的組合中尋找最適模式。

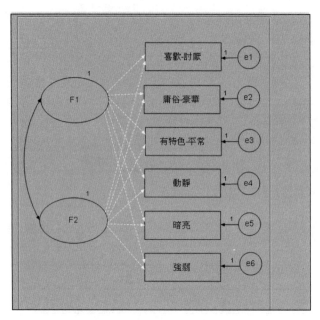

圖 11.9　分析指定「c09skil.amw」

　　此處請注意 2 個因子的變異數被固定成 1。這是識別因素分析的限制。因素分析是「將外生的因子的變異數固定成 1」或「從因子到觀測變數的箭線之中將任一條係數固定成 1」等，為了識別起見此限制是需要的。後者，將係數固定成 1 的箭線無法指定成選項箭線，因之施與前者的限制。

　　指定完成後，按一下 ▶ 圖像，即執行分析。

三、結果

　　執行分析時，顯示出結果的視窗。由於前節的分析組合數甚多，因之表變得很長。按一下適合度的標題，將適合度依好壞的順序重新排列看看。此處，是在 BCC 中重新排列。情形如圖 11.10。

Model	Name	Params	df	C	C - df	BCC 0	BIC 0	C / df	p	Notes
1	model1	7	14							Unidentified
2	model1	8	13							Unidentified
12	model1	9	12							Unidentified
22	model1	10	11							Unidentified
32	model1	11	10	85.824	75.824	74.526	73.920	8.582	0.000	Inadmissible
42	model1	12	9	43.961	34.961	35.538	35.235	4.885	0.000	
43	model1	12	9	43.961	34.961	35.538	35.235	4.885	0.000	
52	model1	13	8	5.548	-2.452	**0.000**	**0.000**	0.694	0.698	
53	model1	13	8	5.548	-2.452	**0.000**	**0.000**	0.694	0.698	
62	model1	14	7	4.299	**-2.701**	1.626	1.929	**0.614**	**0.745**	
63	model1	14	7	4.299	**-2.701**	1.626	1.929	**0.614**	**0.745**	
72	model1	15	6	3.822	-2.178	4.023	4.630	0.637	0.701	
73	model1	15	6	3.822	-2.178	4.023	4.630	0.637	0.701	

圖 11.10　利用 BCC 模式重排

　　以 BCC 與 BIC 為基準時，模式 52 與模式 53 似乎是最好的。他們的適合度是完全相同的，那是因為如圖 11.11、圖 11.12 那樣，兩個模式實質上是相同的。適合度是 GFI = 0.930，形成良好的適配。

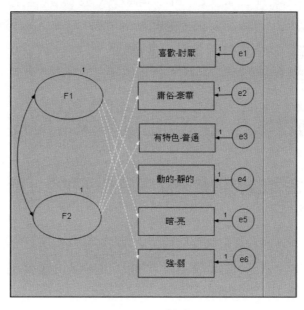

圖 11.11　模式 52

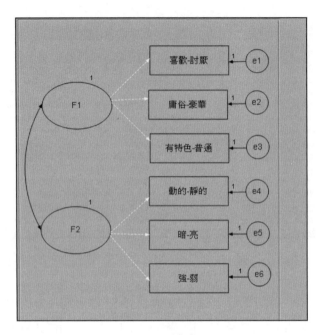

圖 11.12　　模式 53

此處，試觀察圖 11.10 時，C－df 等是將模式 62 與 63 當作最好。如確認此模式的路徑圖時，即為模式 52, 53 中加入一條箭線，「庸俗－豪華」項目插入 2 條箭線。適合度是 GIF = 0.946，也是非常適配的。

像這樣，從適合度的觀點對選擇模式而感到迷惑時的方法，容下節敘述。

11.4　利用適合度的變化量來探索模式

一、利用適合度的變化量來探索模式（利用「陡坡圖」來探索）

利用前節所說明的適合度來探索模式，取決於參照的適合度指標，最佳的模式也有改變的時候。本節針對此種差異不易出現的模式的選擇方法加以介紹。此即為從適合度的變化量來判斷的方法。

此處，試從用前節的因素分析模式來觀察。按一下 ▶ 圖像執行分析後，按一下「探索型模式的設定」視窗的 ▧ 圖像。於是，出現「plot」的視窗。在「plot 「type」圖中選擇【陡坡圖（Scree）】，顯示出如圖 11.13 的圖形。

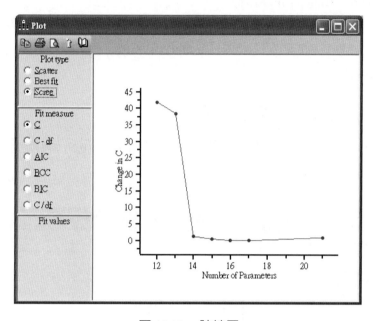

圖 11.13　陡坡圖

　　橫軸是參數個數。繪製在圖上的點，是表示該參數個數的模式中的最佳模式。譬如，橫軸的座標是 13 之位置的點，是參數個數 13 的模式中最佳者。

　　縱軸是適合度的變化量。此處在「適合度」相關中因選擇 C（卡方值），因之成為 C 的變化量。橫軸的座標是 13 此位置的點的縱軸值是 38.41（按一下點即可確認值）。這是表示參數個數 12 的模式之 C 值是 43.961，參數個數 13 的模式之 C 值是 5.548，其差是 43.961 － 5.548 = 38.413（小數第 3 位 四捨五入）。C 愈小，值愈佳，因之參數個數 13 的模式比參數個數 12 的模式，適合度只上升38.41。

　　觀察圖 11.13 時，參數個數從 11 個增加到 12 個時，12 個增加到 13 個時，可以看出有較大的適合度的提高，之後幾乎沒有變化。參數個數並非可以胡亂增加，因之採用即使增加參數個數也看不出適合度提高的點（正確來說，也包含適合度的下降在內採用看不出變化的點）。亦即，此處，即使增加參數個數多於參數個數 13，適合度幾乎也未提高，因之選擇參數個數 13 的模式。

　　以上是從適合度的變化量選擇模式。如按適合度指標觀察時，雖然最佳的模

式有不同，但從變化量的觀點來看時，在「適合度」相關中，不管選擇哪一個適合度，結果大多相同（C/df 除外）。

那麼試確認參數 13 的模式。按一下圖上的點時，即可確認模式號碼。模式號碼 52 與 53 即為前節的圖 11.11、圖 11.12 中所顯示者。按一下模式號碼時，即可確認路徑圖。

二、其他「plot」視窗的機能

略為介紹「plot」視窗的機能。勾選【Plot Type】有關的【散佈圖（Scatter）】，顯示如圖 11.14 的圖形。

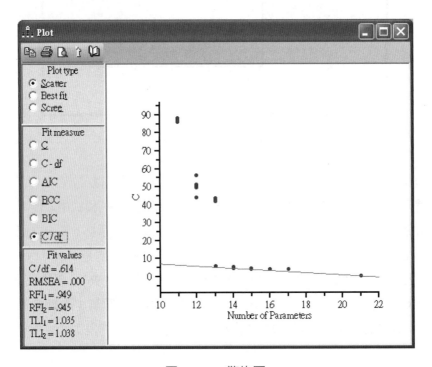

圖 11.14　散佈圖

在陡坡圖中，只點出有針對各參數個數的最佳之點，但此處點出數個點。觀此時，知適合度與參數個數之間有權衡關係（trade-off）。

此處，試選擇「適合度」有關的 C/df 看看。圖上有紅線。此線可推移移動。移動時，「適合度」有關的適合度數值即改變。譬如，在圖 11.14 的位置

中，RMSEA 值是 0.050。RMSEA 低於 0.05 即判斷適配佳。亦即，此紅線成為 RMSEA = 0.050 的線，因之此線以下的模式以 RMSEA 基準來看，即可判斷適配佳。

三、探索型模式設定的界線

最後就本章所說明的分析方法的界線加以說明。此分析方法所檢討的箭線超過 20 條，因之網羅性的探索是不可能的。

AMOS 此時執行計算的方法，準備有「增加性」、「減少性」、「逐步性」（可在圖 11.4 的選項視窗中指定），任一者並無查明探索是否成功的方法。雖然可以將分析結果作為探索模式的參考，但本章介紹的方法，檢討的箭線如多時，就會變得不準確，是要注意的地方。

第12章　平均結構模式

> 　　一般的結構方程模式分析主要是依據相關係數（共變異數）測量變數間關係的強度（路徑係數），但平均結構模式是在結構方程模式分析能適用的模式中設定 2 個必要條件，即可測量潛在變數的相對大小。

■平均結構模式的定義

第 5 章約略提及平均結構模式，此處為了加強說明，再進一步探討。

平均結構模式（mean structure modelling）[1]是利用結構方程模式分析進行探討的一種方法，在使變異數、共變異數的估計誤差為最小之下估計路徑係數，也估計潛在變數的平均，可以將其平均當作組間之差異來掌握。

一般的結構方程模式分析主要是依據相關係數（共變異數）測量變數間關係的強度（路徑係數），但平均結構模式是在結構方程模式分析能適用的模式中設定 2 個必要限制，即可測量潛在變數的相對大小（將成為基準的潛在變數的平均當作基準值「0」或「1」時，所得之值像是「–0.16」或「0.17」）。

必要條件 1	從具有相同意義的數個潛在變數（因素）之中，將其中的一個潛在變數的平均固定成基準值的「0」或「1」。
必要條件 2	在構成潛在因素具有共同意義的觀測變數的截距上，加上等值限制[2]。

平常的結構方程模式分析是「相關矩陣」的分析，主要是利用「標準化估計值」來解釋，而平均結構模式是「變異數、共變異數矩陣」的分析，主要是利用「未標準化估計值」來解釋。

（注）1. 平均結構模式也稱為平均共變異數構造分析。
　　　 2. 使參數成為相等之限制稱為「等值限制」，設定等值限制一事稱為「設定等值限制」。等值限制也有人稱為等量限制、等價限制。

■平均結構模式能應用的情形

利用平均結構模式可以測量潛在變數的大小，主要應用的情況有以下 2 種。本書是以情況 2 作為事例來介紹。

情況 1	時間性地比較具有相同意義的潛在變數（因素）的大小。

例：在便利商店購買便當的理由中，對 7-Eleven 連鎖店的評價。

【對相同的樣本利用相同的項目以數次聽取評價，測量潛在變數的平均差（大小）】。

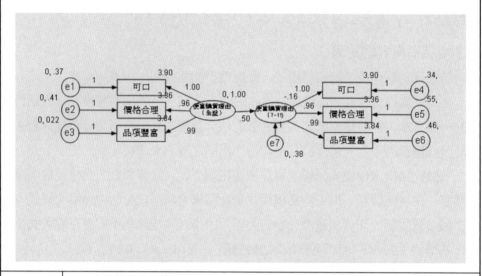

情況 2	在數個群體中比較具有相同意義的潛在變數（因素）的大小。

例：在相同的調查中男性與女性，使用者與未使用者的評價差異。

【利用有平均結構的多群體的同時分析，測量數個潛在變數的平均差異（大小）】。

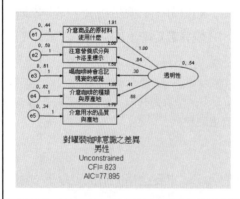
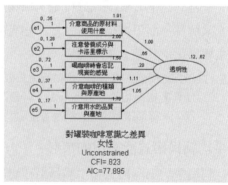

12.1 ┃ 男性與女性在意識上的差異

一、分析的概念

　　針對罐裝咖啡測量男性與女性有關「資訊的透明性（公開性）」，像使用的原材料的種類與原產地等在意識上的差異。

1. 分析主題：有關罐裝咖啡在資訊的透明性（公開性）上，男性與女性在意識上的差異。
2. 分析對象：以大學生為對象，對罐裝咖啡的印象調查。
3. 分析要因：對罐裝咖啡的意識項目之中，有關透明性（公開性）的 5 個項目。

　　Q1_1：介意商品的原料是使用什麼

　　Q1_4：注意營養成分與卡路里標示

　　Q1_7：喝了罐裝咖啡時有暫時忘掉現實的感覺

　　Q1_10：介意咖啡豆的種類與原產地

　　Q1_13：介意用水的品質

　　F1：性別

（注）回答是以「非常合適」～「非常不合適」的間隔尺度來詢問。

二、問卷

Q1 想打聽「罐裝咖啡」的全面性，就以下的 1～15 的項目，從「非常合適」～「非常不合適」之中對自己認為最合適的號碼記入到回答欄中。

尺度＼項目	非常合適	略為合適	不太合適	完全不合適		回答欄
1. 介意商品的原材料是使用什麼	4	3	2	1	⇨	
2. 想購買會考量環境的商品	4	3	2	1	⇨	
3. 自己喜歡的商品不介意他人的評價	4	3	2	1	⇨	
4. 注意營養成分與卡路里標示	4	3	2	1	⇨	
5. 善將空罐放入垃圾箱中	4	3	2	1	⇨	
6. 常以包裝的印象選購商品	4	3	2	1	⇨	
7. 喝罐裝咖啡時有暫時忘掉現實的感覺	4	3	2	1	⇨	
8. 重複購買滿意的品牌居多	4	3	2	1	⇨	
9. 風評好的品牌不試用就覺得不舒服	4	3	2	1	⇨	
10. 介意咖啡豆的種類與原產地	4	3	2	1	⇨	
11. 自己滿意的商品常會向他人推薦	4	3	2	1	⇨	
12. 對無法模仿的商品感到有魅力	4	3	2	1	⇨	
13. 介意用水的品質與產地	4	3	2	1	⇨	
14. 無論如何買新產品的居多	4	3	2	1	⇨	
15. 買暢銷的品牌覺得放心	4	3	2	1	⇨	

□最後想打聽你自己本身，對以下 3 個的詢問，將合適的號碼記入回答欄中。

　F1 請教你的性別：

　　　　1. 男性　　2. 女性

（以下省略）

三、分析數據

數據檔請參 data_12.sav。

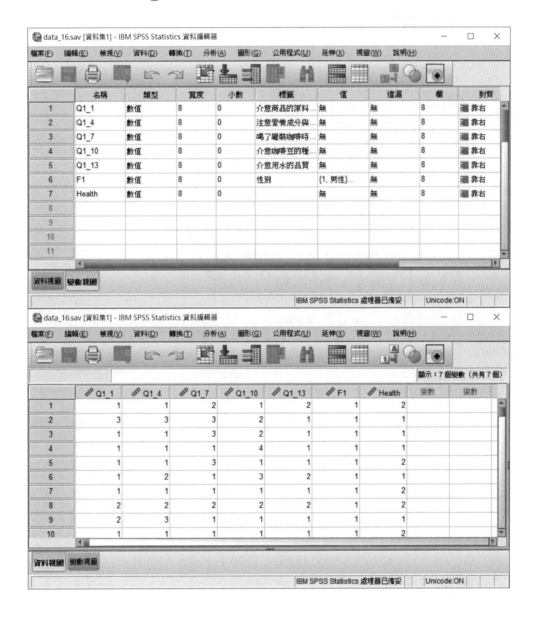

12.2 分析的事前準備

一、資料的讀取與路徑圖的繪製

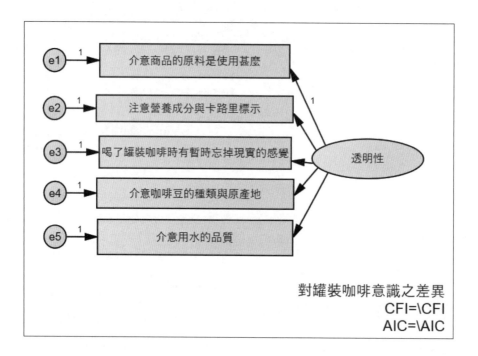

此模式是有關產品資訊的「透明性」（從企業一方來看時則是「公開性」），以5個調查項目的共同原因，定義1個潛在變數「透明性（公開性）」。另外，爲了能在潛在變數的變異數上加上等值限制，確保識別性的「1」並非放在潛在變數的變異數，而是放在聯結「介意商品的原材料使用什麼」的路徑係數上，此外，Title 的字串中取代 GFI 與 AGFI，而使用 CFI 是要注意的。**CFI** 是比較適合度指標。

二、組別的分析

■使用性別標籤讀取男性組的資料

在男性與女性組的雙方，利用所繪製的路徑圖確認能否分析。首先讀取男性

組數據。

步驟 1　從清單點選【File】→【Data files】或從工具列的圖線點選（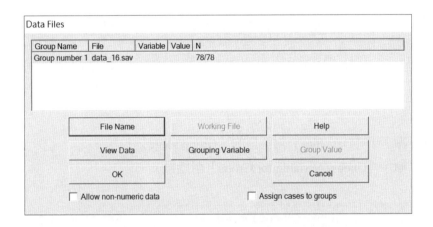）【選擇數據檔】。

步驟 2　顯示【Data files】的對話框，點選【File name】。
從開啓檔案的對話框去選取「data_16.sav」。
N 中出現 78/78，意味總數據數。

步驟 3　按一下【Data files】對話框的【Grouping variable】。
顯示【Choose a Grouping Variable】對話框。

步驟 4　顯示出在數據表中所輸入的變數名，選擇「F1」，按 確定。

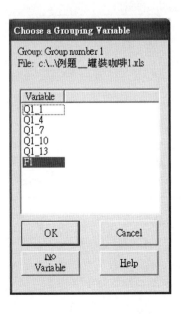

步驟 5 於【Data files】對話框的變數欄中顯示「F1」。

步驟 6 點一下【Data files】對話框的【Group value】。
顯示【Choose Variable for Group】對話框。

步驟 7　顯示出變數中所輸入的數值與其個數（此例，1 = 男性，2 = 女性），選擇「1」

按一下 確定 。

步驟 8　於是在【Data file (D)】對話框的數值欄中顯示「1」（被選擇的數值）與樣本數（男性人數 / 所有觀測值 = 58/78）。

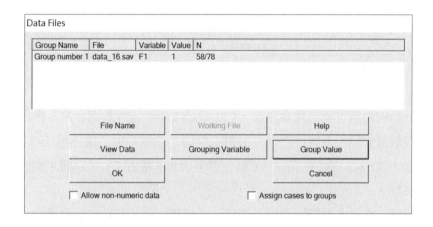

步驟 9　按一下【Data files】對話框的 確定 。關閉對話框。

女性組數據，則將【Group Value】之值改成 2。N 即顯示 20/78。

■執行分析、確認模式與數據的適配

步驟 1　按一下（ ）【Analysis Properties】圖像，於【Output】tab 中勾選【Standardized Estimates】，關閉對話框。

步驟 2　按一下（ ）【Calculate Estimates】圖像。分析如正常結束時，畫面左上的【輸出路徑圖的顯示】紐即變成有效。按一下此紐，即得出結果（標準化估計值）。

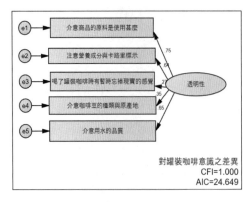
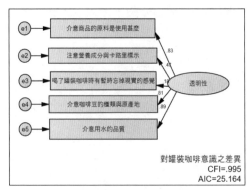

男性組（標準化估計值）　　　　　　　　女性組（標準化估計值）

　　從分析的結果，就男性組來說，CFI 值是 1 顯示良好的適合度，由此可以驗證模式與數據的適配良好（左圖）。對女性組（右圖）也一樣分析（組化變數＝F1，組值＝2，n = 20）的結果，CFI 之值是 0.995 接近 1，可以驗證模式與數據的適配良好。

　　像這樣，進行多群體的同時分析時，所設想的模式在各自的群體中是否可以被識別，模式與數據是否合適，可於事前確認。其次，進行可以同時分析男性組與女性組的設定。

12.3　數個組的設定

一、組別管理

步驟 1　點選清單的【Analyze】→【Manage Groups】，或雙擊【Manage Groups】窗格（panel）。顯示【Manage Groups】的對話框。

步驟 2　將對話框所顯示的【Group number1】變更成「男性」。

步驟 3　按一下 New，即被追加。

步驟 4　將所顯示的【Group number 2】變更成「女性」，按一下【Close】。

步驟 5　設定了數個組，因之【組】之窗格上增加所顯示的組。（顯示出「男性」、「女性」）。

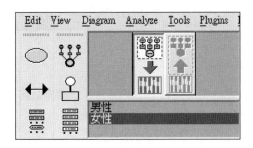

二、男性組的設定

步驟 1　從清單點選【File】→【Data files】或按一下工具列的（ ▦ ）圖像（選擇數據檔）。

　　　　　顯示出組名有「男性」與「女性」的【Data files】對話框。

步驟 2　按一下【男性】列。按一下【Grouping Variable】→在【Choose a Grouping variable】對話框中按一下「F1」，接著按一下【Group Value】。

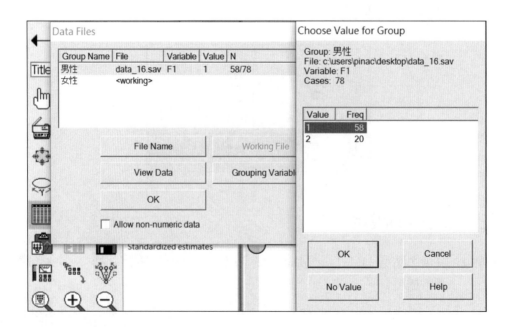

步驟 3　出現【Choose value for Group】對話框，變數中顯示有輸入之數值與其個數（此處，1＝男性，2＝女性），選擇「1」。按一下 確定。

步驟 4　在【Data files】對話框的【N（數值）】欄中顯示「1」（被選擇的數值）
與樣數（男性人數／所有觀測值 = 58/78）。

```
Data Files

Group Name   File          Variable  Value  N
男性         data_16.sav   F1        1      58/78
女性         <working>

        File Name          Working File          Help

        View Data          Grouping Variable      Group Value

             OK                             Cancel

   □ Allow non-numeric data          □ Assign cases to groups
```

三、女性組的設定

步驟 1　按一下「女性」列。

步驟 2　按一下【File name】→點選【data_16.sav】→按一下 開啟 。

步驟 3　按一下【Grouping Variable】→在【Choose a Grouping variable】對話框
中按一下「F1」→再按一下 確定 。

```
Data Files

Group Name   File          Variable  Value  N
男性         data_16.sav   F1        1      58/78
女性         data_16.sav   F1               78/78

        File Name          Working File          Help

        View Data          Grouping Variable      Group Value

             OK                             Cancel

   □ Allow non-numeric data          □ Assign cases to groups
```

步驟 4　按一下【Group Value】→在【Choose Value for Group】對話框中按一下「2」（個數＝20）。

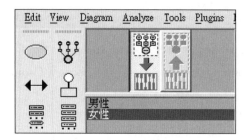

步驟 5　確認【Data files】對話框中顯示有「女性」組。按 確定。

步驟 6　按一下窗格上所顯示的「組名」時，即可切換顯示路徑圖的組。

12.4　限制條件的設定

一、平均結構模式的限制條件

　　平均結構模式除了測量潛在變數的相對大小的 2 個必要限制外，在路徑圖的下記部分加上名稱（標籤）比較數個模式。

設定限制條件的參數 （1因素的多群體模式）	a) 測量模式的比重（路徑係數） b) 構造模式的共變異數（潛在變數的變異數） c) 測量模式的殘差（誤差變數的變異數） d) 潛在變數的平均（必要限制 1） e) 觀測變數的截距（必要限制 2）

■男性組

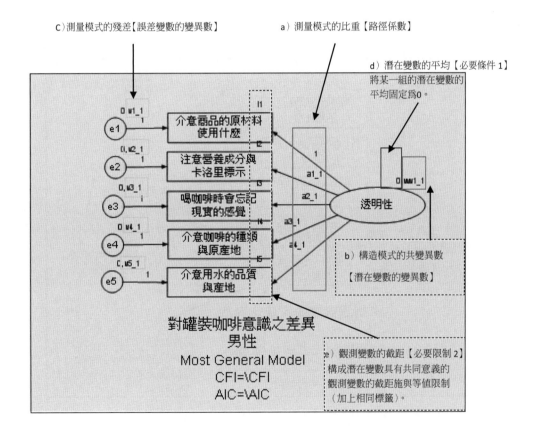

利用在 a～c 的 3 種參數中加上等值限制，製作出包含無限制在內的 5 個模式。另外，d.（潛在變數的平均）與 e.（觀測變數的截距），以平均結構模式的必要限制來說是模式的共同限制。

	無限制	模式 1	模式 2	模式 3	模式 4
a. 測量模式的比重		○	○	○	
b. 構造模式的共變異數			○	○	
c. 測量模式的殘差				○	○

* 表中的○＝在男性組與女性組中是共同的（有等值限制）。

■女性組

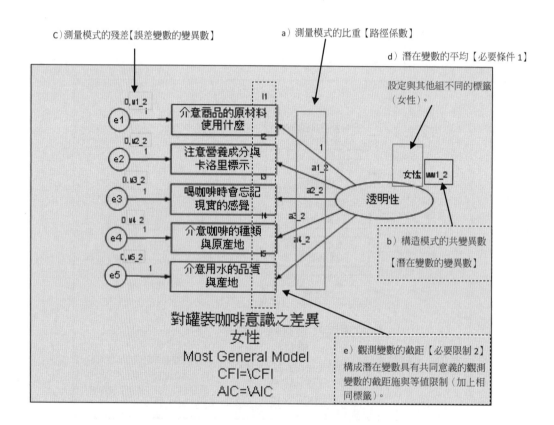

二、數組的分析機能

Amos 中安裝有數組的分析機能，可按所設定的數組自動地製作參數的設定與比較的模式。

> 重點提示： 在執行數組的分析機能前要儲存檔案。
>
> 如執行數組的分析機能時，因為會自動地產生參數的名稱（標籤）與模式，如果之前參數加上名稱時，因名稱的重複，常會發生模式的管理與參數的估計無法順利的情形。在使用數組的分析機能時，最好事前在不加上參數名稱的狀態下進行。
>
> 執行分析機能的前與後的檔案分別另存新檔時，即使發生重做也是很方便（著者是將機能使用前與使用後分別以 2 個檔案儲存）。

步驟 1 點選清單的【Analyze】→【Multiple-Group Analysis】或從工具列點選（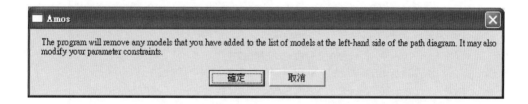）【數組的分析】圖像。

步驟 2 顯示下圖的確認訊息，按一下 OK 。
顯示【數組的分析】的對話框。

步驟 3 【數組的分析】對話框，在勾選盒中將加上限制的參數加以組合，可以設定要製作的模式。

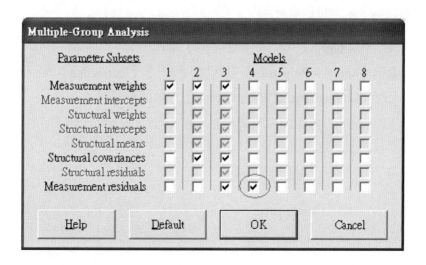

步驟 4　自動設定的模式 1~3 之外，勾選【測量模式的殘差】當作模式 4。

　　　　此勾選是對應上節的表。

步驟 5　按一下 確定。

　　　　路徑圖上設定有參數標籤，5 個模式的限制是自動產生的。

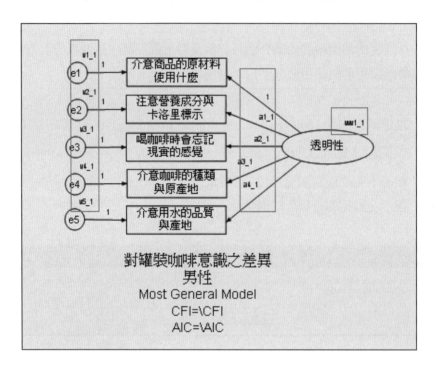

三、平均值與截距的顯示

　　使路徑圖上顯示平均值與截距，以設定必要的限制條件。

步驟 1　按一下（ ⌨ ）【Analysis properties】圖像。

步驟 2　顯示【Analysis Properties】對話框，按一下【Estimation】Tab。

步驟 3　勾選【Estimate means and intercepts】。關閉對話框。

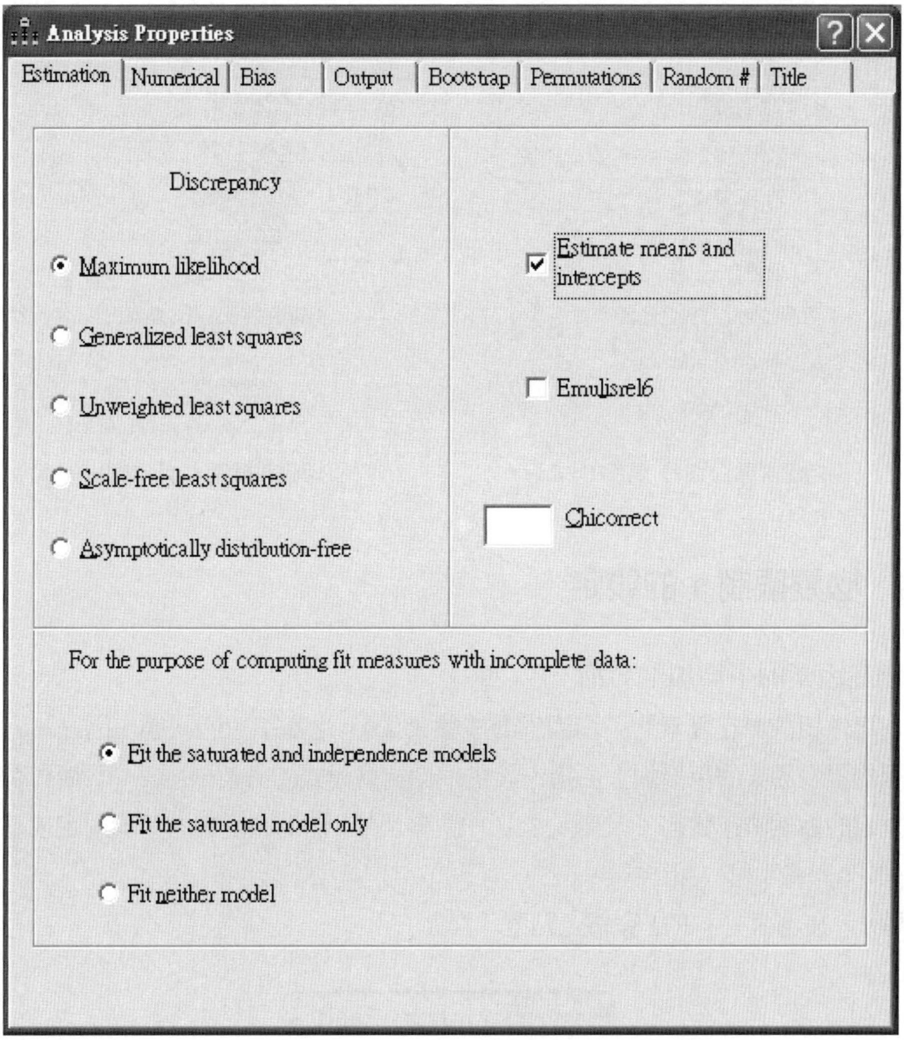

步驟 4 可以確認路徑圖的潛在變數與誤差變數的右肩上顯示「0」（平均值）。

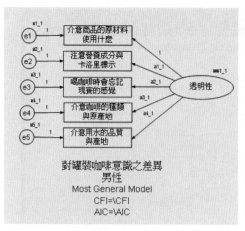
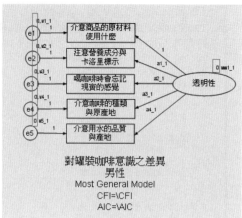

（【平均值與截距 (E)】處於 OFF 時）　　　（【平均值與截距 (E)】處於 ON 時）

四、必要限制 1 的設定

■潛在因素的平均加上名稱

男性組的潛在因素的平均因為形成輸入「0」之基準值的狀態，因之，對女性組的潛在因素的平均加上名稱，設定平均結構模式的必要限制 1：「從具有相同意義的數個潛在變數（因素）之中，將其中的一個潛在變數的平均固定成基準值的「0」或「1」（指標值）」

步驟 1　在畫面左上的組窗格上點選「女性」。

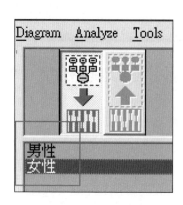

步驟 2　將滑鼠的指針放在潛在變數（橢圓形）上按右鍵。

選擇【Object Properties】。顯示【Object Properties】對話框。

步驟 3　選擇【Parameters】Tab。

確認【All groups】的勾選已去除。

將【Mean】的方框中所顯示的「0」變更成「女性」。

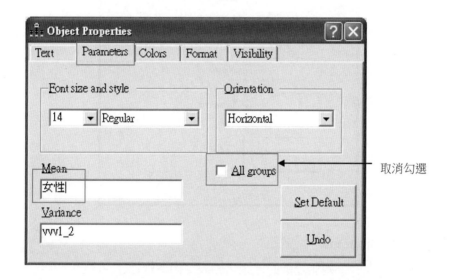

取消勾選

（注）如【所有組】的勾選盒中處於 ON 時，所輸入的參數標籤與設定會反映到所有組中（所有組設定有共同的限制條件時是有用的）。

五、必要限制 2 的設定

■在觀測變數的截距上所有組加上共同的名稱

在男性組與女性組的觀測變數截距上輸入共同的標籤，設定必要條件 2：「具有共同意義（構成潛在因素）的觀測變數的截距上加上等值限制」（Amos 對已加上相同名稱的標籤，意謂參數值相等）。

步驟 1　點選清單的【plugin】→【Name Parameters】。

顯示【Amos Graphics】對話框。

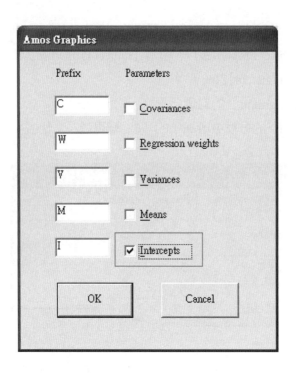

步驟 **2** 　勾選【Intercepts】（截距）。

步驟 **3** 　按一下 OK 。觀測變數的截距自動設定出標籤（I1～I5）。

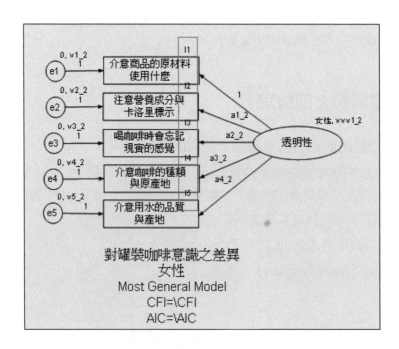

步驟 4　從組窗格，選擇另一個組（此處是「男性」）。

再次執行①～③，2 個組分別輸入共同的截距（I1～I5）。

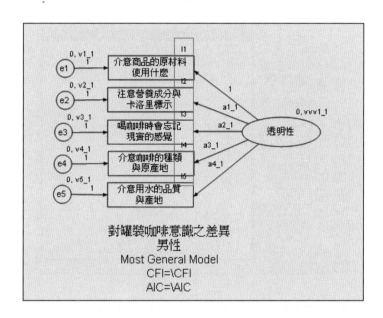

（注）參數標籤的設定，將滑鼠指針放在物件上按一下右鍵，選擇【物件性質】從所顯示的
對話框中的【參數】，直接輸入各自的參數名稱的方法也有（手動是 1 個 1 個地設
定）。

六、設定內容的確認

步驟 1　點選清單的【Analyze】→【Manage Models】，或雙擊【模式】窗格，
顯示出【Manage Models】對話框。

步驟 2 在【Manage Models】對話框中，可以確認各個模式所設定的參數限制的內容。

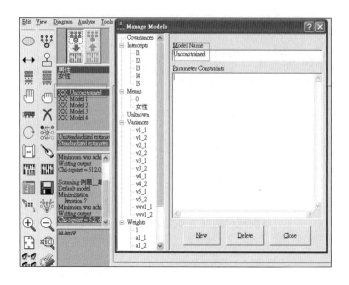

步驟 3 點選模式窗格的模式名稱時，即可切換【Manage Models】對話框上所顯示的模式。

步驟 4 所設定的路徑圖與模式的定義式變成以下。在各自的模式上加上等值限制的 2 組的參數知是等值的。

確認內容，關閉【Manage Models】對話框。

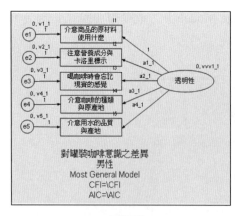

男性組

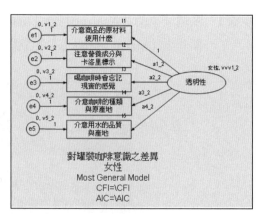

女性組

Model Name	Model Name	Model Name	Model Name	Model Name
Unconstrained	Model 1	Model 2	Model 3	Model 4
Parameter Constraints	Parameter Constraints	Parameter Constraint	Parameter Constra	Parameter Co
	a1_1=a1_2 a2_1=a2_2 a3_1=a3_2 a4_1=a4_2	a1_1=a1_2 a2_1=a2_2 a3_1=a3_2 a4_1=a4_2 vvv1_1=vvv1_2	a1_1=a1_2 a2_1=a2_2 a3_1=a3_2 a4_1=a4_2 vvv1_1=vvv1_2 v1_1=v1_2 v2_1=v2_2 v3_1=v3_2 v4_1=v4_2 v5_1=v5_2	v1_1=v1_2 v2_1=v2_2 v3_1=v3_2 v4_1=v4_2 v5_1=v5_2

無限制＝無等值限制【配置不變】。

模式 1＝將測量模式的比重（a1～a4）＋等值限制（測量不變）。

模式 2＝將模式 1 的限制＋構造模式的共變異數（vvv1）＋等值限制。

模式 3＝將模式 2 的限制＋測量模式的殘差（V1～V5）＋等值限制。

模式 4＝將測量模式的殘差（V1～V5）＋等值限制。

12.5　分析的執行與結果的輸出

一、分析的性質的設定

步驟 1　點選（▦）【Analysis Properties】圖像。

步驟 2　顯示【Analysis Properties】對話框，按一下【Output】Tab。

步驟 3　勾選【Standardized estimates】，關閉對話框。

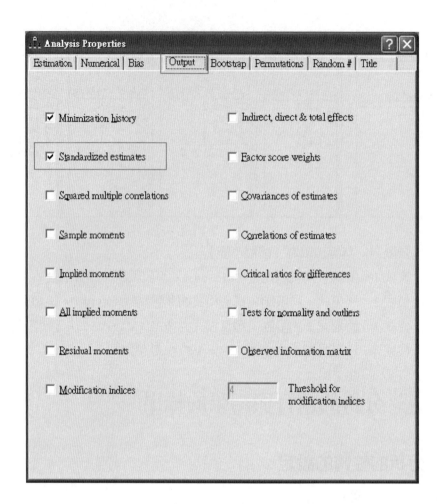

二、分析的執行

步驟 1　按一下（ ）【Calculate estimates】圖像。執行分析。

步驟 2　分析正常結束時，執行計算前「XX: 模式名」變成「OK: 模式名」。

步驟 3　同時窗格最上方右側的【輸出路徑圖的顯示】紐即成為有效狀態。
按一下此紐，路徑圖上即顯示結果。

步驟 4　點選組窗格與模式窗格所顯示的組名或模式名時，即可切換所顯示的結果。

步驟 5　利用平均結構模式所得出的因素的平均差異，會輸出在未標準化估計值中，因此按一下【Unstandardized estimates】。

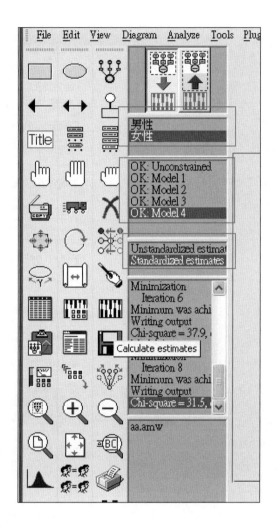

三、路徑圖的輸出

步驟 1 從路徑圖的輸出（Unstandardized estimates）中，在潛在因素的右上，男
性組的平均設為 0 之下，可得出女性組的平均差（值依模式限制而有不
同）。

步驟 2 像觀測變數的截距等，各模式加上等值限制的參數值，知男性與女性組
是相等的。

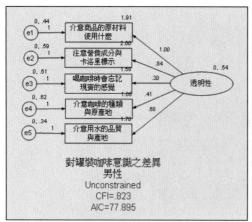

男性：無限制

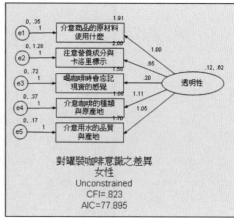

女性：無限制

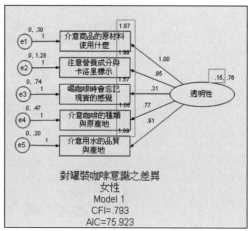

男性：模式 1

女性：模式 1

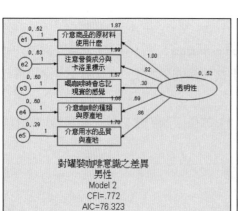

男性：模式 2

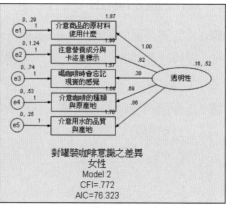

女性：模式 2

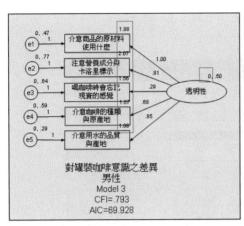

男性：模式 3

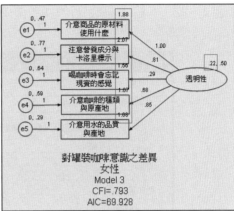

女性：模式 3

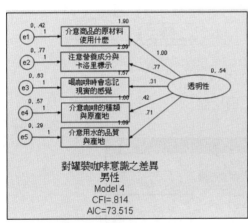

男性：模式 4

女性：模式 4

四、路徑圖的列印

步驟 1　按一下（🖨️）【所選擇的路徑圖的列印】圖像。

　　　　顯示出【列印 (P)】對話框。

步驟 2　按一下想列印的組與模式。

　　　　（如選擇【指定模式（輸入）】時，即輸出執行分析前的路徑圖。）

步驟 3　設定【形式 (F)】。想輸出平均差時，按一下【Formats】方框的「未標
　　　　準化估計值」（想輸出標準化估計值時，選擇「標準化估計值」）。

步驟 4 　按一下 印表機設定 選擇所使用的印表機。按 確定 。

步驟 5 　按一下 列印 (P) ，路徑圖即被列印。

　　　　按一下 關閉(C) ，關閉【列印】對話框。

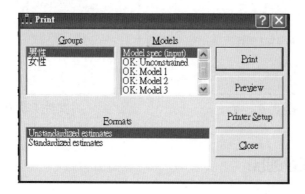

（注）要將路徑圖複製在 WORD 時：

　　　按一下【將路徑圖複製在剪貼簿】圖像（ ⚌ ）時，即將畫面所顯示的路徑圖複製在
剪貼簿中，之後再貼在其他的應用程式中。

五、正文輸出

步驟 1 按一下（ ）【正文輸出顯示】圖像。

步驟 2 顯示【Amos 輸出】對話框，點選導引樹（Navigation Tree）的【估計值】。

步驟 3 按一下組名與模式名，及輸出對應所選擇的組與模式的估計值（路徑係數）。

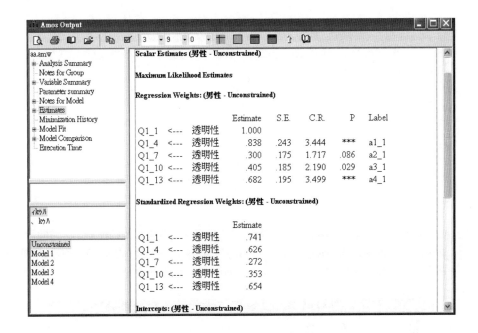

步驟 4 按一下【Model Fit】，顯示出各種適合度指標。進行了數個模式的同時分析時，即以一覽方式顯示所有模式的適合度。

步驟 5 在估計平均值與截距的平均值構造模式中，因為未求出平常的共變異數構造分析中所使用的 GFI 與 AGFI，因之模式整體的適合度，使用 **CFI**（比較適合度指標：與 GFI 與 AGFI 一樣，越接近 1，判斷模式與數據的適配越好）。

步驟 6 因為進行限制條件不同的數個模式的比較，在採用最適模式時 **AIC** 也作為參考。

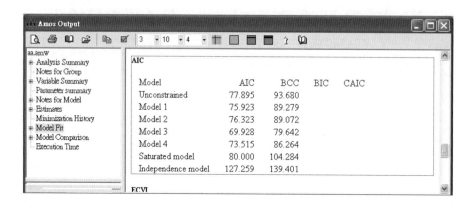

（注）CFI 與 AIC 在 Text Macro（指 \ 之記號）中設定時，在路徑圖上的標題中也會顯示。
從 Amos 的清單雙擊【Help(H)】→ Topic 的【索引】→【鍵入所要尋找的關鍵字】，輸入「Text Macros」，即顯示 Text Macro command 一覽表。

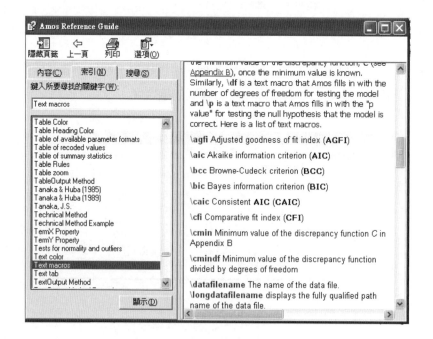

12.6 結果的整理

針對罐裝咖啡全盤男性與女性在意識上的差異，有關透明性（公開性）因素測量的結果，整理成下表。

■平均結構模式的測量結果：5 個模式的比較

模式	等值限制	平均差（男性=0）	適合度指標 CFI	適合度指標 AIC
無限制	無【配量不變】	0.12	0.823	77.859
模式 1	測量模式的比重（路徑係數）【測量不變】	0.15	0.793	75.123
模式 2	模式 1 的限制＋構造模式的共變異數（潛在變數的變異數）	0.16	0.717	76.323
模式 3	模式 2 的限制＋測量模式的殘差（誤差變數的變異數）	0.22	0.793	69.928
模式 4	測量模式的殘差（誤差變數的變異數）	0.17	0.814	73.515

（注）1. 以男性組的因素平均當作 0，求出女性組的平均差。

　　　2. **CFI**（比較適合度指標）：越接近 1 判斷模式與數據的適配越佳。

　　　3. **AIC**（赤池資訊量基準）：相對性地評估數個模式間好壞之指標，採用值小的模式。

■平均結構模式的測量結果：模式 4 的標準化路徑係數

與透明性（公開性）的關係	模式 4 男性	模式 4 女性
介意商品的原材料使用什麼	0.75	0.76
注意營養成分與卡路里標示	0.54	0.55
喝罐裝咖啡時有暫時忘記現實的感覺	0.28	0.19
介意咖啡豆的種類與原產地	0.34	0.74
介意用水的品質與產地	0.70	0.82

（注）模式 4 的限制條件：測量模式的殘差（誤差變數的變異數）男性與女性是共同的。

1. 就參數加上等值限制的 5 個不同模式進行比較之結果，AIC 之值最小的雖然是「模式 3」，但因為是測量模式的比重也加上等值限制的模式，因之男女間的

路徑係數之差異是不被考慮的。考慮到男女間之路徑係數差異的有用性，採用了 CFI 值大，AIC 第 2 小的「模式 4」。另外，此次作為比較對象的所有模式，估計良好且也未發生不適解。

2. 以男性作為 0 的透明性因素的平均差，女性是 0.17，女性比男性對罐裝咖啡的透明性（公開性）意識度較高。

3. 由「模式 4」的標準化路徑係數來看，在「介意商品的原材料使用什麼」的關係上，男女均強。在「介意咖啡豆的種類與原產地」的關係上，女性（0.74）更勝於男性（0.38），並用在「介意用水的品質與產地」的關係上，女性（0.82）也略為比男性（0.70）強，知女性對罐裝咖啡的原材料像咖啡豆與用水的資訊有較強的關心。

4. 以上的結果，女性比男性對罐裝咖啡全盤來說，在資訊透明性（公開性）上的意識較高，標示有咖啡豆的種類、原產地、用水的品質與產地等有關的素材資訊，暗示可提高淨價。

5. 另外，CFI 略低一事，在組別的分析上從兩組的適合度均高（男性 = 1.00，女性 = 0.995），以及路徑係數並未加上等值限制的模式（無限制，模式 4），可以看出路徑係數之差異大的項目，可以推估男性組與女性組的性質差異是有所影響的。

12.7 平均結構模式的特徵

本章所探討的平均結構模式，將 1 個潛在因素的相對大小，以 2 個組進行比較並求出分數。將平均結構模式與利用因素分析所得出的因素分數相比較時，有下列特徵。

1.	分析者能假定構成因素（潛在變數）的項目【確認式因素分析也能】。
2.	可以預測各組比重（路徑係數，因素負荷量）不同的因素（潛在變數）的大小。
3.	可以測量受到其他因素（或觀測變數）之影響的因素（內生潛在變數）的大小。 （注）平均結構模式用於路徑圖的構造不同時的限制條件的一例，與計測內生潛在變數的平均差的方法，參第 16 章第 4 節。

練習問題

1. 針對事例中所探討的模式，參考測量男性組與女性組之差異的步驟，在【留意健康】組與【未留意健康】組中，試測量透明性（公開性）因素之差異。

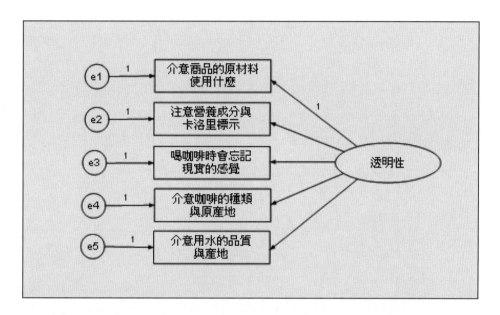

（注）【數據：data_16.sav】其中備有 health 的變數。

第13章　潛在曲線模式

本章是學習以 AMOS 探討潛在曲線模式。潛在曲線是能應用在縱斷型數據（對同一對象進行重複調查所得到的數據）之分析手法，因近年來的發展研究而受到矚目。

此模式是利用估計「截距」與「斜率」來說明縱斷數據的平均值的增加或減少。並且，對於利用其他的分數預測截距與斜率也練習看看。

13.1　分析的背景

以相同對象進行數次的測量所得到的數據，稱為**縱斷型數據**（**time series data**），縱斷型數據也稱為時間序列數據，乃以時間為軸累積歷史數據。其具有「時期」×「變數」×「受試者」的形式，與 1 次測量的數據具有不同的特徵。本章探討的**成長曲線模式**（**Growth Curve Modeling, GCM**），是分析此縱斷型數據所含變數的變化情形之模式（也稱為**潛在曲線模式**）。

本章是學習以 AMOS 探討潛在曲線模式。

潛在曲線是能應用在縱斷型數據（對同一對象進行重複調查所得到的數據）之分析手法，因近年來的發展研究而受到矚目。

此模式是利用估計「截距」與「斜率」來說明縱斷數據的平均值的增加或減少。並且，對於利用其他的分數預測截距與斜率也練習看看。

為了理解潛在曲線模式的內容，也說明重複量數的變異數分析與相關關係的分析結果。不妨一面比較這些，一面去理解吧。

- 單因子變異數分析（重複量數）。
- 相互相關。
- 潛在曲線模式：截距與斜率之估計，影響截距與斜率之模式。

一、研究的目的

某小學開發出乘法的有效學習教材，使用該教材進行教育演練。此學習教材是採用練習形式，教師測量兒童解答完教材的時間。此教育演練採行每月練習，

是一非常有效的演練而受到其他學校的好評。

　　可是，對於使用此學習教材的教育演練來說，可以確認有何種程度的效果呢？至目前為止，並未有過明確的測量。並且，有教師報告說利用此教育演練對乘算學習有明顯出現效果的兒童以及並不明顯出現效果的兒童。因此本研究注意到智商指數（IQ）當作兒童個人差異的一個要因。

　　本研究的目的是想檢討此小學所演練的學習效果，從智商指數來看是受到何種的影響。

二、調查的方法

1. 調查對象

　　從小學生 2 年級蒐集 100 名數據，數據檔參 data_13-IQ.sav。

2. 調查內容

(1) 首先，兒童在進行教育演練前，以智能檢查測量偏差智商指數（IQ）。

(2) 之後，兒童在 4 週之間採用此乘法的學習教材。

(3) 每週星期五測量解答教材之時間，再換算成每分鐘的解答數。

(4) 針對每一兒童將偏差智商指數（IQ）與 4 週之間每分鐘的平均解答數當作分析對象。

三、分析的摘要

1. 4 週之間每分鐘的平均解答數的分析

　　(1) 探討 4 週之間是否可以看出數據的變化。

　　(2) 進行反覆測量的變異數分析，檢討平均值之差。

2. 檢討智商指數與 4 次的數據之相關

3. 利用潛在曲線模式分析

　　利用 AMOS 估計 4 週數據的平均值與截距。

4. 利用潛在曲線模式探討智商指數之影響

　　針對平均值與截距，估計智商指數影響的程度。

13.2　數據的確認與項目的分析

一、數據的內容

數據的內容如下：

ID（號碼），IQ（智商指數），W1～W4（4 週之間每分鐘的平均解答數）

ID	IQ	W1	W2	W3	W4
1	111	64.08	64.08	62.94	117.66
2	58	46.38	53.76	56.58	49.44
3	98	33.36	48.24	43.08	48.9
4	66	26.88	31.02	34.62	44.88
5	108	27.24	43.8	57.3	76.62
6	80	45.54	48.9	44.46	51.9
7	101	68.46	69.78	78.6	95.76
8	106	26.46	37.5	45	64.26
9	105	38.82	39.72	50.7	62.28
10	96	30	32.4	42.48	53.1
11	100	53.1	62.28	71.7	84.48
12	123	26.1	43.56	87.78	88.26
13	101	56.28	58.08	75	105.9
14	86	41.88	47.34	62.04	75
15	91	41.28	48.12	52.2	65.46
16	128	72.3	72	65.94	102.84
17	105	43.5	54.24	61.44	65.94
18	120	37.2	55.74	48.9	71.4
19	71	34.74	62.7	60.84	61.62
20	108	21.3	28.56	58.44	66.9
21	100	35.28	42.84	52.92	62.04
22	91	27.72	38.94	46.38	45.66
23	115	66.18	78.6	84.9	106.5
24	90	29.88	49.44	60.6	66.42
25	111	62.94	65.7	59.4	95.76
26	105	45	54.06	69.78	82.56
27	111	48.54	87.36	88.26	105.9
28	131	52.5	52.32	63.84	97.32
29	90	38.16	45.66	57.12	53.88
30	120	56.94	54.36	87.36	76.92
31	90	30.42	31.32	36.12	51.72
32	116	26.1	50.82	67.14	95.22
33	91	52.92	71.7	103.44	84.12
34	103	24.36	35.16	39.12	56.58
35	105	42.06	57.48	62.04	65.94
36	75	73.2	63.84	69.78	62.28
37	123	57.12	69.24	85.74	100.02
38	115	40.98	49.32	56.58	80.34
39	100	29.88	48.66	54.24	64.74
40	105	25.74	39.84	52.8	64.08
41	103	38.64	53.58	61.02	75
42	76	25.8	28.98	35.76	46.26

ID	IQ	W1	W2	W3	W4
43	96	47.1	41.58	43.8	55.56
44	78	37.68	41.94	59.22	75.96
45	120	63.6	71.7	86.52	102.84
46	101	78.24	43.14	73.2	74.4
47	123	40.02	85.74	78.24	94.74
48	98	63.18	67.68	52.2	56.58
49	133	55.38	74.4	74.7	121.62
50	71	37.98	60.42	60.42	55.92
51	118	34.38	35.46	59.04	85.32
52	111	44.34	56.4	63.6	90
53	80	22.38	25.62	35.76	63.84
54	98	84.48	83.34	73.2	68.94
55	98	59.82	54.54	74.7	77.94
56	108	43.56	43.38	49.74	63.36
57	68	26.1	31.32	36.12	47.22
58	60	36.78	32.34	43.5	51.3
59	78	25.8	32.34	36.6	55.92
60	110	32.76	62.04	47.52	64.74
61	118	78.6	88.26	92.76	128.58
62	126	56.94	68.46	66.42	125.88
63	73	50.16	58.62	81.06	68.16
64	126	66.42	90	117.66	115.38
65	96	47.52	51.9	52.5	64.98
66	103	65.46	76.92	90.48	67.14
67	128	43.92	66.66	72	90
68	128	57.72	67.14	62.7	105.24
69	106	28.38	32.82	50.7	59.22
70	100	60	66.66	78.24	94.74
71	90	35.88	44.64	58.8	62.28
72	128	65.7	73.44	64.26	91.86
73	93	46.14	62.94	59.04	63.36
74	88	40.74	61.2	68.94	65.94
75	108	52.92	62.52	76.26	93.78
76	91	38.22	73.2	64.74	63.6
77	101	51	71.4	72.9	72.3
78	105	54.72	65.94	69.78	75.66
79	76	37.02	44.88	46.98	51.3
80	111	67.44	72.3	71.4	86.1
81	96	29.64	41.28	57.3	67.14
82	95	38.52	47.88	62.7	60.18
83	106	53.1	75	79.98	105.24
84	103	63.84	52.5	79.62	61.44
85	148	101.7	96.24	128.58	144

二、單因子的變異數分析（重複量數）

首先，想掌握平均回答數在 4 週之間是形成如何的變化。

每個人進行 4 次的重複，因之，試著進行**重複量數的變異數分析**。

■分析的指定

步驟 1 選擇【分析 (A)】⇒【一般線性模型 (G)】⇒【重複測量 (R)】。

出現【重複測量值定義因子】視窗。

(1)【受試者內的因子名稱 (W)】當作週。

(2)【層次數 (L)】當作 4，按 新增 (A) 。

步驟 2　按一下【定義 (F)】。

【受試者內的變數 (W)】中指定 W1 到 W4。

步驟 3　按一下【EM 平均值】。

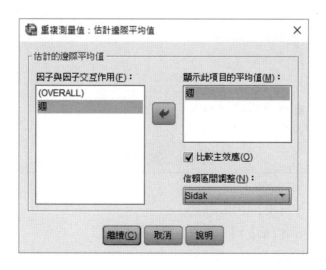

(1) 於【顯示此項目的平均值 (M)】中指定週。

(2) 勾選【比較主效應 (O)】。

(3) 在【信賴區間調整 (N)】中選擇 sidak 法。按【繼續】。

(4) 勾選【選項 (O)】的【敘述性統計量 (K)】。按【繼續】。

步驟 4　按一下【圖形 (T)】。

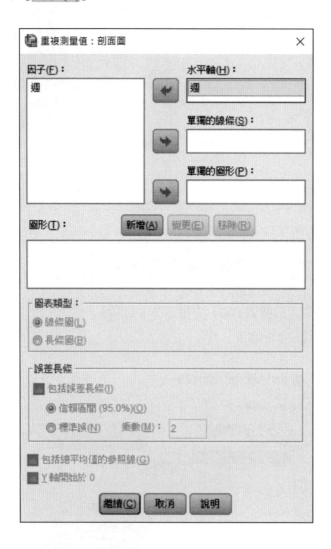

(1)【水平軸 (H)】中指定週。

(2) 按【新增 (A)】再【繼續】。

步驟 6　按一下【確定】。

■輸出結果的看法

1. 輸出有敘述統計。

(1) 歷經 4 週，得知每分鐘的平均解答數有在上升。

敘述統計

	平均值	標準差	N
w1	46.6638	15.45701	100
w2	55.7766	16.16171	100
w3	63.6048	17.28265	100
w4	76.0338	21.23478	100

(2) 輸出有 Mauchly 的球面性檢定。

Mauchly 的球形檢定[a]

測量: MEASURE_1

受試者內效應	Mauchly's W	近似卡方檢定	自由度	顯著性	Epsilon[b] Greenhouse-Geisser	Huynh-Feldt	下限
週	.772	25.340	5	.000	.848	.873	.333

檢定標準正交化變換依變數的誤差共變數矩陣與恆等式矩陣成比例的虛無假設。

　a. 設計：截距
　　受試者內設計：週

　b. 可以用來調整顯著性平均檢定的自由度。更正的檢定顯示在「受試者內效應項檢定」表格中。

(3) W 之值是 0.772，在 0.1% 水準下是顯著的，因之否定球面性的假定。

2. 因為球面性的假定被否定，因之參照 Greenhouse-Geisser 或 Huynh-Feldt 的檢定結果。

(1) 由於兩者的 F 值或顯著機率均未改變，因之即使記述一般的變異數分析結果也不會有問題吧。此處僅止於參考程度。

(2) 球面性的假定：$F_{(3,297)} = 151.25$, $p < 0.01$

(3) Greenhouse-Geisser：$F_{(2.55, 251.95)} = 151.25$, $p < 0.01$

(4) Huynh-Feldt：$F_{(2.62, 259.16)}$, $p < 0.01$

受試者內效應項檢定

測量: MEASURE_1

來源		類型 III 平方和	自由度	均方	F	顯著性
週	假設的球形	46468.810	3	15489.603	151.246	.000
	Greenhouse-Geisser	46468.810	2.545	18259.393	151.246	.000
	Huynh-Feldt	46468.810	2.618	17751.617	151.246	.000
	下限	46468.810	1.000	46468.810	151.246	.000
Error(週)	假設的球形	30416.704	297	102.413		
	Greenhouse-Geisser	30416.704	251.948	120.726		
	Huynh-Feldt	30416.704	259.155	117.369		
	下限	30416.704	99.000	307.239		

3. 輸出有平均值之差的檢定（sidak 法）。

成對比較

測量: MEASURE_1

(I) 週	(J) 週	平均值差異 (I-J)	標準誤	顯著性[b]	差異的 95% 信賴區間[b] 下限	上限
1	2	-9.113*	1.149	.000	-12.198	-6.027
	3	-16.941*	1.386	.000	-20.663	-13.219
	4	-29.370*	1.729	.000	-34.012	-24.728
2	1	9.113*	1.149	.000	6.027	12.198
	3	-7.828*	1.204	.000	-11.059	-4.597
	4	-20.257*	1.565	.000	-24.460	-16.055
3	1	16.941*	1.386	.000	13.219	20.663
	2	7.828*	1.204	.000	4.597	11.059
	4	-12.429*	1.469	.000	-16.374	-8.484
4	1	29.370*	1.729	.000	24.728	34.012
	2	20.257*	1.565	.000	16.055	24.460
	3	12.429*	1.469	.000	8.484	16.374

根據估計的邊際平均值

*. 平均值差異在 .05 水準顯著。

b. 調整多重比較：Sidak。

任一週的平均值之間，在 5% 水準下也都可以看出顯著的差異。

4. 因在【圖形 (T)】中已有設定，所以顯示有平均值的圖形。

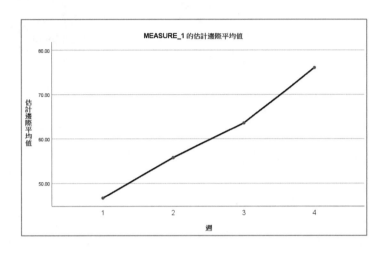

第 1 週到第 4 週，得知平均值在上升。

13.3 相互相關

一、相互相關

其次，檢討 IQ 與 4 週的平均值解答數之相關。

■分析的指定

步驟 1　選擇【分析 (A)】→【相關 (C)】→【雙變數 (B)】。

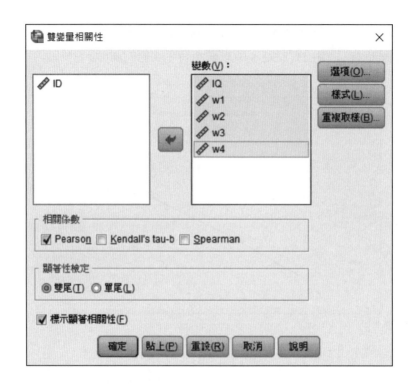

步驟 2　【變數 (V)】中指定 IQ，W1～W4。

步驟 3　按一下 選項 (O)。

　　　　勾選【平均值與標準差 (M)】，按 繼續。

步驟 4　按一下 確定。

■輸出結果的看法

步驟 1　輸出有記述統計量。

　　　　IQ 的平均值是 101.29，SD 是 17.47。

	平均值	標準差	N
IQ	101.2900	17.46818	100
W1	46.6638	15.45701	100
W2	55.7766	16.16171	100
W3	63.6048	17.28265	100
W4	76.0338	21.23478	100

步驟 2　輸出有相關係數。

(1) 4 週間每分鐘的解答數全部呈現相互顯著的正相關。

(2) IQ 與 4 週所有的解答數呈現顯著的正的相關。

相關性

		IQ	w1	w2	w3	w4
IQ	皮爾森 (Pearson) 相關性	1	.391**	.443**	.512**	.736**
	顯著性（雙尾）		.000	.000	.000	.000
	N	100	100	100	100	100
w1	皮爾森 (Pearson) 相關性	.391**	1	.737**	.647**	.595**
	顯著性（雙尾）	.000		.000	.000	.000
	N	100	100	100	100	100
w2	皮爾森 (Pearson) 相關性	.443**	.737**	1	.743**	.680**
	顯著性（雙尾）	.000	.000		.000	.000
	N	100	100	100	100	100
w3	皮爾森 (Pearson) 相關性	.512**	.647**	.743**	1	.727**
	顯著性（雙尾）	.000	.000	.000		.000
	N	100	100	100	100	100
w4	皮爾森 (Pearson) 相關性	.736**	.595**	.680**	.727**	1
	顯著性（雙尾）	.000	.000	.000	.000	
	N	100	100	100	100	100

**. 相關性在 0.01 層級上顯著（雙尾）。

13.4　利用潛在曲線模式來檢討

一、以潛在曲線模式檢討截距與斜率

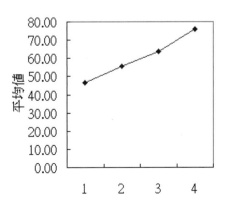

　　如右側的圖形所表示的那樣，每分鐘的解答數每週分別是 46.66，55.78，63.70，76.03，逐週地成直線型增加的傾向。

　　而且，4 週的標準差從 15.46 到 21.23 有增加的傾向。亦即，個人差隨著每週變

大。

此處，將第 1 週時點的解答數當作截距，第 1 週到第 4 週的解答數的成長率當作斜率來看。

或許 IQ 高的兒童在第 1 週時點的解答數也許有較多（截距）的傾向。並且，IQ 高的兒童其解答數的成長率逐週地增大（斜率大）也是說不一定的。

以 IQ 預測此個人差即爲本研究的最終目的。

可是，在此之前，對於在解答數的變化上適配直線型模式之潛在曲線模式，試以 AMOS 執行看看。

■分析的指定

步驟 1 選擇【分析 (A)】→【Amos】。

為了簡單描畫潛在曲線模式的路徑圖，在 Amos 的工具列中，

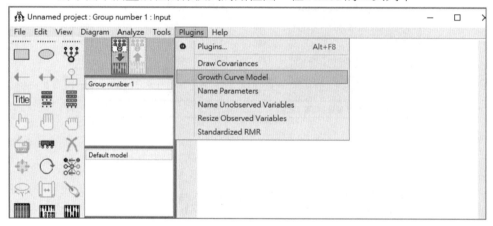

選擇【Plugins】→【Growth Curve Model】。

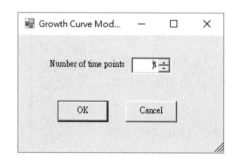

步驟 2　顯示出視窗，因之將【Number of time point】當作 4，按 確定 。

意指 4 時點的縱斷數據。

步驟 3　路徑圖會自動畫出。

(1) ICEPT 意指「截距」，SLOPE 意指「斜率」。

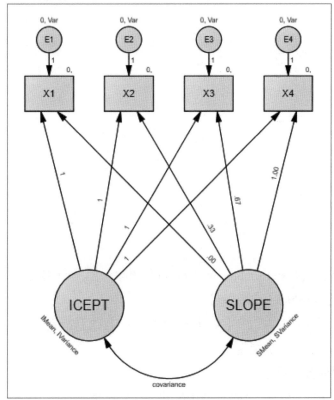

(2) X1～X4 是觀測變數，E1～E4 是誤差變數。

■佈置的調整

步驟 1　因形成縱長的圖形，故各自調整成容易看的佈置。

(1) 以【Select one object at a time】圖像（ 🖐 ），選擇 ICEPT 與 SLOPE。

(2) 點選【Move objects】圖像（ 🚚 ），移動到適當的場所。

■觀測變數的指定與路徑係數之固定

步驟 1　指定觀測變數

(1)點選【Select ata file(s)】 ▦ 圖像從【File Name】讀取數據檔 data-IQ。

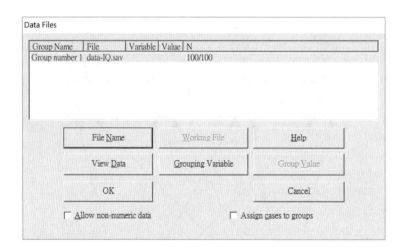

(2)點選【List variables in data set】圖像（▤），或者選擇【View】→【Variables in data set】。

(3)以拖移的方式於【X1】指定 W1，【X2】指定 W2，【X3】指定 W3，【X4】指定 W4。

步驟 2　路徑係數的固定

(1)從截距 ICEPT 到觀測變數的路徑係數全部固定成 1。

在表示路徑的箭線上按兩下，在【Parameters】Tab 的【Regression weight】欄中，輸入 1。

(2)從斜率 SLOPE 到觀測變數的路徑係數如以下固定。

- 從 SLOPE 到 W1……0
- 從 SLOPE 到 W2……1
- 從 SLOPE 到 W3……2
- 從 SLOPE 到 W4……3

(3) 當係數不易看時，可以點選【Moving parameter value】圖像（⬭）再讓路徑係數移動。

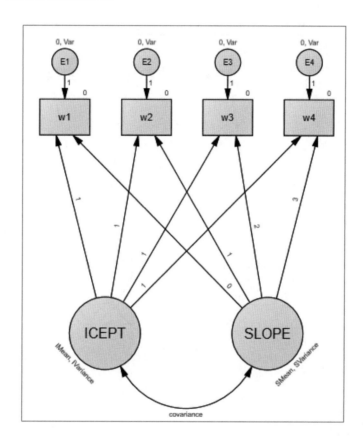

步驟 3　平均值、截距、因子平均的指定

(1) 點選【Analyze properties】圖像（🎛）。

點選【Estimatation】Tab。

勾選【Estimate means and intercepts】。

(2) 顯示出誤差變數的參數。

(3) 在誤差變數上按兩下，在【Parameters】Tab 中，將 E1 的變異數 var 改成 var1，將 E2 的變異數 var 改成 var2，將 E3 的變異數 var 改成 var3，將 E4 的變異數 var 改成 var4。

在目前的指定下，路徑圖成為下圖。

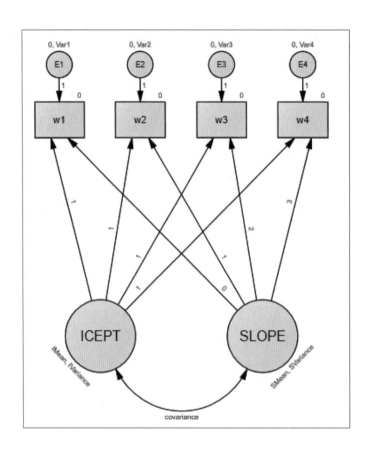

■ 分析的執行

步驟 1 分析的設定

　　　　(1) 點選【Analyze properties】圖像（ ▦ ）。

　　　　(2) 在【Output】Tab 勾選【Standardized estimates】。

步驟 2 分析的執行

　　　　點選【Calculate estimates】圖像（ ▦ ）。

■ 輸出結果的看法

1. 在未標準化的估計值方面，顯示出有截距（ICEPT）與斜率（SLOPE）的估計值。

　(1) ICEPT 是 46.33，SLOPE 是 9.35。

　(2) ICEPT 與 SLOPE 的共變異數是 3.39，相關係數是 0.07。

未標準化估計值

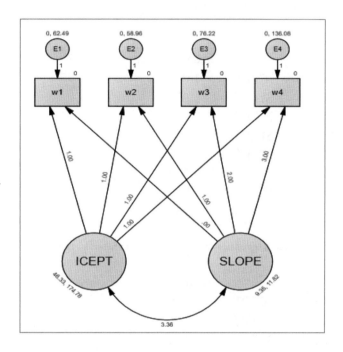

標準化估計值

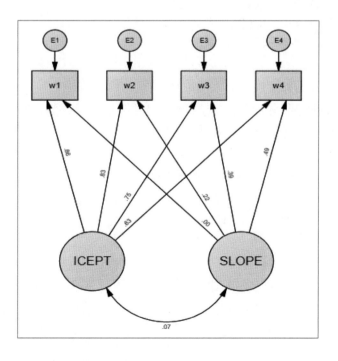

2. 觀察正文輸出的【參數估計值】。

從 ICEPT 與 SCOPE 到觀測變數的路徑係數如下。

			Estimate	S.E.	C.R.	P	Label
w1	<---	ICEPT	1.000				
w1	<---	SLOPE	.000				
w2	<---	ICEPT	1.000				
w2	<---	SLOPE	1.000				
w3	<---	ICEPT	1.000				
w3	<---	SLOPE	2.000				
w4	<---	ICEPT	1.000				
w4	<---	SLOPE	3.000				

Standardized Regression Weights: (Group number 1 - Default model)

			Estimate
w1	<---	ICEPT	.858
w1	<---	SLOPE	.000
w2	<---	ICEPT	.832
w2	<---	SLOPE	.216
w3	<---	ICEPT	.749
w3	<---	SLOPE	.389
w4	<---	ICEPT	.632
w4	<---	SLOPE	.493

(1) 在未標準化的估計值方面,顯示分析時所固定之值。

(2) 標準化係數是將截距與斜率予以標準化之後的路徑係數之值。

3. 輸出有 ICEPT 與 SLOPE 的平均值之估計值。

Means: (Group number 1 - Default model)

	Estimate	S.E.	C.R.	P	Label
ICEPT	46.334	1.491	31.070	***	IMean
SLOPE	9.353	.548	17.075	***	SMean

ICEPT 的估計值為 46.334,SLOPE 的估計值為 9.353,在 1% 水準下均為顯著。

STEP UP 利用 ICEPT 與 SLOPE 的估計值計算解答數

1. 從以上的結果，某個人的每分鐘的解答數可如下求出。

(1) 第 1 週的解答數 = 46.334 + 0×9.353 + 誤差→ 46.334 + 誤差

(2) 第 2 週的解答數 = 46.334 + 1×9.353 + 誤差→ 55.687 + 誤差

(3) 第 3 週的解答數 = 46.334 + 2×9.353 + 誤差→ 66.040 + 誤差

(4) 第 4 週的解答數 = 46.334 + 3×9.353 + 誤差→ 74.393 + 誤差

2. 試與先前的結果所表示的平均值（下表）相對照看看。

3. 知平均值與除去誤差後之值幾乎相等。

	每分的解答數		
	平均值	SD	F值
第1週	46.66	15.46	
第2週	55.78	16.16	151.23
第3週	63.6	17.28	p<0.01
第4週	76.03	21.23	

4. ICEPT 與 SLOPE 之間的共變異數並不顯著。

Covariances: (Group number 1 - Default model)

	Estimate	S.E.	C.R.	P	Label
ICEPT <--> SLOPE	3.364	9.675	.348	.728	covariance

相關係數是 0.074，幾乎無相關。

Correlations: (Group number 1 - Default model)

	Estimate
ICEPT <--> SLOPE	.074

5. 觀察正文輸出的【模式適合度】

(1) χ^2 值是 6.029，自由度 5，p 值是 0.303 不顯著。

(2) CFI 是 0.996，RMSEA 是 0.046，顯示足夠之值。

CMIN

Model	NPAR	CMIN	DF	P	CMIN/DF
Default model	9	6.029	5	.303	1.206
Saturated model	14	.000	0		
Independence model	8	247.063	6	.000	41.177

RMSEA

Model	RMSEA	LO 90	HI 90	PCLOSE
Default model	.046	.000	.153	.440
Independence model	.637	.570	.706	.000

Baseline Comparisons

Model	NFI Delta1	RFI rho1	IFI Delta2	TLI rho2	CFI
Default model	.976	.971	.996	.995	.996
Saturated model	1.000		1.000		1.000
Independence model	.000	.000	.000	.000	.000

13.5 預測截距與斜率

此處的分析是利用 IQ 預測截距與斜率的模式。

■分析的指定

步驟 1 利用先前分析所使用的路徑圖。

(1) 清除 ICEPT 與 SLOPE 的共變異數。

(2) 點選【Erase objects】圖像（ X ）。

步驟 2 在 ICEPT 與 SLOPE 上追加誤差變數。

(1) 點選【Add a unique variable to a latent variable】圖像（ 🕹 ）。

(2)在 ICEPT 與 SLOPE 之上按一下，追加誤差變數。試按幾下調整至
適當的位置。變數的位置以【Move objects】圖像（ ）調整。變
數的大小，可點選【Change the shape of objects】圖像（ ），在
變數的上面一面拖曳一面調整。

(3)所新增的變數之名稱，當作 D1、D2。

步驟 3　在誤差變數之間設定共變異數。

點選【Draw covariance（double headed arrows）】圖像（ ），在 D1
與 D2 之間設定雙向箭線。

步驟 4　追加觀測變數（IQ）。

(1)點選【raw observed variables】圖像（ ），在 ICEPT 與 SLOPE 之
間的正下方畫出觀測變數。

(2)從所畫出的觀測變數利用【Draw paths（single headed arrow）】圖像
（ ），對 ICEPT 與 SLOPE 畫出箭線。

(3)點選【List variables in data set】圖像（ ），對新畫出的觀測變數
指定 IQ。

步驟 5　如進行至目前為止的作業時，應可成為下方的圖形。

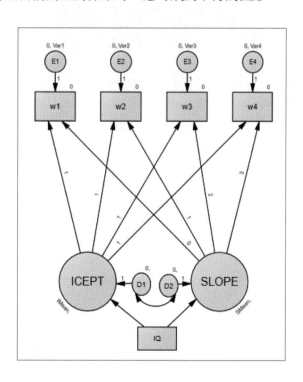

步驟 6 【Analyze properties】的設定與先前相同。

步驟 7 如點選【Calculate estimates】圖像（ 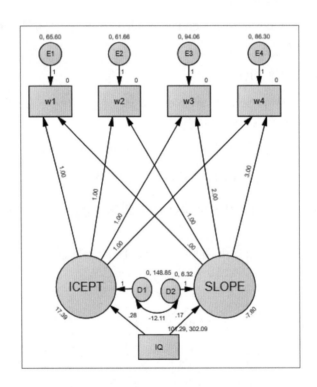 ）時，即執行分析。

■輸出結果的看法

1. 未標準化的估計值與標準化的估計值成為如下。

未標準化估計值

標準化估計值

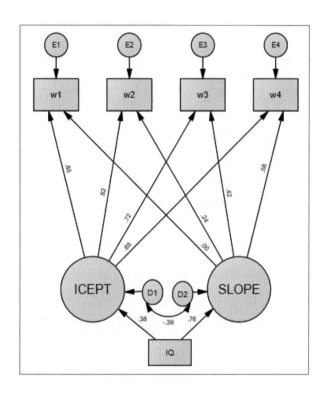

2. 試觀察正文輸出。

觀察【參數估計值】。

Regression Weights: (Group number 1 - Default model)

			Estimate	S.E.	C.R.	P	Label
ICEPT	<---	IQ	.285	.081	3.526	***	par_7
SLOPE	<---	IQ	.172	.027	6.395	***	par_8
w1	<---	ICEPT	1.000				
w1	<---	SLOPE	.000				
w2	<---	ICEPT	1.000				
w2	<---	SLOPE	1.000				
w3	<---	ICEPT	1.000				
w3	<---	SLOPE	2.000				
w4	<---	ICEPT	1.000				
w4	<---	SLOPE	3.000				

Standardized Regression Weights: (Group number 1 - Default model)

			Estimate
ICEPT	<---	IQ	.376
SLOPE	<---	IQ	.765
w1	<---	ICEPT	.852
w1	<---	SLOPE	.000
w2	<---	ICEPT	.824
w2	<---	SLOPE	.244
w3	<---	ICEPT	.715
w3	<---	SLOPE	.424
w4	<---	ICEPT	.648
w4	<---	SLOPE	.576

從 IQ 到 ICEPT 的路徑，從 IQ 到 SLOPE 的正向路徑均為顯著。

(1) 從 IQ 到 ICEPT 的估計值為 0.285，意指 IQ 每上升 1 時，每分鐘的解答數即上升 0.285。

(2) 從 IQ 到 SLOPE 的估計值為 0.172，意指 IQ 每上升 1 時，4 週間之變化的斜率即上升 0.172。

3. 觀察【模式適合度】

(1) χ^2 值是 18.866，自由度 7，在 1% 水準下是顯著的。

(2) CFI = 0.962，滿足 0.90 以上的基準。

(3) RMSEA = 0.131，因超過 0.1 以上，配適並不佳。

CMIN

Model	NPAR	CMIN	DF	P	CMIN/DF
Default model	13	18.915	7	.008	2.702
Saturated model	20	.000	0		
Independence model	10	325.844	10	.000	32.584

Baseline Comparisons

Model	NFI Delta1	RFI rho1	IFI Delta2	TLI rho2	CFI
Default model	.942	.917	.963	.946	.962
Saturated model	1.000		1.000		1.000
Independence model	.000	.000	.000	.000	.000

STEP UP 預測模式的結果是表達什麼？

1. 以 IQ 的平均值將調查對象分成高群與低群，將 4 週間的平均解答數表示成圖形時，即為如下。

2. 從 IQ 到截距（ICEPT）呈現正且顯著的路徑，是顯示 4 週以來 IQ 高的兒童比低的兒童平均解答數較多。

3. 如圖形所顯示那樣，從 IQ 到斜率（SLOPE）呈現正且顯著的路徑，意指 IQ 高的兒童比低的孩童斜率較大，亦即，平均解答數有逐週上升的傾向。

4. 此事，實際地分成 IQ 高分數者與低分數者，進行 IQ 高低 ×4 週的 2 要因混合計畫的變異數分析時，也可得知交互作用是顯著的（$F_{(3,294)} = 15.36$, $p < 0.001$）。

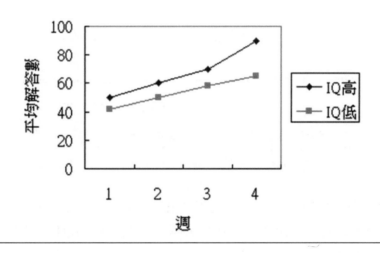

13.6　補充說明

■利用潛在曲線模式提高適合度的祕訣

至目前為止，針對 4 週間的解答數的變化，利用了假定是直線型增加的 1 次式潛在曲線模式進行了檢討。

此處，作為補充說明，就改良潛在曲線模式加以說明。

改良模式的代表性方法，有以下方法（參文獻：豐田，2003）。

1. 引進誤差共變異數。

2. 適配非線性曲線。

3. 適配潛在混合分配模式。

此處，就 1. 與 2. 進行解說。

一、引進誤差共變異數

1. 是觀察殘差矩陣，在殘差大的要素間引進誤差共變異數的手法。

對於以 Amos 輸出殘差矩陣來說，點選【Analyze properties】圖像（　），勾選【Output】Tab 的【Residual moments】後執行分析。

(1) 在【Text output】的【Parameter estimates】中，輸出有【Residual covariances】與【Standardized Residual Covariances】。

(2) 譬如，在 §4 節的分析中，如輸出有殘差矩陣時，即為如下。

Residual Covariances (Group number 1 - model 1)

	W4	W3	W2	W1
W4	9.011			
W3	1.677	-16.016		
W2	7.518	-3.066	6.308	
W1	8.632	-10.508	4.040	-.735

Standardized Residual Covariances (Group number 1 - model 1)

	W4	W3	W2	W1
W4	.145			
W3	.037	-.361		
W2	.187	-.087	.176	
W1	.231	-.320	.133	-.022

(3) 觀察所輸出的殘差矩陣，與其他比較後在可看出較大殘差之成對誤差之間（如 W1 與 W2 時，即為 E1 與 E2）假定共變異數（雙向箭頭）後再進行分析。

在此次的例子中，原本的模式的適合度是佳的，因之即使假定誤差共變異數再進行分析，適合度也會降低。

引進誤差共變異數時，引進的誤差共變數意指什麼，需要從理論上去檢討。

二、適配非線性曲線

成長曲線無法以直線表現時，1 次式的模式是不太合適的。此種情形，引進高次項，或者從「斜率」到觀測變數的路徑係數去變更固定（0, 1, 2, ……），利用此等手法可以使適合度提高。

■ 引進高次項

以下的圖是引進 2 次項表現非線性曲線的例子。

1. 1 次項是從「斜率」到觀測變數的路徑固定成 0, 1, 2, 3。

2. 2 次項是從「斜率」到觀測變數的路徑固定成 0, 1, 4, 9。

2 次項是指定 1 次項的平方值。

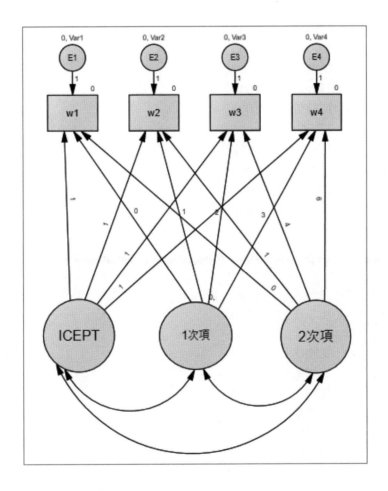

■分析例

1. 利用 §4 進行分析後的數據畫出上述的路徑圖，包含 2 次項進行分析後的結果如下。

2. 未標準化係數與標準化係數

Regression Weights: (Group number 1 - Default model)

			Estimate	S.E.	C.R.	P	Label
w1	<---	ICEPT	1.000				
w1	<---	2次項	.000				
w2	<---	ICEPT	1.000				
w2	<---	2次項	1.000				
w3	<---	ICEPT	1.000				
w3	<---	2次項	4.000				
w4	<---	ICEPT	1.000				
w4	<---	2次項	9.000				
w1	<---	1次項	.000				
w2	<---	1次項	1.000				
w3	<---	1次項	2.000				
w4	<---	1次項	3.000				

Standardized Regression Weights: (Group number 1 - Default model)

			Estimate
w1	<---	ICEPT	.979
w1	<---	2次項	.000
w2	<---	ICEPT	.935
w2	<---	2次項	.096
w3	<---	ICEPT	.875
w3	<---	2次項	.360
w4	<---	ICEPT	.712
w4	<---	2次項	.660
w1	<---	1次項	.000
w2	<---	1次項	.541
w3	<---	1次項	1.013
w4	<---	1次項	1.238

■截距、1 次項、2 次項的平均的估計值

1. 截距與 1 次項是顯著的，但 2 次項並不顯著。

2. 從估計值求出各週的個人的解答數之數式如下。

(1) 第 1 週的解答數 = 46.706 + 0×7.440 + 0×0.703 + 誤差→ 46.706 + 誤差

(2) 第 2 週的解答數 = 46.706 + 1×7.440 + 1×0.703 + 誤差→ 54.849 + 誤差

(3) 第 3 週的解答數 = 46.706 + 2×7.440 + 2×0.703 + 誤差→ 64.398 + 誤差

(4) 第 4 週的解答數 = 46.706 + 3×7.440 + 3×0.703 + 誤差→ 75.353 + 誤差

Means: (Group number 1 - Default model)

	Estimate	S.E.	C.R.	P	Label
ICEPT	46.706	1.545	30.221	***	par_8
2次項	.703	.455	1.543	.123	par_9
1次項	7.440	1.380	5.392	***	par_10

■截距、1 次項、2 次項之間的共變異數與相關

Covariances: (Group number 1 - Default model)

	Estimate	S.E.	C.R.	P	Label
ICEPT <--> 1次項	-61.442	66.758	-.920	.357	par_5
2次項 <--> 1次項	-13.894	15.964	-.870	.384	par_6
ICEPT <--> 2次項	16.777	17.050	.984	.325	par_7

Correlations: (Group number 1 - Default model)

	Estimate
ICEPT <--> 1次項	-.468
2次項 <--> 1次項	-1.028
ICEPT <--> 2次項	.719

■適合度指標

1. 引進 2 次項，適合度整體來說降低了。

(1) 此次 χ^2 = 2.536，df = 1，n.s.；CFI = .994，RMSEA = 0.125。

(2) 一次模式的適合度是 $\chi^2 = 5.981$，df = 5，n.s.；CFI = .996，RMSEA = 0.045。

CMIN

Model	NPAR	CMIN	DF	P	CMIN/DF
Default model	13	2.561	1	.110	2.561
Saturated model	14	.000	0		
Independence model	8	247.063	6	.000	41.177

Baseline Comparisons

Model	NFI Delta1	RFI rho1	IFI Delta2	TLI rho2	CFI
Default model	.990	.938	.994	.961	.994
Saturated model	1.000		1.000		1.000
Independence model	.000	.000	.000	.000	.000

RMSEA

Model	RMSEA	LO 90	HI 90	PCLOSE
Default model	.126	.000	.326	.153
Independence model	.637	.570	.706	.000

2. 此次的數據，引進 2 次項，適合度並未提高。

3. 另外，使用 2 次以上高次項的模式，考察各因子的平均值、變異數、共變異數並不容易，因之有需要注意無法像 1 次式模式那樣能明確的解釋（豐田，2000）。

4. 引進 2 次項的模式，詳細情形請參照參考文獻：豐田秀樹（2000），P.234～P.237。

■**變更路徑係數的固定**

1. 在 1 次模式中，從「斜率」到各時點的觀測變數的路徑係數固定成 0, 1, 2, 3。

2. 變更此數據，可以使適合度提高。

3. 譬如，此次的數據可以考慮如下方法。

   (1) 固定第 1 週的 0，至第 2 週的 1 為止，將第 3 週與第 4 週的路徑係數之固

定除去。

第 1 週到第 2 週的平均增加量當作 1 時，即可估計第 3 週與第 4 週的平均增加量。

(2) 第 1 週當作 0 時，第 4 週當作 1 時（或 3），將第 2 週與第 3 週的路徑係數之固定除去的方法也有。

第 1 週與第 4 週的平均增加量當作 1(3) 時，即可估計第 2 週與第 3 週的平均增加量。

■分析例

1. 那麼，試著改良 §4 節已進行分析的模式。

此處將第 1 週當作 0，第 2 週當作 1，除去第 3 週與第 4 週的路徑係數之固定的方法進行分析看看。

2. 利用已進行分析的路徑圖，消去從「SLOPE」到 W3、W4 的路徑係數之數值。

並且，從 SLOPE 到 W1 的路徑係數 1，從 SLOPE 到 W2 的路徑係數 1 則予以保留。

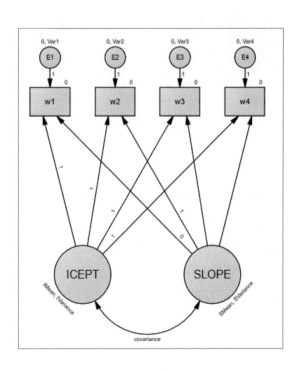

■輸出結果的看法

分析結果如下。

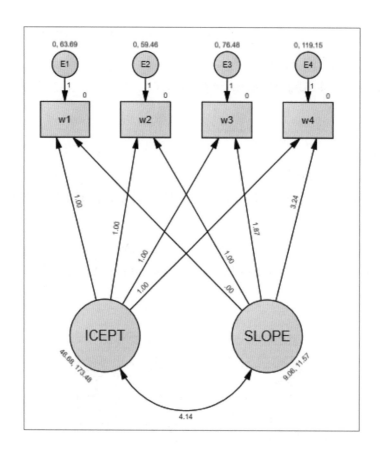

1. 未標準化估計值如下。

   從 SLOPE 到 W3 的估計值是 1.87，到 W4 的估計值是 3.24。

2. 觀察【正文輸出】的【參數估計值】。

   (1) 從 SLOPE 到 W3 的係數（未標準化估計值）是 1.873，到 W4 的係數是 3.228，在 0.1% 水準下均為顯著。

   (2) 從第 1 週到第 2 週的解答數的成長率當作「1」時，知第 3 週是 1.873，第 4 週是 3.238。

Regression Weights: (Group number 1 - Default model)

			Estimate	S.E.	C.R.	P	Label
w1	<---	ICEPT	1.000				
w1	<---	SLOPE	.000				
w2	<---	ICEPT	1.000				
w2	<---	SLOPE	1.000				
w3	<---	ICEPT	1.000				
w3	<---	SLOPE	1.873	.198	9.484	***	par_10
w4	<---	ICEPT	1.000				
w4	<---	SLOPE	3.238	.354	9.139	***	par_11

Standardized Regression Weights: (Group number 1 - Default model)

			Estimate
w1	<---	ICEPT	.855
w1	<---	SLOPE	.000
w2	<---	ICEPT	.828
w2	<---	SLOPE	.214
w3	<---	ICEPT	.753
w3	<---	SLOPE	.364
w4	<---	ICEPT	.627
w4	<---	SLOPE	.525

3. 截距與平均值如下。

(1) 第 1 週的解答數 = 46.677 + 0.000×9.061 + 誤差→ 46.677 + 誤差

(2) 第 2 週的解答數 = 46.677 + 1.000×9.061 + 誤差→ 55.738 + 誤差

(3) 第 3 週的解答數 = 46.677 + 1.873×9.061 + 誤差→ 63.648 + 誤差

(4) 第 4 週的解答數 = 46.677 + 3.238×9.061 + 誤差→ 76.017 + 誤差

(5) 而且，在實際的數據中解答數的平均值，第 1 週是 46.66，第 2 週是 55.78，第 3 週是 63.00，第 4 週是 76.03。依據本章第 4 節的 STEP UP 的結果，知更接近實際的數據之值吧。

Means: (Group number 1 - Default model)

	Estimate	S.E.	C.R.	P	Label
ICEPT	46.677	1.546	30.197	***	IMean
SLOPE	9.061	1.147	7.903	***	SMean

4. 觀察適合度。

  (1) χ^2 值是 1.230，自由度 3，並不顯著。

  (2) CFI = 1.000，RMSEA = 0.000。

  (3) 與進行模式的改良之前（χ^2 = 5.981，df = 5，n.s.；CFI = 0.996，RMSEA = 0.045）相比，知整體而言適合度有提高。

CMIN

Model	NPAR	CMIN	DF	P	CMIN/DF
Default model	11	1.230	3	.746	.410
Saturated model	14	.000	0		
Independence model	8	247.063	6	.000	41.177

Baseline Comparisons

Model	NFI Delta1	RFI rho1	IFI Delta2	TLI rho2	CFI
Default model	.995	.990	1.007	1.015	1.000
Saturated model	1.000		1.000		1.000
Independence model	.000	.000	.000	.000	.000

RMSEA

Model	RMSEA	LO 90	HI 90	PCLOSE
Default model	.000	.000	.118	.809
Independence model	.637	.570	.706	.000

三、從結果來看

將第 1 週到第 4 週的解答數的平均值畫成圖形，將通過第 1 週與第 2 週的平均值的直線延伸到第 4 週時，即為下圖。

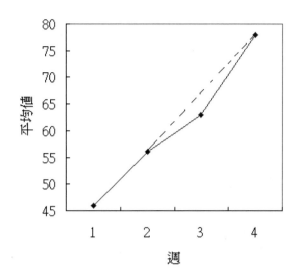

1. 如觀察此圖形時，第 3 週的平均值偏於直線的下方，第 4 週的平均值偏於直線的上方。

   將第 1 週到第 2 週的解答數的成長當作「1」時，如果完全成為直線時，第 2 週理應為 2，第 3 週理應為 3。

2. 第 3 週的估計值是 1.873，第 4 週是 3.238，如上圖所提示的那樣，此意謂這些解答數的平均值偏離在直線的上下方。

3. 此「偏離」可以認為是假定直線時適合度略為下降的原因。

第14章 重複抽樣估計法

本章針對稱為重複抽樣估計法（Bootstrap）的標準誤差的近似計算、估計值的偏差修正、模式間比較等所使用的再抽樣（resampling）手法加以說明。本章只對隨機抽樣亦即從原始數據組隨機抽出觀測對象的方法予以敘述。

14.1 何謂重複抽樣估計法

本章針對稱為重複抽樣估計法（Bootstrap）的標準誤差的近似計算、估計值的偏差修正、模式間比較等所使用的再抽樣（resampling）手法加以說明。本節首先簡單說明再抽樣是什麼，之後，就重複抽樣估計法的步驟加以敘述。

一、再抽樣

在說明重複抽樣估計法時，首先針對它的基本想法亦即再抽樣是什麼加以說明。所謂再抽樣是指從手邊的數據組，重新抽出觀測對象，製作新的假想數據組之一種作業。它的基本步驟如下。而且，本章將成為再抽樣對象的數據組稱之為原始數據組。

■再抽樣的步驟

步驟1 決定要製作幾個假想的數據組。

步驟2 決定如何從原始的數據組抽出觀測對象。

步驟3 決定假想的數據組中的觀測對象數。

步驟4 依據步驟2所決定之觀測對象之抽出法、步驟3所決定的觀測對象數，實際製作假想的數據組。然後，只重複步驟1所決定的次數。

步驟5 針對各個假想數據組，進行統計上的處理，再統合這些結果。

其中，對於「如何抽出觀測對象」，可分成抽出方法以及如何處理1度所抽出的觀測對象進行分類。其中，觀測對象的抽出方法有**隨機抽樣**（random sampling）與**有意抽樣**（purposive sampling）。

本章只對隨機抽樣亦即從原始數據組隨機抽出觀測對象的方法予以敘述。要如何處理1度所抽出的觀測對象，可分類如下。

■重置抽樣（sampling with replacement）

製作 1 種假想的數據組時，一度抽出的觀測對象可再度當作抽出的對象。

■不重置抽樣（sampling without replacement）

製作一種假想的數據組時，一度抽出的觀測對象不再當作抽出對象的方法。

為了對 2 種抽出法具體的說明，設想從裝有幾個球的袋中一個一個地取出球。此處，將一度取出的球放回袋中之後再進行取出下一個球，即為**重置抽樣**。一度取出的球不放回，再取出下一個球的作業，即為**不重置抽樣**。

二、重複抽樣估計法

重複抽樣估計法是由 Bradley Efron 於 1979 年在《Annuals of Statistics》上發表所提出的再抽樣手法。此手法是當作前節步驟 2 的重置抽出，關於步驟 3 來說，使假想的數據組（在重複抽樣估計法中稱為 Bootstrap 樣本）的觀測數，等於原始的數據組的觀測數。亦即，當有觀測數 n 的數據組時，從中以重置抽出，以一定次數抽出觀測數 n 的 Bootstrap 樣本。

對如此所抽出的 Bootstrap 樣本進行統計處理，可以得出各種資訊。第 14.2 節說明利用 AMOS 的重複抽樣估計法的基礎以及標準誤差的估計，第 14.3 節說明信賴區間的估計與偏差修正，第 14.4 節說明從數個模式探索最適的手法。此處，就估計值的偏差修正與信賴區間的估計的一般論加以敘述。

有關觀測數 n 的數據組，假定從此數據組得出某母數的估計量 $\hat{\theta}$。此處，此 $\hat{\theta}$ 的期望值 $E(\hat{\theta})$，有時與母體中之母數的真值不一定一致。此時，估計量 $\hat{\theta}$ 稱為有偏誤的估計量。此估計量存在著偏誤，亦即

$$\text{Bias} = E(\hat{\theta}) - \theta \tag{14.1}$$

當然 θ 是未知的，所以 Bias 之值也無法得出。因此，為了此偏誤的估計要使用重複抽樣估計法。

依據前節的步驟，假定由觀測數 n 抽出 B 個的 Bootstrap 樣本。此處，從第 b 個 Bootstrap 樣本所得出的估計量當作 $\hat{\theta}_b^*$ 時，由 Bootstrap 樣本所得出之估計量的平均利用下式即可得出。

$$\bar{\theta}^* = \frac{1}{B} \sum_{b=1}^{B} \hat{\theta}_b^* \qquad (14.2)$$

此處，真值 θ 與估計量的期望值 $E(\hat{\theta})$ 之關係，近似於估計量 $\hat{\theta}$ 與由各 Bootstrap 樣本所求出之估計量的平均 $\bar{\theta}^*$ 之關係，偏誤的估計量即可以下式求出。

$$\text{Bias} = \bar{\theta}^* - \hat{\theta} \qquad (14.3)$$

然後，從此偏誤的估計量，按以下即可進行偏誤修正。

$$\hat{\theta}_C = \hat{\theta} - \text{Bias} = \hat{\theta} - (\bar{\theta}^* - \hat{\theta}) = 2\hat{\theta} - \bar{\theta}^* \qquad (14.4)$$

並且，也可以使用由 Bootstrap 樣本得出之估計量，再求估計量的信賴區間。

譬如，想求估計量的 95% 信賴區間時，從 B 個估計量求出 2.5 百分位數與 97.5 百分位數，當作它的範圍。此稱為「利用百分位數法的信賴區間（percentile confidence intervals）」。以估計量的信賴區間的想法來說，其他也有「已修正偏誤的信賴區間（bias-corrected confidence intervals）」。詳情請參照日本的丹後俊郎的「統計模式入門」一書，朝倉書店出版，（2000）。

14.2　標準誤差的估計

本節說明重複抽樣估計法的步驟，並對標準誤差的計算加以敘述。將有關成績的縱斷型數據「data_14.csv」用於說明。

一、重複抽樣估計法的步驟

此數據的觀測數是 300，所以 n = 300，Bootstrap 樣本中的觀測數當然也是 300。此處，將 Bootstrap 樣本數當作 1000 個。亦即，B = 1000。並且，圖 14.1 是模式中的路徑圖。

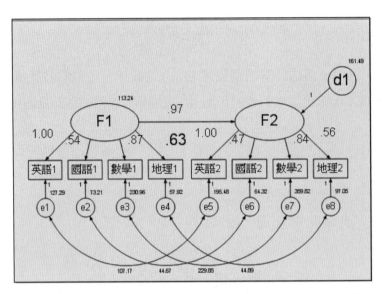

圖 14.1 路徑圖與原始數據組中的估計結果【model-1.amv】

　　首先，讀取數據，再畫出如圖 14.1 的路徑圖。接著從清單選擇【檢視
（view）】→【分析性質（Analysis Properties）】。如此一來，即顯示出
【Bootstrap】Tab，選擇該 Tab，於勾選框中勾選「執行 Bootstrap」。接著，
「Bootstrap 樣本數」輸入 1000（圖 14.2）。如此設定後，重複抽樣估計法即能
執行。

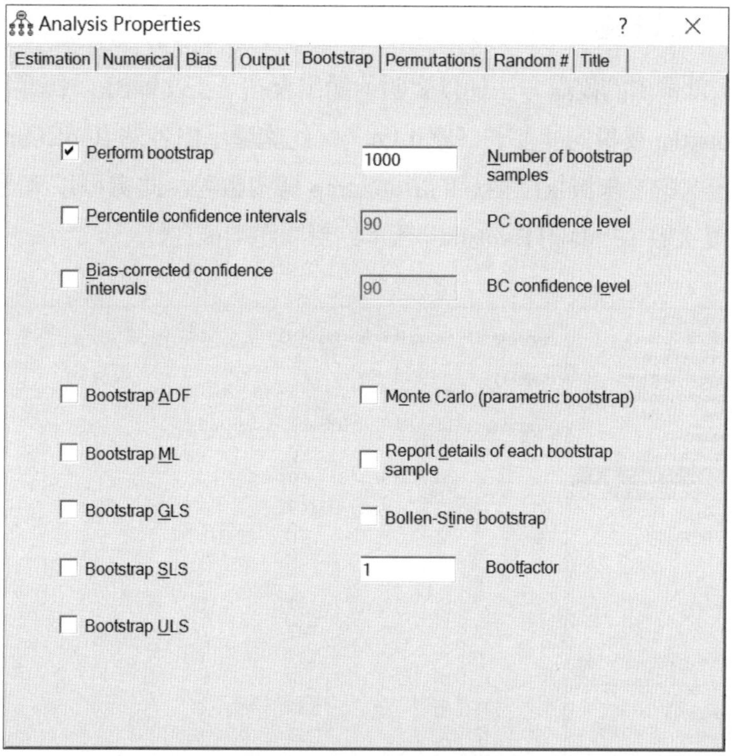

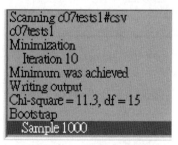

圖 14.2　Bootstrap 樣本數的設定

在此狀態下進行估計值的計算時，「計算的摘要」視窗即如圖 14.3。

從此處可以確認除平常的估計外，有 1000 個 Bootstrap 樣本被抽出及估計。

圖 14.3　計算的摘要

二、輸出的確認

接著，就輸出的確認方法加以說明。輸出會在「正文輸出」中顯示。首先，確認【Bootstrap 反覆的摘要】（圖 14.4）。此處顯示出各個 Bootstrap 樣本有關估計的反覆次數、未被正確估計的 Bootstrap 樣本數等。此處可以確認以 6 次到 13 次的反覆次數，所有的 Bootstrap 樣本均無問題地被估計。

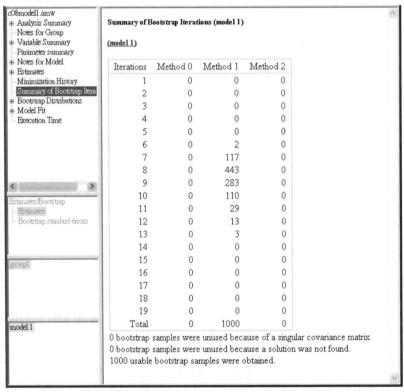

圖 14.4　Bootstrap 反覆的摘要（一部分）

其次，就各個參數的標準誤差等進行確認。這些在預設中無法確認的也有。

即使按一下【Bootstrap 標準誤差】也未能正確顯示時，按一下輸出上方的圖像 ☑，勾選【顯示全部的輸出檔（view entire output file）】。

勾選了「顯示全部的輸出檔」時，在通常的估計值之輸出之下，會顯示「Bootstrap 標準誤差」。雖顯示出係數、共變異數、變異數等，但任一者的看法是一樣的。

未標準化係數的利用重複抽樣估計法的估計結果如圖 14.5 所示。

雖有各種的輸出，但請特別注意「標準誤差（SE）」、「平均值（Mean）」、「偏誤（Bias）」。

Regression Weights:（group1 - model 1）

Parameter			SE	SE-SE	Mean	Bias	SE-Bias
F2	<---	F1	.107	.002	.972	.002	.003
地理1	<---	F1	.070	.002	.636	.004	.002
數學1	<---	F1	.084	.002	.876	.007	.003
國語1	<---	F1	.067	.001	.549	.005	.002
英語1	<---	F1	.000	.000	1.000	.000	.000
地理2	<---	F2	.044	.001	.561	.002	.001
數學2	<---	F2	.073	.002	.844	.006	.002
國語2	<---	F2	.038	.001	.469	.003	.001
英語2	<---	F2	.000	.000	1.000	.000	.000

圖 14.5　利用 Bootstrap 的估計結果

「標準誤差」是表示各個 Bootstrap 樣本所估計之值的分散情形。「平均值」是表示各個 Bootstrap 樣本所估計之值的平均值。亦即，第 14.1.2 節中的 $\overline{\hat{\theta}}^*$。

此處請注視從「F1」到「地理 1」的係數。由圖 14.1 知最大概似估計值是 $\hat{\theta}$ = 0.636，依據（14.3）式時，

$$\overline{\hat{\theta}}^* - \hat{\theta} = 0.636 - 0.632 = 0.004 \qquad （14.5）$$

因之，0.004 即為偏誤的估計。使用這些值進行估計值的評價。關於偏誤的處理等，容於下節說明。

14.3 偏誤、信賴區間的估計

一、偏誤、信賴區間估計的步驟

此處除了前節所述的標準誤差之評價外，也對 14.1.2 節的「利用百分位數法

求信賴區間（percentile confidence intervals）」與「已修正偏誤之信賴區間（bias-corrected confidence intervals）」試求看看。關於模式、數據與前節相同。此次使用的是「model-1.amw」。

　　想求此種信賴區間時，在【檢視】→【分析性質】→【Bootstrap】中勾選【執行 Bootstrap】，並設定「Bootstrap 樣本數」後，也勾選「利用百分位數求信賴區間」以及「已修正偏誤的信賴區間」等項目。另外，在「利用百分位數求信賴區間之水準」、「已修正偏誤的信賴區間之水準」中輸入數值。此處兩方均為95%（圖 14.6）。

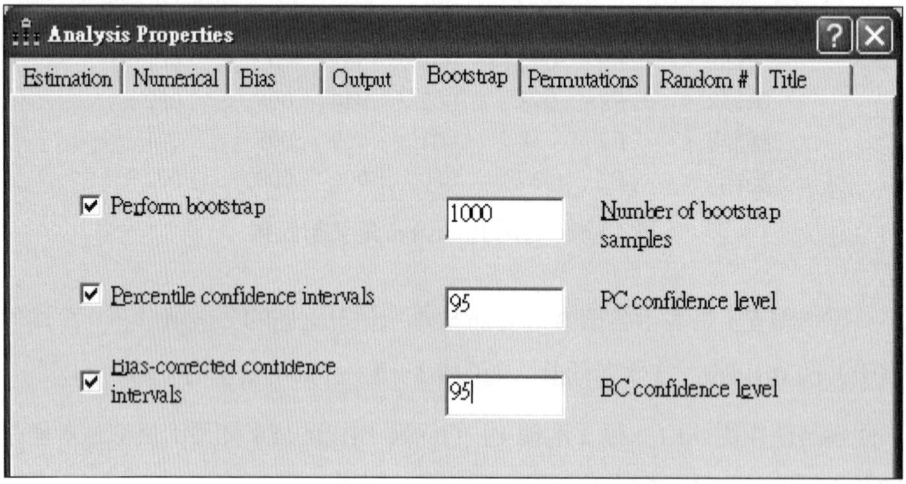

圖 14.6　Bootstrap 樣本與信賴區間之設定

　　在此狀態中進行估計值的計算時，「計算摘要」視窗即如圖 14.7。從此處可以確認利用「百分位數法計算信賴區間」，以及「已修正偏誤的信賴區間」。

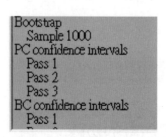

圖 14.7　計算的摘要

二、輸出的確認

對於「Bootstrap 反覆的摘要」、「Bootstrap 標準誤差」的確認如前節所述。此次，在 Bootstrap 標準誤差之下再新加入「Bootstrap 信賴區間」。此輸出也與標準誤差一樣，也顯示係數、變異數、共變異數，任一者的看法都是一樣的。使用未標準化係數中的百分位數法所求出的估計值、信賴區間如圖 14.8 所示。

此處，請注視「估計值」、「下限」、「上限」。百分位數法是由下將 2.5% 當作「下限」，由上將 2.5% 當作「上限」。亦即，如考慮由「F1」到「地理 1」的係數時，將 1000 個 Bootstrap 樣本所估計的係數由小而大的順序排列時，第 25 個的係數值（0.516）即當作「下限」，975 個的係數值（0.797）當作「上限」。

Percentile method (c07tests1 - c07tests1)

95% confidence intervals (percentile method)

Scalar Estimates (c07tests1 - c07tests1)

Regression Weights: (c07tests1 - c07tests1)

Parameter			Estimate	Lower	Upper	P
F2	<---	F1	.969	.780	1.208	.002
地理1	<---	F1	.632	.516	.797	.002
數學1	<---	F1	.869	.717	1.052	.002
國語1	<---	F1	.544	.429	.682	.002
英語1	<---	F1	1.000	1.000	1.000	...
地理2	<---	F2	.559	.480	.643	.002
數學2	<---	F2	.838	.705	.996	.002
國語2	<---	F2	.466	.394	.553	.002
英語2	<---	F2	1.000	1.000	1.000	...

圖 14.8　使用百分位數法時的信賴區間

接著，確認「已修正偏誤信賴區間」。在未標準化係數中之「已修正偏誤信賴區間」如圖 14.9 所示。表中記載的是「已修正偏誤百分位數法」，因之使用語言檢索時要注意。

Bias-corrected percentile method (c07tests1 - c07tests1)

95% confidence intervals (bias-corrected percentile method)

Scalar Estimates (c07tests1 - c07tests1)

Regression Weights: (c07tests1 - c07tests1)

Parameter			Estimate	Lower	Upper	P
F2	<---	F1	.969	.781	1.216	.002
地理1	<---	F1	.632	.500	.766	.005
數學1	<---	F1	.869	.715	1.051	.002
國語1	<---	F1	.544	.424	.676	.003
英語1	<---	F1	1.000	1.000	1.000	...
地理2	<---	F2	.559	.473	.638	.003
數學2	<---	F2	.838	.706	1.001	.002
國語2	<---	F2	.466	.394	.555	.002
英語2	<---	F2	1.000	1.000	1.000	...

圖 14.9　已修正偏誤信賴區間

　　基本上與使用百分位數法求信賴區間時的記載是一樣的。特別是「估計值」的部分是完全一致的。另一方面，「下限」、「上限」的部分，值則是不同。這是因為求信賴區間的方法不同。一般來說，在「Bootstrap 標準誤差」的部分所得到的偏誤甚小時，使用百分位數法是容易的。反之，偏誤被估計出不小時，使用已修正偏誤信賴區間是無可厚非的。

　　並且，已修正偏誤的估計值也可使用（14.4）式求出。此時，將圖 14.1 的原始數據組中的估計值當作 $\hat{\theta}$，圖 14.5 的平均值之部分當作 $\bar{\hat{\theta}}^*$，代入（14.4）式。如著眼在由「F1」到「地理 1」的路徑時，即成為

$$2\,\hat{\theta} - \bar{\hat{\theta}}^* = 2 \times 0.632 - 0.636 = 0.628 \tag{14.6}$$

已修正偏誤的估計值即為 0.628。

　　利用前面 2 節所敘述的方法，以重複抽樣估計法求一般所需的統計量，像標準誤差、已修正偏誤的估計值、信賴區間的估計值等均可得出。

模式間的比較

　　即使是從幾個模式之中選擇最合適的模式，重複抽樣估計法對偏誤來說，也可當作穩健的手法來使用。它的基本想法是利用 Bootstrap 樣本所得出的模式積率（moment）與由原始數據所得出的模式積率，選擇兩者的偏離最小的方法。

　　本節，使用成績的縱斷型數據「data_14.csv」，將 Bootstrap 樣本數當作 B = 1000，說明分析例。

一、模式間比較的步驟

　　除圖 14.1（模式 1）之外，也準備圖 14.10～圖 14.13 的四個路徑圖。此次是尋找此 5 個路徑圖中最佳適配者。模式 2 是就模式 1 的路徑圖在 2 個因素中設置係數相等的限制。

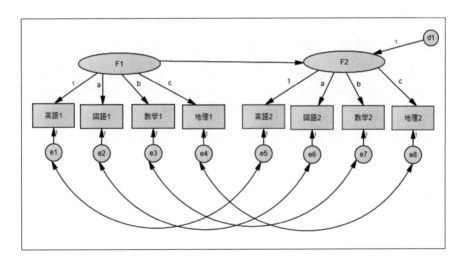

圖 14.10　模式 2 的路徑圖「model-2. amw」

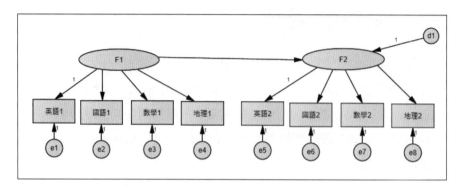

圖 14.11　模式 3 的路徑圖「model-3. amw」

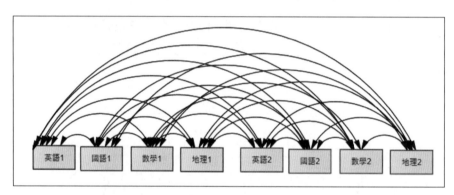

圖 14.12　模式 4 的路徑圖「model-4. amw」

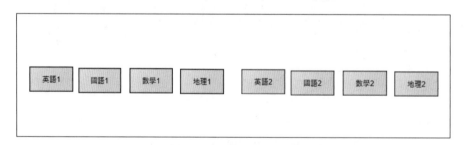

圖 14.13　模式 5 的路徑圖「model-5. amw」

　　模式 3 是對模式 1 的路徑圖假定誤差間無相關之假定。模式 4（圖 14.12）是飽和模式，模式 5（圖 14.13）是獨立模式，此 2 個是調查模式適配良好與否的基準。

　　讀取數據，製作模式的路徑圖，給予 Bootstrap 樣本數之後，再進行估計的基本步驟，與前節的說明並無不同。但，此次製作路徑圖來分析之作業，必須只

以模式的個數來進行。並且，此時各個模式被認為最好是使用相同的 Bootstrap 樣本。因此，模式間為了使 Bootstrap 樣本相等，要使亂數種子相等。

從清單選擇「檢視」→「分析性質」→「Bootstrap」，有關重複抽樣估計法的基本設定結束時，接著按一下「亂數」Tab。然後於該處的「亂數種子」輸入適當之值（此次當作 11）。此次輸入之值是什麼都沒關係，但為了想讓模式間發生相同的 Bootstrap 樣本，有需要輸入相同值。

二、乖離度的比較與最佳的模式

進行估計值的計算時，如前面的節中所敘述的那樣，除了利用原有的數據組所得出的估計值之外，也可得出利用重複抽樣估計法的各種統計量。其中，本節特別著眼「Bootstrap」的分配。這可利用「正文輸出」來確認，其中，有「KL 過剩樂觀（未安定化）」等的直方圖。模式比較要著眼「ML 乖離度（模式對母體）」。

模式 2 之中「ML 乖離度（模式對母體）」的直方圖，如圖 14.14 所示。此圖即為由 Bootstrap 樣本所得出的模式積率（moment），與由原始的數據組所得出之模式積率，兩者之乖離度大小的分配。以同樣的方式，對其他模式求出乖離大小之結果，如表 14.1 所示。

由此知，乖離特別大的是不承認誤差間之相關的模式 3 與獨立模式。另一方面，乖離小的模式是 1 與設置限制的模式 2。兩者的乖離平均之差異雖然小，但從資訊量基準來看，仍採納模式 2。因之此結果可以想成是支持模式 2。

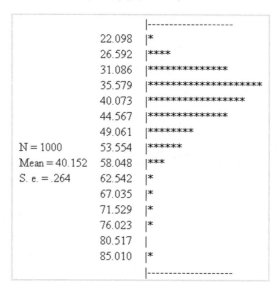

圖 14.14　模式 2 中乖離度的分配

表 14.1　各種模式的適合度

	乖離的平均	標準誤差	AIC	CAIC	BIC
1	40.658	0.278	53.344	152.253	131.123
2	40.152	0.264	49.964	134.632	116.632
3	626.680	0.322	634.229	714.193	697.193
4	45.728	0.370	72.000	241.336	205.336
5	1264.919	0.231	1266.363	1303.993	1295.993

第15章 PROCESS——調節變數與中介變數

干擾變數（moderator）又稱爲調節變數，爲一種外生變數，是因果關係的第三者，被定義爲一個變數可以有系統性的改變自變數與依變數之間的相關形式或強度。另外，中介變數（mediator）顧名思義，指的是自變數對應變數的影響，這個影響（一部分）是透過中介變數產生的。

15.1 簡介

干擾變數（moderator）又稱爲調節變數，爲一種外生變數，是因果關係的第三者，被定義爲一個變數可以有系統性的改變自變數與依變數之間的相關形式或強度。

■干擾變數有兩種形態
1. 在傳統模型中影響自變數與依變數之間相關的強度。
2. 改變了自變數與依變數之間相關的形式。

在一個模型中，任一個變數，本身既有自（因）變數（IV）的特性，又有依（果）變數（DV）的特性，那麼就必有「干擾」或「中介（mediator）」的現象存在。

干擾變數一般圖示如下。干擾變數也會影響 IV(X) 和 DV(Y) 之間的關係。IV 和 DV 之間的關係會因爲干擾變數的值而改變，有可能是干擾變數是 0 的時候，IV 跟 DV 的關係很強，但干擾變數是 1 的時候，IV 跟 DV 的關係就不顯著了。

要選擇中介變數或是干擾變數呢？Baron and Kenny（1986）的文章提供了很實務的建議。如果 IV 與 DV 之間的關係很強，你可能想要用中介變數解釋 IV 是如何影響 DV 的；如果 IV 到 DV 之間的關係沒那麼強或是不一致，你可能會想要看干擾變數，來看 IV 對 DV 的影響是不是受到其他變數的影響。

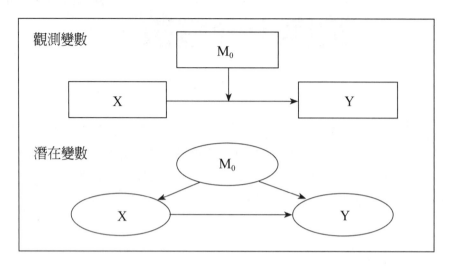

干擾變數 M_0 之圖解

　　干擾變數的一個特點是它可以是質性的（如：性別、種族、階級），也可以是量性的（譬如：得到不同程度的獎勵）。干擾變數可能會影響到 IV 對 DV 影響的方向（譬如，男生則有影響，女生則無影響）或是強度（譬如，IV 對 DV 的影響來說，男生比女生大）。如果熟悉 ANOVA 的話，干擾變數就是變異數分析中所看到的交互作用（interaction）。

　　另一特點是干擾變數與 IV 是在同一個層級的，也就是干擾變數其實也可以當作是一個 IV 來看待。

　　交互作用與干擾效果雖然是同樣的檢定方式，但其統計意義是完全不同的，干擾效果隱藏著因果關係的存在而交互作用是沒有的。

　　在階層式迴歸分析中，可以從自變數和干擾變數的交互作用項顯著與否來判斷是否存在干擾變數。

　　另外，中介變數（mediator）顧名思義，指的是 IV 對 DV 的影響，這個影響（一部分）是透過中介變數的。換言之，中介變數可解釋一部分 IV 對 DV 的影響。這三個變數的關係如下圖所顯示。要測試是否有中介效果，必須用複迴歸（multiple regression）或路徑分析（path analysis）。

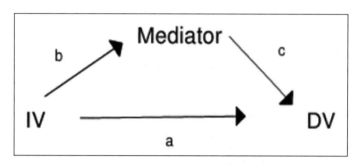

中介變數（mediator）關係圖

■**驗證中介效果之三步驟：**

1. 以 IV 預測 DV。

2. 以 IV 預測 Me。

3. 以 IV 和 Me 同時預測 DV。

　　我們解釋如下：

步驟 1　以 X(IV) 預測 Y(DV)

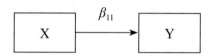

　　迴歸方程式表示如下：

$$Y = \beta_{10} + \beta_{11}X$$

β_{10} 為常數，β_{11} 為迴歸係數

　　檢定：要達顯著，執行第二步驟，否則中止中介效果分析 。

步驟 2　以 IV 預測 Me

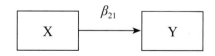

迴歸方程式表示如下：

$$M = \beta_{20} + \beta_{21}X$$

β_{20} 爲常數，β_{21} 爲迴歸係數

檢定：β_{21} 要達顯著，執行第三步驟，否則中止中介效果分析。

步驟 3　以 IV 和 Me 同時預測 DV

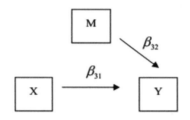

迴歸方程式表示如下：

$$Y = \beta_{30} + \beta_{31}X + \beta_{32}M$$

β_{30} 爲常數，β_{31} 爲 X 的迴歸係數，β_{32} 爲 Me 的迴歸係數

檢定：β_{31} 若爲不顯著 且接近於 0 → 結果爲完全中介

β_{31} 若爲顯著，且係數小於第一步驟的 β_{11} →結果爲部分中介。

Me 爲中介成立的條件爲：

(1)β_{11}、β_{21} 要顯著。

(2)β_{32} 要顯著。

(3)β_{31} 要小於 β_{11}。

最好 β_{31} 的中介效果爲接近於 0 且不顯著。

以下是中介效果檢定流程圖。

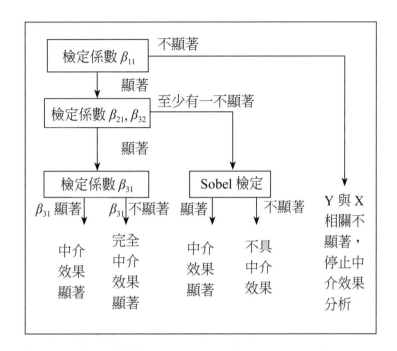

■**中介效果的計算如下：**

1. Judd & Kenny（1981）的係數相差法

$B_{indirect} = \beta_{11} - \beta_{31}$

2. Sobel（1982）的係數相乘法

$B_{indirect} = \beta_{21}\beta_{32}$

　　以下介紹驗證中介效果與調節效果的專業軟體 -PROCESS，此軟體可外掛於 SPSS 中。PROCESS 是由 Andrew F. Hayes 撰寫。目前使用的版本是 v2.16。有興趣的讀者可參閱其所的書：Introduction to Mediation, Moderation, and Conditional Process Analysis: A Regression-Based Approach。

　　PROCESS 是使用一般的最小二乘法或以邏輯迴歸為基礎的路徑分析架構來估計單個和多個中介變項模型（並列和直列）中的直接和間接影響，在調節模型中的兩元和三元的交互作用連同簡單的斜率與顯著的區間用以探測交互作用，以及探測具有單個與多個中介和調節變項的**調節中介模型**（moderated mediation models）中的條件間接效果，同時也探測具有單個與多個中介變項在**中介調節模型**（mediated moderation model）中交互作用的間接效果。重抽樣法（Bootstrap）

和蒙特卡羅信賴區間（Monte Carlo confidence intervals）被用來推斷間接效果，包括效果大小的各種測量方法。PROCESS 可以估計具有多個調節變項的調節中介模型（moderated mediation models），個別路徑的多個調節變項，個別路徑上調節變項的的交互作用的效果，以及具有二分型結果變項（dichotomous outcomes）的模型。

15.2　Process 軟體的下載

以下介紹 Process 軟體的下載方法。

步驟 1　首先點選以下網站。

　　　　http://www.processmacro.org/index.html

　　　　出現以下畫面。

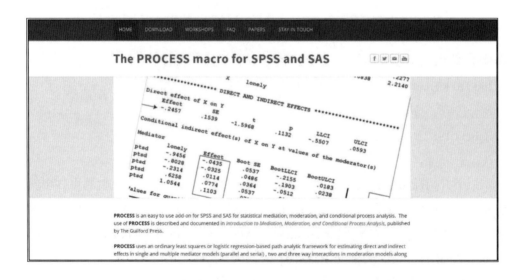

步驟 2　於上方清單中點選 download。出現以下畫面。

The PROCESS macro for SPSS and SAS

Download a zip archive containing the latest release of PROCESS for SPSS and SAS (version 2.16, released 5 July 2016) by clicking the button below.　The archive will download in accordance with your browser settings.

Click to download PROCESS v2.16

步驟 3　按一下 Click to download process v2.16。以壓縮檔先下載於桌面。
經解壓縮後，開啟 SPSS，由公用程式點選自訂對話框選擇安裝自訂對話框。

步驟 4　從桌面中點選 process.spd 檔案。

步驟 5 從分析 (A) 再點選迴歸 (R)，於序數的下方出現 PROCESS, by Andrew F. Hayes，表示此軟體已外掛在 SPSS 中。

（注）解壓縮後的 Templates（PDF）檔中提供有 76 種使用中介變數與干擾變數的模型可供參考選擇。

以下介紹只 Templates 中的 2 個模型供讀者參考。其他請參考相關書籍。

15.3　解析例

【範例 1】

此處想驗證「健康意識」對「生活品質」的影響中，「生活環境」是否有中介效果（參數據檔 data_15-3-1.sav）。

此處以模型 4 進行說明。

一、資料輸入

	意識	環境	品質	var	var	var	var
1	4	4	4				
2	4	5	5				
3	3	5	4				
4	4	4	5				
5	3	5	4				
6	4	4	5				
7	3	4	4				
8	3	4	4				
9	4	5	4				
10	4	4	4				
11	4	3	4				
12	3	4	4				
13	4	4	4				
14	4	5	4				
15	4	5	5				
16	5	5	5				
17	3	4	4				
18	3	5	5				
19	3	4	4				
20	2	4	3				
21	3	2	4				
22	3	3	3				
23	3	5	5				
24	2	4	4				
25	3	4	5				

（注）變數名稱不可以打超過 8 個英文字母（中文也不行），但標籤即無限定。

二、分析步驟

步驟 1 首先確定自己的模型。此處以模型 4 進行說明。其概念模型與統計模型
表示如下。

Model 4

Conceptual Diagram

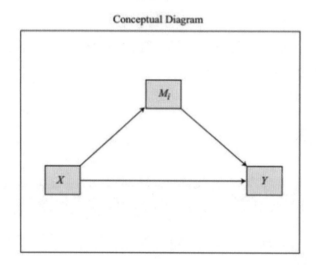

Statistical Diagram

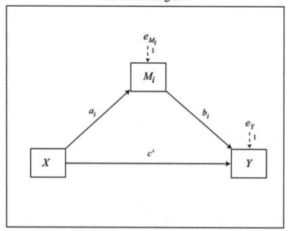

Indirect effect of X on Y through $M_i = a_i b_i$

Direct effect of X on $Y = c'$

Note: Model 4 allows up to 10 mediators operating in parallel.

步驟 2　選擇【分析】>【迴歸】>【PROCESS】。

步驟 3　將依變數 (Y)、自變數 (X)、中介變數 (M) 移入方框中。

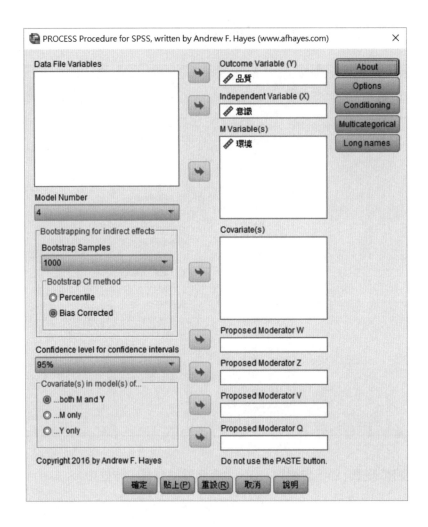

模型選擇 4（預設就是 4）。重抽樣樣本數（Bootstrap Samples）為 1000。其他如預設。

（注）Process 強大的功能：M 可以一次放很多個。

左下的重抽樣（Bootstrap）可以選擇 1000 以上（數值越大跑越久）。

步驟 4 點選【Options】，出現以下畫面，點選「OLS/ML confidence intervals」。按【繼續】。

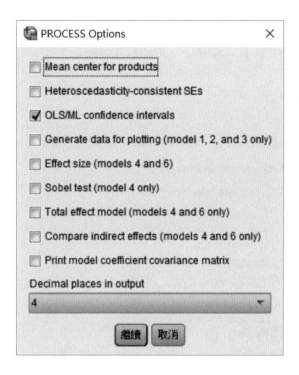

步驟 5　點選【Conditioning】。出現以下畫面，按照預設選擇「Mean and ±1SD from Mean」。按繼續。

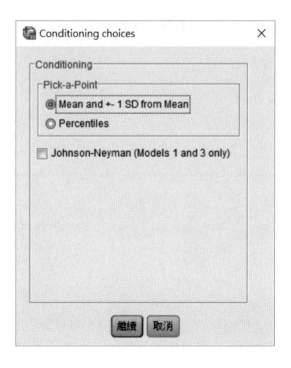

步驟 6 按一下【Multicategorical】，因此爲多重類別變數所需的指定，此處點
選「Neither」。按【繼續】，最後按【確定】。

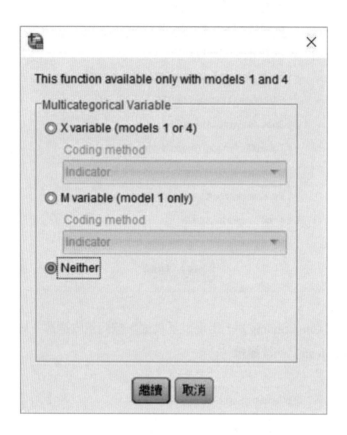

三、SPSS 輸出

得出輸出如下。

```
********************************************************************************
Model = 4
    Y = 品質
    X = 意識
    M = 環境


Sample size
        350
```

```
**************************************************************************
Outcome: 環境

Model Summary
          R        R-sq        MSE          F         df1         df2           p
      .3001       .0900       .5633     34.4371      1.0000     348.0000       .0000

Model
               coeff         se          t           p         LLCI        ULCI
constant      2.8236      .1639     17.2259       .0000       2.5012      3.1459
意識           .2784      .0474      5.8683       .0000       .1851       .3717


**************************************************************************
```

　　以生活環境爲結果變數時，上表說明健康意識（X）對生活環境（M）有顯著的影響（p = 0.000）。

```
**************************************************************************
Outcome: 品質

Model Summary
          R        R-sq        MSE          F         df1         df2           p
      .4311       .1858       .4126     39.6019      2.0000     347.0000       .0000

Model
               coeff         se          t           p         LLCI        ULCI
constant      2.2100      .1910     11.5735       .0000       1.8344      2.5856
環境           .3384      .0459      7.3761       .0000       .2482       .4287
意識           .1080      .0426      2.5367       .0116       .0243       .1917

******************** DIRECT AND INDIRECT EFFECTS ************************

Direct effect of X on Y
      Effect         SE          t           p         LLCI        ULCI
      .1080       .0426      2.5367       .0116       .0243       .1917

Indirect effect of X on Y
               Effect     Boot SE    BootLLCI    BootULCI
環境           .0942      .0212       .0594       .1458

******************** ANALYSIS NOTES AND WARNINGS ***********************
```

　　以生活品質為結果變數時，發現健康意識（X）對生活品質（Y）的影響呈現顯著，並且，健康意識（X）對生活環境（M）的影響是顯著的，生活環境（M）對生活品質（Y）的影響也是顯著的。

　　接著，看 Indirect 那一列，即所謂的中介效果。

　　我們只要看 BootLLCI～BootULCI 數值，.00594～.01458，並沒有經過 0，所以存在有中介效果。

【範例 2】

　　想驗證「數學」對「科學」的影響中，「閱讀」是否有中介效果，同時想了解「寫作」是否具有調節作用（參數據檔 data_19-3-2.sav）。

　　此處以模型 8 進行說明。

一、數據輸入型式

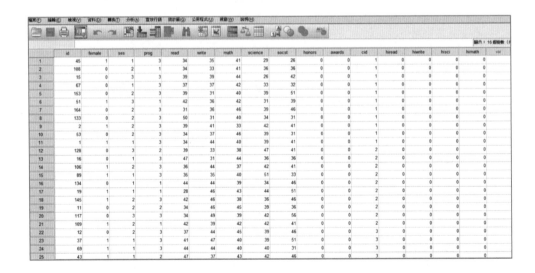

二、分析步驟

步驟 1　選擇所需模式，此處以模型 8 進行說明。

Model 8

Conceptual Diagram

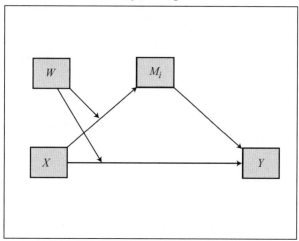

Statistical Diagram

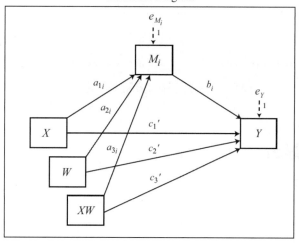

Conditional indirect effect of X on Y through $M_i = (a_{1i} + a_{3i}W)b_i$
Conditional direct effect of X on $Y = c_1' + c_3'W$

步驟 2　如以下將變數輸入到方框中。將 write 輸入到建議的調節方框中
（Proposed Moderator W）。其他步驟如前述，最後再按確定。

三、SPSS 輸出

得出輸出如。

```
*************************************************************************
Model = 8
    Y = science
    X = math
    M = read
    W = write


Sample size
      200


*************************************************************************
```

```
*********************************************************************
Outcome: read

Model Summary
          R        R-sq       MSE         F        df1        df2          p
      .7048      .4968    53.7100    64.4961     3.0000    196.0000      .0000

Model
              coeff         se          t          p       LLCI       ULCI
constant    19.7711    18.7266     1.0558      .2924   -17.1604    56.7025
math          .2707      .3818      .7090      .4791     -.4823     1.0238
write         .1042      .3452      .3018      .7631     -.5766      .7849
int_1         .0045      .0068      .6633      .5079     -.0089      .0178

Product terms key:

  int_1     math        X     write
```

以中介變項的閱讀（read）作爲結果變數時，自變項的數學（math）、調節變項的寫作（write），以及數學與寫作兩元的交互作用（int_1）對閱讀的影響是不顯著的。

```
*********************************************************************
Outcome: science

Model Summary
          R        R-sq       MSE         F        df1        df2          p
      .7102      .5043    49.5874    49.5991     4.0000    195.0000      .0000

Model
              coeff         se          t          p       LLCI       ULCI
constant   -14.8875    18.0446     -.8250      .4104   -50.4752    20.7002
read          .3058      .0686     4.4555      .0000      .1704      .4411
math          .7903      .3674     2.1512      .0327      .0657     1.5148
write         .6317      .3317     1.9041      .0584     -.0226     1.2859
int_2        -.0085      .0065    -1.3116      .1912     -.0214      .0043

Product terms key:

  int_2     math        X     write
```

以科學爲結果變數時，發現數學、閱讀對科學有顯著的影響，但寫作以及數學與寫作的交互作用（int_2）對科學的影響則不顯著。

```
******************** DIRECT AND INDIRECT EFFECTS ***********************

Conditional direct effect(s) of X on Y at values of the moderator(s):
    write      Effect       SE          t           p         LLCI        ULCI
  43.2964      .4208      .1090      3.8604      .0002       .2058       .6358
  52.7750      .3399      .0782      4.3481      .0000       .1858       .4941
  62.2536      .2591      .0891      2.9060      .0041       .0832       .4349
```

數值型的調節變數（write）是採平均加減 1 個標準差，若是 2 分型的調節變數則採 2 個數值（0,1）。本例，寫作是數值型變項，以寫作當作調節變數時，發現數學對科學的直接效果呈現顯著。

```
Conditional indirect effect(s) of X on Y at values of the moderator(s):

Mediator
          write      Effect     Boot SE    BootLLCI    BootULCI
read    43.2964      .1422      .0492       .0652       .2664
read    52.7750      .1552      .0421       .0830       .2529
read    62.2536      .1682      .0426       .0914       .2557

Values for quantitative moderators are the mean and plus/minus one SD from mean.
Values for dichotomous moderators are the two values of the moderator.
```

當間接效果的大小取決於另一個變量的值時，我們稱之爲條件間接效果。基本上，模型中存在影響間接效果的交互作用。總的來說，我們將這些類型的模型稱爲調節型中介（moderated mediation）。中介變項（此處是閱讀）在調節變項（寫作）的作用下呈現顯著，隨著其值的增加，閱讀的間接效果也呈現增加。因此，當閱讀（read）增加，數學對科學的影響即增加。

（注）■ mediated moderation（中介型調節）
中介型調節爲獨立變項和調節變項間的交互作用效果，透過中介變項，進而影響結果變項。

■ moderated mediation（調節型中介）

調節型中介為調節變項作用於獨立變項至中介變項進而至依變項中的路徑。

```
-----
Indirect effect of highest order product:

Mediator
        Effect   SE(Boot)   BootLLCI   BootULCI
read     .0014     .0020     -.0024      .0057


********************* INDEX OF MODERATED MEDIATION ************************

Mediator
        Index    SE(Boot)   BootLLCI   BootULCI
read     .0014     .0020     -.0024      .0057
```

意指透過閱讀此中介變數之影響，數學（自變項）與寫作（調節變項）的交互作用之影響不顯著，亦即高次項的交互作用之影響不顯著。

參考文獻

1. Andrew F. Hayes (2013): Introduction to Mediation, Moderation, and Conditional Process Analysis: A Regression-Based Approach.

2. Reuben M. Baron and David A. Kenny: The Moderator-Mediator VariableDistinction in Social Psychological Research: Conceptual, Strategic, and Statistical Considerations, Journal of Pe~nality and Social Psychology, 1986, Vol. 51, No. 6, 1173-1182.

第16章　順序類別數據之分析

本章說明順序類別數據的處理方式。以及順序類別數據的因素分析方法。接著說明對潛在變數的推測。

16.1　順序類別數據的輸入

本章要介紹的是在社會科學或行為科學的領域中利用甚多的**順序類別數據**的處理方式。由於是有順序之類別此種有限定的回答方式，因之實際想知道的值想成是只能局部性地被觀測。檢討此時所產生的問題點與其克服的方式。

	A	B	C	D
1	V1	V2	V3	V4
2	VH	4	4	4
3	L	.	2	3
4	VH	4	.	4
5	VL	1	2	3
6	NA	3	4	4
7	H	3	.	4
8	NA	2	3	3
9	VH	4	4	4
10	H	3	3	4
11	VL	1	2	2
12	L	2	2	3
13	VH	3	4	4
14	L	2	2	3
15	VL	2	2	3
16	L	3	4	4
17	L	2	3	3
18	H	2	3	3
19	L	2	3	3
20	L	2	3	3
21	L	2	2	3
22	H	3	4	3
23	VL			

◄ ◄ ► ►◄ \ c13orderedcat /

圖16.1　順序類別數據的輸入例「16_ordercat.csv」

圖16.1是顯示由700位回答者以4級法回答的一部分數據。第1個變數「V1」並非數值而是以表示順序的記號予以輸入。分別表示非常低（VL）、低（L）、

高（H）、非常高（VH）。另一方面，由 1 到 4 之數值，以此順序當作程度的高低。數據中有遺漏值，「V1」中有「NA」，其他的變數是以小黑點表示。以 2 種方法輸入數據是爲了講解說明，因之不管是記號輸入或是數值輸入都沒關係。

讀取此數據時，不要忘了勾選「允許非數值之數據（allow non-numeric data）」。照原來的狀態 AMOS 是無法正確辨識順序類別，因之從【工具】選擇【數據再編碼化（Data Recode）】。按一下 A V1，從【再編碼化規則（Recoding rule）】拉下清單中選擇「順序－類別」時，即如圖 16.2 所顯示。

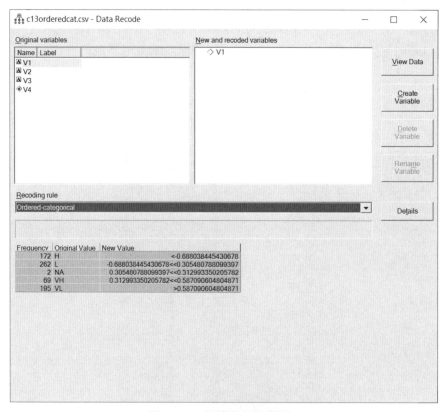

圖 16.2　數據的再編碼化

圖 16.2 的「原來數值」中輸入的資料記號是按字母順序排列。Amos 在此處的解釋是由上而下以所排列的順序表示程度的大小。對適切配置類別的順序來說，是先按一下「數據再編碼化」畫面的【詳細（Details）】紐，以圖 16.3 的畫面進行設定。

　　首先，因為將「NA」當作遺漏值處理，將畫面的「順序類別」的「NA」移到最上方（圖 16.2 的「H」之上方）。按一下【往上（UP）】紐，「NA」即移到「無順序類別」中，被當作遺漏來看待。

　　同樣的作法，為了使上方定位成低的類別，從「VL」到「VH」將記號按順序重排。「往上」或「往下」紐是將類別一個一個地移動時所使用。如排成適切的順序時，點選因「NA」所存在的多餘類別＜……＞，以「刪除境界」將之刪除。

　　如果，以 4 級法求出回答的數據，想作成 3 個類別的數據或 2 個類別的數據時，將數據的數個類別以境界分隔，刪除多餘的境界，製作此種類據是可行的。譬如，與本章的分析雖是不同的設定，但將類別「H」與「VH」整理成一個，再編碼成 3 個類別的數據後的狀態，如圖 16.3 所示。

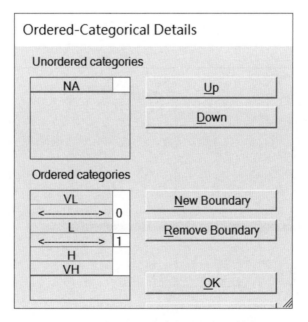

圖 16.3　「順序─類別的詳細」畫面

　　「詳細」畫面中，按一下境界右側的空白處，輸入數值設定類別間之門檻也是可能的。預設是對應各類別的累積比率與標準常態分配的百分點加以設定。譬如，數據至類別 2 的累積比率是 20% 時，對應之 -0.842 即顯示在「數據的再編碼化」畫面的「新值」中。

　　如此處的例子所示，境界有 2 條以上時，可由自己設定 1 條或 2 條境界。譬

如，從「VL」到超過「L」之境界設定成 0。利用此，順序類別變數的背後無法被觀測的連續變數之位置（尺度之原點）即被指定。此值假定是剛才的 20% 累積百分點即 –0.842 時，在 Amos 上全部的門檻值都加上 0.842。圖 16.3 中，將其次的境界設定成 1。亦即，預設中是將被加上 0.842 的累積百分點之處固定成 1。利用此設定，分配的寬度即改變，尺度以自己所輸入之值來決定。

另一方面，境界 1 個，亦即是「Yes」、「No」的 2 值型變數，預設的境界值是 0。此值也可變更。但 Amos 使用 2 值型的順序類別變數時，在平常的分析中為了識別要加入限制，並且有需要再放置另 1 個限制。這只是為了對背後的連續變數決定位置所致。2 值型變數是外生變數時，將它的變異數固定，內生變數時，將誤差變異數固定的方法被視為也是可以的。

下圖依序是 V2, V3, V4 的設定。

點選 V2 後，編碼規則選擇順序類別即出現如下畫面。

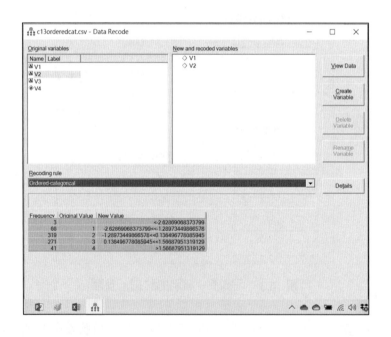

接著如下設定境界線。

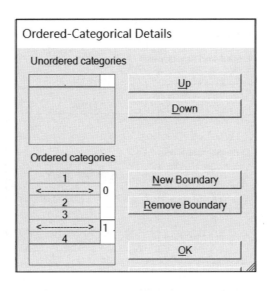

點選 V3 後，編碼規則選擇順序類別即出現如下畫面。

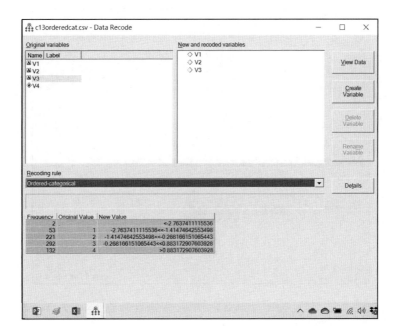

接著如下設定境界線。

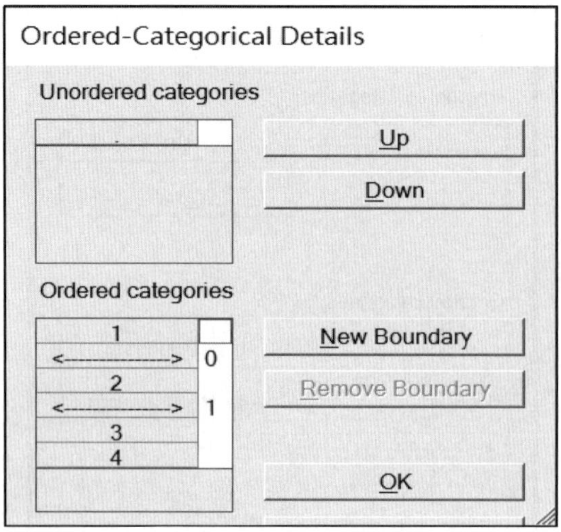

點選 V4 後，編碼規則選擇順序類別即出現如下畫面。

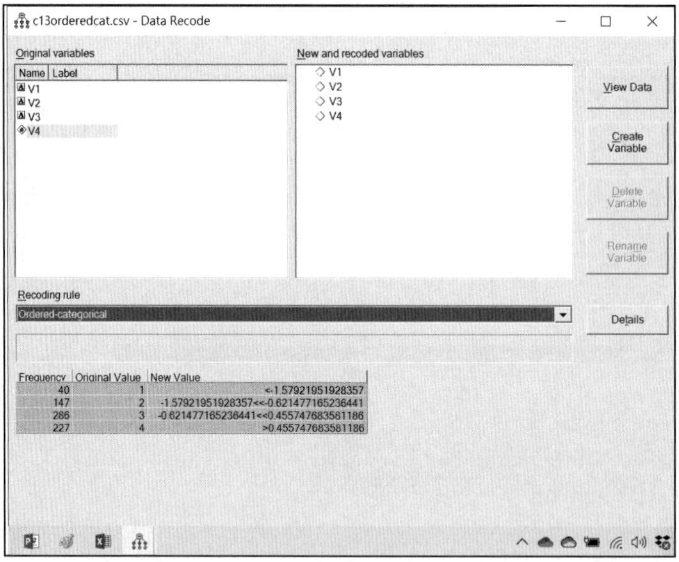

接著如下設定境界線。

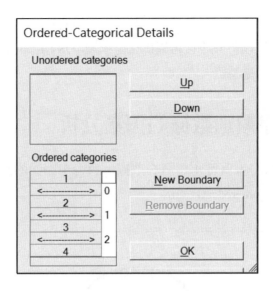

接著，點選檢視數據，出現如下畫面。

圖 16.4　已再編碼化的數據

其他的「V2」～「V4」的數值輸入變數，也是將遺漏值移到「無順序類別」，再分別對上境界及下境界設定後再編碼化時，AMOS 內部的數據即如圖 16.4 那樣被處理。圖的 * 是遺漏值。

16.2 順序類別數據的因素分析

對前節所準備的 4 項目 4 類別的數據，執行 1 因素的確認式因素分析。AMOS 檔案是「16_orderedcat1 . amw」。

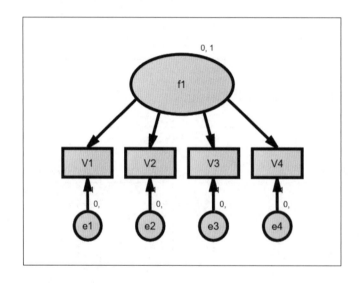

如畫出與數據對應的因素分析的路徑圖時，從【檢視】→【分析性質】中勾選【估計平均與截距】，按一下 ▲ 圖像。即執行貝氏估計，得出如圖 16.5 所示的估計結果，圖的標準誤差因為是數的設定，所以 0.001 以下的值是顯示 0.000。

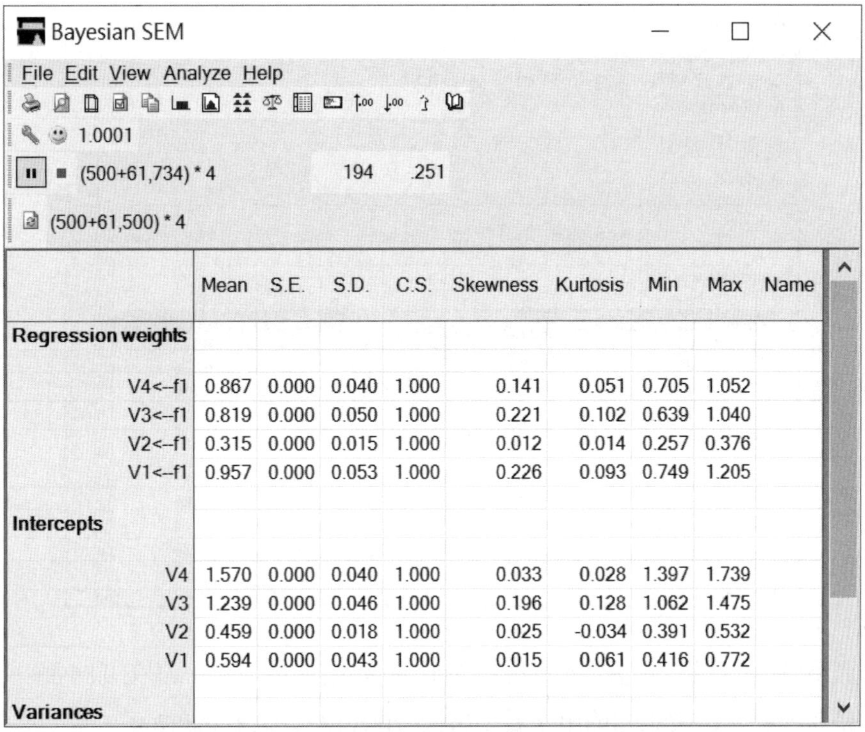

圖 16.5　因素分析的結果（一部分）

　　右按一下從因素「f1」到變數的係數，選擇【事後分配的顯示（Show Posterior）】時，如圖 16.6 即可確認事後分配的樣態。圖中勾選【最初與最後的分配】，分別以 MCMC 樣本最初的 1/3 與最後的 1/3 繪製事後分配的經驗密度。幾乎得出同一分配，抽樣的結果，可說明向安定分配去收斂。

Bayesian SEM

File Edit View Analyze Help

1.0000

(500+82,143) * 4　　　　185　　.251

(500+81,500) * 4

	Mean	S.E.	S.D.	C.S.	Skewness	Kurtosis	Min	Max	Name
Regression weights									
V4<--f1	0.86				128	0.043	0.713	1.046	
V3<--f1	0.39				087	0.034	0.331	0.473	
V2<--f1	0.3				012	0.039	0.252	0.378	
V1<--f1	0.946	0.000	0.054	1.000	0.207	0.083	0.737	1.219	
Intercepts									
V4	1.565	0.000	0.040	1.000	0.049	0.045	1.396	1.747	
V3	0.623	0.000	0.019	1.000	-0.003	0.025	0.531	0.706	
V2	0.462	0.000	0.018	1.000	-0.005	-0.004	0.394	0.540	
V1	0.586	0.000	0.043	1.000	0.030	0.025	0.408	0.786	
Variances									

Show Posterior

Show Prior

　　觀察圖 16.6 時，從因素到變數「V4」的路徑係數之值，是在 0.85 到 1 之間幾乎是無誤的。由數值的輸出來看，事後分配的平均值是 0.867。

　　關於「軌跡（Trace）」與「自我相關（Autocorrelation）」分別如圖 16.7，圖 16.8 所示。

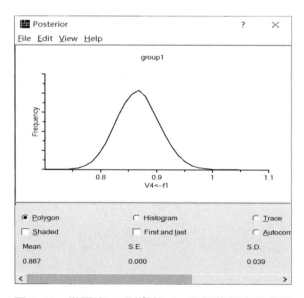

圖 16.6　從因素 f1 到變數 V4 之係數的事後分配

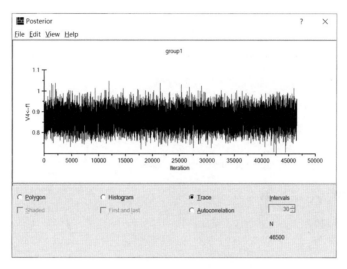

圖 16.7　從因素到「V4」之係數的軌跡

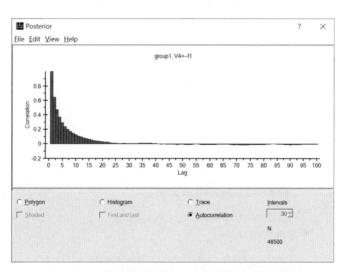

圖 16.8　從因素到「V4」之係數的自我相關

　　順序類別數據的問題之一，是原本應被觀測的連續變數，只能以階段性、靜態性的狀態被觀測。此問題與中止數據一樣。在中止數據方面，與利用無法直接觀測其構造的潛在連續變數來模式化之情形一樣，對於順序類別來說也想成是對應於連續性變化的潛在性反應強度是否超過門檻值，被觀測的類別即有所改變。試就相關係數檢討此效果看看。

從分析點選數據代入。

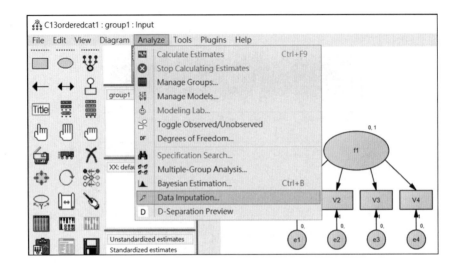

選擇單一輸出檔案。

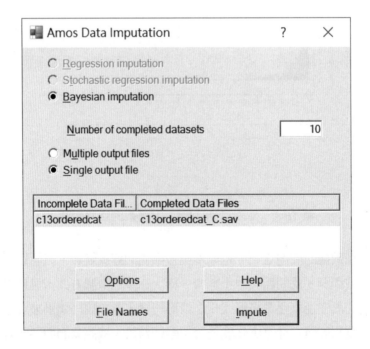

得出如下的數據檔。

再以「Data Imputation」所得出的數值計算 V1, V2, V3, V4 之間的相關係數，得出連續變數之間的相關係數如下。

		V1	V2	V3	V4
相關性					
V1	皮爾森 (Pearson) 相關性	1	.836**	.875**	.836**
	顯著性（雙尾）		.000	.000	.000
	N	7000	7000	7000	7000
V2	皮爾森 (Pearson) 相關性	.836**	1	.840**	.798**
	顯著性（雙尾）	.000		.000	.000
	N	7000	7000	7000	7000
V3	皮爾森 (Pearson) 相關性	.875**	.840**	1	.845**
	顯著性（雙尾）	.000	.000		.000
	N	7000	7000	7000	7000
V4	皮爾森 (Pearson) 相關性	.836**	.798**	.845**	1
	顯著性（雙尾）	.000	.000	.000	
	N	7000	7000	7000	7000

**. 相關性在 0.01 層級上顯著（雙尾）。

接著，以「16_ orderedcat. csv」計算相關係數。此先將 CSV 檔轉成 SAV 檔，將 VL 當成 1，L 當成 2，H 當成 3，VH 當成 4，NA 當成遺漏漏值之後，再利

用【轉換】點選【重新編碼儲存成不同變數】即可得出另一數據檔。

再點選【分析】中點選【相關】。

		V1	V2	V3	V4
相關性					
V1	皮爾森 (Pearson) 相關性	1	.769**	.745**	.709**
	顯著性（雙尾）		.000	.000	.000
	N	698	695	696	698
V2	皮爾森 (Pearson) 相關性	.769**	1	.739**	.671**
	顯著性（雙尾）	.000		.000	.000
	N	695	697	695	697
V3	皮爾森 (Pearson) 相關性	.745**	.739**	1	.751**
	顯著性（雙尾）	.000	.000		.000
	N	696	695	698	698
V4	皮爾森 (Pearson) 相關性	.709**	.671**	.751**	1
	顯著性（雙尾）	.000	.000	.000	
	N	698	697	698	700

**. 相關性在 0.01 層級上顯著（雙尾）。

接著，以「Bayes SEM」計算相關係數，得出如下。

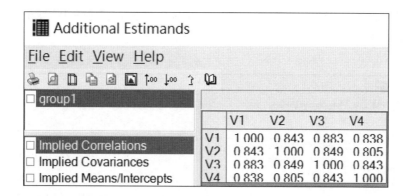

將上述的結果整理成如下。

表 16.1　變數間的相關係數

	連續	貝氏	數據
V1-V2	0.836	0.843	0.770
V1-V3	0.875	0.883	0.747
V1-V4	0.836	0.838	0.710
V2-V3	0.840	0.849	0.741
V2-V4	0.798	0.805	0.637
V3-V4	0.845	0.843	0.751

　　事實上「16_ orderedcat. csv」是將事先服從所指定的平均與相關矩陣的多變量常態分配所發生之數據，以對應比率的標準常態分配的百分點予以類別化之數據。因此，使用原來的數據時，即可計算原本應被觀測的相關係數。表16.1 顯示出連續變數間的相關係數、利用貝氏估計的相關係數，以及以「16_ orderedcat. csv」所計算的相關係數。

　　由表 16.1 知，由順序類別數據單純所計算之相關係數，均比離散化前的連續變數間之相關係數有過小的評估。未考慮順序類別數據之特徵的分析，就會以此種有偏態的相關係數矩陣（或共變異數矩陣）作為分析的對象。

　　另一方面，利用貝氏估計之值，與原先的連續變數間之相關係數類似。上述因素分析的結果，被認為適切掌握變數間的原本關係。

　　此相關係數，是從「貝氏 SEM」畫面的清單「檢視」按一下【追加估計值（Additional estimands）】，從所輸出的「追加估計值」畫面中的【模式之相關

係數】即可計算。或者，於分析之前，在「分析性質」的【輸出】Tab 選擇【標準化估計值】。

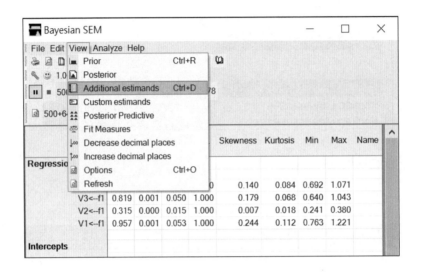

即可直接得出「模式的相關係數」。

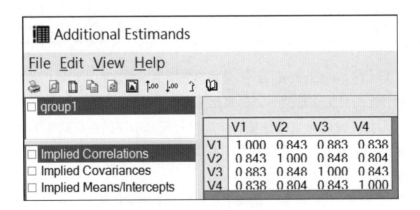

對於所輸出的「追加估計值」的各個值也右按一下，從「事後分配的顯示」可以確認事後分配的形狀、平均值、標準差。並且，只是求出共變異數時，畫出只排列觀測變數的路徑圖，從 Amos 本身之清單「Plugins」點選【Draw Covariance】，即可設定所有的共變異數，在此狀態下，執行貝氏估計時，也可得出假想背後是連續變數的共變異數。

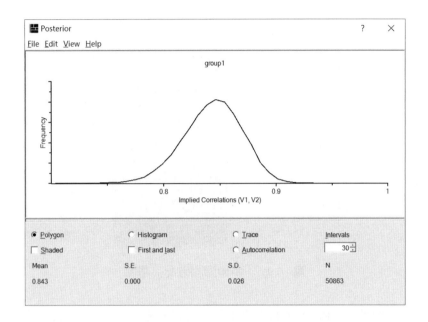

下節，是利用「事後預測分配（Posterior Predictive Distributions）」去詳細觀測各個回答。

16.3　對潛在變數的推測

至前節為止是針對順序類別數據說明分析的步驟，估計模式的係數與誤差變異數等變得可行。本節，除貝氏估計外，對於各個回答的背後，被假定的無法直接觀測的連續變數或對因素分數的推測也加以說明。

順序類別數據被認為是完全數據只是部分地被觀測的狀況。對於限定的類別資訊，為了更正確地推測，使用「事後預測分配」。從「貝氏 SEM」畫面的「檢視」，按一下【事後預測分配】或圖像 ▲▲。

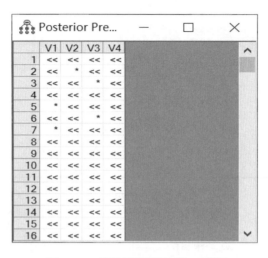

圖 16.9 「事後預測分配」畫面

於是，顯示出如圖 16.9 那樣的「事後預測分配」之畫面。所有的回答均為推測對象，被顯示出 <<。「V2」的第 2 列、「V3」的第 3 行的＊是表示遺漏值。遺漏值也可從「事後預測分配」來推測值。

首先，試對「V1」估計第 1 位回答者之值看看。按一下圖 16.9 的「V1」的第 1 列的「<<」時，對此值即開始抽樣，與平均值與標準差等一併如圖 16.10 那樣顯示出預測事後分配。

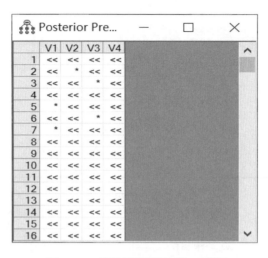

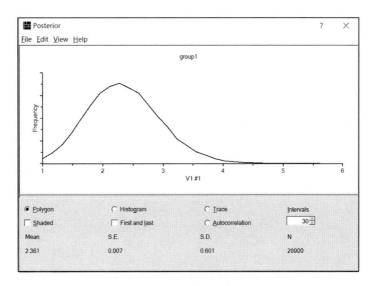

圖 16.10　「V1」估計第 1 位回答的預測事後分配（一部分）

　　第 1 位回答者對「V1」回答「VH」。亦即在數值上是相當於 4 的最高類別。利用「數據的再編碼化」，「原來之值」的「VH」被認知是比 1 大的「新值」。在圖 16.10 中，從 1 起左側被切掉予以顯示者即為此故。知雖比 1 大，但它的正確值是多少要進行貝氏估計。

　　在輸出中，平均值是 2.361，標準差是 0.601。在「V1」中，從最低的類別到下一個類別之境界當作 0。它的下一個境界當作 1 時，選擇第 4 類別的第 1 位回答者的潛在性連續變數之值從「預測事後分配」被估計是 2.614。當然，「V1」中選擇第 4 類別「VH」的回答者，並非全部均被估計為 2.361，選擇相同「VH」的第 12 位回答者的預測事後分配如圖 16.11 那樣出現平均值為 1.658，標準差為 0.443 之結果。

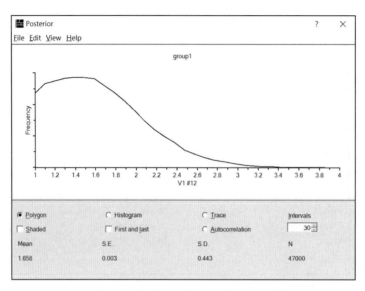

圖 16.11　「V1」的第 12 位回答者的預測事後分配

對遺漏值也能進行同樣的推測。對「V2」的第 2 列遺漏值來說，得出平均值 0.345，標準差 0.178 之結果。

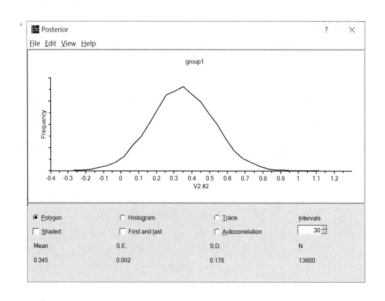

在因素分析中，對各個回答者求出因素分數，得出有效見解的情形也有。順序類別數據的因素分析也是一樣。可是，AMOS 對觀測變數只能求出預測事後

分配。因此，方便上將因素當作觀測變數表現，其值全部當作是遺漏值。「16_ordered cat2. amw」是將本章所探討的因素分析模式之因素部分變更成長方形的路徑圖。右按一下以橢圓所表示的因素，選擇【直接被觀測／未被直接觀測之交替（Toggle Observed/Unobserved）】。

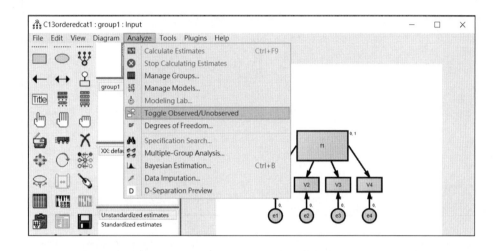

按一下因素的橢圓即改變成長方形，如圖 16.12 那樣，因素被當作觀測變數加以表現。

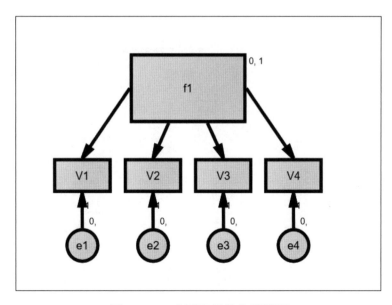

圖 16.12　求因素分數的路徑圖

此處，再次選擇【工具】→【數據再編碼化】，按一下畫面的【製作變數】。想改變預設的變數名時，按一下【變更變數名】，記上適當的名稱。此處當作「f1」。

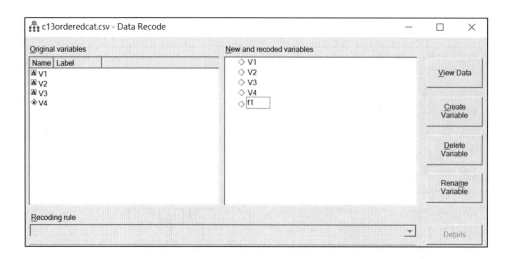

於此處按一下【數據的顯示】紐，「新製作變數與再編碼化變數」之欄中即新製作「f1」，可以確認該值全部被配置成 *。亦即，變數「f1」對全部的回答者來說即為遺漏值。

執行貝氏估計，從「預測事後分配」對遺漏值進行推測時，即可得出順序類別數據中的因素分數。

並且，從清單的「分析」執行「數據代入」時，會作出包括所有的數值在內被估計的數據組也是可能的。

另外也出現另一數據檔。

	V1	V2	V3	V4	f1	CaseNo	Imputation_	變數	變數
1	2.76	1.14	2.77	2.88	1.79	1.00	1.00		
2	.81	.66	.92	1.34	.05	2.00	1.00		
3	1.87	1.20	3.17	3.20	1.80	3.00	1.00		
4	-1.32	-.07	.19	1.00	-1.30	4.00	1.00		
5	.80	.52	1.95	2.45	.53	5.00	1.00		
6	1.62	.86	2.33	3.34	1.37	6.00	1.00		
7	.53	.62	1.55	1.96	.26	7.00	1.00		
8	2.51	1.08	2.88	3.76	1.95	8.00	1.00		
9	1.06	.80	1.81	3.39	1.15	9.00	1.00		
10	-1.00	-.10	.10	.41	-1.39	10.00	1.00		

第17章　多群體的同時分析

本章説明多群體利用 Amos 進行分析的方法。爲了實際使用結構方程模式進行分析，本章舉出一則應用例，使用醫院的意見調查進行分析，探討因果關係，以使讀者體驗此結構方程模式的有趣性。

17.1　多群體的同時分析

針對 3 家綜合醫院的利用者，進行 3 如下的意見調查。

表 17.1.1　意見調查表

項目 1　您對此綜合醫院的照明覺得如何？　　　　　　　　　　　[照明(bright)]

|　　|　1|　2|　3|　4|　5|　　|
壞　└────┴────┴────┴────┘ 好

項目 2　您對此綜合醫院的色彩覺得如何？　　　　　　　　　　　[色彩(color)]

1　　2　　3　　4　　5
穩重　└────┴────┴────┴────┘ 花俏

項目 3　您對此綜合醫院的休息空間的地點覺得如何？　　[空間認知(space)]

1　　2　　3　　4　　5
不易使用 └────┴────┴────┴────┘ 容易使用

項目 4　您對此綜合醫院的巡迴形式覺得如何？　　　　　　　[動線(moving)]

1　　2　　3　　4　　5
容易了解 └────┴────┴────┴────┘ 不易了解

項目 5　您經常利用此綜合醫院嗎？　　　　　　　　　[使用次數(frequency)]

1　　2　　3　　4　　5
不利用 └────┴────┴────┴────┘ 利用

項目 6　您對此綜合醫院的掛號收費覺得如何？　　　　　　　[掛號費用(fee)]

1　　2　　3　　4　　5
便宜　└────┴────┴────┴────┘ 貴

以下的數據是有關 3 家綜合醫院 A、B、C 的利用者滿意度的調查解果。

表 17.1.2　綜合醫院類型 A

NO.	bright	color	space	moving	frequency	fee
1	3	3	3	4	2	4
2	3	3	2	5	2	3
3	2	4	2	2	3	3
4	4	2	3	4	1	3
5	3	3	2	3	4	1
6	4	2	2	5	5	3
7	3	3	2	5	5	3
8	2	4	3	2	1	3
9	4	2	3	4	4	1
10	2	4	3	2	5	3
11	2	2	3	3	4	4
12	2	3	2	5	4	1
13	3	4	2	5	1	4
14	4	3	2	4	1	3
15	3	3	1	5	1	4
16	3	4	3	3	2	3
17	4	3	3	4	2	4
18	2	4	2	5	2	4
19	4	2	2	4	1	4
20	4	2	2	4	3	4
21	3	3	1	4	3	2
22	3	3	3	5	1	3
23	4	3	2	5	2	3
24	2	4	3	5	2	2
25	2	4	4	2	4	4
26	5	3	3	1	2	3
27	5	4	4	5	2	3
28	5	5	4	4	4	3
29	5	5	4	5	4	1
30	5	1	3	5	2	4

表 17.1.3　綜合醫院類型 B

NO.	bright	color	space	moving	frequency	fee
31	3	4	3	2	2	2
32	2	3	3	5	5	4
33	3	3	3	1	3	3
34	3	4	3	4	4	2
35	2	3	2	3	1	3
36	3	3	2	4	3	3
37	3	3	4	4	4	1
38	1	5	2	4	4	1
39	4	2	2	4	3	2
40	4	2	1	3	1	4
41	4	2	3	5	1	2
42	3	3	2	5	1	3
43	2	4	2	5	3	2
44	3	3	3	4	5	2
45	4	4	3	4	3	2
46	4	3	3	3	5	3
47	4	4	3	4	5	2
48	2	2	4	2	3	2
49	4	4	2	3	3	2
50	2	2	3	4	3	2
51	4	4	2	5	4	3
52	3	3	2	4	4	4
53	4	4	2	4	3	4
54	3	3	5	3	4	2
55	4	4	4	1	4	2
56	2	4	2	5	1	4
57	3	4	4	5	2	4
58	3	4	4	3	1	3
59	4	4	3	4	4	2
60	3	3	2	4	2	4

表 17.1.4　綜合醫院類型 C

NO.	bright	color	space	moving	frequency	fee
61	4	2	2	2	5	3
62	2	4	3	2	4	1
63	5	4	4	1	4	4
64	3	3	3	2	3	1
65	5	1	2	3	2	3
66	3	3	3	2	3	2
67	4	4	4	2	3	4
68	3	3	3	1	5	1
69	3	3	3	2	5	3
70	4	4	3	1	5	1
71	3	3	5	2	5	2
72	3	3	3	3	4	2
73	3	4	2	3	2	2
74	4	4	2	3	3	3
75	2	5	3	3	4	3
76	3	3	2	2	2	3
77	4	3	3	4	3	3
78	3	3	2	5	2	3
79	3	3	4	2	4	4
80	4	4	2	5	1	4
81	3	3	3	2	2	3
82	3	3	3	2	2	5
83	3	3	4	3	4	3
84	3	3	4	4	2	2
85	3	4	5	1	3	1
86	4	4	4	2	2	2
87	4	4	2	4	2	3
88	3	3	2	2	2	4
89	5	2	3	3	1	2
90	4	3	4	3	1	5

17.2 想分析的事情是？

一、調查項目

在以下的路徑圖中，想按照 3 家綜合醫院調查室內照明，外觀色彩，空間認知，動線，使用次數，掛號費用，之間的關聯性。

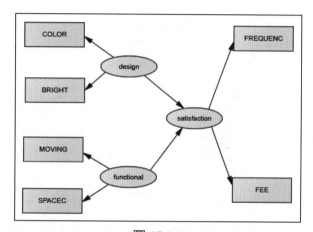

圖 17.1.1

此時：

1. 從設計性來看，對利用者滿意度之影響來說，在綜合醫院 A, B, C 之間有何不同？
2. 從機能性來看，對利用著滿意度之影響來說，在綜合醫院 A, B, C 之間有何不同？
3. 設計性最高的綜合醫院是 A, B, C 之中的何者？
4. 機能性最高的綜合醫院是 A, B, C 之中的何者？
5. 利用者滿意度最高的是 A, B, C 之中的何者？

此時可以考慮如下的統計處理。

二、統計處理

使用結構方程模式分析所用軟體 Amos 製作如下的路徑圖：

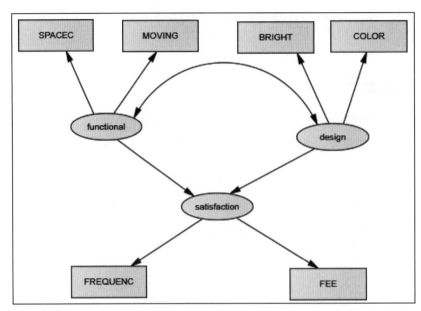

圖 17.1.2　路徑圖

利用多群體的同時分析分別估計 3 個類型中的如下路徑係數：

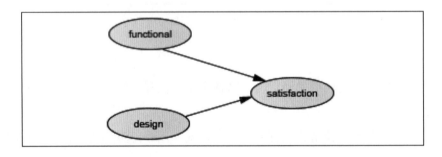

利用平均構造模式，針對

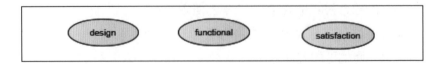

比較 3 個類型的平均之差異。

17.3　撰寫論文

■結構方程模式分析之情形

進行多群體的同時分析之後，從設計性到利用者滿意度的路徑係數，得出如下。

表 17.1.5

類型＼係數	未標準化係數	標準化係數
綜合醫院 A	−0.383	−0.234
綜合醫院 B	−2.380	−0.666
綜合醫院 C	−0.681	−0.427

因此，設計性與利用者的滿意度不一定有關聯。

從機能性到利用者滿意度的路徑係數，得出如下。

表 17.1.6

類型＼係數	未標準化係數	標準化係數
綜合醫院 A	0.144	0.046
綜合醫院 B	1.811	0.089
綜合醫院 C	1.728	0.651

因此，機能性與利用者的滿意度有關聯，但綜合醫院 A 比綜合醫院 B、C 來說，其關聯略低。

接著……

設計性與機能性的平均值，得出如下。

表 17.1.7

平均值 類型	設計性	機能性
綜合醫院 A	0	0
綜合醫院 B	−0.248	0.097
綜合醫院 C	0.045	0.490

因此，以綜合醫院 A 為基準時，在設計性上，綜合醫院 B 較差。

在機能性上，綜合醫院 C 較優勢。

設計性與機能性在平均值的周邊的利用者滿意度，得出如下。

表 17.1.8

類型	滿意度
綜合醫院 A	0
綜合醫院 B	0.473907
綜合醫院 C	0.391075

因此，知綜合醫院 B 的滿意度最高。

在此分析中，模式適合度指標的 RMSEA 是 0.000。

由以上事項可以判讀出什麼呢？

一、數據輸入類型

表 17.1.2～表 17.1.4 的資料，如下輸入。

	類型	照明	色彩	空間認知	動線	使用次數	門票費用	var
1	1	3	3	3	4	2	4	
2	1	3	3	2	5	2	3	
3	1	2	4	2	2	3	3	
4	1	4	2	3	4	1	3	
5	1	3	3	2	3	4	1	
6	1	4	2	2	5	5	3	
7	1	3	3	2	5	5	3	
8	1	2	4	3	2	1	3	
9	1	4	2	3	4	4	1	
10	1	2	4	3	2	5	3	
11	1	2	2	3	3	4	4	
12	1	2	3	2	5	4	1	
13	1	3	4	2	5	1	4	
14	1	4	3	2	4	1	3	
15	1	3	3	1	5	1	4	
16	1	3	4	3	3	2	3	
17	1	4	3	3	4	2	4	
18	1	2	4	2	5	2	4	
19	1	4	2	2	4	1	4	
20	1	4	2	2	4	3	4	
21	1	3	3	1	4	3	2	
22	1	3	3	3	5	1	3	
23	1	4	3	2	5	2	3	
24	1	2	4	3	5	2	2	
25	1	2	4	4	2	4	4	
26	1	5	3	3	1	2	3	
27	1	5	4	4	5	2	3	
28	1	5	5	4	4	4	3	

	類型	照明	色彩	空間認知	動線	使用次數	門票費用	var
64	3	3	3	3	2	3	1	
65	3	5	1	2	3	2	3	
66	3	3	3	3	2	3	2	
67	3	4	4	4	2	3	4	
68	3	3	3	3	1	5	1	
69	3	3	3	3	2	5	3	
70	3	4	4	3	1	5	1	
71	3	3	3	5	2	5	2	
72	3	3	3	3	3	4	2	
73	3	3	4	2	3	2	2	
74	3	4	4	2	3	3	2	
75	3	2	5	3	3	4	3	
76	3	3	3	2	2	2	3	
77	3	4	3	3	4	3	3	
78	3	3	3	2	5	2	3	
79	3	4	4	4	2	4	4	
80	3	4	4	2	5	1	4	
81	3	3	3	3	2	2	3	
82	3	3	3	3	2	2	5	
83	3	3	3	4	3	4	3	
84	3	3	3	4	4	2	2	
85	3	3	4	5	1	3	1	
86	3	4	4	4	2	2	2	
87	3	4	4	2	4	2	3	
88	3	3	3	2	2	2	4	
89	3	5	2	3	3	1	2	
90	3	4	3	4	3	1	5	
91								

二、指定資料的檔案

步驟 1　點選開始 =>SPSS Inc=>Amos 26 =>Amos Graphis。

步驟 2　變成以下畫面時，從【分析（Analyze）】的清單中，選擇【組管理(G)】。

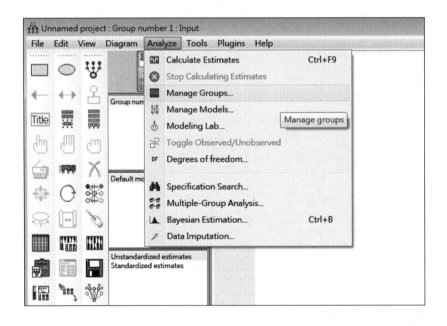

步驟 3　如下，【組名 (G)】成爲 Group number 1。

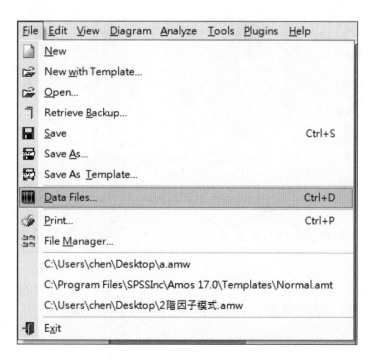

步驟 4　因之，如下輸入 typeA。

然後，按 Close 。

步驟 5　接著從【檔案 (F)】的清單中選擇【資料檔 (D)】。

步驟 6 變成資料檔的畫面時,按一下【檔名 (N)】。

步驟 7 指定用於分析的檔名(17.1.1)按一下【開啟舊檔 (O)】。

步驟 8 回到資料檔的畫面時,如下在檔案的地方,顯示用於分析的檔名。
接著,資料因分成了 3 個類型,因之按一下分組變數。

步驟 9 變成了選擇分組變數的畫面時，選擇「類型（TYPE）」，按 確定 。

步驟 10 於是，在變數的地方，列入分組數名「TYPE」。

接著，按一下【組值（Group Value）】。

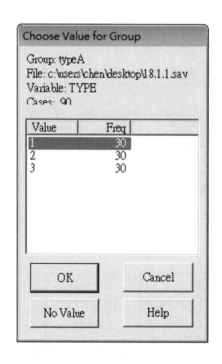

步驟 11 變成組識別值的選擇畫面時，選擇數值之中的 1，按 確定 。

步驟 12 於是，在資料檔的畫面中的數值處列入 1。

然後，按 確定 。

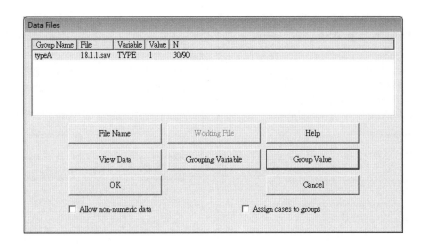

三、繪製共同的路徑圖

步驟 1　此分析由於想指定平均值與截距，所以從【檢視(V)】的清單中選擇【分析性質 (A)】。

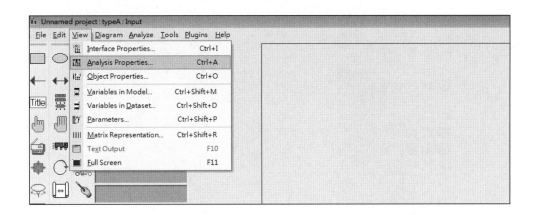

步驟 2　變成分析性質的畫面時，點一下【估計】。勾選「估計平均值與截距」，也點一下【輸出】，勾選「標準化估計值」，然後關閉此分析性質之視窗。

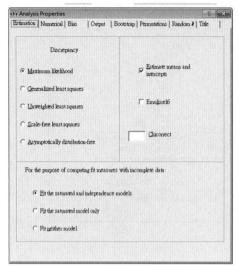 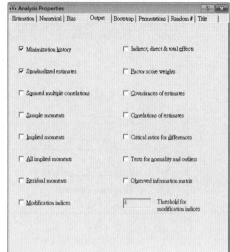

（注）此處的點選是針對潛在變數的設定。

步驟 3 回到 Graphics 的畫面時如下繪製路徑圖。

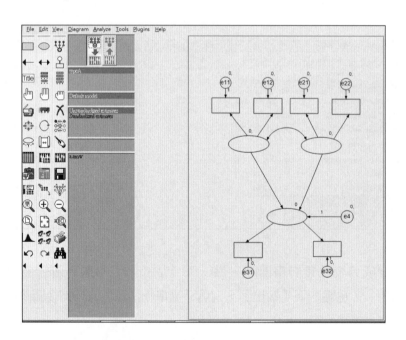

（注）因在步驟 2 中對估計平均值與截距已有勾選，所以在圓或橢圓的右肩上加上 0。此意指以類型 A 為基準，因之類型 A 的平均 = 0。

e11 等的變數名，如在圓上連按兩下，會出現物件性質之畫面，然後如下輸入變數名即可。

步驟 4　為了在□中輸入觀察到的變數名，從【檢視 (V)】的清單中選擇【資料組中所含有的變數】。

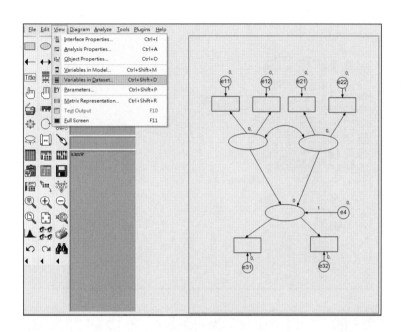

步驟 5　如下出現資料檔的變數名的畫面，因之按一下用於分析變數名，再拖曳到□之上。

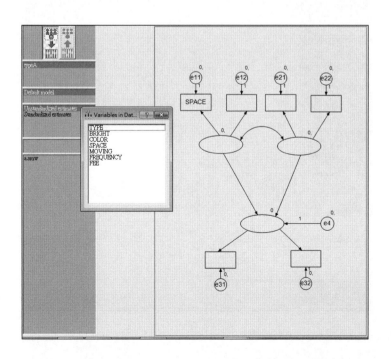

步驟 6　重複此動作，變數名的投入結束時，關閉資料組中所包含變數的畫面。

（注）如投錯名稱時，在□上按兩下，在所出現的物件性質的畫面上即可刪除。

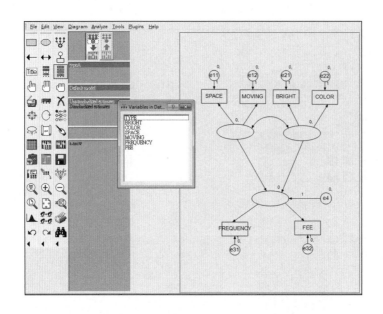

步驟 7　其次，為了在 ○ 之中放入潛在變數名，在 ○ 的上面按右鍵，然後選擇「物件性質 (O)」。

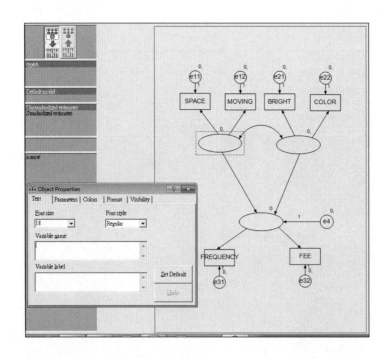

步驟 8　在 Text Tab 的「變數名」中輸入潛在變數名，再關閉畫面。

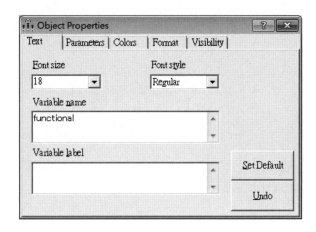

步驟 9　於是在 ○ 之中放進了潛在變數名（functional）。

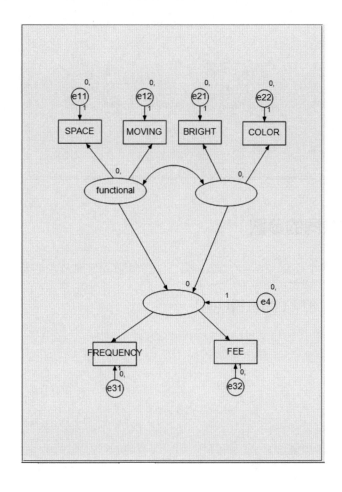

步驟 10 重複此動作，完成的圖形如下顯示。

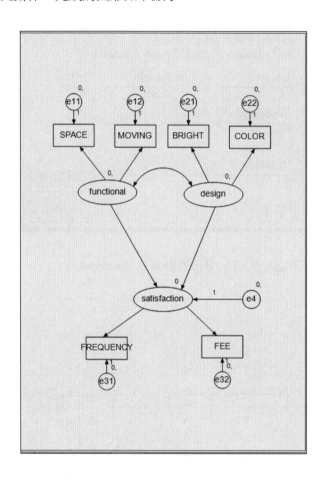

四、指定共同的參數

步驟 1 爲了將  的參數固定成 1，右鍵按一下箭頭的

上方，選擇【物件性質 (O)】。

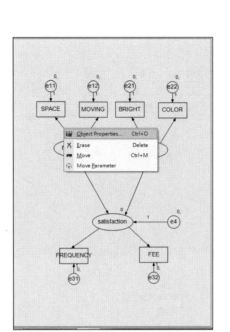

步驟 2　變成物件性質的畫面時，在【參數（Parameter）】Tab 的係數 (R) 中輸入 1，再關閉畫面。

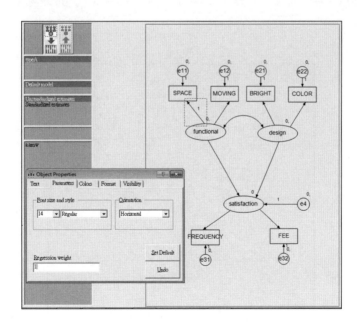

步驟 3　於是路徑圖的箭線上放入 1。

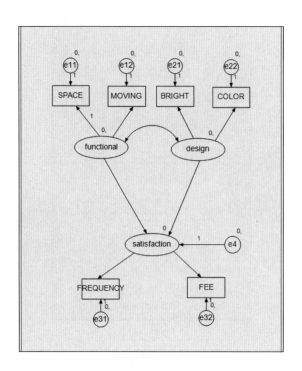

步驟 4　　的箭線上也同樣放入 1。

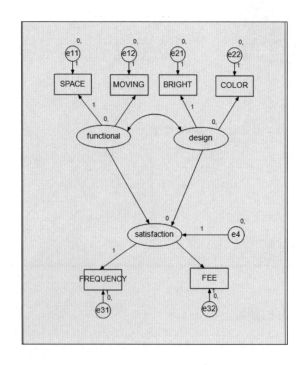

步驟 5　接著對剩下部分的參數加上名稱。

　　　　因此，從【Plugins】的清單中選擇【Name Parameters】。

　　　　（Amos 22 是直接從分析（analyze）中點選）。

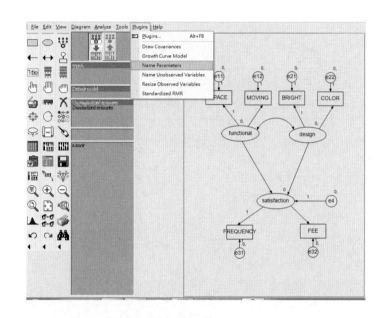

步驟 6　此處，如下勾選後按 確定 。

步驟 7 於是如下在路徑圖上加上參數名。

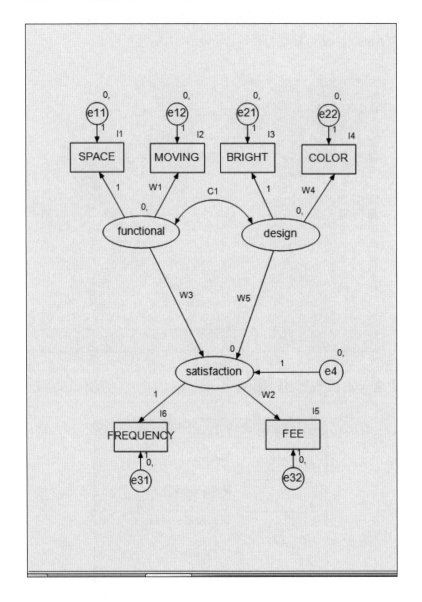

五、資料的組管理

步驟 1 3 個類型為了在相同的路徑圖上進行分析可進行資料的組管理。

從【分析】的清單中選擇【組管理】。

（Amos 22 是直接從分析（analyze）中點選）。

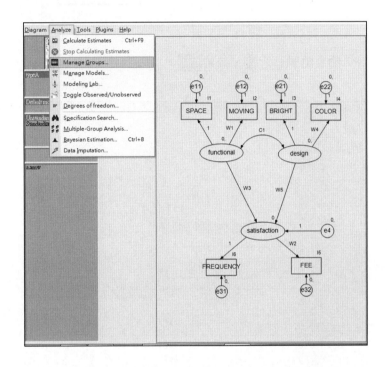

步驟 2 如下，「組名」的地方變成類型 A 因之按一下【新增】。

步驟 3 由於組名 (G) 變成 Number 2，乃輸入類型 B 再按【新增 (N)】。

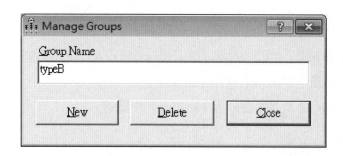

步驟 4 接著,輸入類型 C 之後,按 Close。

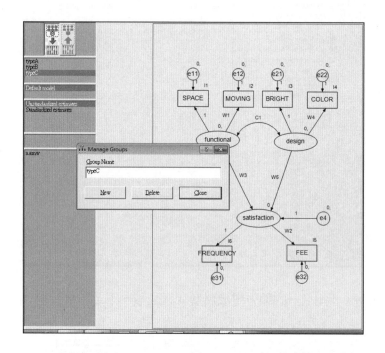

步驟 5 為了分別指定類型 B 與類型 C 的資料,從【檔案】的清單中選擇【資料檔】。

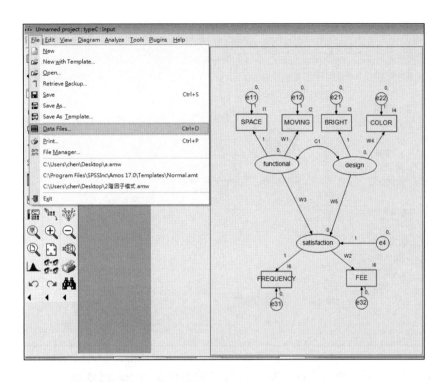

步驟6 變成資料檔的畫面時，選擇類型 B，按一下檔名。

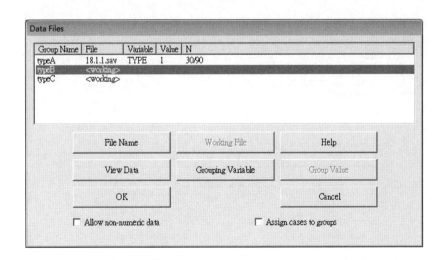

步驟7 與類型 A 一樣指定檔名（17.1.1），按一下【開啟(O)】。

步驟 8 接著，與步驟 8～11 相同，設定分組變數名與組的識別值。

於是，類型 B 的資料檔即如下加以設定。

步驟 9 類型 C 也與步驟 6～8 同樣設定。

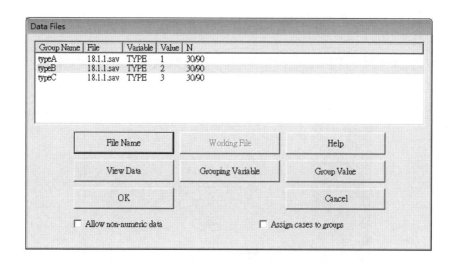

（注）為了對 3 個綜合醫院 A、B、C 的潛在變數貼上「相同名稱」，
設計性、機能性、滿意度，有需要將「參數 W1, W2, W3 之值共同設定」。

六、於各類型中部分變更參數的指定

步驟 1　按一下類型 B 時，出現與類型 A 相同的路徑圖。

為了變更  的參數名稱在箭線上按兩下將係數從

W3 變更為 W32。

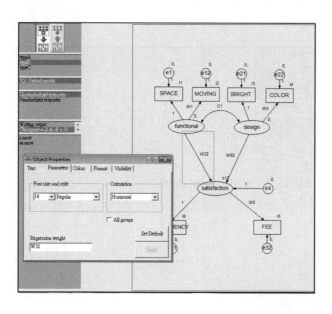

（注）要先將 all group 的勾選取消喔！

步驟 2 同樣，將 （設計性）──▶（滿意度） 的參數按兩下，將係數從 W5 變更為 W52。

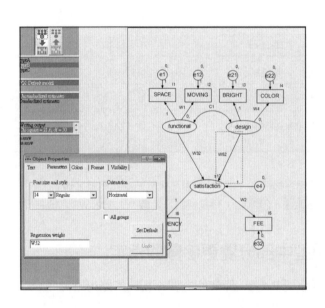

步驟 3 接著，將 （機能性） （設計性） 的參數按兩下，將係數從 C1 變更為 C12。

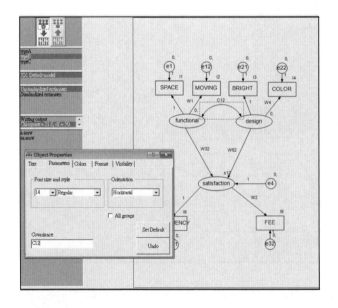

步驟 4　爲了變更 （機能性） 的平均的參數名，在 （機能性） 之上按兩下將平均

從 0 變更爲 h12。

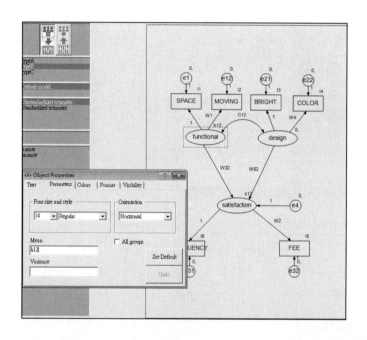

步驟 5　（設計性） 的平均也一樣從 0 變更爲 h22。

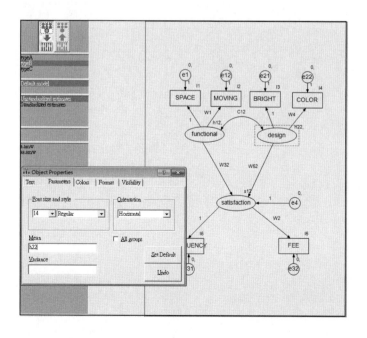

步驟 6 最後，為了變更 $\big($滿意度$\big)$ 的截距的參數名，在 $\big($滿意度$\big)$ 之上按兩

下，將截距從 0 變更為 S12。

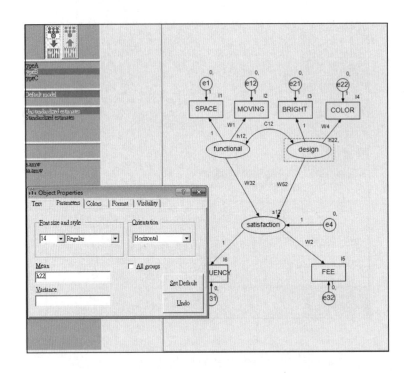

步驟 7　類型 B 的參數名變成如下。

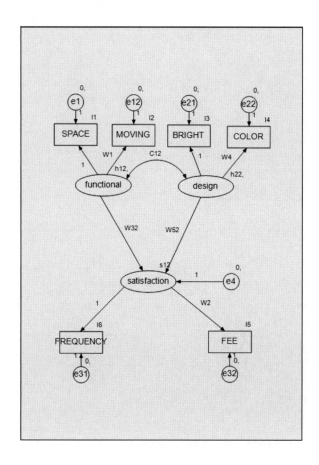

步驟 8　類型 C 的參數名變成如下。

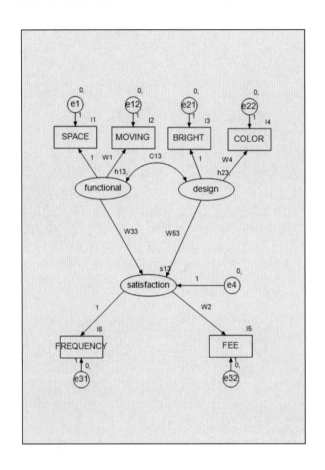

七、Amos 的執行

步驟 1　從「分析（Analyze）」的清單中，選擇【計算估計值】。

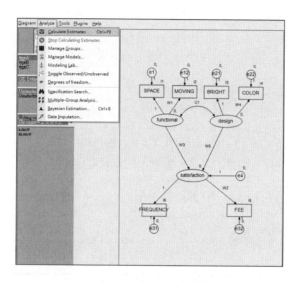

步驟 2　類型 A 的未標準化估計值，變成如下的畫面。

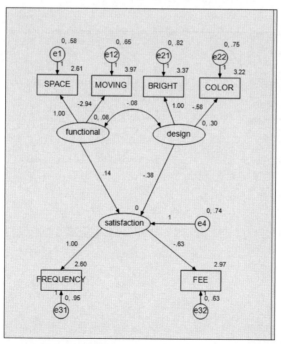

（注）xx 模式 1 變成 OK 模式 1 時，計算即已完成。

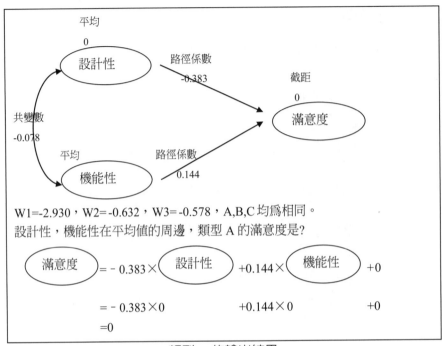

類型 A 的輸出結果

步驟 3 類型 B 的未標準化估計值變成如下。

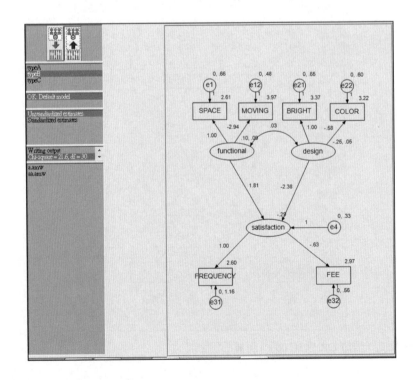

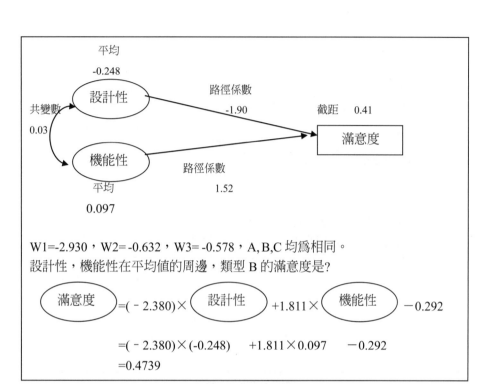

W1=-2.930，W2= -0.632，W3= -0.578，A,B,C 均為相同。

設計性，機能性在平均值的周邊，類型 B 的滿意度是?

$$滿意度 = (-2.380) \times 設計性 + 1.811 \times 機能性 - 0.292$$

$$= (-2.380) \times (-0.248) + 1.811 \times 0.097 - 0.292$$

$$= 0.4739$$

類型 B 的輸出結果

步驟 4 類型 C 未標準化估計值成為如下。

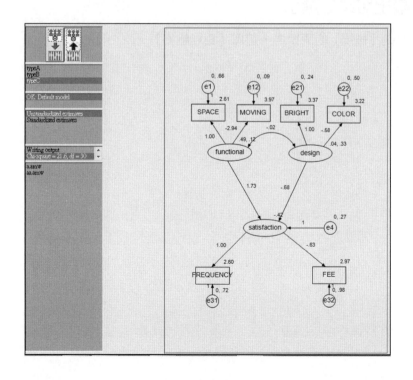

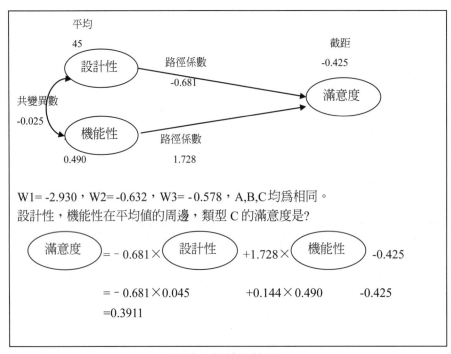

W1= -2.930，W2= -0.632，W3= - 0.578，A,B,C均為相同。

設計性，機能性在平均值的周邊，類型 C 的滿意度是?

滿意度 = - 0.681× 設計性 +1.728× 機能性 -0.425

= - 0.681×0.045　　　+0.144×0.490　　　-0.425

=0.3911

類型 C 的輸出結果

八、輸出結果的顯示

步驟 1　從【檢視】的清單中，選擇【Text 輸出】。

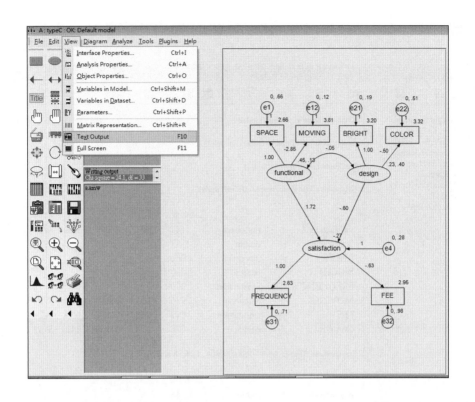

步驟 2　變成了如下的 Text 輸出畫面。

首先，按一下【參數估計值】，觀察輸出結果看看。

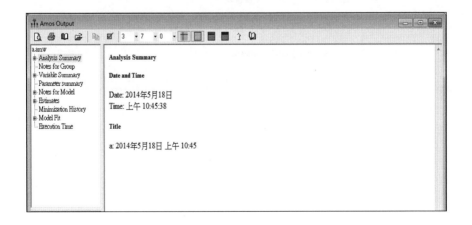

步驟 3　點一下「typeA」，針對參數估計值如下顯示路徑係數。

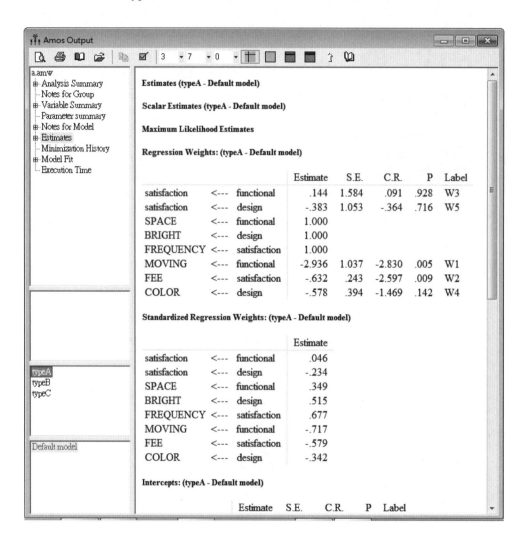

Amos Output

a.amw
- Analysis Summary
- Notes for Group
- Variable Summary
- Parameter summary
- Notes for Model
- Estimates
- Minimization History
- Model Fit
- Execution Time

typeA
typeB
typeC

Default model

Regression Weights: (typeB - Default model)

			Estimate	S.E.	C.R.	P	Label
satisfaction	<---	functional	1.811	5.886	.308	.758	W32
satisfaction	<---	design	-2.380	14.510	-.164	.870	W52
SPACE	<---	functional	1.000				
BRIGHT	<---	design	1.000				
FREQUENCY	<---	satisfaction	1.000				
MOVING	<---	functional	-2.936	1.037	-2.830	.005	W1
FEE	<---	satisfaction	-.632	.243	-2.597	.009	W2
COLOR	<---	design	-.578	.394	-1.469	.142	W4

Standardized Regression Weights: (typeB - Default model)

			Estimate
satisfaction	<---	functional	.689
satisfaction	<---	design	-.666
SPACE	<---	functional	.342
BRIGHT	<---	design	.260
FREQUENCY	<---	satisfaction	.586
MOVING	<---	functional	-.782
FEE	<---	satisfaction	-.548
COLOR	<---	design	-.161

Means: (typeB - Default model)

	Estimate	S.E.	C.R.	P	Label
functional	.097	.104	.940	.347	h12
design	-.248	.226	-1.097	.273	h22

Intercepts: (typeB - Default model)

	Estimate	S.E.	C.R.	P	Label

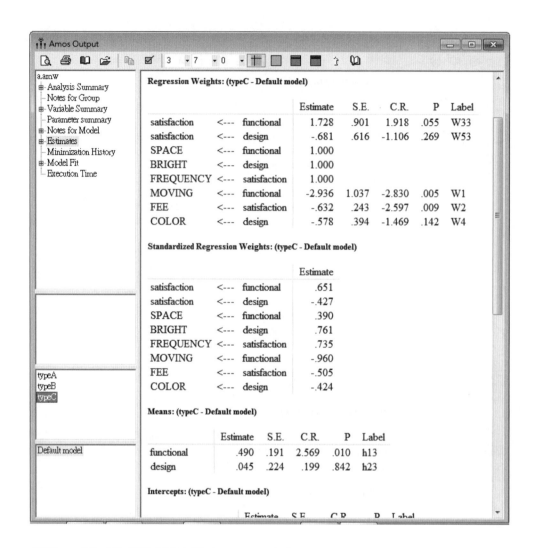

步驟 4 按一下【模式適合度（Model Fit）】。

如下顯示有關適合度的統計量。

Amos Output — Model Fit Summary

CMIN

Model	NPAR	CMIN	DF	P	CMIN/DF
Default model	51	21.552	30	.870	.718
Saturated model	81	.000	0		
Independence model	36	61.747	45	.049	1.372

Baseline Comparisons

Model	NFI Delta1	RFI rho1	IFI Delta2	TLI rho2	CFI
Default model	.651	.476	1.266	1.757	1.000
Saturated model	1.000		1.000		1.000
Independence model	.000	.000	.000	.000	.000

Parsimony-Adjusted Measures

Model	PRATIO	PNFI	PCFI
Default model	.667	.434	.667
Saturated model	.000	.000	.000
Independence model	1.000	.000	.000

NCP

Model	NCP	LO 90	HI 90
Default model	.000	.000	4.813
Saturated model	.000	.000	.000
Independence model	16.747	.067	41.468

FMIN

(1) CMIN 是卡方值

（顯著）機率 0.870 > 顯著水準 0.05

可以認為模式是合適的。

如（顯著）率 < 顯著水準 0.05 時，可以認為模式是不適合的。

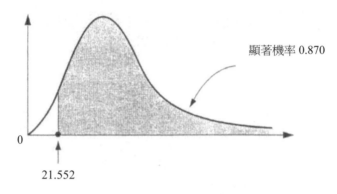

圖 17.8.1 自由變 30 的卡方分配

(2) NFI = 0.651

NFI 接近 1 時，模式的適配可以說是好的。

NFI = 0.651，因之模式的適配可以認為是好的。

(3) RMSEA 未滿 0.05 時，模式的適配可以說是好的。

RMSEA 在 0.1 以上時，模式的適配可以說是不好的。

RMSEA = 0.000，因之模式的適配可以認為是好的。

(4) AIC 是赤池資訊量基準。

AIC 小的模式是好的模式。

（注）有興趣的讀者可參閱另一書《醫護統計與 AMOS》。

■STEP UP

步驟 1 想輸出標準化估計值時，從「檢視(V)」的清單中，選擇【分析性質(A)】。

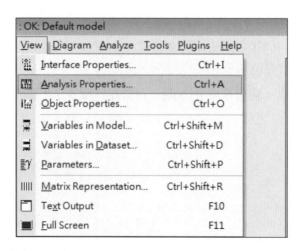

步驟 2 接著在輸出的 Tab 中，勾選□標準化估計值在關閉分析性質的視窗，即可計算估計值。

第18章　貝氏估計

本章說明利用 Amos 的貝氏估計之意義，接著，說明貝氏估計（Bayes's estimate）。所謂貝氏估計，是考慮未知母數的事前資訊，求其估計值的方法。

18.1　貝氏估計與 MCMC

一、利用 Amos 的貝氏估計之意義

利用 Amos 的貝氏估計其意義有以下 4 點：

1. 當作對類別數據、中止數據的應對法。
2. 中止數據的應對法（本書不擬介紹）。
3. 當作對不適解的應對法。
4. 漸近的信賴區間。

以 Amos 26 進行包含類別數據或中止數據的模式化時，就要進行貝氏估計。對於此點，分析者沒有選擇的餘地。

所謂主要的不適解是誤差變數取負值之結果，意指分析的失敗。利用 Amos 的貝氏估計，有時可以迴避特別是起因於樣本數少的不適解。

並且，利用貝氏估計，包含間接效果在內，也可求出各母數的漸近信賴區間。

利用貝氏估計時，無法利用各種適合度指標。利用適合度指標進行模式評價時，就要採用其他的估計法。

二、貝氏估計

所謂貝氏估計，是考慮未知母數的事前資訊，求其估計值的方法。母數的事前資訊，是以事前分配的概念來表現，求出反映此事前分配（prior distribution）之性質的母數之分配，此母數之分配稱為事後分配（posterior distribution）。並且，事後分配的平均值、中央值等的代表值，當作母數的估計值。

在利用貝氏估計時，有以下的問題點。首先，貝氏估計是考慮母數的事前資訊，再去求出估計值，因之事前分配的設定是否隨意，必須充分注意才行。

想利用貝氏估計求解某種程度複雜的模式時，中途的重積分計算變得複雜，也出現無法求出事後分配（與估計值）之問題。

特別是第 2 點的問題，是妨礙貝氏估計法的普及，但因計算機性能之提高與馬可夫鏈蒙地卡羅（Markov Chain Monte Carlo, MCMC）的出現，似乎變得可以解決。

三、MCMC

MCMC 是使用稱為馬可夫鏈（Markov chain）的概念，以產生近似的事後分配。使用 MCMC，可以迴避過去貝氏估計中的重積分計算，因之即使對於複雜的模式來說，可得出解的可能性也就提高。

為了得出近似的事後分配，以演算方式來說有熟知的 Gibbs-Sampler、Metropolis-Hastings、數據擴大演算法等。Amos 安裝有 Metropolis 法（預設）與 Hamiltonian Montecarlo 法。

四、基本機能的說明

此處說明貝氏估計的基本功能。虛構的數據是利用「c11 intel1 1. xls」。包含於「c11 intel1 1.xls」的變數是「推論」、「邏輯」、「計算」、「讀解」、「記憶」，此等 5 個變數是定義「一般智能」的因素，此處，先排除「推論」，利用其他 4 個變數來建構如圖 18.1 的因素分析模式，並且，利用最大概似法求解未標準化估計值。

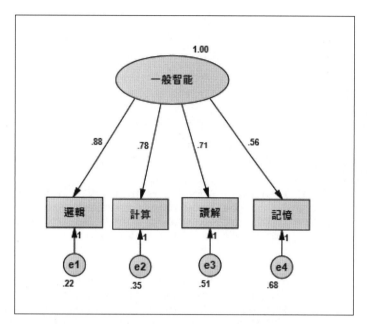

圖 18.1　未標準化估計值「C11 intel 1. amw」

其次，在「分析性質」中勾選「估計平均值與截距」，按一下【貝氏估計】圖像 ▲。於是，出現「貝氏SEM」畫面，自動開始利用MCMC進行抽樣。「貝氏SEM」畫面上部的【收斂統計量】圖像 ●，變成 ☺ 為止，一直持續抽樣，按一下【暫時停止（pause sampling）】圖像 ⏸，即暫時停止（結束）抽樣。

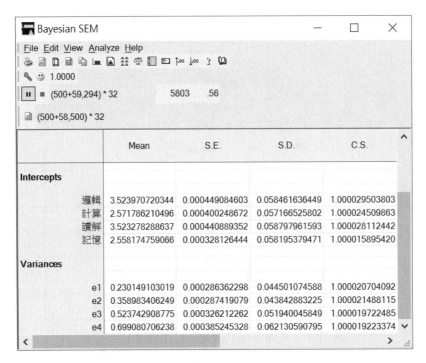

圖 18.2 「貝氏 SEM」畫面的一部分

　　圖 18.2 是結束抽樣時的「貝氏 SEM」的一部分畫面。實際上也顯示觀測變數的截距之估計值。

　　圖中的「平均值」是記載貝氏估計中的母數的估計值。這是表示利用 MCMC 得出近似事後分配的平均值（事後平均）。將圖 18.1 與圖 18.2 相比，知最大概似法的解可適切地重現。

　　「標準誤差（Standard Error, SE）」被定義為利用 MCMC 演算所得出之樣本，求出事後分配時的誤差。與樣本分配中的標準誤差是不同的概念，解釋時需要注意。

　　「標準偏差（Standard Deviation, SD）」被定義為 MCMC 樣本形成之事後分配的標準偏差。與樣本分配中的標準偏差是相同的概念，值愈小，解釋為對母數進行高精度的估計。

18.2　詳細的設定

一、事前分配的指定

按一下「貝氏 SEM」畫面上部的【事前分配（prior）】圖像 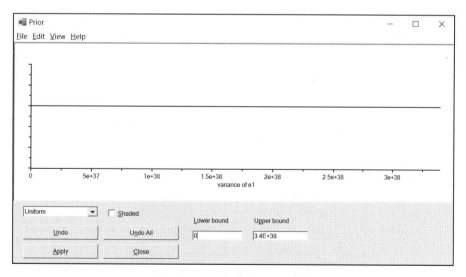 之後，如選擇任意的估計值時，即可顯示它的事前分配。Amos 所準備的事前分配是均一分配（uniform distribution）與常態分配（normal distribution）2 個，預設是設定為均一分配。對母數完全沒有事前資訊時，利用均一分配是妥當的。

預設的均一分配的上限值、下限值分別被設定為 –3.4E+38 與 3.4E+38。像這樣，值可取的範圍極大，實質上沒有上限、下限的均一分配稱為無資訊（擴散）均一分配。

均一分配的上限、下限可在圖 18.3 的畫面中變更成任意之值。發生負的誤差變異數時，將其下限值設定成 0，有時可以得出適切的解。此時，此事前分配，因有實質上的下限，因之稱為未擴散事前分配。

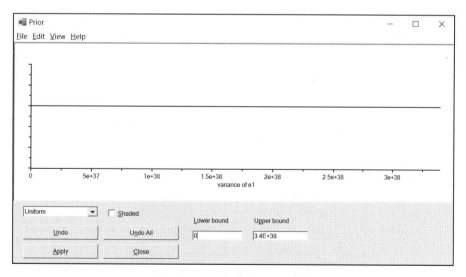

圖 18.3　均一分配的上限、下限值

事前分配選擇常態分配時，要設定平均與標準差。預設是被設定成平均 0、標準差 1 的標準常態分配。只有母數服從常態分配的事前資訊時，有需要取相當

大的標準差。

二、收斂判定

利用 MCMC 的貝氏估計，有需要確認利用 MCMC 演算所得出之樣本，適切表現事後分配之資訊。此作業稱為收斂判定，基於各種圖形的數值的指標來進行，Amos 可以將 MCMC 樣本形成的事後分配之形狀與收斂統計量用於收斂判定。

三、多邊形

按一下【事後分配（posterior）】圖像 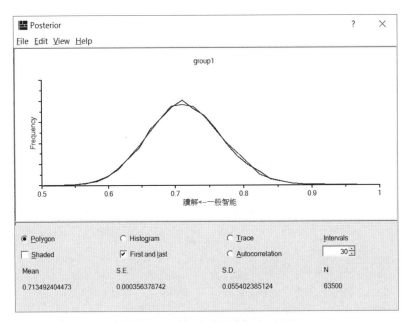，選擇「讀解」的因素負荷量。於是顯示事後分配的「對話框」，於該處勾選「多邊形（polygon）」與「最初及最後的分配（first and last）」。

圖 18.4　事後分配的多邊形

圖 18.4 是此結果。將 MCMC 樣本全體 3 分割時，同時顯示第 1 與第 3 的分配的多邊形。結果收斂時，兩個多邊形即有重疊成一個的傾向。關於此因素負荷量，可以判斷收斂良好。

四、軌跡

其次勾選「軌跡（Trace）」結果，得出圖 18.5 的軌跡圖。這是將 MCMC 樣本被抽出之順序作爲橫軸，樣本之值作爲縱軸所描畫而成者。

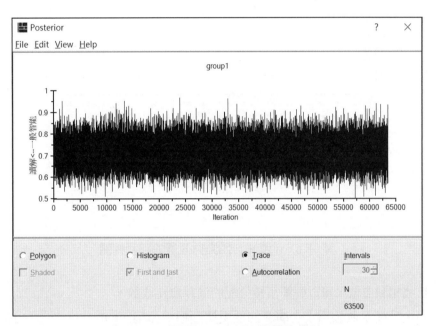

圖 18.5　「讀解」因素負荷量的軌跡

MCMC 樣本之間在數值上沒有自我依存關係者，被判斷爲顯示收斂的型態。圖 18.5 雖然是已被確認爲收斂的軌跡，但估計值間沒有依存關係時，知軌跡形成帶狀。

另一方面，樣本間的自我依存性高時，可產生如細線那樣的軌跡。此情形判定演算未收斂是妥當的。

五、自我相關

其次，勾選「自我相關（Autocorrelation）」於是輸出圖 18.6。

此圖示畫出在各 Lag 中樣本的自我相關。譬如，數據是 6 個，Lag1 的自我相關，即爲 1, 2, 3, 4, 5 與 2, 3, 4, 5, 6 的相關。

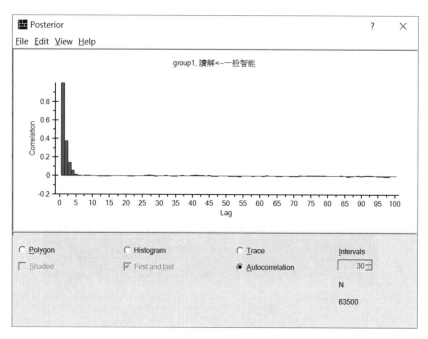

圖 18.6　「讀解」因素負荷量的自我相關

　　自我相關愈低，可以解釋事後分配的演算愈能收斂。

　　事後分配至收斂為止之演算的反覆期間稱為預燒（burn in）期間。預燒期間的樣本會被廢棄。預設的預燒期間設定成 500。自我相關不低時，在「貝氏 SEM」畫面選擇【檢視】→【選項】的【MCMC】Tab，增加預燒期間是可以的。

　　圖 18.6 是廢棄預燒期間之樣本後所描畫的。

六、收斂統計量

　　「貝氏 SEM」畫面中所輸出的「收斂統計量」，未滿 1.002 時，指出該母數的演算已收斂，並且 1.000 時，意指完全收斂。

　　又，「貝氏 SEM」畫面上部的【收斂統計量（Covergence statistic）】圖像，是表現母數整體的收斂。

18.3 分析選項

一、貝氏分析的選項

在「貝氏 SEM」畫面中，如選擇【檢視（View）】→【選項（Option）】時，即顯示出「貝氏分析的選項（Bayesian Options）」。

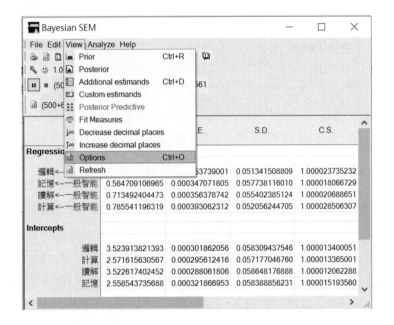

「貝氏分析的選項」，要進行摘要統計量、抽樣、演算的詳細設定。按一下「貝氏分析的選項」的【展示（Display）】Tab 時，即可顯示圖 18.7。

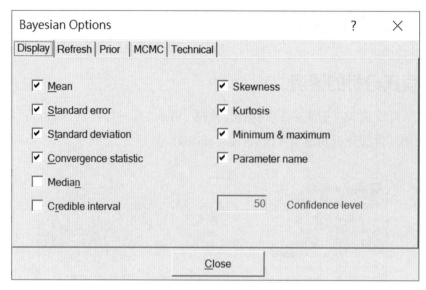

圖 18.7 「展示」Tab 的設定（一部分）

　　預設中，被模擬的事後分配的中央值與（平均值的）信賴區間，雖未顯示在「貝氏 SEM」畫面中，但勾選「展示」Tab 的「中央值」、「信賴區間」，即可讓它顯示。

　　按一下【更新（Refresh）】Tab，即顯示出圖 18.8。此 Tab 是對「貝氏 SEM」畫面上及時（real time）所輸出的事後分配的摘要統計量，設定要以何種程度的頻率在更新。其他，有以手作業更新的方法以及任意的每一秒（預設是一秒）使之自動更新的方法。以手作業更新時，每次要按「貝氏 SEM」畫面的【更新（Refresh）】圖像 。

　　一般提高更新的次數時，演算的計算速度會降低。對收斂的過程沒有興趣時，更新的間隔取長些是賢明的作法。

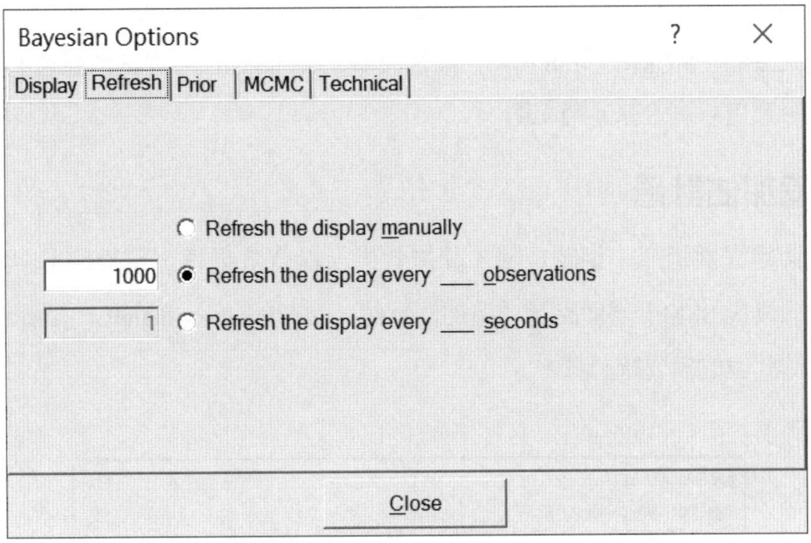

圖 18.8　「更新」Tab 的設定

選擇【事前分配（Prior）】Tab 時，會顯示「容許性測試（Admissibility test）」的確認項目。選擇「容許性測試」對於取負值的誤差變異數，下限即可得出在 0 以上的解。

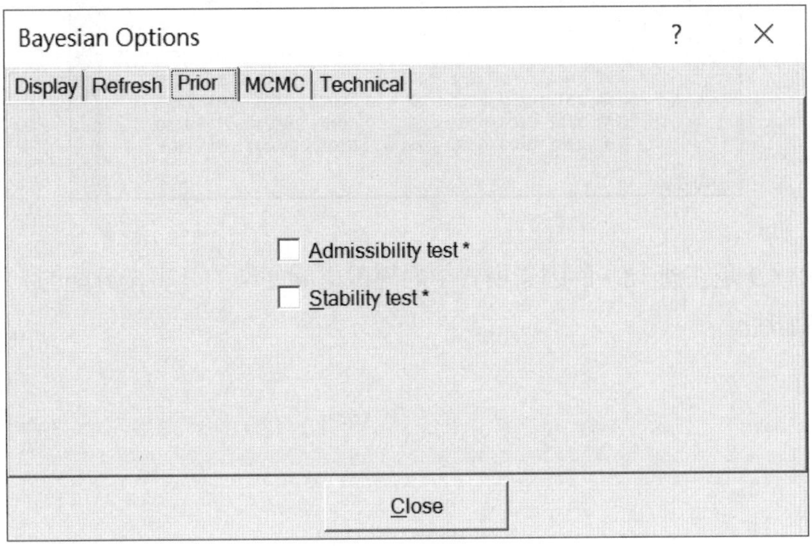

　　如後述，發生起因於模式的不適解時，如勾選「容許性測試」時，有時演算會停止。有關「MCMC」Tab 與「技術性設定（Technical）」Tab 所包含的項目，通常不需要再設定，故省略說明。

二、追加估計值

　　像共變異數矩陣、相關矩陣、間接效果、綜合效果等，預設輸出中並未顯示，從「貝氏 SEM」畫面點選【追加估計值（additional estimands）】圖像 ▦，可得出估計值的摘要統計量。

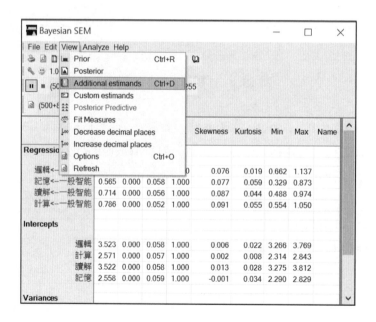

　　圖 18.9 是在圖 18.1 的因素模式中對變數之間相關的（事後分配的）平均值進行追加估計。

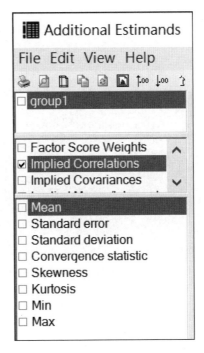

圖 18.9　相關的追加估計（利用「分析性質」的「輸出」Tab 的設定，可改變所顯示的項目）

又從圖 18.7 似乎可知，除「平均值」以外，也可求出「標準值」、「標準誤差」等。並且，在「貝氏分析的選項」的「展示」Tab 中，如選擇「中央值」、「信賴區間」時，在「追加估計值」的選擇項目中，也可追加「中央值」與「信賴區間」。

圖 18.10 是被追加估計之相關的事後平均值。

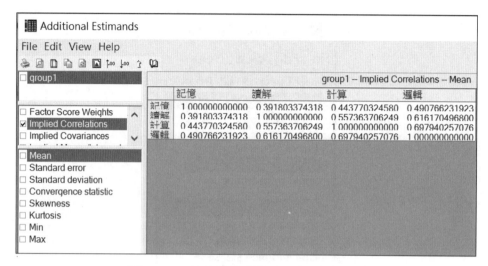

圖 18.10　被追加估計後之相關的平均值

三、適合度

按一下「貝氏 SEM」畫面的【適合度（Fit Measure）】圖像 ⚖ 時，再利用 MCMC 的貝氏估計，可求出模式的相對性適合度指標即 DIC。DIC 與 AIC 一樣，值小的模式，適配即佳。

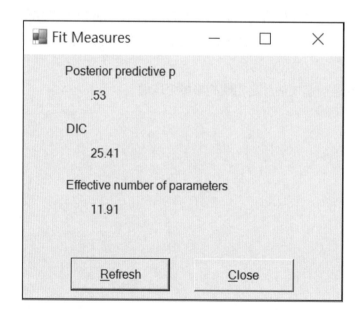

　　所謂輸出中的「有效參數個數」是表示與模式的適合度有取捨關係的模式之複雜度的指標。DIC 是考慮模式的複雜性後的適合度指標，基於此指標，母數個數不同的模式間的比較即可適切進行。

四、適應

　　在「貝氏 SEM」畫面上方，有【適應（adapt）】圖像 🔧，通常此圖像顯示灰色無法被選擇，但在需要調整演算的母數（tuning parameter）的模式之分析中即可選擇。按一下【適應】圖像，【技術性設定（Technical）】Tab 之內容自動地被設定。一般選擇「適應」圖像時，收斂的時間會縮短。

18.4　不適解的因應

一、起因於樣本數的不適解

　　此處說明因樣本數少而發生之不適解時，利用貝氏估計的因應法加以說明。在「c11 intel2. xls」是在「c11 intel1. xls」之中包含 24 人的數據。利用「c11 intel2. xls」執行圖 18.1 的因素分析模式時，「e1」的變異數為 –0.01 成為負值。又在輸出中的「組 / 模式的註釋」中顯示「此解是不適解」。圖 18.11 是顯示模式全體的解。

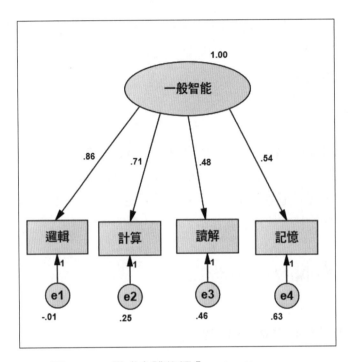

圖 18.11　模式全體的解「c11 intel2. qmw」

因此，執行貝氏估及之前，於分析性質中勾選「估計截距與平均值」，之後，再按一下 ▲ 進行，● 如變成 ☺ 時，再選擇「e1」的估計值。按右鍵使之顯示事前分配，將均一分配（Uniform）的下限值設定成「0」。

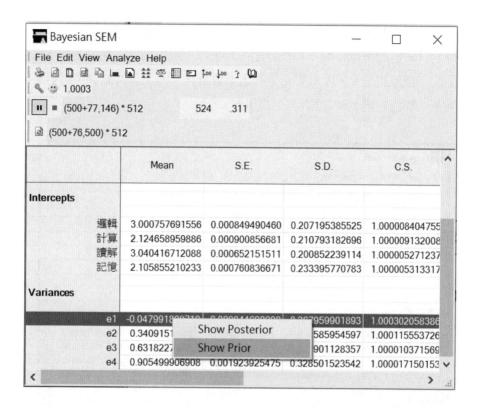

點選右鍵，使之顯示 e1 的事前分配。

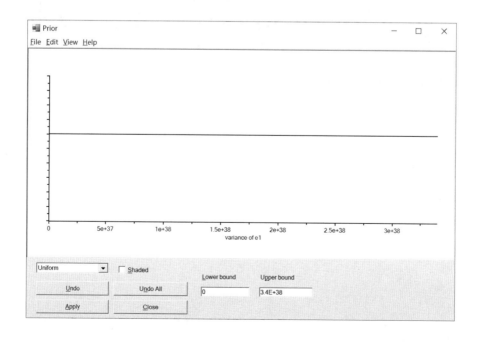

如 ☻ 如變成 ☺ 時，按一下 ▮▮ 抽樣暫時停止，確認結果。圖 18.12 是停止抽樣時的「e1」的事後分配。事後分配由於選擇下限值為 0 的均一分配，因知事後分配的下限值也是 0。因為誤差變異數不會是負，因之有可能得出適切之解。

接著，點選右鍵，使之顯示 e1 的事後分配。

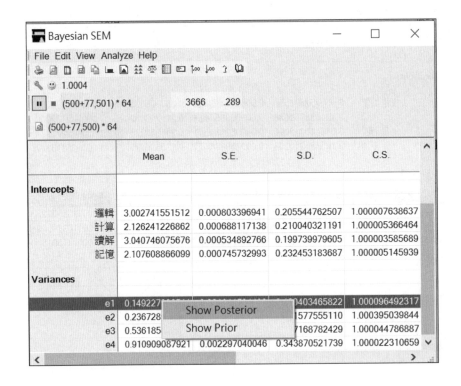

下圖顯示 e1 的事後分配。

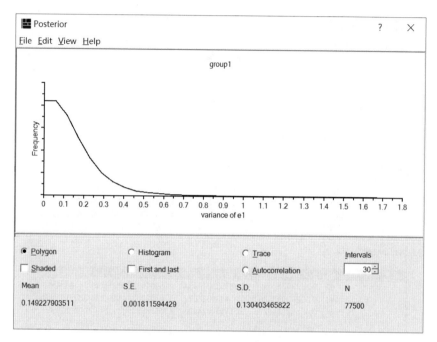

圖 18.12　「e1」的事後分配

　　包含其他估計值在內之結果，如圖 18.13 所示。比較此圖的估計值與圖 18.2 的估計值時，知估計值之間的相對關係，在貝氏法中可以重現。

　　像這樣，因為數據少，即使發生不適解，如能適切設定事前分配時，可近似地得出數據甚多時的結果。

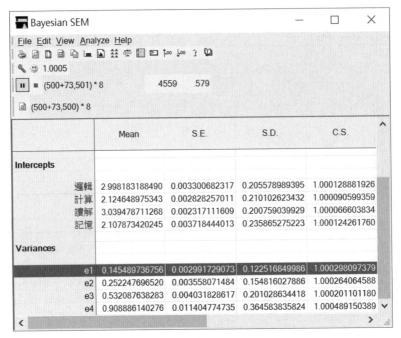

圖 18.13　可回避不適解之結果

二、起因於模式的不適解

其次，對起因於模式的不適解，試考察利用貝氏的因應方法。

「c11 intel1. xls」中也含有「推論」的變數。包含此變數，得出圖 18.14 的因素分析模式的最大概似解。

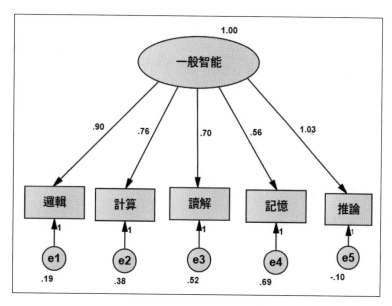

圖 18.14　未標準最大概似解

　　如參照圖 18.14 時，「e5」的變異數是 −0.10 成爲負值，發生不適解。

　　此處依據前節的手續，試著回避不適解。具體言之，將「e5」的變異數的事前分配設定成下限値爲 0 的均一分配後再進行貝氏估計。

　　在開啓「c11 intel3. amw」的狀態下，勾選「分析性質」之「估計平均値與截距」，接著再按一下 ▲，即開始 MCMC 抽樣，照原來那樣，「e5」的變異數收斂於負値，因之依據事前的手續，對此事前分配假定下限値爲 0 的均一分配。

　　於是畫面的右下，顯示出「開始預燒前遷移的接受是在待機中（waiting to accept a transition before beginning burn-in）」，在此狀態下畫面顯示膠著，抽樣未能開始。此時，收斂統計量的圖形顯示成爲藍色的哭臉圖像 ☺。

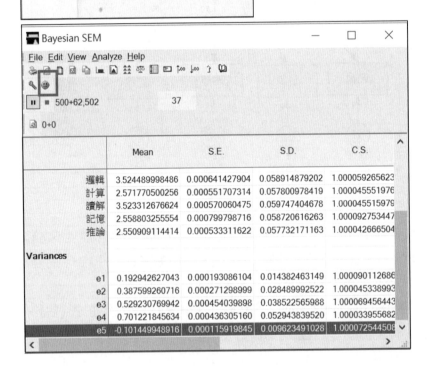

此處，事前分配如假定是平均 0，標準差當作 100 的常態分配時，抽樣即開始，即可從膠著狀態跳出，但有關「e5」卻得出負的變異數。

像這樣起因於模式之不適解出現時，演算就無法開始，或者即使開始，不適解無法解除的可能性也會提高。

在定義因素時，具有太高相關之變數包含於分析數據時，知會發生不適解，事實上「推論」的變數與「邏輯」之變數具有 0.94 的高相關，此時會讓不適解發生。

此時，迴避不適解最妥當的方法是變更模式。如果是本例，將資訊相互冗長的「推論」與「邏輯」之中，刪除 1 個是妥當的處理方法吧。

三、關於不等式的限制

本章說明了利用貝氏法的不適解的處理方法，在其他的軟體中對母數設下不等式的限制（譬如誤差變異數在 0 以上），在最大概似法的架構上也能回避不適解。

第19章 遺漏值與多重代入法

實際收集資料分析時，不一定經常可以得到沒有問題的數據。首先就遺漏值是什麼，以及應如何應對加以說明。為了說明完整數據的製作，介紹數據代入的方法，本章介紹貝氏法代入，之後說明如何利用完整數據組進行估計。

19.1 何謂遺漏值

實際收集資料分析時，像前面的分析例那樣，不一定經常可以得到沒有問題的數據。有關數據的問題有許多，其中像是遺漏值的處理不易，而它的應對方法也提出許多。本章就遺漏值是什麼，以及應如何應對加以說明。

一、遺漏的發生

數據有遺漏值，亦即某變數對某觀測對象得不出數據時，可想出許多理由。此處為了使話題簡單，設想進行意見調查的場面。

此時，首先可以想到的是單純的失誤。很遺憾，意見調查的回答者不一定都認真回答。因之，跳過應回答的地方，相反地，應從選項之中選擇一個，卻選出數個選項的情形等，也是不足為奇的。

其次可以想到的是，回答者無法回答的情形。譬如，假定有一個項目詢問對香菸稅的印象。此種詢問對抽菸者是容易回答，但非抽菸者卻興趣缺缺，而不被回答。

並且，也可想到回答者拒答的情形。譬如，有對體重的詢問項目，對此種詢問項目，體重重的人以它為理由而拒答的情形也有。

像這樣，雖然談到遺漏值，但為何發生該遺漏，卻有各種理由。一般遺漏值基於它的發生結構，可分成如下 3 種。

1. 完全隨機的遺漏（Missing Completely At Random, MCAR）

與遺漏值本身或其他的變數之值無關而發生時，它稱為完全隨機遺漏。先前所述及之第 1 個例子，因回答者的單純失誤而發生數據的遺漏之情形，即與此相當。

如果因回答者的單純失誤發生數據的遺漏時，對該詢問項目原本應回答的內容就不成為發生遺漏的理由。同樣，對其他項目的回答也不成為發生遺漏的理由。

2. 隨機遺漏（Missing At Random, MAR）

與遺漏值本身無關，因其他變數之值成為原因而發生時，它稱為隨機的遺漏。以先前的例子來說，第 2 個例子即與此相當。此例，對香菸稅無法回答印象，是因為非抽菸者對香菸稅的意識淡薄，與了解實情時印象成為如何無關。

3. 不能忽略的遺漏（nonignorable missing）

遺漏值本身成為原因而發生時，它稱為不能忽略的遺漏。以先前的例子來說，第 3 個例子即與此相當。體重越重的人對體重的詢問，遺漏即容易發生，因之遺漏之值本身成為遺漏的原因。

二、遺漏值的應付方法

接著，就此種遺漏值，說明一般所進行的處理方法。

1. 完全排除遺漏值（listwise deletion）

所謂完全排除法，是對即使有 1 個遺漏的觀測對象來說，將觀測對象全體排除的方法。此方法的處理很簡單，經常被使用。可是，即使只有一個遺漏值，卻將整個觀測對象捨去，覺得可惜，在 MCAR 以外的場合中使用此方法時，往後的統計處理就無法正確，此等的問題點也有。

2. 成對排除遺漏值（pairwise deletion）

所謂成對排除法，是在計算相關係數或共異變數時，針對成為計算對象的兩個變數，利用沒有遺漏的數據之方法。因有些不易理解，以例來說明。

假定 A 先生對有 X、Y、Z 三個項目的意見調查進行回答。此時，看漏了回答欄，對項目 Y 忘了回答。此時，成對排除是將 A 先生的觀測對象全部視為無效。另一方面，成對排除時，計算項目 X 與 Y 之相關，Y 與 Z 之相關時，雖將 A 先生排除，但求項目 X 與 Z 之相關時，A 先生則列入計算。這是因為項目 X 與 Z，A 先生仍有適切作答的關係。

此方法，比完全排除能有效活用數據為其優點，但整個數據組的觀測對象數

不定，無法計算適合度有此問題點，因之以 SEM 來分析作為前提時，並不太使用，並且，此方法與完全排除法一樣，如非 MCAR，就無法使用。

3.其他的方法

像這樣，以某種的方式刪除遺漏值的方法，對 MCAR 以外的場面就無法對應。除此以外的情形，特別是以應對 MAR 為目的，提出了各種遺漏值處理的方法。此方法可分成兩類。

一是在遺漏出現的部分代入某種值，製作假完整數據的方法，另一個是即使有遺漏，均不代入值的方法。第 19.2 節說明不代入的方法，第 19.3、19.4 節說明代入的方法。

19.2　完全資訊最大概似估計法

Amos 對於並未特別設定什麼之情形來說，在 19.1.2 節所說明的遺漏值處理方法中，使用不排除數據也不代入的方法。在 Amos 的預設中所使用的對應遺漏值的估計方法稱為**完全資訊最大概似法**（Full Information Maximum Likelihood Estimation, FIML）。本節就使用完全資訊最大概似估計法處理遺漏值的步驟，一面顯示分析例一面說明。

一、遺漏數據的製作與完全排除

以分析例來說，設想就英語、國語、數學、地理 4 科，在 2 個時點測量所得出的虛構學力測驗數據（圖 19.1，「19test1.csv」）。此數據是以 100 分為滿分。在此「19test1.csv」的檔案中，針對 4 科目 ×2 時點合計 8 變數列入 300 人份無遺漏的數據。就此數據首先製作如圖 19.2 的模式後再估計。圖中顯示標準化估計值。

此結果，確認了以 4 個變數構成 1 因素，以及相同科目的觀測變數之間其誤差間之相關相當高。其次，假定此數據的各變數分別以 20% 的機率發生遺漏，隨機的排除數值之後再製作 MCAR 的數據。

對此數據為了比較，首先進行完全排除遺漏值，結果，所有 300 個觀測對象中剩下 51 個觀測值（「19test2.csv」）。使用此數據製作如圖 19.2 一樣的模式所

　　求出的標準化估計值，如圖 19.3 所示。與圖 19.2 比較時，確認出路徑係數整體而言下降，且第一次測驗中國語的結果與第 2 次測驗中國語的結果，因素之間的相關大幅降低。

　　像這樣，縱然是 MCAR，進行完全排除遺漏值大幅減少觀測對象時，得出不太好的估計值的時候也很多。

	A	B	C	D	E	F	G	H
1	英語1	國語1	數學1	地理1	英語2	國語2	數學2	地理2
2	47	78	63	66	13	66	47	62
3	90	81	88	82	91	84	85	85
4	33	68	73	79	29	68	62	65
5	68	67	82	74	95	73	85	81
6	87	77	65	96	98	84	63	84
7	86	89	52	84	82	89	62	89
8	55	66	64	72	41	59	42	78
9	94	71	24	68	70	59	0	61
10	70	74	35	75	44	56	7	75
11	58	60	50	70	37	56	22	49
12	100	73	97	80	100	69	94	84
13	71	84	72	66	76	71	62	78
14	49	75	69	60	22	58	45	45
15	84	76	67	80	82	61	77	83
16	79	79	90	81	76	76	81	80

圖 19.1　使用無遺漏值的數據「19test1.csv」

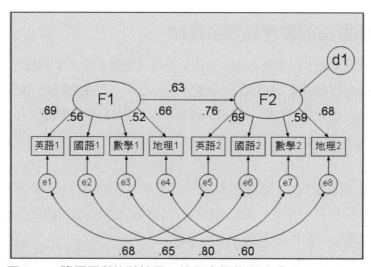

圖 19.2　路徑圖與估計結果：使用完整數據時「19test1.amw」

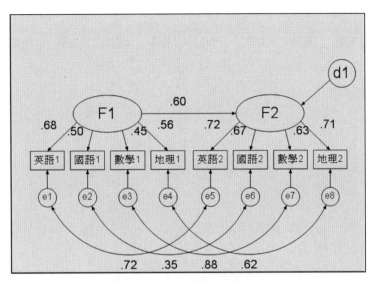

圖 19.3　路徑圖與完全排除處理遺漏時「19test2.amw」

二、完全資訊最大概似估計法的步驟

接著，就完全資訊最大概似估計法的步驟予以說明。此處使用先前所製作的 MCAR 的數據（圖 19.4）。並且用於分析的 amw 檔是「19test3.amw」。首先，讀取數據，製作與圖 19.2 或圖 19.3 同樣的路徑圖。接著，從清單選擇【檢視】→【分析性質】，按下【估計】。然後勾選「估計平均值與截距」，這與引進平均構造的情形是相同的步驟。在完全資訊最大概似估計法方面，為了估計必須引進平均構造。結果，標準化估計值即如圖 19.5 所示。

與圖 19.3 相比較，知圖 19.5 的結果是較為接近圖 19.2，亦即數據無遺漏時的估計值。特別顯著表現在國語的誤差之間的相關中。並且，就模式適合度來說，此次所使用的 3 種數據全部 CFI = 1.000 等，即使說是最適，也仍可得出毫無問題的結果。

	A	B	C	D	E	F	G	H
1	英語1	國語1	數學1	地理1	英語2	國語2	數學2	地理2
2	47	78	63	66	13	66	47	62
3	90	81	88	82	91	84	85	85
4	33	68		79	29	68		65
5		67	82	74		73	85	81
6	87		65	96	98	84	63	84
7	86	89	52	84	82		62	89
8	55	66	64	72	41		42	
9	94	71	24	68	70	59	0	
10	70	74	35	75		56	7	
11	58	60		70	37	56	22	49
12	100	73	97	80	100			84
13	71	84	72		76		62	
14	49	75	69	60	22	58	45	45
15	84		67	80	82			83
16	79	79	90	81	76	76	81	80

｜◀ ◀ ▶ ▶｜ \ c07tests3 /

圖 19.4　隨機刪除數值之後的數據「19test3.csv」

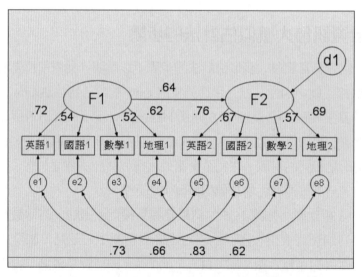

圖 19.5　路徑圖與統計結果：使用完全資訊最大概似估計法

　　像這樣，完全資訊最大概似估計法對有許多遺漏時也是有用的手法。並且比完全排除的手續少，雖然此處並未例示，但對 **MAR** 的情形也可使用。即使是使用完全排除而能處理的場面，也應該積極使用完全資訊最大概似估計法。

數據的代入

　　如 19.1 節所述的那樣，遺漏值處理的另一個方法是在遺漏部分代入數據當作完整數據（**complete data**）的方法。數據的代入已提出有各種方法，其中可分成兩種。一是代入之值只當作一個的方法，另一是代入之值作成數個後計算數個估計值，最後在統合這些方法。後者稱為**多重代入法**，最近此法已成為主流。

　　Amos 有 3 種數據代入的方法。分別是「迴歸法代入」、「機率的迴歸法代入」、「貝氏法代入」。其中，「迴歸法代入」是將代入之值當作只一個的方法，剩下的兩種就成為多重代入法。首先就這些手法簡單說明。

1. **迴歸法代入**（regression imputation）：選擇此方法時，利用所觀測之值或從模式所估計之值，利用迴歸分析將值代入遺漏值。

2. **機率的迴歸法代入**（stochastic regression imputation）：選擇此方法時，在已得出觀測之值或從模式所估計之值之下求出遺漏值的分配，從該分配隨機抽出再代入。

3. **貝氏法代入**（Bayesian imputation）：選擇此方法時，利用第 18 章所說明的貝氏 SEM 進行母數的估計，在已得出觀測之值或從模式所估計之值之下求出遺漏值的分配，從該分配隨機抽出再代入。

一、多重代入法的流程

　　多重代入法的步驟如下。

1. 使用 Amos 的「數據代入（Data Imputation）」，製作所需數目的完整數據組。
2. 就所製作的完整數據組，進行模式估計。
3. 統合各自的分析結果。

　　其中，以 Amos 的機能來說，能自動處理的只有 1.，對於 2. 與 3. 視需要有需要由使用者一方進行。

二、完整數據組的製作

　　此處使用「貝氏法代入」來說明。此次利用有遺漏值的數據檔是「19test4.csv」。此數據是從無遺漏值的完整數據即「19test1.csv」隨機刪除一部分，此點與「19test3.csv」相同，但此處的數據組只有英語 1, 2 分別有 6 成的觀測值是有

遺漏的，對於其他的變數來說則是沒有遺漏的狀況。亦即，英語 1, 2 分別在 300 人中只從 200 人得出。此次，對此數據，以多重代入法補全遺漏值作成完整數據組，再製作從英語第一次到英語第二次的預測模式當作是最終目的。為了製作完整數據組，使用的 amv 檔即為「19test4.amv」。

　　首先，製作與圖 19.2 一樣的路徑圖。然後與完全資訊最大估計法一樣，從清單選擇【檢視】→【分析性質】，按一下【估計】。然後勾選「估計平均值與截距」。在多重代入法此設定是需要的。

　　其次，從清單選擇【分析】→【數據代入（Data Imputation）】。於是，變成如圖 19.6 的畫面，因之設定代入方法、完整數據組數、全部的完整數據組是否以單一檔案輸出，按一下「代入」。此處勾選「貝氏代入法」，「完整數據組數（Number of completed datasets）」設定 10，一個完整數據組當成一個檔案的型式（「勾選多重輸出檔案」）。

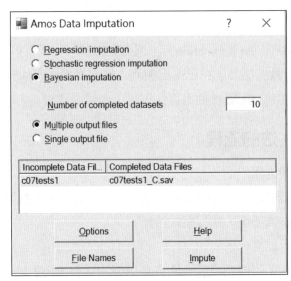

圖 19.6　遺漏值的代入方法等的設定

　　按一下【代入】時，即進行模式的估計，接著，顯示如圖 19.7 的畫面。此處按一下【OK】時，指定數（此情形是 10）的完整數據組即可在指定的檔案夾中作成。第一個數據組「19test4_C1.sav」的內容即為圖 19.8。另外，數據製作失敗，只能作出指定數以下的完整數據組的情形也有。如果需要有某一定數的完

整數據組時，將「完整數據組數」事先指定多些爲宜。

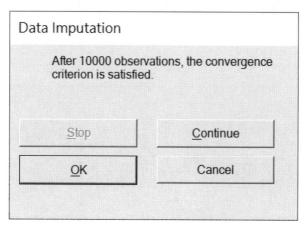

圖 19.7　模式的收斂畫面

	英語2	國語2	數學2	地理2	F1	F2	CaseNo	ImputeNo
1	13.00	66.00	47.00	62.00	-4.30	-26.38	1.00	1.00
2	91.00	84.00	85.00	85.00	6.84	20.65	2.00	1.00
3	37.33	68.00	62.00	65.00	17.01	7.18	3.00	1.00
4	95.00	73.00	85.00	81.00	-5.58	7.77	4.00	1.00
5	96.97	84.00	63.00	84.00	12.69	17.21	5.00	1.00
6	82.00	89.00	62.00	89.00	12.99	22.20	6.00	1.00

圖 19.8　檔案 19test4_C1.sav 的一部分

使用亂數進行模擬，因之每次執行，輸出即不同。

由圖 19.8 可以確認「英語 2」中之值已被代入（小數點以下並非 0），對於「F1」「F2」來說，各個觀測對象的值也有所給與。並且，「Case NO」是觀測對象的號碼，「Impute NO」是完整數據組的號碼。

對於完整數據組的統計處理，統合後最終結果的計算，容下節說明。

19.4　完整數據組的利用

如前節所說明，Amos 的多重代入法有 3 階段，其中 Amos 能自動執行的是第 1 階段，只是製作補全遺漏值的完整數據而已。利用完整數據進行統計處理，評價其結果全部必須由使用者一方來進行。本節，就以多重代入法補全遺漏值的完整數據的使用法予以說明。

　　於說明時，就此次的分析的模式，先確認原本的數據可得出何種的估計值。本節使用的模式的路徑圖與使用全部數據的「19test1.csv」時的未標準化估計值如圖 19.9 所示，另外，路徑下方的括號所記入的數值是估計值的標準誤。此值可在「正文輸出」中確認。

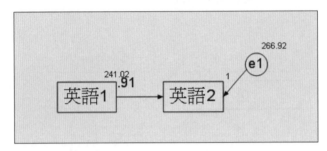

圖 19.9　路徑圖與估計結果：使用完整數據時「19test5.amw」

　　其次，對有遺漏的處理進行完全排除，以排除後的數據「19test6.csv」求出估計值後，即如圖 19.10。進行完全排除後的觀測數是 52。與遺漏前相比，進行完全排除後估計值偏離甚大，標準誤也大。

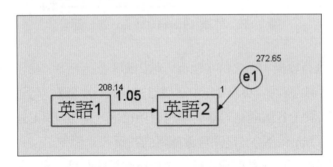

圖 19.10　路徑圖與估計結果：排除遺漏值時「19test1.amw」

一、使用完整數據組的估計

　　將與圖 19.9、圖 19.10 相同的模式，套用在前節所作成的完整數據「19test4_C1.sav」～「19test4_C10. sav」中。結果，從「英語 1」到「英語 2」的路徑係數的未標準化估計值與標準誤差如表 19.1 所示（「19test4_C1.amw」～「19test4_C10. amw」）。

表 19.1　由完整數據所得出的估計值

	係數標準差
1	0.98 0.06
2	1.03 0.05
3	1.02 0.06
4	1.07 0.07
5	1.26 0.06
6	1.16 0.06
7	1.01 0.06
8	1.10 0.06
9	1.14 0.05
10	1.03 0.06

與進行完全排除時的情形一樣，係數的估計值略微大些，但與完全排除相比，使用完整數據估計時的估計值是 0.91，知得出許多非常相近之值。

二、結果的統合

前節得出 10 個估計值與 10 個標準誤差，但無法照這樣的形式使用。有需要將結果統合成 1 個。對於統合所用的公式於此處說明。

T 當作完整數據組的個數，$a^{(t)}$ 當作第 t 個完整數據組中的估計值。

此時，統合估計值的公式是

$$\bar{a} = \frac{1}{T} \sum_{t=1}^{T} a^{(t)} \tag{19.1}$$

這不過是以所有的完整數據組所得出的估計值。

由表 19.1 來看，在多重代入法中的路徑係數的未標準化估計值是

$$\bar{a} = (0.98 + 1.03 + 1.02 + 1.07 + 1.26 + 1.16 + 1.01 + 1.1 + 1.14 + 1.03)/10 = 1.08 \tag{19.2}$$

其次，就求標準誤差的公式加以說明。$\sqrt{e^{(t)}}$ 當作第 t 個完整數據組中的估計值之標準誤差。此處，首先求出

$$U = \frac{1}{T} \sum_{t=1}^{T} e^{(t)} \tag{19.3}$$

此即求出各個在完整數據內之估計值的變異數的平均值。由表 19.1 得出

$$U = (0.06^2 + \cdots + 0.05^2 + 0.06^2)/10 - 0.0035 \tag{19.4}$$

接著，求完整數據組間的估計值的變異數，這使用平常的變異數的公式及可求出：

$$V = \frac{1}{T-1} \sum_{t=1}^{T} (a^{(t)} - \overline{a})^2 \tag{19.5}$$

亦即，

$$V = [(0.98 - 1.08)^2 + (1.03 - 1.08)^2 + \cdots + (1.03 - 1.08)^2]/9$$
$$= 0.0074 \tag{19.6}$$

然後綜合（19.3）式與（19.5）式求出全體的變異數。

$$W = U + (1 + \frac{1}{T})V \tag{19.7}$$
$$= 0.0035 + \frac{11}{10} \times 0.0074$$
$$= 0.012 \tag{19.8}$$

因之，標準偏差即為

$$\sqrt{W} = \sqrt{0.012} = 0.11$$

　　因之，估計值的 95% 信賴區間是 $0.86 \leq \hat{a} \leq 1.30$。使用所有數據的信賴區間是 $0.79 \leq \hat{a} \leq 1.03$，對於有遺漏值的數據，進行完全排除時是 $0.95 \leq \hat{a} \leq 1.53$，與完全排除相比，已看出有相當的改善。

第20章 結構方程模式分析須知

結構方程模式分析是「建構模式＝繪製出要表現假設的路經圖」。將具有數據的觀測變數，與未具有數據其意指概念的潛在變數加以組合，一面考量意義一面繪製關係性。

本章說明建構模式與參數估計時的重點與注意事項。

20.1 模式的建構與估計

一、模式建構的重點

結構方程模式分析是「建構模式＝繪製出要表現假設的路經圖」。將具有數據的觀測變數，與未具有數據其意指概念的潛在變數加以組合，一面考量意義一面繪製關係性。建構模式時有 3 個重點。

■要將潛在變數與觀測變數的對應關係明確化

1.讓潛在變數與觀測變數對應的主要方法

(1) 備有表現假設的潛在變數，定義出與它相對應的觀測變數。

(2) 備有數個觀測變數，以因素分析等探索及定義潛在因素。

（注）潛在變數與觀測變數的整合性，使用「信度係數 α」確認的方法也經常採行。

2.使用潛在變數的 2 個好處

(1) 引進潛在變數，可以歸納出顯示有類似傾向的觀測變數。

(2) 如果在潛在變數之間檢討因果關係時，比直接處理許多的變數間的關係更具效率。

3.構成潛在變數的觀測變數的個數

考慮到結果的解釋的容易性以 3～5 個左右為基準。1 個觀測變數是無法估計參數（除了誤差變異數之值已知外），2 個觀測變數時，有來自其他變數的單向或接受雙向箭頭時才能推計。另外，一個路徑圖中所包含的觀測變數的個數若是 3 個，無法得出適合度（cmin = 0, df = 0），因之最好 4 個以上。

4. 構成潛在變數的箭頭方向：「測量方程式類型」與「結構方程式類型」

　　對潛在變數而言有箭頭方向不同的 2 個類型。誤差的影響未包含在潛在變數中，或者在使用雙向箭頭的觀測變數之間計測關係性的也有，測量方程式的類型被使用的較多。

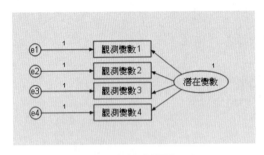

測量方程式類型
（潛在變數是觀測變數的共同原因）

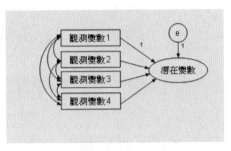

結構方程式類型
（潛在變數是相互有關係之觀測變數的加權比重和）

■將潛在變數間的關係表現成路徑圖

　　檢視所假設的數個潛在變數之間的關係。繪製路徑圖時，一面考量意義一面製作數個模式，從中檢視數據與模式的適合性、分析的意義、結果的有用性，最後再選擇模式。

（注）從事前的探索性因素分析（斜交解）或確認式因素分析所得到的因素間相關係數等，整理出有關潛在變數間的雙向關係的見解時，有用性會更高。

■確認 3 個必要條件

1. 基本假設的客觀性：所建立的基本假設與所表現的路徑圖有無客觀性。

2. 數據與模式的適合性：模式能否說明數據（適合度指標）。

3. 結果的有用性：能否從分析結果得到有用性高的見解或在策略上的啓示。

二、因果關係成立的 4 個基本條件

　　因果關係可定義爲「A 是說明 B 的一部分，或 B 是提高發生機率的充分條件」。路徑圖中繪製表現因果關係之單向路徑時，有需要考慮原因與結果的關係。特別是 2 個要因間的關係，要注意從相關係數解讀之相關關係與因果關係是不同的，因果關係成立的基本條件，依據日本早稻田大學教授豐田秀樹（1992）

在醫療的領域中所使用的制定基準，以「抽菸是肺癌的風險要因」為例，舉出 4 個條件。

1. 時間上的先行

x（抽菸量）先行於 y（肺癌）出現。

2. 2 變量間之關聯強度

x（抽菸量）增加，隨之 y（肺癌）的死亡率也增加是可以確認的。

3. 關聯的普遍性

x（抽菸量）與 y（肺癌）之關係不受時間、場所、對象的選取方法，都一樣被認同。

4. 關聯的整合性

香菸中包含的尼古丁會增加肺癌風險的假定，在醫療、生理學的觀點（實質科學上的見解）並不矛盾可以說明。

抽菸與肺癌的發生率之關係，由於滿足上述 4 個條件，因之可用來作為說明因果關係的例子。當然肺癌的發生不只是抽菸，其他也有影響的原因。相反地，以相關關係 ≠ 因果關係的例子來說，儘管「青蛙的叫聲量與下雨量之間有相關，卻不能說明青蛙叫聲是造成下雨的原因」。

三、路徑圖與方程式的對應

結構方程模式的路徑圖是對應著方程式繪製的。

1. 單迴歸模式

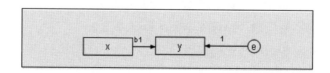

$$y = \alpha + \beta x + e$$

（注）Amos 是將常數項 α 當作截距，【分析性質】圖像→【估計】→【平均與截距的估計】。

2. 複迴歸模式

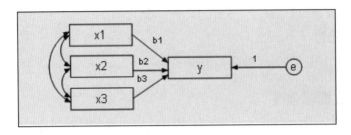

$$y = \alpha + \beta_1 x_1 + \beta_2 x_2 + \beta_3 x_3 + e$$

3. PLS 模式

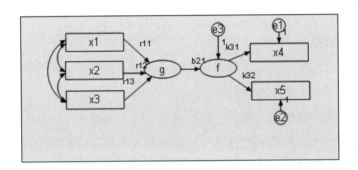

測量方程式 結構方程式

$$x_4 = k_{31} \times f + e_1 \qquad\qquad g = r_{11} \times x_1 + r_{12} \times x_2 + r_{13}x_3$$

$$x_5 = k_{32} \times f + e_2 \qquad\qquad f = b_{21} \times g + e_3$$

> x = 觀測變數，f = 內生的潛在變數，g = 外生的潛在變數，e = 誤差
>
> k_{3i} = 從 f 到 x_i 的影響指標（路徑係數），i = 1, 2
>
> r_{1i} = 從 x_i 到 g 的影響指標（路徑係數），i = 1, 2, 3
>
> b_{21} = 從 g 到 f 的影響指標（路徑係數）

四、結構方程模式的估計

結構方程模式是從觀測變數的共變異數矩陣（相關矩陣）估計係數，從所得

到的係數利用模式所重現的共變異數矩陣與實際由數據所得的共變異數矩陣使之能一致而去求解。變數的估計法有最小平方法與最大概似法，Amos 的預設是採用最大概似法。

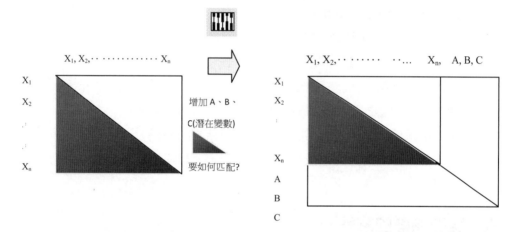

■觀測變數（$x_1 \sim x_n$）的共變異數矩陣

■以模式所估計的共變異數矩陣

五、共變異數與相關係數

　　共變異數是意指 2 個變數間之關係性的統計指標，因為受到變數的單位不同之影響，一般經常使用除去單位影響的相關係數。

1. x 與 y 的共變異數（s_{xy}）

　　(1) $s_{xy} = \dfrac{1}{N} \sum\limits_{i=1}^{N} (x_i - \bar{x})(y_i - \bar{y})$

　　(2) $s_{xy} = \{ \left[x - \left(x\text{ 的平均值} \right) \right] \times \left[y - \left(y\text{ 的平均值} \right) \right] \text{的總和} \} \div \text{樣本數}$

2. x 與 y 的相關係數（pearson 的機率相關系數）

　　(1) $\gamma = \dfrac{s_{xy}}{s_x s_y} = \dfrac{\sum\limits_{i=1}^{n} (x_i - \bar{x})(y_i - \bar{y})}{\sqrt{\sum\limits_{i=1}^{n} (x_i - \bar{x})^2 (y_i - \bar{y})^2}}$

　　(2) $\gamma = \dfrac{x\text{ 與 }y\text{ 的共變異數}}{(x\text{ 的標準差}) \times (y\text{ 的標準差})}$

3. 相關係數之值是在 −1.0～1.0 之間，意謂 2 個變數間之直線關係的強度。

4. 符號條件正時是正的相關（一方增加，另一方也增加），符號條件負時是負的相關（一方增加另一方減少），值越接近 0，可以說無相關（無關係）。

5. 並無判斷相關係數大小的客觀性基準，依據絕對值的大小，可以使用以下的指標。

   (1) $0.0 \leqq |r| \leqq 0.2$ 幾乎無相關

   (2) $0.2 \leqq |r| \leqq 0.4$ 有弱的相關

   (3) $0.4 \leqq |r| \leqq 0.7$ 有中度的相關

   (4) $0.7 \leqq |r| \leqq 1.0$ 有強度的相關

6. 相關係數當有①偏離值②有曲線關係③包含異質的群體時，無法正確反映整個群體的傾向，因之最好繪製散佈圖以視覺的方式確認數據。

7. 要注意相關關係並不意謂因果關係（原因與結果的關係）。另外，路徑圖上「共變異數＝雙向箭頭的未標準化估計值」，「相關係數＝雙向箭頭的標準化估計值」。

六、路徑係數的解釋

1. 未標準化估計值：受單位的影響，可以解釋關係的大小。相當於迴歸分析的偏迴歸係數。

2. 標準化估計值：將所有變數的變異數標準化成為 1 之值。不受單位之影響，值在 −1.0 與 1.0 之間，越接近 1.0，可以解釋變數間的關係越強，相當於迴歸分析的標準化偏迴歸係數。

（注）標準化估計值的絕對值超過 1.0 是很少的。

　　雙向路徑 > 1.0: 因為是相關係數，超出 1.0 時，不適解的可能性高。

　　單向路徑 > 1.0: 沒有問題的情形也有。所假定之獨立變數間的相關高時，不適解的可能性高。

七、綜合效果與間接效果

　　路徑圖中從通過路徑之組合可得出直接效果、間接效果、綜合效果。

　　間接效果與綜合效果，是在事前充分檢討路徑圖本身的構造後再使用。

1. 直接效果：2 個變數間的關聯性，各路徑所表示的路徑係數。

2. 間接效果：路徑經由數個要因時的影響。是指有關係的一條路線上的路徑係數

的乘積（通過 2 條路線時，計算各路線再合計）。

3. 綜合效果：直接效果與間接效果之和。2 個觀測變數之間的綜合效果近似相關係數。

計算間接效果時，不包含相反方向的路徑與雙向箭頭的路徑。

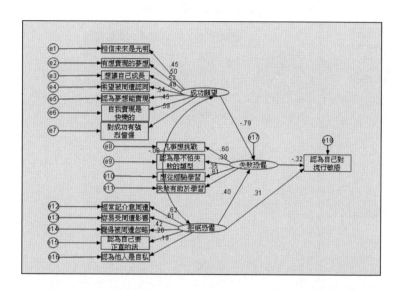

【例】從「對拒絕的恐懼」到「對流行敏感」的效果（標準化效果）

(1) 直接效果：「對拒絕的恐懼→對流行敏感」= 0.31

(2) 間接效果：「對拒絕的恐懼→（經由對失敗的恐懼）→對流行敏感」= 0.40×(−0.32) = −0.13

(3) 綜合效果 = 直接效果與間接效果 = 0.31 + (−0.13) = 0.18

Amos 是選取【分析性質】圖像（ ）→【輸出】Tab→勾選「間接、直接、綜合效果 (E)」再執行分析。

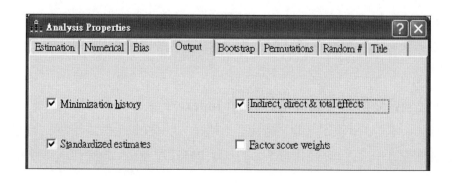

利用 Amos 輸出即可得出「標準化綜合效果」、「標準化間接效果」。

Amos Output

aa.amw
- Analysis Summary
- Notes for Group
- Variable Summary
- Parameter summary
- Notes for Model
- Estimates
- Minimization History
- Model Fit
- Execution Time

Total Effects (Group number 1 - Default model)

	拒絕恐懼	成功願望	失敗恐懼
失敗恐懼	.169	-.333	.000
FASHION	.158	.217	-.650
R7	.141	.000	.000
R5	.247	.000	.000
R4	.386	.000	.000
R3	.537	.000	.000
R1	.545	.000	.000
F7	.192	-.378	1.134
F6	.092	-.182	.547
F3	.145	-.285	.856
F1	.169	-.333	1.000
S1	.000	.402	.000
S7	.000	.480	.000
S6	.000	.347	.000
S5	.000	.452	.000
S4	.000	.380	.000
S3	.000	.326	.000
S2	.000	.448	.000

Group number 1

（注）R：表拒絕，F 表失敗，S 表成功，Fashion：表流行。

20.2 模式與數據的適配

一、適合度指標

結構方程模式分析的適合度指標並無決定性者，有許多的指標被研究、提出，因之要從數個指標綜合來判斷。從所提出的許多指標之中較具代表的有以下指標。

1. GFI（適合變指標：Goodness of Fit Index）

GFI 通常是在 0 與 1 之間，越接近 1 越好，以 0.9 以上做為基準，但變數甚多的複雜模式中接近 0.9 是相當不易的，以 RMSEA 等其他指標作為參考再判斷

是最好的。

$$GIF = 1 - 1 - \frac{tr((\sum(\hat{\theta})^{-1}(S - \sum(\hat{\theta})))^2)}{tr((\sum(\hat{\theta})^{-1}S)^2)} = 1 - \frac{tr((\sum(\hat{\theta})^{-1}S - I)^2)}{tr((\sum(\hat{\theta})^{-1}S)^2)}$$

2. AGFI（修正適合度指標：**Adjusted Goodness of Fit Nedex**）

　　AGFI 是對 GFI 考慮模式的自由度（df）之指標，與 GFI 一樣，值是在 0 與 1 之間，越接近 1 可以解釋適合度越好，GFI 相當於迴歸分析中的複相關係數，AGFI 相當於修正自由度的複相關係數。

$$AGFI = 1 - \frac{n(n+1)}{2df}(1 - GFI)$$

3. CFI（比較適合度指標：**Comparative Fit Index**）

　　是在 0 與 1 之間，越接近 1 判斷適合越佳。像平均結構模式等估計平均值與截距的模式，取代 GFI 與 AGFI，使用 CFI 的有不少。

$$CFI = 1 - \frac{\max((N-1)f_{ML} - df, 0)}{\max((N-1)f_0 - df_0, 0)}$$

4. RMSEA（均方誤差平方根：**Root Mean Square Error of Approximation**）

　　在複雜的模式中使用甚多的指標。模式的分配與真正分配之偏離以每 1 個自由度的量來表現。值越小判斷越好。以基準來說，在 0.05 以下適配是好的。0.08 以下：妥當；0.10 以上不應採納的模式（Browne & Cudeck, 1993）

$$RMSEA = \sqrt{\max(\frac{f_{ML}}{df} - \frac{1}{N-1}, 0)}$$

5. AIC（赤池資訊量基準：**Akaike's Information Criterion**）

　　AIC 是與其他指標不同，比較數個模式時評價相對性好壞的指標。在比較的模式中，如果 GIF、AGFI、CFI 等均不變時，AIC 之值最少的模式當作最適模式採納。

$$AIC = \chi^2 - 2df$$

參考 χ^2 檢定

①模式複雜，②數據不服從多變量常態分配，③樣本數多，在此 3 個情形中檢定結果是沒有幫助的，因之要使用其他的適合度指標。

二、路徑係數的檢定

以評估路徑係數安全性的方法來說，經常使用 Wald 檢定，用以檢定「無因果關係」=「路徑係數是 0」的假設。Amos 在「估計值－係數」中輸出有依據檢定估計量的顯著機率，顯著水準當作 5% 時，機率之值超過 0.05 的路徑，影響力不安定，可以判斷是不顯著的路徑（可以刪除）。

另外，「***」是 1% 顯著，意謂安定。

1. Amos 輸出的例子：估計值－係數

			Estimate	S.E.	C.R.	P	Label
失敗恐懼	<---	拒絕恐懼	.169	.049	3.418	***	
失敗恐懼	<---	成功願望	-.333	.056	-5.957	***	
S2	<---	成功願望	.448	.077	5.792	***	
S3	<---	成功願望	.326	.053	6.144	***	
S4	<---	成功願望	.380	.068	5.633	***	
S5	<---	成功願望	.452	.071	6.385	***	
S6	<---	成功願望	.347	.067	5.215	***	
S7	<---	成功願望	.480	.068	7.034	***	
S1	<---	成功願望	.402	.078	5.167	***	
F1	<---	失敗恐懼	1.000				
F3	<---	失敗恐懼	.856	.223	3.838	***	
F6	<---	失敗恐懼	.547	.155	3.523	***	
F7	<---	失敗恐懼	1.134	.212	5.353	***	
R1	<---	拒絕恐懼	.545	.087	6.269	***	
R3	<---	拒絕恐懼	.537	.087	6.180	***	
R4	<---	拒絕恐懼	.386	.088	4.380	***	
R5	<---	拒絕恐懼	.247	.086	2.876	.004	
R7	<---	拒絕恐懼	.141	.071	1.971	.049	
FASHION	<---	失敗恐懼	-.650	.236	-2.752	.006	
FASHION	<---	拒絕恐懼	.268	.101	2.646	.008	

2. 利用路徑係數的檢定來修正模式

(1) 刪除不安定的路徑時，模式整體的適合度大多會上升。

(2) 不安定的路徑有數個時，刪除 1 個路徑，其他路徑的安定性會增高的情形也有，因之重複「先刪除最不安定的路徑→再分析→驗證結果」。

(3) 最終來說，並非一定刪除不安定的路徑，一面考察以模式所表現假設的意義，一面檢討路徑的有無。

(4) 路徑不安定卻成為有用見解的情形也有。

(5) 路徑係數大，機率不安定的路徑，如增加樣本數，安定性會提高的情形也有。

三、修正指數

　　分析者在路徑圖上未設定的變數間假定了單向或雙向的路徑時，基於值是否減少，修正指數（M.I.）可得出改善模式適合度的線索。與 Wald 檢定可以檢出不安定的路徑（應刪除的路徑）是相對照的。

　　Amos 是在【分析性質】圖像（▦）→【輸出】Tab →勾選【修正指數（M.I.）】。在【修正指數的門檻值 (L)】中輸出「4」[註]再執行分析時，即在【Amos 輸出】中輸出有修正指數。

（注）期待 χ^2 檢定的減少值 = 為了在 5% 水準下值能有顯著變化，需要減少「3.84」以上，因之將 3.84 四捨五入後的「4」當作預設。

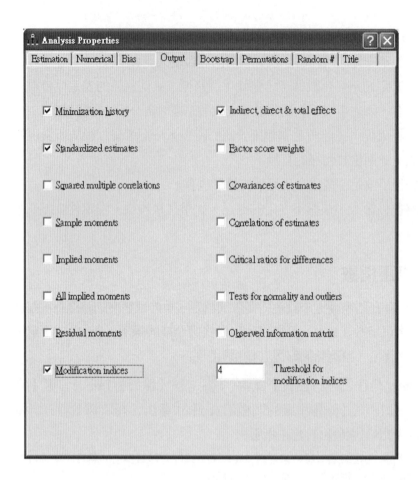

■ Amos 輸出例：修正指數－共變異數

			修正指數	改善度
e5	<-->	e10	6.012	.091
e4	<-->	e20	16.431	.167
e4	<-->	e12	8.679	.132
e4	<-->	e7	7.410	.111
e3	<-->	e11	12.229	.105
e3	<-->	e10	35.711	-.168
e3	<-->	e9	15.436	.155
e3	<-->	e7	4.439	.066
e2	<-->	e5	7.758	.133

檢視值大的關係

【例】一面考察意義，在誤差變數 e_3 與 e_{10} 加上雙向路徑再分析的結果，路徑係數成為 –0.32（未標準化估計值），GIF 從 0.895 改善成 0.928。

■利用修正指數來修正模式

1. 著眼於修正指數之值高者，修正路徑圖再執行分析。改善度是顯示此時的共變異數或路徑的估計值（估計值是下限，實際上與除去路徑再分析所得之值是不同的）。

2. 利用結果的解釋並不成立的路徑來修正是沒有意義的。修正模式時要重視模式的意義。

四、判定係數與影響度

在結構方程模式分析中，從獨立變數到從屬變數的標準化路徑係數的平方和即為判定係數，意謂獨立變數的影響度（各獨立變數說明從屬變數變動的程度）。

Amos 是選擇【分析性質】圖像（ 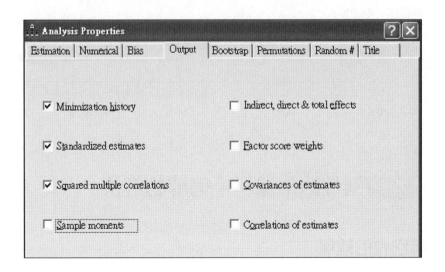 ）→【輸出】Tab →勾選【複相關係數的平方】再執行分析時，路徑圖（標準化估計值）的各從屬變數（接受箭頭的變數）的右肩上即輸出判定係數。

判定係數通常是在 0 與 1 之間，愈接近 1，判斷獨立變數對從屬變數的說明

力越高，另外，模式內的誤差變數所表示的並不只是測量誤差，所以判定係數並非當作信度的估計值，當作信度下限的估計值來解釋。

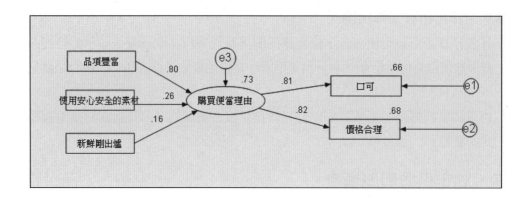

【例】對便當的購入理由來說，「品項豐富」「安全的素材」「剛出爐」的影響度
$= 0.80^2 + 0.26^2 + 0.26^2 = 0.640 + 0.068 + 0.026 = 0.73$

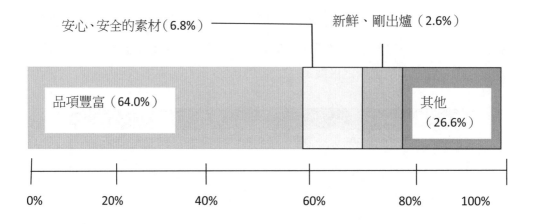

20.3 識別性的確保與不適解的解決

一、識別性的確保

探討潛在變數此種無法直接觀測大小的結構方程模式，模式構成的自由度高，相反的常會因解的不安定的鑑別性問題而受挫。以 Amos 繪製路徑圖執行推

估，像下圖那樣反覆計算（iteration）在 1 處就一直停止而出現無法求解的狀態，
此情形可以設想識別性無法確保的例子。

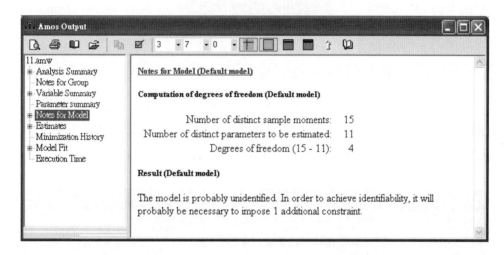

　　數據與所設想的路徑圖並不一致無法確保識別性的例子，有需要重新檢討數
據或路徑圖，路徑圖所輸入的部分設定是原因造成解不安定的情形也有，繪製路
徑圖時要留意以下幾點。

1. 將構成潛在變數的觀測變數的路徑係數之中的一者固定成「1」。

　　固定任一路徑，標準化估計值均相同。考慮到未標準化估計值的解釋容易
　　時，有固定「想作為解釋基準之具有單位的變數」或「與潛在變數的正負一致
　　的觀測變數」等之方法。

2. 一個也未接受單向箭頭的潛在變數，並非將路徑係數而是將變異數固定成
　　「1」。

　　固定潛在變數的變異數，可得出路徑係數的檢定估計量。

3. 從誤差變數到其他變數的路徑係數固定成「1」。

4. 接受 1 個單向路徑的變數（內生變數）要設定誤差變數。

　　從數個觀測變數有箭頭連結之潛在變數，未設定誤差變數的方法也有。

5. 在數個獨立的變數間認同共變異數（雙向箭頭）（假定獨立時除外）。

6. 誤差變數間的共變異數通常不認同（認同誤差變異數間的相關時除外）。

7. 確保模式的識別性所需要的「1」的個數＝潛在變數的個數（包含誤差變數）。

8. 「1」是在求估計值的程式內部為了容易處理而使用。

9. 所假定的路徑圖是否能識別，由於並無事前確認的方法，因之實際以 Amos 執行推估是最佳捷徑。

10. 在 Amos 的繪圖區留下有未使用的變數，大多是錯誤發生的原因（繪圖區不要留下不需要的變數）。

二、何謂不適解（Hywood case）

在結構方程模式中建構模式，然後執行分析時，在模式的詮釋中出現「以下的變異數是負數」，會輸出變異數之值成為負的變數名。變異數由其定義可知是不成為負。像此種估計值稱為不適解或 Heywood case。

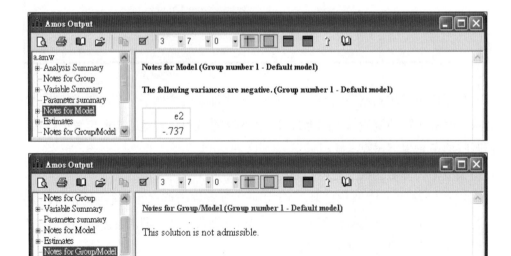

在結構方程模式分析中母數的估計，因為是在於發現適合度函數的極小值，因此變異數的估計值有時會成為負。

三、不適解的原因

　　不適解是在數據與模式有某種的問題時是容易發生的。原因的認定不易，但以基準來說有以下 2 個。

1. 數據所包含的資訊不足

　　與想要估計的母數（因素負荷量等）個數相比，樣本大小 n 不大。

2. 模式不適切

　　模式的識別性有問題。適合數據的模式並不唯一。

四、不適解的 7 種解決方法

　　發生不適解，是無法原封不動地提出報告。雖非決定性的，但有以下的解決方法。

1. 增加樣本數。

2. 重新檢討模式。

3. 將利用最大概似法的估計，改變成一般最小平方法等其他的方法。

4. 認可誤差變數間的相關。

5. 從不適解發生的誤差變數連結到觀測變數或潛在變數的箭頭上所輸入的「1」予以去除，將誤差變數的變異數固定成「1」。

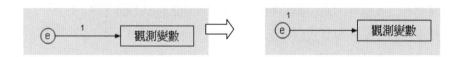

6. 不適解發生的誤差變數的變異數固定成「0」。

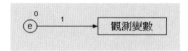

7. 變異數在非負之下推估（Amos 中利用貝氏估計是可行的）。

五、利用貝氏估計解決不適解

在樣本數是原因而發生不適解的情形裡，Amos 是可以利用貝氏估計推估參數。以下利用「Amos 17.0」Guide 的 Ex27 來練習操作（參 Ex27.amv）。

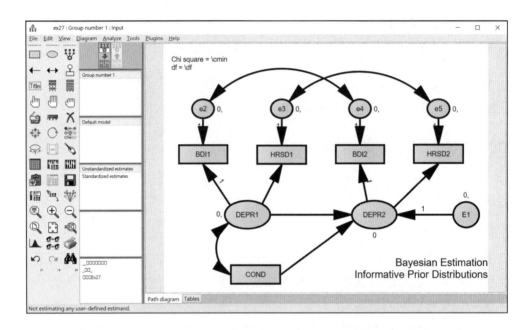

1. 分析的準備

(1) 讀取發生不適解的路徑圖與數據（Ex27_feelinggood.sav）。

(2) 設定亂數表（參照貝氏法代入）。

(3) 在【Tools】中勾選【Seed manager】。按一下【Change】，輸入 1492405，在下方勾選【Always use the same seed】。按關閉。

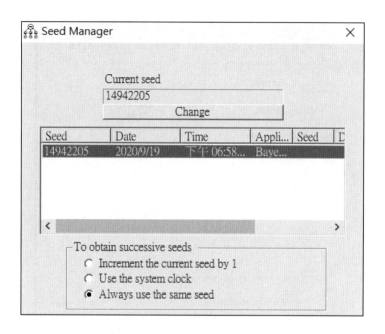

(4) 從工具列點選【分析性質】圖線（ ）。

(5) 在【估計】Tab 中勾選【估計平均值與截距 (E)】。

(6) 在【輸出】Tab 中勾選【標準化估計值 (G)】、【間接、直接、總合效果 (E)】、【模式有關所有變數的動差 (A)】。

(7) 關閉視窗。

〔注〕1. 14942405 是 Amos 例題中採用之值。

　　　2. 勾選經常使用同一種子，可確保結果的重現性。

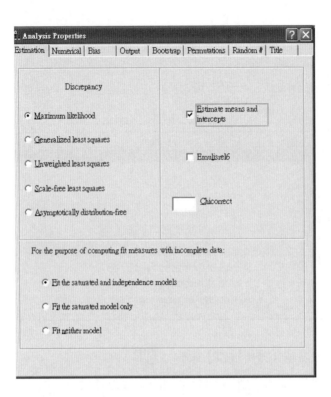

2. 貝氏估計

(1) 點選【貝氏估計】圖線（ ▲ ）

顯示【貝氏 SEM】視窗，產生樣本。

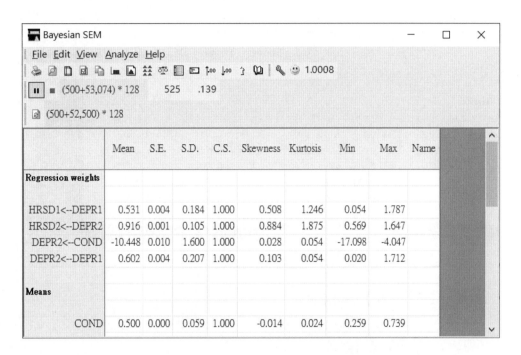

	Mean	S.E.	S.D.	C.S.	Skewness	Kurtosis	Min	Max	Name
Regression weights									
HRSD1<--DEPR1	0.531	0.004	0.184	1.000	0.508	1.246	0.054	1.787	
HRSD2<--DEPR2	0.916	0.001	0.105	1.000	0.884	1.875	0.569	1.647	
DEPR2<--COND	-10.448	0.010	1.600	1.000	0.028	0.054	-17.098	-4.047	
DEPR2<--DEPR1	0.602	0.004	0.207	1.000	0.103	0.054	0.020	1.712	
Means									
COND	0.500	0.000	0.059	1.000	-0.014	0.024	0.259	0.739	

（注）模式在貝氏估計中不適切時，在畫面右下會顯示「在預燒（Burn in）開始前等待過渡的接受」的訊息，推估不能進行。

(2)【貝氏 SEM】視窗中顯示未標準化估計值。在變異數成為負值的參數的名稱上按右鍵，點選【事前分配的顯示】。

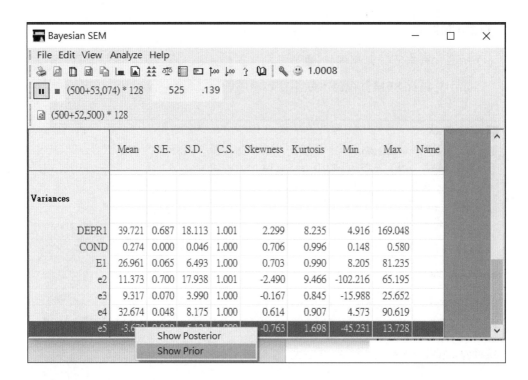

(3) 顯示【事前分配】的對話框。

將均一分配的【下限 (L)】方框從「-3.4E+38」變更成「0」。

按一下 套用 (A)、關閉。

將變異數之值當作正進行樣本的產生。

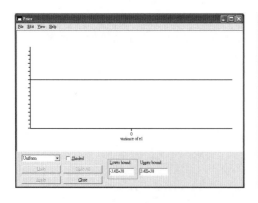
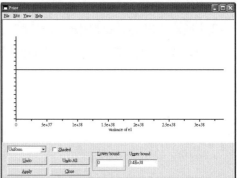

(4) 在生氣的臉孔變成笑容之前進行產生,按一下【抽樣的暫時停止 (P)】(暫時停止的時點由分析者判斷)。

	Mean	S.E.	S.D.	C.S.	Skewness	Kurtosis	Min	Max	Name
Variances									
DEPR1	39.152	0.546	13.969	1.001	0.985	1.517	6.746	106.753	
COND	0.274	0.001	0.046	1.000	0.618	0.597	0.142	0.542	
E1	27.139	0.078	6.206	1.000	0.552	0.381	9.547	57.280	
e2	10.431	0.493	12.746	1.001	-1.083	2.543	-65.166	52.279	
e3	10.122	0.090	3.455	1.000	0.059	0.508	-7.046	25.059	
e4	24.976	0.088	5.391	1.000	0.496	1.397	2.722	67.364	
e5	2.365	0.025	2.012	1.000	1.400	2.569	0.000	18.008	

Bayesian SEM

(500+71,501) * 8　　3726　.103

(500+71,500) * 8

（注）收斂基準值低於基準值【預設 =1.002（保存值），Gelman(2004)=1.10】時，臉孔的圖像會改變。基準值可從【貝氏 SEM】視窗【顯示 (V)】→【選項 (O)】，【貝氏解析的選項】對話框 →【MIMC】Tab →【收斂基準】中變更。

(5) 從【貝氏 SEM】視窗的清單點選【檢視 (V)】→【追加估計值 (A)】。

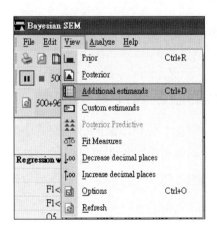

　　估計在進行，顯示【追加估計值 Additional Estimands】視窗，如選擇【標準化直接效果】與【平均值】時，得出單向路徑的標準化估計值，如選擇【模式有關所有變數的相關】時，可得出雙向路徑的標準化估計值。

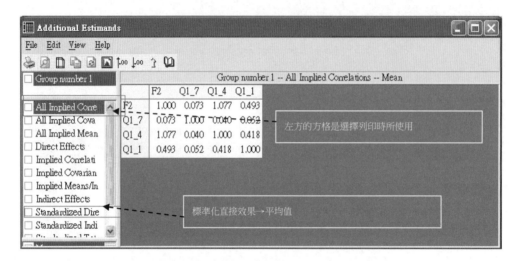

（注）1. 事前分配未輸入參數時即為通常的貝氏估計。
　　　2. Amos 17.0 是估計值未輸出在路徑圖上（路徑圖以手輸出即可製作）。
　　　3. 誤差變數間的雙向路徑的標準化估計值，或 GFI 等的模式與數據的適合度指標是無法求出（DIC 或信賴區間與適合度指標或 Wald 檢定的用法不同）。
　　　4. 利用容許性測試迴避不適解的方法也有（參「Amos 17.0」使用手冊）。

20.4　平均結構模式的補充

一、平均結構模式的限制條件

　　平均結構模式是從參數加上等值限制的數個模式中選擇最適的模式。對參數的等值限制具有以下的意義，著眼於對未具有已被定義模式之特性的數據施與限制時模式的適合度會下降的性質。「限制」是當作減少母數的條件，「假定」是當作增加母數的條件。

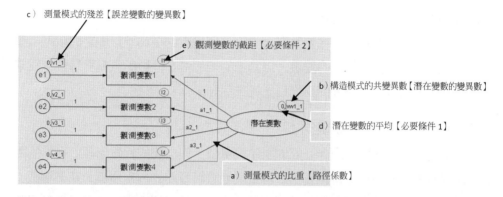

模式	加上等值限制的參數
無限制	無【配置不變】
測量模式的比重	路徑係數【測量不變】
結構模式的共變異數	路徑係數＋潛在變數的變異數・共變異數
測量模式的殘差	路徑係數＋潛在變數的變異數・共變異數＋誤差變數的變異數

　　除必要限制外加上等值限制之參數，或它們的組合，分析者一面考察假設驗證之意一面隨意設定，Amos 是以上表的組合當成預設。

1. 測量模式的比重（路徑係數）——測量的不變性

　　驗證潛在變數等質性的限制。對觀測變數的影響（路徑係數）在潛在變數間是相等的，潛在變數的值可以視為相等。即使組間對觀測變數的影響是不同的情況，像年代或地域性等嗜好一般是有差異時，潛在變數的質有差異是極為自然的，在以相同的觀測變數進行比較之意義上（配置不變）解釋質的差異。

2. 結構模式的共變異數（潛在變數的變異數、共變異數）

　　驗證潛在變數的高等質性的限制。在一般的結構方程模式分析中將確保識別性的「1」固定在因素的「變異數」上，而平均結構模式是為了比較此限制條件將路徑係數的一者固定成「1」。

3. 測量模式的殘差（誤差變數的變異數）——測量誤差的等變異性

　　驗證觀測變數的安定性的限制。即使加上此限制適合度也未下降時，所使用的觀測變數在測量潛在變數此點上可以判斷是安定的。

4. 潛在變數的平均（必要限制 1）

　　包含數個潛在變數的潛在變數群之中的一個變數的平均予以固定的限制。潛在變數（因素）畢竟是假想的變數，以其中的一個潛在變數的原點與單位作為基準予以固定，其他潛在變數的平均以比較來估計。

5. 觀測變數的截距（必要限制 2）

　　為了比較潛在變數（因素）間的原點與單位，與數據的性質無關而引進的限制。觀測變數的截距可以當作受到來自預測變數影響前的內生變數（基準變數）的期待值來解釋。具有相關意義的觀測變數的平均值儘管觀察出有差異，透過估計觀測變數的截距，因素（潛在變數）的平均值就能比較。

二、平均結構模式的測量式

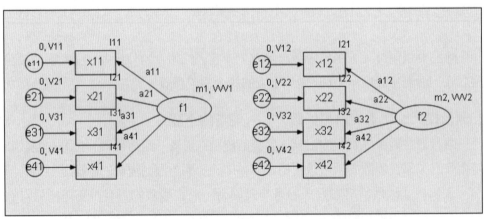

組 1　　　　　　　　　　　　　　組 2

1. 平常的結構方程模式（組 1 的測量方程式）

(1) $x_{11} = a_{11} \times f_1 + e_{11}$

(2) $x_{21} = a_{21} \times f_1 + e_{21}$

(3) $x_{31} = a_{31} \times f_1 + e_{31}$

(4) $x_{41} = a_{41} \times f_1 + e_{41}$

（注）結構方程式的潛在變數，平均結構模式是無法進行的。

2. **平均結構模式（有平均結構的多群體同時分析的情況）**

(1) 計測組 1 與組 2 的潛在變數的平均差。

(2) 在 2 組的方程式設定截距 (I)，計測潛在變數（因素）的平均差。

$$x_{11} = I_{11} + a_{11} \times m_1 + e_{11}$$
$$x_{21} = I_{21} + a_{21} \times m_1 + e_{21}$$
$$x_{31} = I_{31} + a_{31} \times m_1 + e_{31}$$
$$x_{41} = I_{41} + a_{41} \times m_1 + e_{41}$$

截距　　　=0 或 1

組 1

$$x_{12} = I_{12} + a_{12} \times m_2 + e_{12}$$
$$x_{22} = I_{22} + a_{22} \times m_2 + e_{22}$$
$$x_{32} = I_{32} + a_{32} \times m_2 + e_{32}$$
$$x_{42} = I_{42} + a_{42} \times m_2 + e_{42}$$

截距　　　=平均差

組 2

x：觀測變數（x）的組平均值，m：潛在變數的平均，I：截距，e：誤差項

必要限制 1：將要比較的潛在變數的平均的一者固定成 0 或 1。

$$m_1 = 0$$

必要限制 2：將具有共同意義的觀測變數的截距（I）加上等值限制。

$$I_{11} = I_{12}$$
$$I_{21} = I_{22}$$
$$I_{31} = I_{32}$$
$$I_{41} = I_{42}$$

透過 2 個限制即可求解方程式。

$$x_{11} = I_1 + 0$$
$$x_{12} = I_1 + m_2$$

　　實際的探討，除此兩個必要限制外，對以下的等值限制有無包含在內，再比較數個模式。

(1) 路徑限制 = 比重

(2) 潛在變數的變異數或共變異數

(3) 潛在變數的變異數 = 殘差

三、平均結構模式的限制事例

平均結構模式為了測量潛在變數的相對大小，除了 2 個必要限制外，加上限制的參數依模式的類型而有不同。

以下說明較具代表的模式類型（加上限制的參數組合，分析者一面考察意義一面隨意設定）。

■必要限制

1. 從具有相同意義的數個潛在變數（因素）中，將其中的一個潛在變數的平均當作基準值固定成 0 或 1（第 2 個以後均加上標籤）。

2. 構成潛在因素具有共同意義的觀測變數的截距加上等值限制。

■類型 1　利用一因素模式的多群體比較

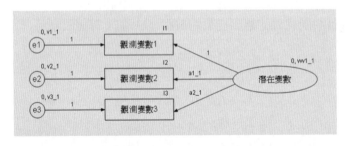

各群體（各組）設定

參數部分集合與等值限制的內容	模式		
	1	2	3
測量模式的比重（a_1, a_2）= 路徑係數在組間相等	○	○	○
結構模式的共變異數（vvv_1）= 潛在變數的變異數在組間相等	−	○	○
測量模式的殘差（$v_1 \sim v_3$）= 誤差變數的變異數在組間相等	−	−	○

（注）1. 路徑圖的參數「1」是意指組 1。

　　　2. ○ = 組間的等值限制的有無。

　　　3. 必要條件【①潛在變數的平均，②觀測變數的截距（$I_1 \sim I_3$）】是另有需要。

■類型 2　利用多因素雙向因果模式的多群體比較

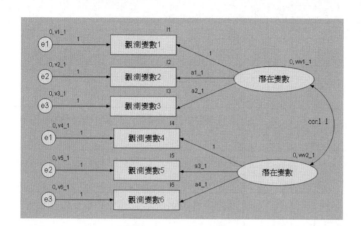

各群體（各組）設定

參數部分集合與等值限制的內容	模式		
	1	2	3
測量模式的比重（$a_1 \sim a_4$）= 路徑係數在組間相等	○	○	○
結構模式的共變異數（vvv_1, vvv_2, ccc_1）= 潛在變數的變異數在組間相等	－	○	○
測量模式的殘差 = 誤差變數的變異數在組間相等	－	－	○

（注）1. 路徑圖的參數「1」是意指組 1。

　　　2. ○ = 組間的等值限制的有無。

　　　3. 必要條件【①潛在變數的平均，②觀測變數的截距（$I_1 \sim I_6$）】是另有需要。

■類型 3　利用多因素因果模式的多群體比較

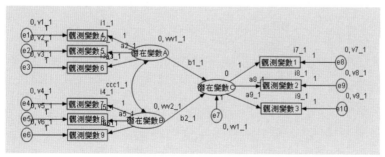

各群體（各組）設定

參數部分集合	模式					等值限制的內容
	1	2	3	4	5	
測量模式的比重 （a1～a6）	○	○	○	○	○	潛在變數→觀測變數的路徑係數在組間相等
結構模式的比重 （b1, b2）	－	○	○	○	○	潛在變數的單向路徑係數在組間相等
結構模式的共變異數 （vvv1, vvv2, ccc1）	－		○	○	○	潛在變數的變異數‧共變異數在組間相等
結構模式的殘差 （vv1）	－	－	－	○	○	潛在變數的誤差變數的變異數在組間相等
測量模式的殘差 （v1～v9）	－	－	－	－	○	觀測變數的誤差變數的變異數在組間相等

（注）1. 路徑圖的參數「1」是意指組 1。

　　　2. ○ = 組間的等值限制的有無。

　　　3. 必要條件【①潛在變數的平均，②觀測變數的截距（I_1～I_6）】是另有需要。

　　　Amos 對於接受箭頭的潛在變數（內生的潛在變數），輸出的不是因素的平均而是截距，截距是意指不加入其他獨立變數之影響的因素的大小。加入其他變數之影響後的因素大小（內生的潛在變數的因素平均）是各組按如下求出。

潛在變數 A 的因素平均 = 潛在變數 A 的截距 +（b1_1× 潛在變數 B 的平均）

+（b2_1× 潛在變數 C 的平均）

■內生的潛在變數的因素平均的計算事例：**1** 條單向路徑

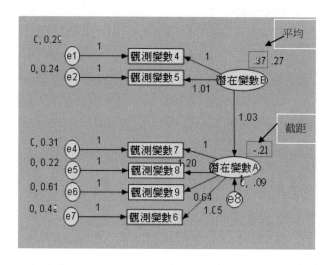

1. 潛在變數 A 的因素平均

   = A 的截距 + 係數 ×B 的平均

   = –0.21 + (1.03×0.37)

   = 0.17

2. 潛在變數 B 的因素平均

   = 0.37

■內生的潛在變數的因素平均的計算事例：利用 **2** 條單向路徑的雙向因果

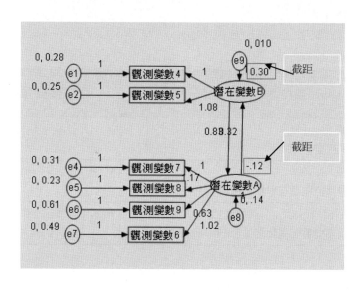

・潛在變數 A 與 B 的因素平均為 m_a, m_b 時求解聯立方程式。

$$\begin{cases} m_a = -0.12 + 0.83 \times m_b \cdots ① \\ m_b = 0.30 \times 0.32 \times m_b \cdots ② \end{cases}$$

$$m_a = -0.12 \times 0.83 \times (0.30 + 0.32 \times m_a)$$

$$\quad = -0.12 + 0.249 + 0.266 m_a$$

$$0.734 m_a = 0.129$$

$$m_a = 0.1757 \fallingdotseq 0.18 \ (潛在變數 A)$$

將 m_a 之值代入②式，

$$m_b = 0.3576 \fallingdotseq 0.36 \ (潛在變數 B)$$

■類型 4　利用 1 因素模式的同一群體的時間性比較

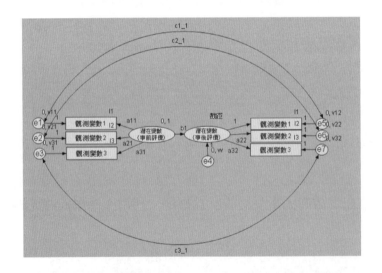

參數部分集合與等值限制的內容	模式			等值限制內容
	1	**2**	**3**	
測量模式的比重（$a_{11} \sim a_{32}$） ＝路徑係數在潛在變數間相等	○	○	○	$a_{11} = 1$ ↓ $a_{21} = a_{22}$ ↓ $a_{31} = a_{32}$
測量模式的殘差（$V_{11} \sim V_{32}$） ＝誤差變數的變異數在潛在變數間相等	－	○	○	$V_{11} = V_{12}$ ↓ $V_{21} = V_{22}$ ↓ $V_{31} = V_{32}$
誤差間的相關（c1_1～c3_1）【時間性比較的情況】＝誤差變數間有相關（並非 0）	－	－	○	模式 1 與模式 2 中輸入「c1_1=c2_1=c3_1=0」

（注）1. Amos 中定義模式時，利用清單之模式管理，各模式輸入參數限制。（「↓」＝換列）

例：模式 1 的限制：$a_{11} = 1$ ↓ $a_{21} = a_{22}$ ↓ $a_{31} = a_{32}$ ↓ c1_1 = c2_1 = c3_1 = 0

模式 2 的限制：模式 1 ↓ $V_{11} = V_{12}$ ↓ $V_{21} = V_{22}$ ↓ $V_{31} = V_{32}$

模式 3 的限制：$a_{11} = 1$ ↓ $a_{21} = a_{22}$ ↓ $a_{31} = a_{32}$ ↓ $V_{11} = V_{12}$ ↓ $V_{21} = V_{22}$ ↓ $V_{31} = V_{32}$

（在管理模式的對話框中，輸入已定義的模式名時，會反映出該模式的參數限制）

2. ○潛在變數間的等值限制之有無。

3. 必要限制「①潛在變數的平均，②觀測變數的截距（$I_1 \sim I_3$）」是另有需要。

> **重點**
>
> 平均結構模式是變異數與共變異數矩陣的分析，因之利用未標準化估計值來解釋為主（路徑係數是標準化估計值容易解釋）。

四、利用 Amos 的因素分數──潛在變數的樣本分數

潛在變數的樣本分數利用 Amos 的數據代入（有 3 種方法）即可得出，確認式因素分析中樣本分數＝因素分數。

1. 讀取數據 20-4-4.sav，繪製路徑圖（參 20-4-4.amv）。

2. 從【分析】→選擇【數據代入】。

顯示出【Amos Data Imputation】對話框。

3. 勾選容易處理的【迴歸法代入】，按一下 檔名 ，選擇【儲存位置】、

【檔名 (N)】、【檔案種類 (T)】，按一下 儲存 (S) 。

4. 按一下【摘要】對話框的 OK ，結束 Amos。

5. 從 SPSS 開啟數據 20-4-4c.sav。

■輸出到 SPSS 的例子

	Q1_1	Q1_4	Q1_7	Q1_10	Q1_13	F1	CaseNo	透明性
1	1	1	2	1	2	1	1.00	1.35
2	3	3	3	2	1	1	2.00	1.95
3	1	1	3	2	1	1	3.00	1.19
4	1	1	1	4	1	1	4.00	1.35
5	1	1	3	1	1	1	5.00	1.05
6	1	2	1	3	2	1	6.00	1.69

參考1 利用 Amos 表示因素分數的項目比重的方法

利用迴歸代入的因素分數（Sample score）是以「項目比重 × 樣本的原始數據的項目合計」所求出。項目比重是勾選【分析性質 (O)】→【輸出】Tab →【因素分數比重 (F)】。執行估計時，即在正文輸出中輸出估計值（項目比重與路徑係數不同）。

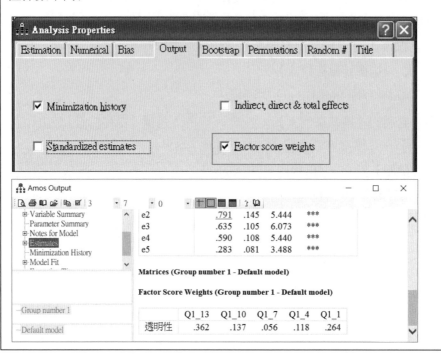

參考 2 與利用 SPSS 的因素分數相同求出分數的方法

1. 求各項目的平均值。

2. 求各樣本的平均偏差（樣本的原始數據各項目的平均值）。

3. 比重合成之和（項目比重 * × 樣本的平均偏差的項目合計）。

（注）將確保潛在變數的識別性的 1 設定在變異數而非路徑係數上。在【分析性質】→【變異數類型】Tab →【分析對象的共變異數中】勾選【不偏估計值共變異數】。

20.5　Amos 的補充

一、Amos 中可以使用的數據尺度

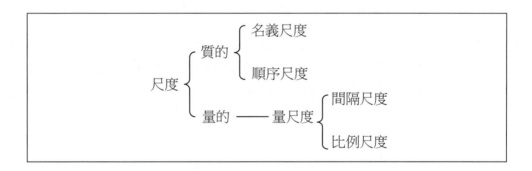

1. 結構方程模式分析是根據共變異數矩陣來估計參數，因之 Amos 能使用之數據主要是量尺（包括間隔尺度、比例尺度）的數據。

2. 調查的回答（4 級以上）嚴格來說是順序尺度，但順序是分配等間隔的數值，所以看成間隔尺度來分析。

3. 樣本數基本上愈多愈好，最少的樣本數很難一概而論，但建議 200 以上。減少樣本數時不安定的路徑會增加，但不安定的路徑是沒有安定的，增加樣本數，不安定的路徑安定的時候也有。

二、路徑圖的路徑係數顯示位數與變異方向的方法

1. 點選【View】→【Interface Properties】。

在【介面性質】對話框→按一下【形式】或雙擊【參數形式】窗格。

2. 按一下【News Format】。

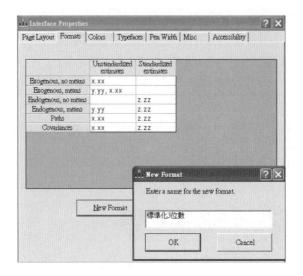

3. 輸入新形式的名稱（例：標準化 3 位數），按 OK 。

4. 一面參照標準化估計值（2 位數）一面在【標準化 3 位數】中輸入【Z.ZZZ】（1 位元）。（未標準化估計值是輸入「x」與「y」）

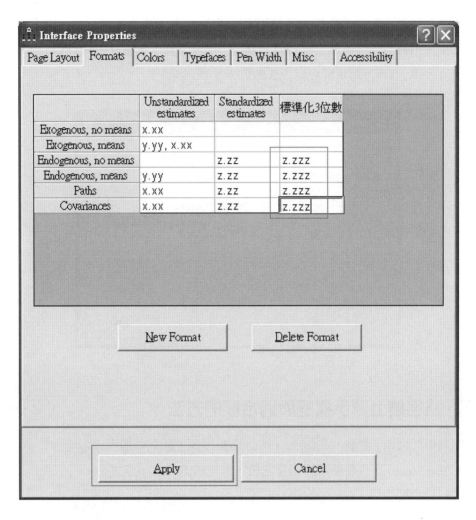

5. 按一下 應用 (A) ，關閉方框。

6. 按一下【參數形式】窗格所追加的【標準化 3 位數】。

於是路徑圖上輸出 3 位數的標準化估計值。

7. 將滑鼠指針放在路徑圖上按右鍵→點選【物件性質】，依【物件性質】對話框
→【參數】Tab，即可變更路徑係數的大小與方向。

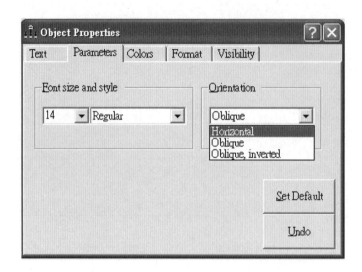

三、路徑圖上顯示標題與適合度的方法

利用【標題】圖樣（ Title ），可以在路徑圖上顯是標題與適合度。

Text Macro 是自動顯示適合度之值，所定義的組名、模式名。

- 適合度指標：\gfi、\agfi、\aic 等
- 組名：\group
- 模式名：\model
- 參數形式名：\format
- 數據檔名：\datafilename

四、輸入數據檔的形式

Amos 是可以與 SPSS 獨立使用，因素也可讀取 Excel,TXT,CSV 形式的檔案。
除原始數據外，共變異數矩陣或相關矩陣也可當成輸入數據（參20-5-3.sav）。
（例）利用相關矩陣的輸入形式：

	rowtype_	varname_	觀測變數 1	觀測變數 2	觀測變數 3	觀測變數 4	觀測變數 5
1	n		78.000	78.000	78.000	78.000	78.000
2	corr	觀測變數 1	1.000	.	.	.	.
3	corr	觀測變數 2	.451	1.000	.	.	.
4	corr	觀測變數 3	.155	.042	1.000	.	.
5	corr	觀測變數 4	.335	.265	.296	1.000	.
6	corr	觀測變數 5	.552	.368	.194	.432	1.000
7	stddev		.998	1.057	.830	.913	.817
8	mean		1.936	2.115	1.577	1.705	1.731

1. 左邊兩行：利用變數檢視將類型改成「字串」。

2. 最左邊的行：變數的名稱輸入「rowtype_」，下方的儲存格輸入「n」及數個「corr」，在下面的儲存格輸入「stddev」與「mean」。

3. 左邊第2行：變數的名稱輸入「varname」，n的列空白，下方輸入任意變數名。

4. 第 3 行以後：第 1 列輸入變數名，n的列輸入樣本數，相關係數之值以下三角形矩陣輸入，對角線輸入「1」。「stddev」之列輸入標準差，「mean」的列輸入平均值。

（注）1. 平均值不明時刪除列。標準差不明時輸入「1」（所得結果只有標準化估計值）也可計算解。

2. 共變異數 ‧ 變異數矩陣時將「corr」改成「cov」（「stddev」不需要）。

3. Amos 是勾選【分析性質】→【輸出】tap →【樣本積率（sample moment）】推估時，可以得出共變異數矩陣（樣本的共變異數）與相關矩陣（樣本的相關）。

五、輸出的種類

以 Amos 執行分析時，會產生副檔名不同的檔案。保管的檔案除原先的數據外，最好也要保管路徑圖（amw）、路徑圖輸出（amp）、正文輸出（AmosOutput）。

副檔名	保管	內容
.amw	◎	路徑圖檔案【重要】。
.amp	◎	Amos 的路徑圖輸出檔案【重要】。
.AmosOutput	◎	Amos 正文輸出檔案。Excel 是選擇（所有檔案（*.*））讀取，也可從其他應用程式閱覽【重要】。
.bkl	○	支援檔案。可刪除。
.bk2	○	想從已保管的路徑圖恢復呈原先的狀態時有用。（清單【檔案】→【檢索支援檔案 (B)】→開啟）。
.AmosP	△	數據的匯總檔案。可刪除。
.AmosN	△	路徑圖檢視的略圖檔案。可刪除。
.AmosBayes	△	進行貝氏估計或貝氏代入時被製作。可刪除。

第二篇　案例篇

第21章 案例1——飲食生活影響健康狀態的因果關係

因素模式與多重指標模型分析事例

飲食生活是人類生活的一個原點，與人的成長或健康有密切的關係。因營養失調或某一部分所需之營養素的不足而妨害成長或妨害健康的情形是眾所皆知的。本章是利用利用因素模式與多重指標模式分析因果關係。

一、研究目的

飲食生活是人類生活的一個原點，與人的成長或健康有密切的關係。因營養失調或某一部分所需之營養素的不足而妨害成長或妨害健康的情形是眾所皆知的。

對於現代人的飲食生活，如從總體來看營養素的攝取狀況幾乎處於滿足狀態，並且也受惠於豐富食品的供應，可以認為並無營養不足的狀態。可是，如從個別來看時，像依賴加工食品或已調理完成之食品、攝取食品之偏好、飲食習慣的不正常等，在飲食生活中被指出有種種的問題。

此種飲食中的問題，也可以認為是「半健康狀態」人數增加的一個原因，也會變成一個社會問題。我們針對此種飲食生活背景如何影響半健康狀態一直在持續調查。此種因果關係之檢討雖然使用著各種方法，但我們則是基於意見調查以統計的方式分析數據來檢討。此處是針對女大學生所調查的數據，來調查飲食生活背景影響健康狀態的因果關係。

以往我們利用來自半健康狀態的幾個自覺症狀（訴苦）測量受試者的健康狀態，以其構成概念「半健康狀態」的尺度來建構「健康度」的指標。此健康度是針對各個飲食生活因子亦即與攝取食品或飲食習慣有關的幾個狀況，調查各小組間可否認為有差異，探求可能會影響健康狀態的飲食生活要因。從中找出幾個有可能影響健康狀態的要因。

此次再進行此種研究，重新檢討構成概念與解明因果關係。首先利用探索式因素分析與檢證式因素分析進行構成概念「健康度」的檢討，同樣就構成概念

「飲食生活」進行檢討，從其結果使用多重指標模式調查「飲食生活」與「健康度」的因果關係。此處，把說明它的結果與分析的經過當作使用「結構方程模式分析」進行因果分析的一個案例。

二、調查方法

調查利用圖 21-1 的問卷（一部分），從女大學生 1278 人獲得回答。除了一個項目（4 級法）外，全部回答是採 3 級法，在進行結構方程模式分析方面是有問題的（狩野裕，1996），但此處則看成間隔尺度進行分析。關於此問題，最後再進行若干的考察。

一、打聽有關飲食生活的狀況。

　　1. 關於食品攝取狀況

　　　(a) 每餐吃蔬菜嗎？

　　　　①幾乎每餐吃　　②幾乎 1 日 2 次吃　　③幾乎不吃

　　2. 關於飲食習慣

　　　(a) 吃零食嗎？

　　　　①每日 2 次以上　　②每日 1 次　　③2 日 1 次　　④不太吃

二、打聽健康狀況

　　1. 在平日的生活中，在適合的症狀中填記 O。

　　(1) 身體懶倦　　①經常有　　②偶而有　　③幾乎沒有

　　(2) 沒有食慾　　①經常有　　②偶而有　　③幾乎沒有

圖 21-1　　問卷（一部分）

---

1. 關於健康狀態的項目

以身體的、精神的訴苦為中心，關於健康狀態設定 12 個項目當作觀測項目，對於此，以「經常有」、「偶而有」、「幾乎沒有」三級法獲得回答。此處括號內是項目的簡稱，在表示分析結果時使用（以下同樣）。

身體懶倦（懶倦）	頭昏沉沉（頭昏）
沒有食慾（食慾）	想睡（想睡）
感冒（感冒）	沒耐性（耐性）
精神不集中（不集中）	肩部酸痛（酸痛）
眼眩（眼眩）	便秘（便秘）

生理期不規則（生理）　　　頭疼（頭疼）

2. 關於飲食生活背景之項目

將有關攝取食品以及飲食習慣的以下項目，設定成與飲食生活背景有關之項目，詢問其程度的項目是以三級法獲得回答。

■關於攝取食品

蛋白系食品的攝取狀況（蛋白）　　　蔬菜類的攝取狀況（蔬菜）

綠黃色蔬菜的攝取狀況（綠黃蔬菜）　水果的攝取狀況（水果）

牛乳的攝取狀況（牛乳）　　　　　　油物的攝取狀況（油物）

加工食品的攝取狀況（加工食品）

■關於飲食習慣

午餐的用餐方式（午餐）　　　　　　晚餐的用餐方式（晚餐）

零食的程度（零食）　　　　　　　　宵夜的程度（宵夜）

很多缺食的餐（缺食）　　　　　　　偏食的有無（偏食）

3. 關於健康度的驗證式因素分析

以調查有關健康度的因素構造作為目的，以先前有關健康度的 12 個項目作為對象進行驗證型的因素分析。首先，進行探索式的因素分析探索因素構造，基於該結果的考察構成因素模式，利用驗證式的因素分析進行該模式的驗證。

三、探索式的因素分析

探索式的因素分析是利用主成分法取出因素並利用 Quartimax 法使用迴轉來進行。以特徵值 1 以上的條件取出因素之後，得出 3 因素，累積貢獻率為 48%。另外，迴轉後的因素負荷量如表 21-1 所示。

就這些三個因素，基於因素負荷量，從與其中的觀測變數的關係來考察它的意義時，分別可以理解具有如下概念的因素。第一因素是與身體的不正常有強烈的關聯，可以想成是「身體的健康度」。第二因素是由「沒耐性」以及「不集中」之症狀所構成，可以理解為「精神的健康度」。最後第三因素是由「便秘」與「生理不順」所構成，可以理解為「生理的健康度」。像這樣，以健康狀況來說，除了平常所考慮的「身體的健康度」與「精神的健康度」之外，另加上女性特有的

表 21-1　探索式因素分析的結果

變數	因素 1	因素 2	因素 3
頭痛	.699	.116	.044
眼眩	.663	.053	.156
感冒	.576	.111	.173
懶倦	.538	.493	.144
肩部酸疼	.526	.061	.178
無食慾	.458	.093	.156
沒耐性	.060	.855	.059
不集中	.050	.837	.141
頭昏	.502	.525	.177
想睡	.181	.500	.221
便秘	.016	.102	.730
生理不規則	.021	.029	.660
特 徵 值	3.342	.1315	1.105
貢 獻 率	27.849	10.959	9.211
累積貢獻率	27.849	38.808	48.019

「生理的健康度」作為表示健康狀態的因素。

　　此時一併考察因素負荷量以及因素與症狀之間的其他見解，並考慮模式的單純化時，以構成各因素的觀測變數來說，選擇圖中所表示的變數可以認為是適當的。關於「想睡」與「頭昏」，基於與這些三個因素的關聯度低，或與數個因素有關聯且其差異甚少等之理由，將之除外可以認為是適當的。

四、驗證式的因素分析

　　圖 21-2 是依據上記的探索式因素分析的結果所構成的驗證式因素分析之模式。就各因素考察的結果，除了「身體懶倦」外，所有的各觀測變數是針對特定的因素進行測量所形成的模式。此模式是就最初的模式進行分析，利用修正指標修正之後的結果，選擇作為更合適狀態的良好模式。修正部分是從第 2 因素到觀測變數「身體懶倦」的路徑，利用此路徑可以期待卡方值相當低，以及因素解釋

上也無甚大不合理，因之加上此路徑。就各因素來說，如前述從與觀測變數之關聯分別可以解釋成「身體的健康度」、「精神的健康度」、「生理的健康度」，並如此予以命名。另外為了確保識別性，如圖中所示，各因素的變異數固定為1。估計法使用 ML（最大概似法），為了可以求出標準化解以及修正指標，指定了 $ Standardized 與 $ Mods。

　　此處所使用之數據的相關矩陣如表 21-2 所示。關於遺漏值事先使用 SPSS 以分析單位（完全刪除）予以除外。此分析所使用的觀察值是 703。

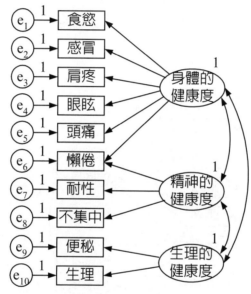

圖 21-2　關於健康度的驗證式因素分析模式（它的 1：1 階因素模式）

表 21-2　觀測變數間的相關矩陣

食慾	1.000								
感冒	.154	1.000							
耐性	.100	.145	1.000						
不集中	.086	.129	.633	1.000					
肩疼	.106	.188	.111	.132	1.000				
眼眩	.185	.212	.156	.168	.251	1.000			
便秘	.008	.000	.055	.063	.097	.075	1.000		
生理	.046	.000	.047	.078	.015	.115	.120	1.000	
頭痛	.190	.313	.164	.147	.258	.370	.066	.030	1.000

懶倦	.201	.260	.315	.274	.324	.332	.119	.066	.321	1.000		
零食	.042	.019	.180	.150	.050	.002	.055	.020	.077	.114	1.000	
宵夜	.082	.029	.085	.101	.083	.011	.018	.024	.001	.076	.316	1.000

　　圖 21-3 是它的結果，表示已標準化之解。卡方值是 34.128，它的機率是 0.320，從卡方檢定知是可以充分接受。各種的適合度指標如表 21-3（參照表中的「修正後」）。GFI 是 0.990，充分超過作為接受基準的 0.9。因素間的相關是第 1 因素與第 2 因素，第 2 因素與第 3 因素，第 1 因素與第 3 因素之間（圖 21-3 中，從上而下當作第 1，2，3 因素），分別是 0.344，0.211，0.315 屬於較高者。

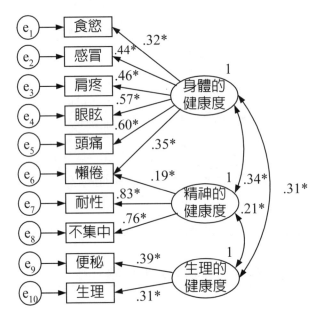

圖 21-3　關於健康度的驗證式因素分析模式（它的 1：1 階因素模式）

表 21-3　關於健康度的驗證式因素分析之結果主要的適合度指標

模式	卡方檢定			GFI	AGFI	AIC	RMSEA
	卡方值	自由度	機率				
修正前	52.273	32	0.013	0.985	0.974	98.273	0.030
修正後	34.128	31	0.320	0.990	0.983	82.128	0.012

　　表 21-4 是路徑係數以及相關值與其 CR（Critical Ratio），在 1.96 以上時是顯著，換言之「路徑係數或相關之值為 0」之假設可以捨棄。如依據此時，所得到的路徑係數全部是顯著的。另外，對於路徑係數的顯著性來說，使用 5% 顯著水準，對於顯著的情形來說，在路徑圖的路徑係數上表示成「*」。

　　像這樣，所假想的模式可以認為能充分接受。只是在三個因素之間由於被認為有相當的相關，因之在這些的三因素之背後可以考慮再假想「綜合的健康度」之因素的模式。關於此當作「高次的因素分析」容後敘述。

1. 識別性

　　本模式是比較單純的模式，確保識別性並不怎麼困難。如先前所敘述，上面的分析是將三個因素的變異數限制成 1，各誤差變數到觀測變數的路徑，利用限制成 1 來確保識別性。這是最常進行的方法之一。相對的，對於從因素到觀測變數的路徑係數如圖 21-4 按各因素採用將其中一個固定成 1 的方法也有。此時，卡方檢定的結果與 GFI 等的適合度不管是在哪一個限制下均完全相同，就標準化解而言，路徑係數也是相同的。因此，本模式的情形，以任一方法進行限制也無不妥。只是，固定變異數時，由於可以對所有的路徑係數調查顯著性，因之可以認為比較適切。

表 21-4　關於健康度的驗證式因素分析之結果路徑係數及相關值與 CR（非標準化解）

路徑		係數	標準誤差	C.R.
懶倦	←身體的健康度	0.039	0.030	11.462
食慾	←身體的健康度	0.173	0.024	7.106
感冒	←身體的健康度	0.309	0.030	10.150
肩疼	←身體的健康度	0.373	0.035	10.529
眼眩	←身體的健康度	0.399	0.030	13.299
頭痛	←身體的健康度	0.433	0.031	14.131
懶倦	←精神的健康度	0.123	0.027	4.465
耐性	←精神的健康度	0.547	0.034	16.324
不集中	←精神的健康度	0.529	0.034	15.455
便秘	←生理的健康度	0.312	0.091	3.410
生理	←生理的健康度	0.244	0.074	3.308

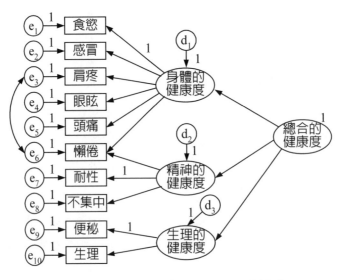

圖 21-4　關於健康度的二階因素模式

2. 模式的修正

　　如先前所述，圖 21-3 是依據修正指標修正之後最終所得到的結果。最初的模式並未從「第 2 因素」向觀測變數「身體懶倦」畫路徑。與修正後的模式之差異只在於此。此情形如表 21-3 的「修正前」那樣，卡方值是 52.273，其機率為 0.013，在 0.05 的顯著水準下即被捨棄。此時，所表示的修正指標，基於從第 2 因素到觀測變數「身體懶倦」的路徑，顯示卡方值減少 12.904 以上，在合理的範圍內利用此路徑來改善是最好的。「身體懶倦」的症狀除了出現身體不適合之同時，以出現精神不適來說，也十分有可能被訴諸出來，乃決定從第 2 因素到觀測變數「身體懶倦」追加路徑。結果，卡方值從 52.273 減少 18.145 變成 34.128，它的機率為 0.320 變成可以充分接受之值。

　　觀察其他的適合度指標，如表 21-3 利用此修正來改善也是很明顯的。GFI與 AGFI 之差雖然並不太大，但 AIC 與 RMSEA 之差是很顯著的。

五、高階的因素分析

　　驗證式因素分析的結果，三個因素間認定有較大的相關，它的背後可以考慮基本的健康度。將此表示成模式時即如圖 21-4。此模式可以想成是三種健康度

全部是受到由其背後的基本健康度所影響之部分與各健康度原有的部分所構成。

　　以此模式的限制條件來說，依據最一般性的方法，如圖 21-4 所示，外生的（exogenous）潛在變數「綜合性健康度」的變異數當作 1，從其他三個潛在變數到觀測變數的路徑之中，分別就圖上最上方的路徑將路徑係數當作 1。只要進行如此的限制時，此模式就能識別。此情形，除「綜合的健康度」外其他三個潛在變數是內生變數（endogenous variable），因之無法採用將此變異數當作 1 的限制方法。另外此模式在誤差變數 e_1 與 e_8 之間加上共變動進行修正。

　　分析的結果如表 21-5 與圖 21-5 所示。卡方值是 27.290（自由度 30），它的機率是 0.068。GFI，AGFI 以及 AIC 分別是 0.992，0.986 以及 77.290。路徑係

表 21-5　關於健康度利用二階因素模式進行驗證式因素分析之結果主要適合度指標

模式	卡方檢定			GFI	AGFI	AIC	RMSEA
	卡方值	自由度	機率				
修正前	34.128	31	0.320	0.990	0.983	82.128	0.012
修正後	27.290	30	0.608	0.992	0.986	77.290	0.000

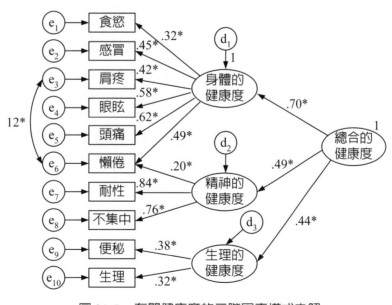

圖 21-5　有關健康度的二階因素模式之解

數的 CR（Critical Ratio）均在 1.96 以上故均爲顯著。從背後的「綜合健康度」
到三個健康度的路徑係數均顯示相當高的值，並且 CR 值分別是 3.573，3.928，
2.774，在顯著水準 0.01 下均爲顯著。這些可以判斷在三種健康度的背後考慮綜
合的健康度之妥當性。並且，從「身體的健康度」到「食慾」等的路徑係數並無
表示顯著性的「*」，這是因爲這些路徑是受到限制的路徑，所以並未計算 CR
之值。

六、二個因素分析模式之比較

　　就上記二個因素模式進行比較，試考察採用哪一個模式較爲適切。如以適合
度來判斷時，在可以接受的模式裡有採用 AIC 較低之模式指標。可是此情形如
表 21-3 與表 21-5 所見到的，在二個模式中的適合度是相同的（表 21-4 的修正後
與表 21-5 的修正前是相同的條件，表 21-5 的修正後再加以修正）。這在模式的
性質上是理所當然的，在此次的模式中，是否作成 1 階的因素模式或 2 階的因素
模式並未出現差異。任一者的適合度（數據的配適）均是相同的。

　　因此，此情形可以考慮站在分析的原點，依那一個模式比較容易了解事實來
判斷即可。此時，就各健康度之間的關係查明構造，把有關「健康度」的構造採
用更詳細表示的 2 階模式，可以判斷是適當的。實際上，有關健康度之構成概念
的構造，受到全體的健康度之影響而有各種的健康度，各健康度是由全體健康度
的部分與各自的部分所形成是極爲自然可以理解的。從此結果可以考察健康度的
構造。譬如，「身體的健康度」幾乎依存全體的健康度，「精神的健康度」與
「生理的健康度」與此比較時，獨自的要素較高是可以理解的。

七、有關飲食生活與健康度之間的因果關係之分析

　　有關「飲食生活」對上述因子分析所得到的構成概念「健康度」之影響進行
了分析。此處，考察飲食生活中「食品攝取狀態」與「飲食習慣」二個構成概念，
調查這些對「健康度」的影響。

1. 食品的攝取狀態與健康度之關係

　　爲了構成「食品攝取狀態」之構成概念，首先就以下項目進行探索式因素分
析（表21-6）與驗證式因素分析，得出圖21-6的結果。（　　）內是各項目的略稱。

蛋白質食品（蛋白質）

蔬菜類（蔬菜）

綠黃蔬菜類（綠黃蔬菜）

水果（水果）

牛乳（牛乳）

　　從探索式因素分析之結果，構成如圖 21-6 的二階因素模式。這些項目被視為對健康不錯的代表性食品，調查攝取這些食品對健康狀態是否有良好的影響。變數名稱使用略稱。

表 21-6　有關食品攝取狀況之探索式因素分析的結果迴轉後的因子負荷量

變數	因素 1	因素 2
蔬菜	.855	.107
蛋白質	.798	.102
綠黃蔬	.734	.276
牛乳	-.09	.877
水果	.401	.576
貢獻率	2.204	1.071
貢獻率（%）	44.073	21.411
累積貢獻率（%）	44.073	65.484

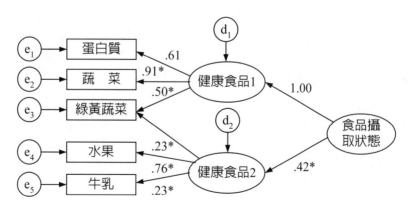

圖 21-6　有關食品攝取狀態之驗證式因素分析的結果（標準化解）

此模式的卡方值是 4.301，它的機率是 0.231，GHI、AGFI 分別是 0.998 與 0.988，可以充分接受。並且在此模式中，為了避免潛在變數「健康食品 1」的攪亂的變異數成為負數，將它的變異數固定為 0。像這樣就所構成的「食品攝取狀況」建立如圖 21-7 的因果模型後進行分析。它的結果如表 21-7 的適合度指標與圖 21-7 的路徑圖。如表 21-7 所示，利用卡方檢定的機率是 0.014，在顯著水準 0.05 下予以捨棄。另外，依據修正指標，仍然無法期待卡方值的大幅減少。只是 GFI 等的適合度高，RMSEA 是 0.023 比可以接受之指標 0.08 還低。像這樣從

表 21-7　從食品攝取狀況到健康度之因果模式的分析結果主要的適合度指標

統計量		值
卡方檢定	卡方值	111.355
	自由度	81
	機率	0.014
GFI		0.980
AGFI		0.970
AIC		189.355
RMSEA		0.023

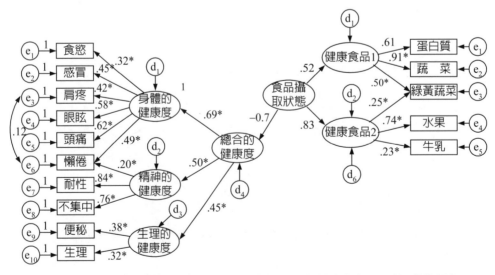

圖 21-7　從食品攝取狀況到健康度之因果模式與其分析結果（標準化解）

全體的觀點來看模式的接受，判定是非常微妙的。可是，在此模式中，各個路徑係數不顯著者可以看出幾個（圖 21-7 的路徑圖中路徑係數未有「*」記號者）。特別是在此分析中最關心的事是從「食品攝取狀況」到「健康度」的路徑係數為 –0.09，它的 CR 是 –0.822 並不顯著。又此值形成負數，是因為觀測變數中食品的攝取狀況（攝取）與身體、精神的不適（不適的時候是常有的）之分數處於相反之關係，以符號的方向來說是合理的。

　　依據此次的數據，可以下結論說從「食品攝取狀況」到「健康度」的因果關係無法明確。

2. 飲食習慣與健康度的關係

　　其次調查「飲食習慣」對「健康度」的影響。關於「飲食習慣」雖然可以想到各種的構成，但此處在調查數據的限制下，視為取決於零食及宵夜的程度所構成。原本從構成概念來看，測量它是應該設定適當的觀測項目，此處就已構成的「飲食習慣」，再加上缺食的程度認為是理想的。

　　構成的模式如圖 21-8，在此圖的限制條件下進行分析。限制條件的重點是潛在變數「健康度」與「飲食習慣」的部分。「健康度」在此模式之中成為內生變數，因從此到「身體的健康度」的路徑係數固定成 1，規定它的尺度。「飲食習慣」成為外生變數，將它的變異數固定成 1。由數據算出之相關矩陣如表 21-2，

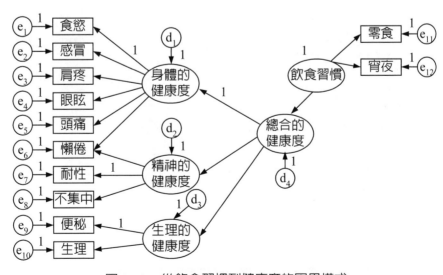

圖 21-8　從飲食習慣到健康度的因果模式

觀察值個數是 703。實際的分析是從原始數據進行，使用 SPSS 事先以分析單位去除遺漏值。另外此模式並未進行修正。並且，此模式的分析結果所得到的修正指標，並無特別可以期待甚大改善的部分。

分析的結果如表 21-8 及圖 21-9。卡方值是 55.445，它的機率是 0.214。GFI 與 AGFI 分別是 0.987 與 0.979。依據這些可以判斷此模式整體來說是可以接受的。另外，就各路徑係數而言，來自「生理的健康度」的觀測變數「生理不順」，CR 是 1.703 在顯著水準 0.05 下無法捨棄，但並非極端低值。另外，除此以外全部均被捨棄。從路徑係數此點來看，也可判斷此模式是可以接受的。

依據此結果，在零食與宵夜方面所見到的飲食習慣，可以判斷對此處所考慮的健康度是有影響的。此模式中的「健康度」是以到「精神的健康度」的路徑係數為最大。此處所構成的「飲食習慣」是對「精神健康度」的影響最強，對「身體的健康度」與「生理的健康度」之影響與此相比，可以判斷是較小的。另外，

表 21-8　從飲食習慣到健康度的因果模式主要的適合度指標

估計法	卡方檢定			GFI	AGFI	AIC	RMSEA
	卡方值	自由度	機率				
ML	55.445	48	0.214	0.992	0.979	115.455	0.015
ADF	59.364	48	0.126	0.987	0.987	119.364	0.018

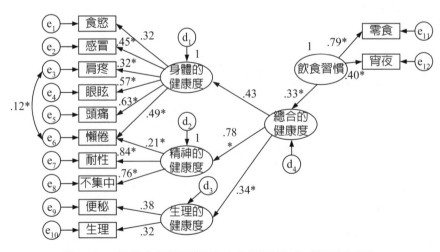

圖 21-9　從飲食習慣到健康度的因果模式（標準化解）

從「生理的健康度」到觀測變數「生理不順」的路徑係數不顯著此點來說，此種的「飲食習慣」可以看出對「生理不順」的影響是很小的。

八、利用其他估計法的分析

在本文中，至目前為止的分析全部是依據最大概似法（ML 法）。最大概似法嚴格而言是以多變量常態分配為前提。可是，如最初所敘述的，此處所使用的數據是利用三級法，在數量的處理上是稍有問題，難以期待滿足此前提。因此，以不利用分配的方法來說，可利用漸進自由分配法（ADF, Asymptotically Distribution-Free）進行分析，再與最大概似法進行比較。只是 ADF 法是應該使用數千件以上的大樣本，因之在此點上此處所使用的數據（700 個觀測值多些）並非足夠。

分析的結果如與表 21-8 的適合度比較時，如圖 21-10 的 ADF 結果所見到的，適合度及母數的估計值（路徑係數）看不出有甚大的差異。

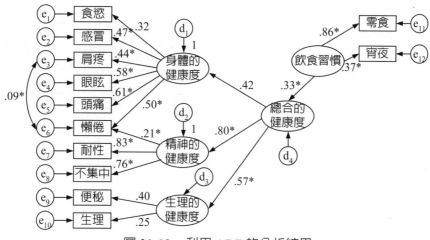

圖 21-10　利用 ADF 的分析結果

九、輸入了包含遺漏值的事件

在 SPSS Amos 的軟體中是備有利用最大概似法估計遺漏值，有效使用數據的方法。本文所處理的數據有甚多的遺漏值，如能使用包含遺漏值的觀察值時，觀察值個數從 703 增加到 1278。圖 21-11 是輸入包含遺漏值之觀察值時之分析

結果（標準化解）。對於路徑係數來說，與圖21-9之值相比看不出甚大的差異。表21-9是把包含遺漏值之觀察值除外之情形與估計遺漏值將此包含在內之情形相比較 C.R. 之值。輸入包含遺漏值的觀察值再分析時，C.R. 是大幅的上升，路徑係數的可靠度提高。像這樣，增加樣本數時之效果是可以被認定的。

　　如表中所見到的，將包含遺漏值之觀察值除外的分析中，從未被捨棄的「生理健康度」到「生理不順」的路徑，也在顯著水準 0.001 下被捨棄。從此結果來看，可以判斷與上述的考察不同，「飲食生活」對「生理不順」此種形式的「生理健康度」也是有影響的。

表 21-9　包含遺漏值之觀察值依其處理之不同來比較 C.R.

路徑	遺漏值的處理	
	除外 *	估計 **
飲食習慣→健康度	2.460	3.736
健康度→精神的健康度	2.679	4.065
健康度→生理的健康度	2.213	3.903
身體的健康度→懶倦	5.911	8.033
身體的健康度→感冒	5.950	8.517
身體的健康度→肩疼	5.688	7.772
身體的健康度→眼眩	6.366	9.019
身體的健康度→頭痛	6.469	9.240
精神的健康度→眼眩	10.581	16.054
精神的健康度→懶倦	4.778	7.389
生理的健康度→生理不順	1.703	2.789
飲食習慣→零食	5.150	7.535
飲食習慣→宵夜	4.752	7.025

（注）1. 將遺漏值在分析單位中除外時
　　　2. 利用估計填補遺漏值時

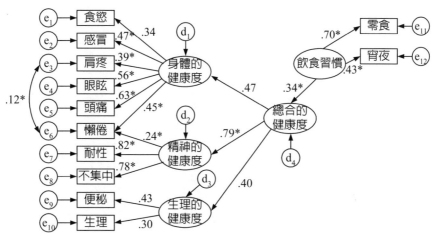

圖 21-11　輸入包含遺漏值之觀察值進行分析之結果
從飲食習慣到健康度的因果模型之分析結果（標準化解）

第22章 案例2──消費者的店舖利用行為

> 消費者的店舖利用行為，在行銷學或消費者行為研究上是重要的研究領域。本研究提出近年來競爭特別激烈化令人關注的服務站（SS, Service Station），在石油銷售業界中的利用行為。本研究是對具有種種價值觀的消費者，SS 要採取何種的服務對策才可促進利用行為，以此作為問題來建立店舖利用行為的模型。

一、研究目的

本案例是以日本的服務站為對象探討消費者店舖的利用行為。

日本的 SS，從 1960 年代開始以動力化（motorization）、高度經濟成長作為背景，使它的店舖數急速成長，從 1986 年起，與 SS 業界有關的限制慢慢鬆綁，從 1993 年到 1994 年，酒免稅店、米穀店加入 SS 業界，大眾媒體等認為這是價格破壞的預兆，又，在 1996 年廢除了特定石油產品輸入暫定措施法，作了大幅度的限制鬆綁。此種限制鬆綁的動機，可以說比美國晚了 20 年。美國在 1981 年的雷根政權時代，鬆綁了有關國內原油價格與市場的限制，此後競爭即開始激烈化。日本的石油銷售業界，從廢除特定石油產品輸入暫定措施法的數年前，以今後 SS 的生存為目標展開了激烈的競爭。受到此種變遷，消費者以何種觀點利用 SS 呢？以及針對此觀點適切的服務因應行為是什麼？在行銷上變得甚為重要。

二、本研究的暫定假說

根據以往的研究，得知消費者重視「汽油的價格」、「贈品的有無」、「店員的服務」、「服務室等的設備」。另外，實際上在 SS 事業中已採用了考慮此四個要因的行銷策略，採行此策略之後，消費者是如何重視此四個要因就成為探討的問題了。以 SS 事業而言，是利用降價對策來增加集客力呢？或附送贈品來增加集客力呢？或對客戶進一步加強教育訓練來增加集客力呢？或增加改建服務室或經常整理清掃店內來促進利用行為呢？必須在有限的預算內決定才行。身為事業者最終不管哪一個要因也要從金錢的價值面來考量。可是，身為消費者不一

定會從金錢的價值此一元性價值來考慮店舖的利用。

在進行本研究之前，雖與消費者或 SS 業界店員進行面談，但至少知道有將重點放在價格或贈品等物品價值的消費者，亦即將重點放在與 SS 的商品有關之服務的消費者；以及將重點放在店員對顧客的應對或服務室環境等因應顧客服務之消費者。暫定的假說所考慮的是有二類價值觀的顧客，而對應此二類顧客，SS 是否分別有適切的因應行動呢？本研究首先檢討此暫定假說。

三、調查方法

1. 調查對象

以日本筑波市區 18 歲以上有利用過 SS 經驗的市民 1607 名作為對象。

2. 調查期間

從 1998 年 6 月中旬到 7 月上旬進行。

3. 調查手續

是利用問卷的自填式調查，身為學生的調查員兩人一組個別訪問各個家庭。將問卷交給調查對象者，在調查對象者方便的時候回收，採用如此的留置法。

4. 有效回答

所回收的問卷共有 1084 件（男性 614 名，女性 440 名，不明 30 名）。雖然答應給予回答者有 1151 名，但最終無法回收的問卷有 67 件。另外，拒絕回答的有 502 件。在所回收的問卷中，除了判斷對關聯詢問項目的回答有不完整之外，以 1028 件（男性 571 名，女性 435 名，不明 26 名）作為本分析對象。職業構成是公司人員 318 名，學生 291 名，主婦 236 名，公務員 75 名，其他 79 名，不明23 名。

5. 問卷

問卷涉及與各種服務有關的滿意度，如利用心態、與服務有關之價值、來自店員的勸誘經歷、銷售店的知名度、人口統計學的要因等。其中，作為此次分析對象的項目如下：

■與消費者的服務有關的價值詢問

　　就以下的詢問項目，從「非常重視（7分）」到「完全不重視（1分）」以七級法要求調查對象者回答。

　(1) 關於你利用的加油站，重視價格到何種程度呢？（價格）

　(2) 關於你利用的加油站，重視店員的應對與服務到何種程度？（店員）

　(3) 關於你利用的加油站，重視服務室設備的好壞到何種程度？（設備）

　(4) 關於你利用的加油站，重視可以獲得贈品到何種程度？（贈品）

■因 SS 的對應行動產生的利用促進度

　　體驗過以下的SS因應行動時，關於想利用該SS的程度，從「非常想利用（7分）」到「完全不想利用（1分）」的七級法要求調查對象者回答。

　(1) 在店頭店員揮舞旗幟

　(2) 加油店豎立有廠商標誌的看板

　(3) 店頭未標示價格

　(4) 頭標示著比其他店還低的價格

　(5) 店頭標示著比其他店還高的價格

　(6) 店頭標示著與其他店幾乎相同的價格

　(7) DM 或傳單中告知可以獲得贈品

　(8) DM 或傳單中告知有加油折扣

　(9) 店內整潔且已整理整頓

　(10)店員的對應仔細且禮儀周到

　(11)店員態度差

　(12)店員說些勸誘的話，像推薦加入會員或汽油以外的商品

　(13)店員誘導車子，正確聆聽訂購

四、分析與結果

1. 各變數的記述統計

　　本分析中使用的數據，嚴格上是順序類別的數據，看成間隔尺度以上的連續變數是有問題的。可是，如依據以往的模擬研究知，像五級法以上的順序類別數據時，看成連續變數實際上也不會有特別的問題（狩野裕，1997）。本分析中使

用的數據，由於全部均為七級法，看成滿足間隔尺度之基準的連續變數來進行分析。

表 22-1 是表示了各變數的記述統計。在結構方程模式分析中，變數的峰度近乎 0 是很重要的（狩野裕，1997），峰度極高的項目 6 與項目 11 從以後的分析除去。

表 22-1　各變數的記述統計量

項目	N	最小值	最大值	平均值	標準差	偏度		峰度	
						統計量	標準誤差	統計量	標準誤差
項目 1	1028	1	7	3.56	1.20	-.261	.076	.456	.152
項目 2	1028	1	7	4.69	1.02	-.008	.076	1.186	.152
項目 3	1028	1	7	3.09	1.24	.443	.076	.632	.152
項目 4	1028	1	7	5.24	1.18	-.543	.076	.567	.152
項目 5	1028	1	7	2.67	1.20	.469	.076	.526	.152
項目 6	1028	1	7	4.23	.08	-.347	.076	3.837	.152
項目 7	1028	1	7	4.79	1.17	-.852	.076	1.511	.152
項目 8	1028	1	7	4.97	1.10	-.906	.076	1.872	.152
項目 9	1028	1	7	5.47	.93	-.312	.076	.784	.152
項目 10	1028	1	7	5.71	.91	-.466	.076	.501	.152
項目 11	1028	1	7	1.99	1.32	1.795	.076	3.361	.152
項目 12	1028	1	7	2.60	1.17	.297	.076	-.232	.152
項目 13	1028	1	7	5.49	1.07	-.942	.076	2.018	.152
價格	1028	1	7	5.02	1.51	-.860	.076	.216	.152
贈品	1028	1	7	4.23	1.48	-.393	.076	-.417	.152
人員	1028	1	7	5.07	1.17	-.844	.076	1.004	.152
設備	1028	1	7	4.27	1.31	-.502	.076	.058	.152

2. 探索的因素分析

與消費者的價值有關的四個項目以及與 SS 的因應行動有關之 11 項目（項目 6、項目 11 除外），分別利用主軸因素法進行因素分析。因素的基準，不管

是從 Guttman 基準來看，採用特徵值為 1 以上之因素，或從 Scree 基準來看，觀察特徵值的推移，2 因素解與 3 因素解分別是妥當的，所以決定採用這些。對於這些因素負荷矩陣，利用帶有 Kaiser 的標準化之 Varimax 法來進行直交迴轉。表 22-2 是表示價值的因素負荷矩陣，表 22-3 是表示對應行動的因素負荷矩陣。

表 22-2　關於價值迴轉後的因素負荷矩陣

變數	因素 1	因素 2
設備	.801	.013
人員	.546	.228
價格	.005	.710
贈品	.222	.393
特徵值	1.668	1.092
貢獻率（%）	27.894	14.600
累積貢獻率（%）	27.894	42.494

如暫定的假說所考慮的，對價值得出 2 因素解，依據表 22-2，第 1 因素（顧客因應）是表示因應顧客服務有關之價值，第 2 因素（商品因應）是表示與商品的服務有關之價值。另外，依據表 22-3，第一因素是表示 SS 店員所提供之服務因應之好壞或服務室等之整理與清掃，亦即因應顧客溝通行動的因素（溝通）；第 2 因素是表示因 DM 或傳單所提供之加油折扣或贈品等，亦即禮券附送行動因素（禮券）；第 3 因素可以解釋為 SS 的價格標示行動之因素（價格標示）。

表 22-3　關於因應行動迴轉後的因素負荷矩陣

變數	因素 1	因素 2	因素 3
項目 9	.871	-.003	-.035
項目 10	.838	.046	-.080
項目 13	.543	-.003	-.249
項目 2	.366	.041	-.156
項目 12	-.165	.153	.068
項目 8	.140	.817	-.236

變數	因素 1	因素 2	因素 3
項目 7	.125	.767	-.237
項目 1	-.132	.365	.179
項目 5	-.126	-.043	.806
項目 4	.185	.296	-.550
項目 3	-.037	.034	.489
特徵值	2.928	1.914	1.456
貢獻率（%）	18.378	13.706	13.031
累積貢獻率（%）	18.378	32.084	45.115

3. 基於暫定假說的結構方程模式分析

　　探索式因素分析的結果，項目 12 不管對哪一因素只是表示了極低的負荷，因之除外，根據剩下的變數，進行結構方程模式分析，母數的估計法全部都使用最大概似法。

　　首先考慮從消費者的「價值」之 2 因素到「因應行動」之 3 因素查出可能路徑之模型（圖 22-1）。此模型如從暫定的假說來看是最自然的模型。此模型的適合度指標如表 22-4 所示（以下也表示有其他模型的適合度指標）。另外，本研究的數據超過 1000，相當多，因之顯著機率不太作為參考，擬綜合地參考以下指標，亦即來自變異數說明率之觀點的 GFI（Goodness of Fit Index）與 AGFI（Adjusted Foodness of Index）；以觀測數據與模型之最小化基準為依據的 CFI（Corporate Fit Index）；以模型與真正的母體之最小化基準值為依據的 RMSEA（Root Mean Square Error of Approximation）；來自資訊量基準的 AIC（Akaike Information Criterion）與 BIC（Bayes Information Criterion）的適合度指標等。

　　分析的結果，「商品因應」與「顧客因應」的共變異的修正指標為 25.93，出現相當高的值，因之在模型 1 中列入此 2 因素之共變異數作成模型 2（圖 22-2）。又在模型 2 中，從顧客因應到價格標示的路徑與從商品因應到溝通的路徑之 wald 統計量之值（C.R. 值）比其他的統計量低很多，又路徑係數的估計值的絕對值也相當低，因之將這些路徑刪除，製作模型 3（圖 22-3）。

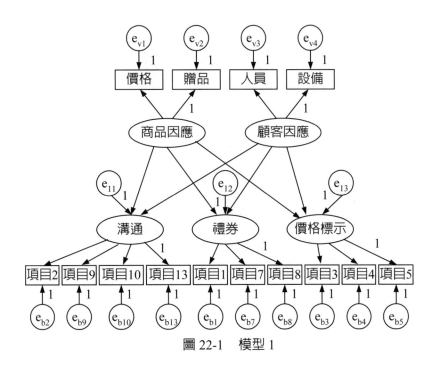

圖 22-1　模型 1

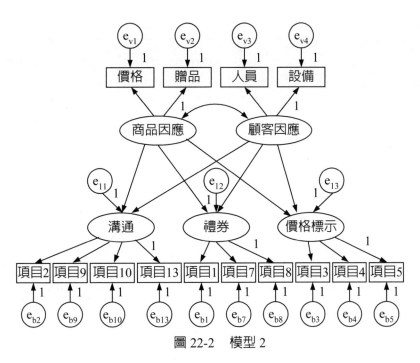

圖 22-2　模型 2

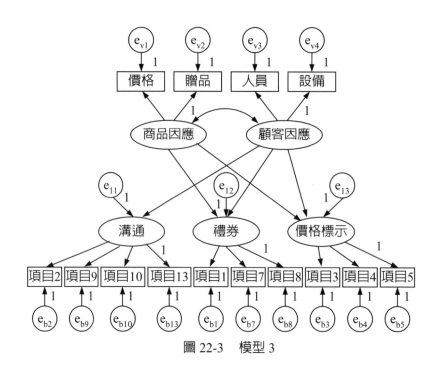

圖 22-3　模型 3

表 22-4　各模式的適合度指標

	卡方檢定			GFI	AGFI	CFI	RMSEA	AIC	BIC
	卡方值	自由度	機率						
模式 1	985.18	71	.000	.877	.818	.798	.112	1053.18	1310.71
模式 2	941.05	70	.000	.875	.812	.808	.110	1011.05	1276.15
模式 3	948.86	72	.000	.875	.817	.806	.109	1014.86	1264.81
模式 4	620.04	67	.000	.919	.873	.878	.090	696.04	983.87
模式 5	602.74	69	.000	.922	.881	.880	.087	674.74	947.42
模式 6	360.04	62	.000	.952	.918	.934	.068	446.04	771.74
模式 7	334.37	62	.000	.955	.923	.940	.065	420.37	746.07
模式 8	2081.41	46	.000	.766	.466	.550	.208	2199.41	2646.30
模式 9	342.27	52	.000	.956	.911	.936	.074	448.27	849.71

　　模型 1、2、3 雖然做了稍許的修正，但仍依循暫定假說的模型。利用修正雖然適合度相對的上升，但任一種模型的 GFI 均未滿 0.9。豐田秀樹（1992）建議捨棄 GFI 0.9 以下的模型。從修正指標來看，如假定誤差變異數間之共變異數對

適合度雖有可能上升，但更重要的是，修正指標暗示關於價值的項目與因應行動之因素利用直接的路徑，適合度極有可能上升。因此，捨棄依循暫定假說的模型，決定以不假定消費者之價值的 2 因素構造模型進行分析。

4. 利用不假定消費者之價值的 2 因素模型進行結構方程模式分析

首先，考察一般的模型。利用暫定假說之模型，對價值的因素間假定共變異數在適合度此點上是比較理想的，因之在四個價值的項目間假定共變異數，從這些項目到因應行動的因素畫出可能的路徑製作模型 4（圖 22-4）。

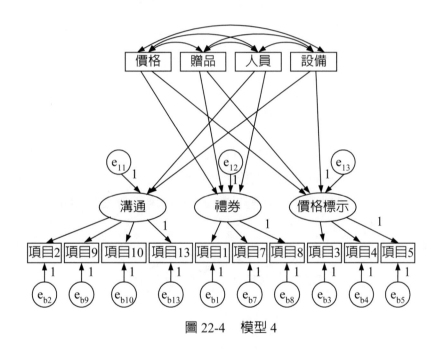

圖 22-4　模型 4

分析的結果，GFI 超過 0.9，出現較高的適合度。可是，設備與價格的共變異數為 0.01 非常低，從設備到溝通的路徑，與從店員到禮券之路徑之單變量 Wald 統計量比其他的統計量還低，並且，路徑係數的估計值之絕對值也相當低，因之刪除這些之共變異數與路徑，製作模型 5（圖 22-5）。

依據表 22-4，模型 5 的 GFI 或 AGFI 均比依循暫定假說的模型 1, 2, 3 還好。依模型的複雜性考慮罰則（penalty）之 AIC 與 BIC 知，適合度比依循暫定假說之模型還高。

因此，決定再將模型 5 改良。

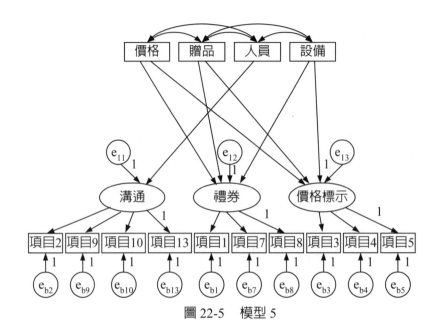

圖 22-5　模型 5

　　從修正指標來想時,可以考慮在因應行動項目之誤差變數間假定共變異數以及出現在因應行動因素之擾亂變數間假定共變異數的模型 6(圖 22-6),以及在因應行動項目之誤差變數間假定共變異數以及在因應行動之因素間假定路徑之

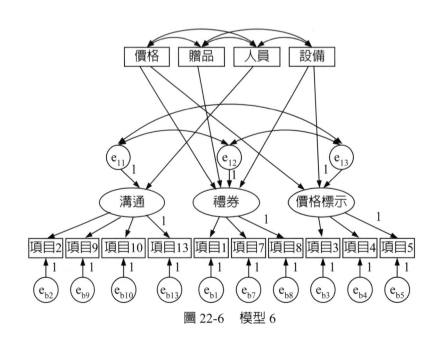

圖 22-6　模型 6

模型 7（圖 22-7）。分析的結果，GFI、AGFI、CFI、RMSEA、AIC、BIC 的任一適合度指標，以模型 7 最佳（表 22-4）。另外，從行銷上的解釋來看，假定媒介式路徑之模型 7，令人覺得有趣。利用最大概似法所估計之模型 7 的路徑係數，如圖 22-8 所示。

5. 利用全未假定潛在變數之模型的結構方程模式分析

目前爲止的分析結果，說明了消費者之價值未假定潛在因素的模型 7 是有效的。那麼，關於因應行動也未假定潛在因素之模型，又會是如何呢？或許，一切未假定潛在變數的模型比較適切也說不一定。

因此，首先以一般的模型來說，考慮了如圖 22-9 所示的模型 8。設備與價格的共變異數，從目前爲止的分析結果來看，雖然並未假定，但對其他的路徑卻可畫出可能的路徑。從分析的結果來看，刪除單變量 Wald 統計量之值比其他的統計量低很多或路徑係數之估計值的絕對值也相當低的路徑，並加上修正指標高的路徑或共變異數，再製作模型 9（圖 22-10）。GFI 與 CFI 也幾乎沒有差異，幾乎與模型 7 相同，而對於表 22-4 所表示的所有的適合度指標來說，模型 7 比模型 9 顯示更高的適合度之值。在模型的最終比較中，豐田秀樹（1992）指出依據 AIC 等的資訊量基準的適合度指標是比較適切，從此觀點可以判斷模型 7 比

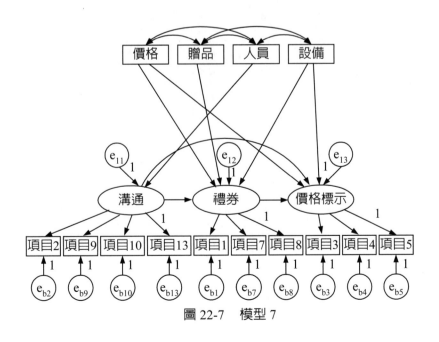

圖 22-7　模型 7

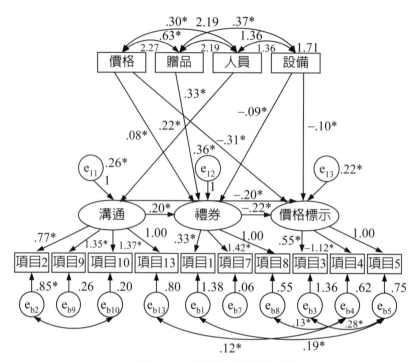

圖 22-8　模型 7 的路徑係數

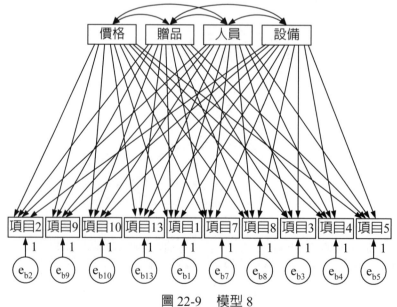

圖 22-9　模型 8

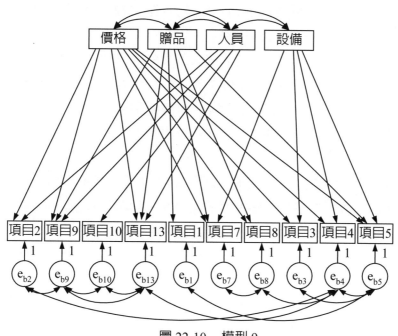

圖 22-10　模型 9

未假定潛在變數的模型 9 更佳。

　　依據 Arbuckle（1997），指出 RMSEA 之值如在 0.08 以下時，適合度較高，如在 0.10 以上時，不應採用該模型。模型 7 的 RMSEA 為 0.065，滿足 Arbuckle 的基準。模型 7 的 RMSEA 值在 9 個模型之中也是最低的，表示出較高的適合度。

五、考察

　　本研究的結果，以有關消費者服務的價值觀來說，有二種價值，一是把重點放在商品關聯的服務，另一是將重點放在顧客的服務，此事從探索式因素分析的結果即可得知。可是，與其考慮對應此二個價值之因素的 SS 因應行動，不如從價格、贈品、店員、設備四個下位面來考慮對應這些價值之 SS 因應行動，可以更有效地說明消費者的 SS 利用的構造，此從結構方程模式分析的結果即可得知。此事說明與其對消費者的價值假定潛在因素之模型，不如從四個相異價值的項目向因應行動畫路徑之模型其適合度更高。此結果，在行銷上大概是意指如下，亦即，考慮重視價格之消費者、重視贈品之消費者、重視店員因應的消費

者、重視店舖設備之消費者等四種不同類型的消費者群體，對應這些群體分別採取因應行動，在行銷上有助於促進店舖利用行動。

可是，如圖 22-8 所示，對服務的價值與因 SS 的因應行動引起店舖利用行動，未必形成 1 對 1 對應，譬如，價格的標示行動的因素，不只是被重視價格之價值觀所規定，經由溝通因素與禮券因素，也被重視店員因應的價值觀（店員）所規定。而且，價格之標示行動的因素，經由禮券因素，也被重視贈品之價值觀（贈品）所規定。

從實務的觀點解釋以上的路徑時，即為如下。亦即，標示低廉價格，或標示高價格，可以認為不僅是抑制重視價格的消費者的店舖利用行動，對重視店員的服務因應或贈品的消費者也間接抑制了店舖的利用行動。

【參考文獻】

本書所參考的主要文獻列舉如下：

1. 小塩眞司（20015），《初階共變異數構造分析》，東京圖書。
2. 小塩眞司（2006），《研究事例利用 SPSS 與 AMOS 的心理調查資料分析》，東京圖書。
3. 小塩眞司（2018），《利用 SPSS 與 AMOS 心理調查資料分析（3V）》，東京圖書。
4. 南風原朝和（2002），《心理統計學的基礎》，有斐閣。
5. 海保博之（1985），《心理‧教育資料的解析法 10 講──基礎篇》，福村出版。
6. 海保博之（1985），《心理‧教育資料的解析法 10 講──應用篇》，福村出版。
7. 森敏昭與吉田壽夫（1990），《心理學的資料解析技術》，北大路書房。
8. 柳井晴夫與森敏昭（1999），《Q&A 統計解析 DOs and DON'Ts》，科學社。
9. 豐田秀樹（2007），《共變異數構造分析──Amos 篇》，東京圖書。
10. 狩野裕與三浦麻子（2002），《Graphical 多變量解析──AMOS，EQS，CALIS》，現代數學社。
11. 石村貞夫（2001），《利用 SPSS 多變量資料分析的步驟》，東京圖書。
12. 田部井明美（2001），《SPSS 完全活用法》，東京圖書。
13. 石村貞夫（2005），《利用 SPSS 變異數分析與多重比較》，東京圖書。
14. 柳井晴夫等（1999），《Q&A 統計資料分析》，科學社。
15. 遠藤健治（2002），《例題心理統計學》，培風館。
16. 田部井明美（2011），《SPSS 完全活用法──利用共變異數構造分析（V2）》，東京圖書。
17. 山本嘉一郎與小野寺孝義（1999），《共變異數構造分析與分析事例》，Nakasjya 出版。
18. 涌井良幸與涌井良美（2003），《圖解共變異數構造分析》，日本實業出版。
19. 豐田秀樹（2000），《共變異數構造分析（AMOS 篇）》，朝倉書店。

20. 狩野裕（1996），《統計的推測方法（2）》，現代數學社。

21. 豐田秀樹（1992），《利用 SAS 與變異數構造分析》，東京大學出版會。

22. 豐田秀樹（2000），《共變異數構造分析（R 篇）》，朝倉書店。

23. 柳井晴夫與緒方裕光（2006），《利用 SPSS 的統計資料分析》，現代數學社。

24. 柳井晴夫與緒方裕光（1999），《統計學──基礎與應用》，現代數學社。

25. 柳井晴夫（1994），《多變量資料分析法》，朝倉書店。

26. 大石展緒與都竹浩生（2009），《利用 AMOS 學習的調查資料分析》，東京圖書。

國家圖書館出版品預行編目資料

入門結構方程模式：Amos應用 ＝ Induction
to structural equation modeling analysis
／陳耀茂編著. －－初版.－－臺北市：五南
圖書出版股份有限公司，2021.01
　　面；　公分
　ISBN 978-986-522-365-6(平裝)

1.統計套裝軟體　2.統計分析

512.4　　　　　　　　　　109018626

5BJ1

入門結構方程模式──Amos應用

作　　　者 ― 陳耀茂（270）

發 行 人 ― 楊榮川

總 經 理 ― 楊士清

總 編 輯 ― 楊秀麗

副總編輯 ― 王正華

責任編輯 ― 金明芬

封面設計 ― 姚孝慈

出 版 者 ― 五南圖書出版股份有限公司

地　　　址：106台北市大安區和平東路二段339號4樓

電　　　話：(02)2705-5066　　傳　　真：(02)2706-6100

網　　　址：https://www.wunan.com.tw

電子郵件：wunan@wunan.com.tw

劃撥帳號：01068953

戶　　　名：五南圖書出版股份有限公司

法律顧問　林勝安律師事務所　林勝安律師

出版日期　2021年1月初版一刷

定　　　價　新臺幣700元

經典永恆・名著常在

五十週年的獻禮 —— 經典名著文庫

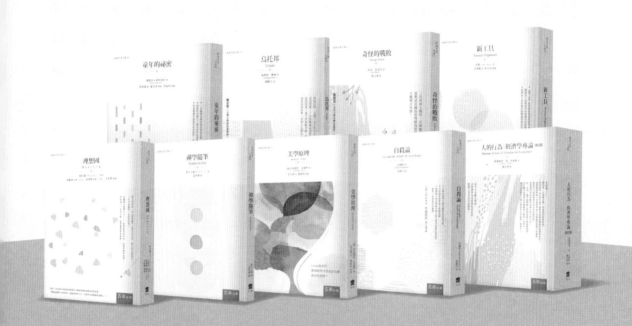

五南，五十年了，半個世紀，人生旅程的一大半，走過來了。

思索著，邁向百年的未來歷程，能為知識界、文化學術界作些什麼？

在速食文化的生態下，有什麼值得讓人雋永品味的？

歷代經典・當今名著，經過時間的洗禮，千錘百鍊，流傳至今，光芒耀人；

不僅使我們能領悟前人的智慧，同時也增深加廣我們思考的深度與視野。

我們決心投入巨資，有計畫的系統梳選，成立「經典名著文庫」，

希望收入古今中外思想性的、充滿睿智與獨見的經典、名著。

這是一項理想性的、永續性的巨大出版工程。

不在意讀者的眾寡，只考慮它的學術價值，力求完整展現先哲思想的軌跡；

為知識界開啟一片智慧之窗，營造一座百花綻放的世界文明公園，

任君遨遊、取菁吸蜜、嘉惠學子！